TIAS

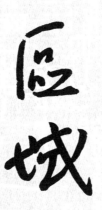

2015 年　总第 4 辑

REMAPPING
VOL.4

主　编

汪　晖　王中忱　崔之元

执行副主编

张　翔

社会科学文献出版社

SSAP

SOCIAL SCIENCES ACADEMIC PRESS (CHINA)

卷首语

　　《区域》由清华大学人文与社会科学高等研究所（Tsinghua Institute for Advanced Studies in Humanities and Social Sciences）主办。清华大学人文与社会科学高等研究所正式成立于2009年，以促进人文与社会科学的高等研究为宗旨，其前身是清华大学人文与社会科学高等研究中心（2006）。从世界范围来看，高等研究，特别是人文与社会科学的高等研究正在经历重要的变化。以往的高等研究完全以欧洲和美国为中心，虽然也邀请少量的其他地区的学者担任研究员，但研究方案的制定多以欧洲和美国的人文与社会科学研究为中心。在中国设立人文与社会科学高等研究所至少有下述三个方面的意义：第一，有助于将中国和亚洲地区悠久和丰富的人文学术传统带入高等研究的范畴，为当代世界的人文与社会科学研究提供新的资源和视野；第二，有助于将中国社会主义历史和改革过程的经验带入高等研究之中，为当代世界有关经济、社会和文化变迁的研究提供新的活力；第三，有助于在中国学术研究与世界其他地区的学术研究之间展开对话、交流和合作，改变目前主要以欧洲和美国为中心的高等研究格局，为中国和亚洲学者加入国际学术对话提供重要的制度前提。

　　高等研究所不同于中国研究所或国学研究所，它以跨学科、跨文化、跨区域、跨国界的研究为特征，致力于人文与社会科学领域基本理论的探索和突破。本集刊标题中的"区域"概念并不是一个特指的地理范畴，而是一个体现着混杂、交往、跨界和多重认同的空间概念。《区域》发表人文与社会科学各领域的论文，尤其鼓励那些立足基础研究，提出新问题、贡献新视野和方法的作品。本集刊以亚洲研究为中心，但也鼓励跨区域的研究。欢迎投稿，我们将遵循严格的评审制度，及时向作者做出回复。

Remapping

Remapping is published by the Tsinghua Institute for Advanced Studies in Humanities and Social Sciences (TIAS). First established in 2006 as the Tsinghua Center for Advanced Studies in Humanities and Social Sciences, TIAS was founded in 2009 to promote advanced studies in humanities and social sciences.

The field of advanced studies, particularly in humanities and social sciences, has been undergoing momentous transformation worldwide. Earlier institutions of advanced studies centered on Europe and the U. S. . While some scholars from beyond these areas participated as well, research projects typically pivoted on Europe and the U. S. .

Hence to set up an institute for advanced studies in humanities and social sciences in China creates the following possibilities:

Firstly, to introduce the long and rich tradition of scholarly research in China and in Asia into the category of advanced studies and provide new resources and perspectives for humanities and social sciences in the contemporary world;

Secondly, to bring the experience of socialist history and reform in China into the perspective of advanced studies and inject a new dynamism into contemporary discussions on economic, social and cultural transformations;

Lastly, to promote the dialogue and cooperation between researches carried out in China and in other areas of the world in order to transform the current Europe-U. S. -centered framework of advanced studies and construct a crucial institutional premise for scholars from China and Asia to join international scholarly conversations.

An institute for advanced studies differs from institutions of Chinese studies or of "national learning" (*guoxue*). Characterized by interdisciplinary, cross-cultural, trans-regional and trans-national research, we aims at exploring and making breakthroughs in the fundamental theories of humanities and social sciences. The notion of "remapping" in the title of this series shifts our attention from specific topographic categories to a concept of space that highlights hybridity, interaction, boundary-crossing, and multiple identification. *Remapping* publishes papers spanning all fields of humanities and social sciences and encourages in particular works that are based on fundamental research and raise new problematics or adopt new methodologies. While Asian studies is emphasized, we also encourage cross-regional research. Submissions are welcome and will go through a strict peer-review process. We strive for a short review circle and provide constructive comments.

目　录

"人文与社会"讲座

《21 世纪资本论》论析

实验主义治理

书　评

CONTENTS

Lectures on Humanities and Society

Reflections on *Capital in The Twenty-First Century*

Experimentalist Governance

Book Review

本尼迪克特·安德森系列演讲 *

高 瑾 译**

民族主义研究中的新困惑①

【讲座引言】

汪晖〔清华大学人文与社会科学高等研究所所长〕:

首先欢迎也谢谢大家参加清华大学人文与社会科学高等研究所的人文与社会系列讲座。没想到这么多人,下次争取换更大场所,非常抱歉,也很高兴。大家知道"人文与社会"讲座已经做了很多年,也有很多次活动。本·安德森教授的弟弟佩里·安德森(Perry Anderson)也到清华做过讲座。安德森教授一家人与中国有很深的关联,他本人于 1936 年出生于中国昆明,他的父亲在辛亥革命以后到抗日战争时期,在中国居住了 30 多年,安德森教授的童年是在战争时期的中国度过的。珍珠港事件前 3 个月,也就是 1941 年 8 月,他们离开中国,回到英国。40 年代初到现在,安德森先生还是第一次来到中国。他早年在英国剑桥大学学习,后来到

* 本尼迪克特·安德森(Benedict Anderson, 1936 – 2015),著名民族主义理论家、东南亚研究学者,曾于 2014 年 3 月应邀访问清华大学人文与社会科学高等研究所。两次演讲视频可以浏览该所官方网站:http://tias.tsinghua.edu.cn。

** 高瑾,耶鲁大学文学博士,现任教于清华大学外文系。

① 演讲时间为 2014 年 3 月 19 日。

康奈尔大学攻读博士学位，并在康奈尔大学教书，成为国际研究尤其是印度尼西亚研究的权威学者。我想不需要做太多介绍。大约在20 世纪 80 年代初，他的著名作品《想象的共同体》出版，标志着民族主义研究进入一个新阶段。无论是赞成还是反对抑或是阐释，这本书成了民族主义研究中引证、讨论最多的著作，至今仍被广泛讨论，已经成为民族主义研究的经典。安德森先生本人不是很愿意总是去讨论 30 年前的这本书，但依我个人所见，不管是什么场合和话题，总是会有人问起这本书的内容。安德森先生研究的出发点是东南亚研究，很著名的是他在印度尼西亚所做的研究。但我们知道，20 世纪 70 年代时他的文章得罪了当时的苏哈托政权，很长时间内不被允许进入印尼，现在当然又能了。他的早期研究比较着重于当代，后来因为他不能进入印尼，他的研究进入比较广阔的东南亚历史社会研究和历史文献研究。《比较的幽灵》这本书已经由译林出版社出版了，大家可参看。过去这几年，他每年仍有一半时间住在泰国，研究泰国的问题。安德森先生的第一讲会对民族主义研究做一个综合的回应。

能在这里演讲是我的荣幸，感谢汪晖，他以前在其他方面也对我有帮助。太奇妙了，从来没想过今天能在这里见到这么多人。很好。

今天，我要和大家谈两个长期侵扰我的、关于民族主义的困惑。

第一个困惑是一个非常简单却没有简单答案的问题：为什么我们都认为自己的国家好。你可能想到很多足以给出反例的事实，但大多数情况下，我们总是对自己的国家有某种信念，这种信念从何而来？

这个问题的第二个方面是，这是一种有点儿滑稽的信念。因为它包含一个口号，在欧洲很普遍，亚洲可能说法不同，一般在英文中的表达形式是：（这是）我的国家，无论对错（my country, right or wrong）。

这意味着，这就是我的国家，无论它是对还是错。从这里你会立即意识到，这与世界主要宗教的区别非常大，因为世界上所有的主要宗教都声称：我们是对的，从来不错。信仰者也接受这点，宗教一定是善的、正确的，只有人才会犯错。滑稽之处在于，观察民族主义和宗教的关系时，你会立即注意到民族主义中一个重要的侧面，那就是：国家不下地狱，也不上天堂。它处于历史之中，是完全历史性的，我们不知道它最终下场如何。不过这也意味着，如果你对国家做了坏事或是好事，也不会因此下地狱或上天堂。很有趣的是，对于坏人的惩罚，以及对于好人的奖赏是非常简单的，既不是地狱千年的煎熬，也不是天堂永恒的生命——这是不会发生的。

在讨论到国家领袖——包括某些非常坏的家伙时，人们往往持有一种相似的观念。在美国，你可以问周围的人，你们觉得亚拉伯罕·林肯是在天堂还是地狱？我不是美国人，无法回答这个问题。这个问题会让人彻底迷惑，会说："不不，不是这样。"当你追问——他在哪里？答案或许是："他就在附近，他在这儿。"如果去印度，问起甘地在哪儿，答案也差不多：甘地还在我们周围，他没有下地狱，也没有上天堂。可能对于中国的领导人，人们也会给出类似回答。国家的情况是一样的，国家既不下地狱，也不上天堂：国家存在的条件是生存于历史中，而地狱和天堂在历史之外。

很有趣的是，当你仔细观察这些，你会发现，在最发达的国家——就是说那些想象自己很发达的国家，也就是说一大批国家，人们对很明显的一个事实感到不自在。那就是，这种对国家的信念，很像那种最简单、最古老的宗教形式：泛灵论。如果有一个泛灵论者，他的叔叔两周前去世了，但他会觉得他的灵魂还在这附近。如果你问：哦，那他难道没去地狱吗？他会回答：你啥意思，要说他在地狱，那你也给我滚下地狱去吧！

当然，这只是一种想象的对话。这里主要展现这种提问和回复的方式，它通过一种奇特的方式展现了祖先的重要性。对于一个好的穆斯林、基督徒或是佛教徒来说，这种东西是不必要的。

这里提一下，从来没有一种关于民族主义的哲学。19世纪的许多伟大哲学家讨论了许多主题，但从未涉及民族主义，原因是太困难，也太复杂了。

我们下面要谈一谈与民族主义相关的第二个问题，它是一种情感性的关联。尽管我现在不再经常体会到这种感觉，但我认为，这种情感对于理解民族主义是至关重要的。我可以给你们举一个例子，这个例子对我而言非常羞耻，但正因为如此我才记住了它。过去我母亲常带着我一道去市场。我的父亲去世了，因此，我需要帮助母亲拎购物袋，我们俩很亲密。我的母亲总是会和店家讨价还价，而且她很认真："不不不，这块肉不新鲜；这鱼闻着太腥；这些蔬菜可能放在这里两周了……"她会说一堆废话，只是为了砍价。而我，一个九岁的男孩实在是为此感到羞耻，恨不得钻到墙缝中，或者逃跑。我想，我的母亲怎么能够这样做？实际上，在商店中，还有很多像我母亲一样的妇女。但我不在意她们，我只在意我的母亲。我想，如果我的母亲带六岁时的我出席聚会，而我却尿裤子了，那她一定也会觉得非常难为情。

羞耻感最关键之处在于，你无法驱除它。因为在你与让你感到羞耻的人之间，存在一种无法割断的联系，这是一种非常紧密的个人情感。这是我在越南战争期间发现的。在越战期间，我曾非常积极地参与抗议和游行。我惊讶地看到有许多示威者是老年人。我问过他们为何来参加示威，一位老人的回答给我留下很深印象："我不能再忍受下去了，我为自己的国家感到这么羞耻。看看这场糟糕的战争，它毫无用处，不知所谓，上百万的人被杀了。我们为什么要做这些？这个政府为何要对我们说谎？我必须做些什么。"这个回答让我震惊，他表现出了非常真实的羞耻感。他没有用"负疚感"（guilty）这个词，他们说的是"羞耻"（shame）。我认为这或许可以被称作对民族主义哲学的强调，这是一种泛灵论的哲学。也就是说它是一种真正人性的联系，你必须在此，带着情感，虽然它毫无用处。宗教（泛灵论）和"我的国家，无论对错"两者的联系显示了民族感情和羞耻的可能性存在（当然不是原始丛林中了）。

下面我将探讨三个让上述的泛灵论式的民族主义显得可信的观点。

首先让我们想想，谁是好的美国人，好的中国人，好的法国人。我们会发现，好人们已经去世了，而且数量很大，尤其在中国这个拥有6000 年文明的古老国度，情况更是如此。死亡这个事实意味着这些人不会再造成任何危害。我们会尊敬他们，因为他们已经死去。他们的形象出现在历史书中，传奇故事中，他们的英雄壮举，在战争中的表现，为了维护国家安全英勇牺牲，等等。即便一些公民在世之时对国家做过一系列恶事，他们的死亡也意味着他们不会再成为尴尬。不妨看一看我们的祖先，他们或许算不上伟大，甚至做过一些蠢事，但是我们只须认清一点，那就是他们已经死去，这就足够了。对于很多已死之人都可以采取这样的视角。不妨以希特勒为例，他是个已死之人，不需要再担心他。而且我从未听人说起过："哦，我知道，希特勒下了地狱。"从没听说有人这么讲，似乎也没有人真的相信这件事会发生。这种关于死者的看法非常重要，那些历史上的英雄确实对国家产生过重要的影响，不过这些影响都发生在过去，它们无法对当下的国家再起作用。

在此，我要讨论一个非常吸引人的话题。这个话题源于伟大的社会学家马克斯·韦伯获聘为弗赖堡大学教授时的第一次演讲。他的演讲与我所讲的内容有非常神奇的关联。开篇，他批评当时的德国处于混乱中：统治者完蛋了，不具备执政能力；资产阶级自私，没有能力来领导国民；工人们无知，国家的治理不能指望他们；等等。我们从韦伯的描述中得出这样的印象：德国的每一个人都毫无指望，除了他自己。

知识分子可能经常会有这样的感受，他们谈论自己的国家，最终发现希望只存在于他们自身。韦伯继续说了些有意思的话，他说，我还经常想象，希望几千年后的德国人能够在回顾这段历史时，他们对于我会说，这是个真正的德国人，我真诚地尊重他，并向他学习。韦伯的意思就是我们必须活得不辜负后代。但他说，我们无法指导将来之人如何去生活，因为我们不清楚子孙后代的生活会是怎样，究竟是资产阶级，贵族还是其他什么社会阶层，我们不清楚。但是我们至少希望做到，让后辈在回看我们这代（坟墓中的）人时，表示肯定：对，我们的祖先很不错。韦伯的例子重要之处不在于，天堂不在他的考虑中，或是说上万年概念，就是说德国将一直存在，重要之处在于，我们必须不辜负子孙后代对我们的期待。

我们要说的第二个观点是，未出生者在定义上是纯洁的。婴儿从来没有做过令人羞耻的事情，没做过任何坏事。至少在短暂的 14 年间是这样的。孩子们是纯洁的，正如死者是纯洁的。问题在于希望，孩子就是希望。我们这一代搞得一团糟，但感谢上帝还有将来者。这同样也是民族主义所做的——我们必须为未生者做出牺牲，我们在教育、税收、环境、国防方面必须做些什么，并不是为了我们自己，而是为了那些仍未降临于世的未来。这种至关重要的民族主义所具备的力量，来自"自我救赎"的理念，无论我做了多少错事，但我至少为后代尽了最大努力。

譬如说，如果你去了美国，这个我工作的地方，当然，我得再提醒你们一下，我不是美国人。如果你询问美国人他们在美国真正仇恨的人，很简单，他们会说我恨大资本家、牙医、黑人、电视，有很多他们恨的坏人。然而当你与他们谈论到未来，他们却不知道未来的坏人会是谁。这些坏人或许永远不会有孩子，即使他们有孩子，也无法说这些孩子们就会和他们的祖辈一样坏。没什么理由认为百万富翁的曾孙子就一定会坐牢。对未来的这种想象之奇妙之处在于，无论是未来的中国人还是未来的美国人，没人知道谁会是坏人。也不会有人想要追踪现在的这些所谓坏人，以求确保前总统没孩子或者没孙子之类的。在这里可以看到民族主义哲学心态中的一种非常奇怪也非常泛灵论的东西。这种关于将来的婴儿和他们不远的未来的想法，能把一些西方的高层次的思想讨论变得有些荒唐。

儿童也是这种观念当中的另一方面。挪威独立日那天，每个小孩子都会盛装打扮，在挪威各城市中游行，这是个奇妙的场景。举这个小例子想要说明，孩子们富有活力、天真、好奇，有点儿烦人但也无妨，应该庆幸的是他们不懂政治，不懂性或者经济，可以说这些孩子是"未生者的先锋"（vanguard of the unborn），虽然他们已经出生了，但不久前还是未生的。唯一的问题是，他们迟早会成长，将会知道性、知道经济、知道工作，会变成我们讨厌的那些成人，失去童年的美。不过更多的孩子总会诞生，所以不用太担心。孩子们是"对民族的善的保证"（guarantees of the goodness of nation），而我们则不是。

这是根据泛灵论的观点来的，死者为将来付出，而未生者则源源不断（这两者保证了民族的善）。这样的想法类似宗教，却又与其他任何宗教不尽相似，因此从泛灵论思维的角度来看，这个问题是很重要的。我必须承认，我最好的朋友就是一个泛灵论者，他虽然出生在伊斯兰国家，但是决定成为一个基督徒。

另一个我感兴趣的问题，与历史上中国的大规模向海外移民紧密相关。我想知道，移民在从一个国家到另一个陌生国家的过程中，他的心理发生了什么样的变化。

18 世纪末兴起的民族主义运动第一波浪潮（成功的那些），主要集中在西半球，尤其是海地和北美。这些反对帝国主义中心（如伦敦、马德里等）的暴力革命有一个吊诡，即它们之所以成功摆脱了帝国主义中心，恰恰是因为与其宗主国拥有同样的语言、宗教、文化、知识，并且基于同样的枪支使用方法，因此它们才有充分准备。当美洲这些广阔的土地被占领以后不久，在欧洲的中心，那些殖民地的不在西班牙的西班牙人，不在英国的英国人——那些没有去过马德里和伦敦的人，在欧洲人的眼里成了第二等的人，被认为是堕落的版本，宗教上也有缺陷，不再是100%的西班牙人或英国人。从这些殖民地的人被加以特别的称呼中，可以看出这一点，如葡萄牙人被称为克里奥人（Creole），西班牙人被称为美斯梯索人（Mestizo），英国人被称为殖民者（Colonials）。他们是英国人但不是真正的英国人，是西班牙人而不是真正的西班牙人。

这个情况，可以在杰弗逊于1776起草的《独立宣言》中非常清晰、鲜明地看到。《独立宣言》的开篇是一种非常奇妙的对所谓"世界自由"的呼唤，然而再读上几页，你就会发现，行文就像孩子在生气时发出的嗯嗯的别扭声音，其实他们就是这种情绪。他们之所以不满是因为英国国王没有善待他们，他们在这份文件中被描述成英国臣民（English subjects），而不是自称美国人。他们意识到了，在伦敦人的眼里，他们并不是真正的英国人，虽然他们会很高兴成为中心城市心目中的英国人。这点让他们尤感失落。大家知道，新大陆的一些城市命名都是新字开头，如新伦敦。

当然西半球并不是大规模移民潮发生的唯一地点，并不只是英国人、西班牙人和黑奴大量地迁移，从中东以及中国向外的移民量也很巨大，蒸汽船使得大规模移民能安全进行之后，尤其如此。

原本世界上通行的观念是，人应该在同一个空间出生、成家、死亡。民族主义思想内部仍存在这种观念的遗迹。但这样做并不容易，比如说有上百万的西班牙人在美国或是阿根廷去世。对中国人来说也是这样，很难说他们是否还把自己当作中国人，很多人在中国以外的地方死去。

民族主义自觉在18世纪末19世纪初开始形成，其后成为震慑了欧洲各大皇族的一种政治思潮。民族主义领袖往往被迫流亡。英国著名历史学家阿克顿勋爵曾说，民族主义产生于流亡。如果美国人在芝加哥看到一群美国人，没人会在乎，但如果在巴黎度假时遇到的话，就会觉得遇上另外一个美国人多好。但这种感觉在本地是不会产生的。因此这种感觉就成了民族主义者情感的基础。

第一次世界大战结束后，国联（League of Nations）形成以后，欧亚大陆分割出很多小国家，当时的一般概念就是波兰人、捷克人、匈牙利人等都可以在自己的国家出生终老，但正在那时资本主义的出现摧毁了这种观念。商用客机的时代到来了，媒体时代到来了，电报早就开始使用，民族作为一个隐藏的、封闭的地方的概念被经济和科学的巨大发展摧毁了。从移民美国人口的统计数字中可以很清楚地看到这点。而20 世纪 20 年代晚期，去美国的非移民人口数量超过了移民人口，移民人口数量开始下降，这个现象的部分原因是美国国会通过了排斥亚洲移民的法律。

另一点是，当20 世纪初帝国都开始崩溃时，也可以看到这些帝国智慧的地方，比如，英国攫取了澳大利亚、加拿大、新西兰，但当关键时刻到来的时候，英国有足够的理智让这些地方脱离，这些地方有一些人因此仍将自己当作英国人。

最后一点，当那些中国人、爱尔兰人或者乌拉圭人因移民离开时，发生了什么？他们的离开，是违背传统的民族主义思维（要求留下）的。但在过去的 20 年，移民的方向不再是未开发地区，而是全球力量的中心。问题是他们抵达以后发生了什么？可能性有许多。一类比较可怕的情况（在犹太人、爱尔兰人中）是负疚感（guilt），为什么没有留下而是去了美国或者伦敦。这种以负疚感出现的怀旧，创造了高度情绪化的一类民族主义，部分是因为他们不了解在母国发生的真实情况，这也是由于他们希望，即便自己没有留在母国，也可以表现得像个合格的爱国者。比如，俄勒冈的某些美籍华人希望北京政府能军事占领台湾，幸运的是北京政府不会听他们的。这是那些心中觉得我移民就是为了孩子等的新移民所表现出来的民族主义的一个典型特征，他们爱的还是"我的国家"。

在这里我可以举一个精彩的例子，即在美国出版的移民报纸，其中的内在矛盾让人觉得很有意思。第一页通常都是我们的孩子在美国多么成功，第二页是菲律宾的可怕犯罪行为——意味着我们离开是正确的。

第三页是老祖母的菜谱，来自祖国的食谱。这就是民族国家出现后的一个困境。在过去的时代，如清王朝初建时，如果人们逃离的话，不会觉得自己亏欠了清政府什么东西，只是逃脱了新王朝的统治。

顺便说，华人可以说是成功移民的一个例子。从二战初期开始，每一任菲律宾总统都带有中国血统，泰国大约90％的总理也都是这样。在其他地方并没有这种现象。这是个有趣的现象。这些人的境遇就与殖民地的西班牙人和英国人类似，也就是说，如果你是泰国的总理，那么你还是华人吗？当然他们不会说华人这个词，他们用的词是华人之子，第二讲我会详述（在第二讲，安德森教授将指出他们用一个音为 Lijin 的词自称，意为华人之子——译者注）。他们都不会那样做，而会说自己是泰人。

长途民族主义（Long-Distance Nationalism）的最好解释，可以通过一个例子来看。

很久以前我在印第安纳大学遇到一位锡克裔教授（大概就是穆斯林与一些印度血统的混合），他是个非常友善理智的人。

他对我说："我感觉非常非常抑郁。"

我就问他："为什么呢？"

他回答说："因为我儿子。"

我又问他："怎么了？"

他说："你知道我儿子在干吗？他事业发达，在蒙特利尔有自己的生意，积蓄了一大笔钱。但你知道他现在干吗去了？他成了旁遮普邦的锡克独立运动的一个非常暴力的支持者。他花钱往那送枪支。他反正不担心吃穿，成天趴在电脑前没完没了地搞洗脑运动，还给所有对独立运动感兴趣的人打电话。"

我接着问他："我还是不太理解，你抑郁什么呢？"

他回答说："我儿子对我说，他希望旁遮普邦的每一名锡克裔年轻人，都要做好为与印度抗争而牺牲的准备，等等。我对他说，你怎么还没让你自己的孩子去旁遮普邦？但我儿子就莫名惊诧，并说，爸你什么意思啊！我把孩子带来加拿大就是让他们免遭不测，不用在锡克独立运动中凋零。"

这位教授很不理解，儿子怎么能期望其他人都去捐躯，自己的孩子却要藏起来，他觉得这是不道德的，不应该这样做。

他说："另外一个问题就是，你在加拿大享福，有个好职业、孩子有好学校上、有个好妻子，衣食无忧。但是你向旁遮普邦送去武器，不顾人们可能会因此丧命。你从未向印度政府纳税，你也不会在印度入狱，印度政府也不会来加拿大处决你。除了当个网络英雄，你其实没有为'我们的国家'做过任何事。作为一名加拿大公民，你履行各种义务。你却对锡克没什么义务，你眼睁睁看着锡克年轻人去送死，自己却在蒙特利尔过好日子。"

他认为儿子的这种行为是非常可耻的。

这是一个极端的例子，一个人怎么可以一方面是一个地方的公民，却另一方面是另一个地方的民族主义者。随着移民数量的增加，这个问题将越来越多地出现。

我说了这么长时间，谢谢大家。

东南亚华人认同的悖论①

这次演讲请不要太认真，我可能会犯很多错误，尤其是我对中国不是很了解。疯狂的是泰国几乎每天都在发生的政治斗争，它们有很多不同的解释，政治学家们还不知道怎么说。

我 9 岁时开始对福尔摩斯侦探故事感兴趣，他是英国文学中第一位著名的侦探，曾经抽过鸦片。他说过，寻找解决问题的线索时，不要关注那些你能看到的，而要观察那些你看不到的。我总对学生说，应该关注那些缺失的东西。记住福尔摩斯对我们是有用的。

在泰国，过去 15 年多的时间里，政治斗争越来越激烈和暴力化，民众发动规模日渐增大。在红衫军和黄衫军发表的演说中，我注意到了一些东西，例如，他们用的语言都很低俗恶劣：第一位女性总理英拉被斥骂成妓女、傀儡，她的对手则被说成爬虫、白痴、黑手党、同性恋、叛徒、间谍、腐败并且腐蚀他人、没教养没知识的受过教育的人、独裁者、男性器官等等。

---

① 演讲时间为 2014 年 3 月 26 日。

顺便说一下，有意思的是一个现在不出现的词：Jeg。现在这是个比较温和的詈语。这个词原本用来指泰国的华人，但在过去的30~40年间，富裕的泰国中产阶级华人认为这个词带有侮辱的意味，因而希望用其他更高贵的词自称。在相对贫困的乡村，却还是能看到饭店招牌之类仍然在使用这个词，也没人觉得不满意。也是30多年前开始使用的一个词是——尤其是在学生和知识分子这些人群中，他们希望被称为Lijin（音），即华人的后代。这对泰国来说是个特别的名词，因为其他民族的后代都没有特称。

现在我想介绍一下，泰国国内和国外的媒体、学界是怎样试图解释泰国的暴力、愤怒和憎恨的。我们现在能在报纸中看到的解释是，这场斗争是保守派与民粹派的斗争（错误），民主与独裁的斗争（错误），阶级斗争（有一部分正确但不全部正确），保皇和倒皇的斗争（这也是部分正确），正直与腐败的斗争（部分正确），曼谷的傲慢与全国其他地区的斗争（也部分正确）。

但是，所有这些都不能解释这场斗争最惊人的特点，即两个最大的政治阵营——红衫军和黄衫军的地区性分布。曼谷和南部支持黄衫军，北部和东北部支持或是基本支持红衫军。目前还没有根据阶级冲突对这场对立做出的分析，也没有人讨论这种对立是否与民主有关。而且，这样的地区分布已经存在相当长时间，但没有人提起，仿佛它不存在，也不可见。在这里我想谈一下这种奇怪的区域分布。

让我来讲一个有趣的故事，我在别的场合也曾提到过，这是一个发生在泰国的故事。一天早上我在去机场的漫长路上，出租车司机是个唐人街来的老年华人，我问他支持红衫军和黄衫军的哪一边。他说，当然是支持红衫军领袖他信。

我问他，是不是因为他的政策对贫困人群有所照顾。他说不是的，支持他的原因是，他是客家人，我也是客家人，而现在在泰国，正直的人就只有客家人了，我们努力工作，曾经有勇气与满族人斗争，我们不迫使女性裹小脚，不装腔作势。

我又问他黄衫军的领袖阿披实怎么样。他说，这是个该死的福建人，狡诈懒惰，是个机会主义者，对人不善，等等。

现在泰国政局中还有个重要人物，叫作素帖（Su Thep，即反政府群体领导人——译者注）。司机说他是海南人，糟糕透了，不洗澡、脏，蠢而且残忍，永远不要信任任何海南人。

我当时很有勇气地继续问了下去，问他国王怎么样。他说国王是潮州人，机会主义者，总是阿谀奉承那些比他们势力更大的人，他们在这当了国王，是因为他们去不了越南、印尼，因为他们怯懦，觉得泰国安全一点。

这场对话让我开始思考，或许我们应该看看这些海外的"华人"，他们还是不是华人。

如果我们观察泰国政局中对立的双方，两边都很暴力也很腐败，撒谎虚伪，但他们都很擅长组织大规模的群众，并且雇用暗杀枪手。然而，政客们在世界上其他地方往往也是这样的。此地有何特别？今夜我要给大家一些背景介绍。

华人向东南亚移民始于明代末期，广东、福建与"满洲"仍在战斗，战败后他们有船队，能逃出中原。其中最多的是广东人，主要去了越南沿海一带。福建人去了柬埔寨，以及菲律宾和印度尼西亚。潮州人也跟着逃了去，很迟以后才有了海南人和客家人。

对这批移民的了解不多，他们很多人是文盲。有一个关于他们的故事很有趣，也能说明问题。西班牙对菲律宾的殖民早期，福建商人在马尼拉和广东来往贸易，获利甚丰。西班牙人询问他们是谁，他们用福建方言回答"商人"，有些不怎么聪明的西班牙人在 18～19 世纪就认为，这个词表示这些人自称属于这个人种，因此也用这个词的发音（Sang-lays）称呼他们。直到后来西班牙人才得知，这些人实际是华人，他们这才更换了名称。也就是说，这些福建商人并没把自己介绍为福建人或是华人，而是商人，这显示了他们没有大的认同，只有小的、基于语言、宗教、亲属关系的认同。

有一个历史事件是，暹罗地区统治了 400 年以上的阿瑜陀耶（Ayut-thaya）古国，被入侵的缅甸军队彻底摧毁了，都城被焚毁，财产被劫掠，活人被运到缅甸。整个贵族制度崩溃，而最后的国王饿死了，这是中部和西南暹罗的一次劫难。在这个时期，发生了一件特别的事情。一个父亲为潮州人、母亲是当地人的男孩出生了（指郑信——译者注）。此时这位非常聪慧成功的男孩被阿瑜陀耶贵族领养，后来成长为能力很强的将军，组织了一支海军将缅甸人击败，光复了暹罗（1767 年被拥为暹罗国王，建都吞武里，1770 年统一暹罗——译者注）。他也很残酷，并且偏执，在一次政变中被杀，所有家属都被杀害。组织这次政变的人即泰国绵延至今的却克里王朝最早的国王拉玛一世（也称有潮州血统——译者注）。这段事实的意义就是，华人第一次在东南亚成为国王，郑信也多次要求清政府敕封，最终才获准。他执政的 15 年中，对潮州人非常扶持，并把都城迁到吞武里（Thon Buri），吞武里是港口，使得海上贸易更加便利。从那时起，潮州人到现在仍是泰国最大的少数民族，并且非常有力量，政治上地位很高。却克里王朝到 1860～1870 年，都一直是用中文印玺来为各种公文盖印。在 20 世纪的民族主义浪潮影响下，一个泰王竟然是华人，这让泰王很尴尬，他们开始自称民族主义者，是真正的泰人，但长相和其他方面一看就不是本土居住的普通百姓。

潮州的移民由于国王的扶持，大量涌入吞武里和后来的曼谷。而从福建来的移民离开了吞武里，向南迁居到半岛南部的两侧海岸，开始了新的贸易，他们也开始进入马来亚和新加坡地区。

不久后鸦片战争就在中国南部的海港开始了，太平天国运动不久也发生了（如果没记错也是客家人领导的），清政府派来军队镇压。大量人口逃入东南亚，脱离满族的统治，来到泰国西部的印度洋一侧。客家人在北部从事农业，福建人、海南人在南部。目前的红衫军、黄衫军支持者的地区分布也与之相关。清政府的命令是逃出其统治地区又想回去的即处死，因此也没什么人愿意回去。顺便提一句，海南人是这些不同方言人群中最穷困的，但对热带疫病的抵抗力强，可以不受疟疾之类影响。

1855 年英国人到了曼谷，当时是却克里王朝的第四代国王拉玛四世，被迫签订不平等条约，遵守英国的命令，取消王室对贸易的垄断，英国实现这一切的方法，就是实行自由贸易。巴林顿（John Barrington）是当时与泰国交涉的外交人员，有关他最著名的事是，他写的文章中有"自由贸易是基督，基督就是公平贸易"（Free trade is Jesus Christ, and Jesus Christ is fair trade）的句子。想起这虚伪到极点的话，我总忍俊不禁。其后，泰国西岸的海港最重要的进口商品就成了鸦片，哥伦比亚现在著名的毒品贸易相比之下简直就是小巫见大巫。可以说英国是历史上最大的黑道帮派和毒品贩子。

在西岸港口和曼谷的鸦片生意意味着必须形成某种分配管理制度。被采用的制度就是包税制（tax farm，也称商包制），即国王准许承包人在按约向国王缴纳一定的提成后，可以从某地区获取任何数额利益的制度。获得鸦片包税权的华人变得很富有，并且，他们必须雇用很多年轻力壮的人，以保证税收的获取。泰王室从鸦片贸易中获利甚丰，从 19 世纪 70 年代开始到 1955 年，50% 以上的国家预算都来自鸦片贸易。当时吸食鸦片的主要是华工，那些单身的孤独工人。鸦片包税和酒业包税、色情业包税、赌博包税，都成了将财富留在泰国而不是寄回中国的渠道。

泰国华人的秘密会社（Ang Yi，即"洪字"，是反清复明的秘密会社天地会在泰国的私派——译者注）的形成与鸦片贸易和包税制关系紧密，他们挑动年轻人争斗打杀，他们并不反对国王，但不同社团间斗争激烈，焚烧住宅，恫吓斗殴，事故频发。直到 1900 年，新加坡的英国警察才控制了这种局面。按官方说法，"洪字"消失了，但实际上，在 20 世纪 30 年代的大萧条中再次出现。

在那个时段，泰国出现了巨大的中国移民入境潮流，大量华人进入曼谷。有些关于曼谷华人人口的数据是很有意思的：比如，台州人控制 95% 的典当铺，98% 的皮革业从业者是客家人，机械零件铺 59% 是广东人开的，裁缝有 90% 是客家人，92% 的中医是台州人，理发匠 50% 是海南人，开饭店的 50% 是广东人，橡胶出口商 87% 是福建人。综上，曼谷的不同华人社群在职业等方面有着非常显著的特点。

在这个阶段，当铁路和高速公路出现后，从中心向外移动就变得容易多了，这在地图上可以很清楚地看到。在这个时期，如他信的客家祖父就搬迁到几乎与老挝接壤的城市。在 20 世纪上半叶，有些华人同情毛泽东，而华人中更富裕和最成功的与蒋介石关系比较近。

二战后，很多华人陷入了困境，因为当时泰国的统治者是个专制君主，军事政权对华人很警惕。泰共建立比较晚，其构成主要是穷困的人，如工人等，20 世纪 60 年代中期以后才有所扩张。刚才已经提到泰国的经济完全掌握在不同的泰国华人群体手中，但政治是另一回事，其对政治的影响非常有限。

第二代泰国华人希望他们的孩子不要只是成为商人，而是能成为官僚、专业人士，如律师、医生、法官、教师等，因为商贸被认为社会地位不高，没有尊称，而华人对社会地位和名望非常在意。二战后，很多二代华人家庭送孩子去英美留学。美国人（泰国军政权允许美国在泰国建军事基地并签署若干协议，赋予美国诸多特权——译者注）倒是做了件好事，他们觉得泰国只有两个大学，入学很困难，这非常不合适，就开始在泰国各地建大学，华人的后代开始大量进入，大学每年入学人数从15000人增加到了100000人，这对所有人都很好，但尤其对泰国华人有利。到现在，母亲贿赂教师获取孩子入学机会，是泰国最大规模、最臭名昭著的腐败现象。

而对政权的忠诚似乎总是个问题。如果你去参观泰国国家博物馆的历史展览，很奇怪的是，那里没有泰国的英雄，只有4位国王的名字。1973年军事政权倒台时，曼谷发生了各阶层的大规模民众抗议，包括学生、教师等。抗议持续了两年左右，很有效，王室开始担忧自身会被取消，就开始了大规模的屠杀，开始镇压，学生们被吊在公园里受尽残酷折磨，很多学生逃进森林和偏远地区去参加共产党。加入共产党的有些年轻的学生领袖实际是华人，但把自己表现为泰国人，而共产党则偏向中国，在党内有很多摩擦。

亚洲现在已经没有冷战了。泰国的左翼在越战期间，曾经成功地组成了一些合法的左翼政党，但1997年后，泰国就没有左翼政党了，都是新自由主义或者保守主义的政府执政。对资产阶级（包括但不限于泰国华人）来说，这当然是个幸福的时代。其表征之一即银行在泰国大规模扩展，分行到处都有。有政治野心的人，尤其是华人，可以从这些银行大额贷款进行政治活动，竞选，这些人常常是所谓商界精英，控制赌博业、房地产等等。而没有任何人与他们斗争，因为整个左翼都崩溃了。

政客们非常渴望进入国会，他们会毫不犹豫地更换党派。其中有些人从小商人发展成大商人的手法，与洪字秘密会社的发展手法类似，这些人被称为jig pore（音，泰语，大老板——译者注），在80年代和90年代很常见。希望成为政客的商人采用和洪字一样的手法，诸如暗杀、埋伏、扔炸弹等方法。所谓"民主"也就是说进入国会的吸引力如此之大，这些人可以采取各种手段。现在是更加家族政治风格的，上位者会在各种可能的位置上尽量塞进自己的亲属，相对而言，这个现象在泰国华人中更为明显。

这种现象随着 1997 年的经济崩溃结束。很多人破产，老一代台州人经济上大受挫折，很多人失去了自己在国会等其他地方的工作。新的政客不满足于在国会拥有席位，开始希望获得国家统治权，成为总理等等。他们希望成为英雄，并且日渐鄙视王权。王权恐怕即将结束。下一步，政客们期盼成为泰国共和国的总统，他们并不如此宣传，但这是他们在想的。但由于领地的划分，很难在不是自己的领地获得选票，对红衫军、黄衫军两边都是问题。这些政客也无法在公共场合承认自己的华人血统，虽然众所周知，但无法承认，否则就会显得很荒诞：华人来当泰国总统。双方都使用专业枪手，他们使用恐吓手段，如趁人出门炸掉房子，以此来警告对方。这可以说是台州人跟敌对的客家人在竞争，这些手法全然与民主无关。

安东尼奥·奈格里系列演讲[*]

〔意〕戈　雅 译[**]

前　言

　　首先，我想感谢汪晖教授邀请我来华做三场演讲并发表演讲的文本。很荣幸可以向中国读者介绍我最近几年的反思。对我来讲，能够与中国学者面对面讨论我演讲的内容、面对他们的批评以及从他们的非欧洲角度去重新思考问题，的确是个很宝贵的经验。

　　在这三场演讲中，我总是试图使用某种归纳法。我的第一场演讲从"大都市"的定义入手：在当前资本主义阶段里，大都市可被视为生产价值的主要场所，就是说，社会劳动价值恰好在大都市里被"萃取"。既然活劳动成为以知识、语言、人际关系为主要功能的生产力，劳动价值及其产物就不得不集中在人与人交流并合作的地方，亦即在大都市的空间里面。

　　第二场演讲的内容与第一场是相关联的：大都市的课题让我对"共同性"概念下定义。在我看来，"共同性"就是劳动力的联合行为的原则：从以前的大工业阶段，到目前的认知劳动的积累阶段，或者说，从福特主义到后福特主义阶段，联合行为所起的作用越来越重要。脑力劳动、科学劳动，或者与信息技术有关的服务业，都依赖社会合作或社会

---

[*]　安东尼奥·奈格里（Antonio Negri），意大利激进马克思主义哲学家，曾任教于巴黎第八大学和国际哲学学院（International Institute of Philosophy, IIP）。

[**]　戈雅，意大利籍，清华大学中文系博士研究生。

联合。联合行为会加强共同性的精神、生活方式的分享和交换以及生命政治。价值是由"共同性"所产生的，同时也是从"共同性"中萃取的：一方面，劳动者只有在共同性条件下才能提高自己的生产力；但另一方面，资本要剥夺其生产力。不过，共同性构成的劳动合作关系越来越深，其生产力成倍增加。

第三场演讲涉及方法论问题，即我们如何论述大都市、共同性等问题。我认为，如果我们想了解剥削形式的内在发展以及权力形式的转化，有必要研究马克思的思想与福柯的思想及其关系，允许我们创造一种新的方法。资本与权力的关系始终是一种充满矛盾、冲突和辩证法的动态关系。宏观政治与微观政治在资本和权力的关系中交替出现，并有各种各样的结合方式：如果我们从内部去分析权力与对抗权的关系、劳资关系或统治与抵抗力的关系，就能看出当代经济发展里的剥削形式的复杂性。

从欧洲来看，对于价值生产方式的上述分析能得到确认。在全球化时代中，劳动及其社会组织好像有这样的结构。但是，从中国来看也是如此吗？

我的演讲所引起的讨论，呈现出一些疑问和不同意见——当然也有默许和赞成，不过在这里，我特别想提出我受到的批评。

第一种批评基本上与我对（大都市的）以知识、人际关系、生命政治为核心的劳动概念的分析有关：我阐述的认知劳动理论如何能够解释"大众工人"（mass worker）的存在及其连续的重复性劳动模式？我的批评者说，中国不能简单地被视为"世界工厂"，这一点我完全同意。劳动组织和生产过程高度单一化，在中国，这种倾向也很明显，而标准化的泰勒主义劳动模式仍然占很重要的地位。我当然不会怀疑我的批评者提到的数据，不过我在第一场演讲中强调过另一个方面：依我看，认知劳动倾向拥有霸权，而且该霸权的倾向正在贯穿整个生产组织，无论在哪个国家都是这样。如果我们观察中国产业结构和金融结构如何渗透全球化秩序，我觉得我的理论还能得到肯定。

关于第二场演讲以及"共同性"概念，最大的批评来自"公共"（或"国有"）概念的拥护者：就他们而言，中央权力及其制度在经济和社会发展中还能发挥一种决定性的作用。特别是在中国，国家的计划能力以及国家对各种行业的支持和指导，为经济发展奠定了基础。我对这种情况，或对公共权力的关键角色没有任何怀疑。不过，我认为，对"公共"领域的过度强调，会遮住或回避一些越来越重要的问题，即共同性力量能产生的问题。首先，共同的自然资源越发需要尊重，也需要与经济发展过程建立非破坏性的关系。其次，我们还不能忽略经济和政治的共同价值，亦即联合价值，或作为劳动者的力量的自由和平等价值。当我们说"共同性"的本质在于联合原则的时候，我们不想描写一种社会现象，反而想提出一种政治观念，我们想讨论如何能够建设一种政治共同体。中国文化的传统概念（如"大同"概念）及其当前发展，有可能对我们的思考有帮助："共同性"概念还能保留自己的中心地位。

最后，关于第三场演讲的内容，虽然基本的方法论框架得到了承认，但是我感觉到，还有人怀疑我的方法论能否应用于目前的资本主义发展阶段。资本及其国家制度越来越像一种单面权力。资本主义的金融化过程完全改变了统治机构的格局。毫无疑问，一种辩证法的方法论能帮我们了解权力关系和统治的形式，但是还可以展开别的问题，例如，今天金融能否被民主化？再说，社会斗争能否影响到金融资本？这些问题虽然很复杂，但值得我们思考。社会生活的民主组织也许就依赖这些问题的答案。

我希望将来还有机会和我的中国同行继续讨论这些问题并加强我们的友谊关系。

2015 年 5 月 6 日写于巴黎

作为后工业化工厂的大都市①

我很多年前开始探索欧洲资本主义发展的危机和转变：除了分析劳动力剥削形式的变化、劳动组织模式以及从福特主义到后福特主义的转变，或者说从产业资本主义到认知资本主义的转变之外，我还分析过这

---

① 演讲时间为 2014 年 11 月 27 日。

些转变的空间维度。我把上述转变解释为"从工厂向大都市的转变",并对此下了这种定义:大都市之于诸众,正如工厂之于产业工人阶级。

在最近几十年,我们注意到了劳资关系的变化,这种变化在一定意义上类似于葛兰西在《美国主义与福特主义》这篇文章中所描写的 20世纪 30 年代的历史变化。为了解这种历史变化的起源及其重要性,我们应该强调,在第二次世界大战以后,西方经济增长如何成为当时资本主义产业发展模式的完美成果。那种资本主义的形式立足以下四个主要特征。

(1) 知识体系所反映的社会分化,以及脑力劳动与体力劳动的划分;

(2) 不变资本里所包含的知识,以及企业管理技术的重要角色;

(3) 物质劳动的中心地位、泰勒主义模式及其抽取剩余价值的机制;

(4) 作为技术进步和财产的主导形式的不变资本及其战略作用。

随着福特主义的危机,这四个特征也进入了危机状态。危机的出发点在于所谓"大众工人"(mass worker)的对抗性角色。大众工人通过其抗议运动,对劳动的科学组织提出质疑,让福特主义企业提高社会保障和福利的水平,并且打破福特主义本身的限制。工人运动有两个结果,一是工人收入增加,二是工人收回生产过程的创造力和智识能力。大众工人的对抗性力量导致福特主义模式的崩溃,同时在资本主义体系之内还创造出共同性的因素,以及一种能够超越资本主义逻辑的新的劳动组织。那时候,工人阶级对自己的传统认同进行否定(或至少可以说工人阶级否定了自己的中心地位),进而在"普遍智能"的框架内重构集体劳动者的形象及其主体性条件,并且创造出一种以知识为核心,以知识的普及为基础的新的经济结构。这样,在劳资关系史当中,一个新颖的阶段就开始了,该阶段的主要特点是认知劳动的概念和一种普遍的智识能力。

由于这个历史转变,福特主义和传统产业资本主义的相关规范,如有关收入、劳动价值、财产的形式、收入分配等规范,都发生了巨大的变化。

这里我想介绍这一巨大转变所带来的结果和它的以下几个重要特征。

第一个特征是,死劳动与活劳动的颠倒,也是社会与工厂的颠倒。在这新的历史阶段里,无形资本(或非物质资本,也有人称之为人力资本，可在我看来这种定义并不正确），即劳动者受到的教育、培训，他们的工作经验等，大于不变资本，并且成为经济增长最重要的因素。无形资本比不变资本重要：这样的趋势与智识能力的普及有非常密切的关系。另外，这还意味着我们要颠倒知识经济学家的共识，证明转变的核心和主导动力不在于经济学研究所和工作室等私有机构，而在于人们共享的集体生产过程，在于福利制度和别的共同性制度（如免费医疗、教育、公有的学术研究活动等）。这一套共同性制度能够构成一些新的生活方式，在日常生活领域中，新自由主义对共同性的私有化方案与人们对福利和共同性制度的民主要求之间存在激烈的冲突。

第二个特征是，劳动（或劳动力）本身会自主地组织生产；这意味着现在最关键的因素再也不是不变资本的积累，而是劳动者的自我培训能力和他们的创造性——换句话说，劳动者会收回不变资本。

第三个特征是，劳动力的形成和再生产条件有直接的生产价值，因此可以说今天的"国家财富"起源于人们在企业之外的合作关系。另外，值得注意的是，随着这种历史变迁，有关知识生产的传统理论（在劳动力之中，只有精英或专业劳动者才能创造知识）已经没有任何意义。今天，如果有一个"行业"能够创造知识（对"行业"这个词是否正确，我有所怀疑），那这"行业"就相当于整个社会。于是，劳动概念本身应该包括各种参与经济/社会生产和再生产过程的社会因素在内。

最后，所谓高等服务，就是说福利制度历史上所提供的服务，其范围以知识、感受和人与人之间的交流为核心，会引起一些新颖的自治实践的出现。

那么，我刚刚描述的资本积累形式的转变，到底取决于哪些空间条件？

众所周知，如果没有一个恰当的场所，阶级斗争就不会发生：阶级斗争的可能性与某种空间有密切的关系。目前，我们可以把大都市视为阶级斗争最恰当的空间。本来，这样的空间就是工厂，今天我们还可以说是工厂，可是今天的所谓工厂再也不是过去的工厂，今天的工厂就是大都市：大都市及其生产关系、知识生产线、物质生产的场所、商品流通、交通网络、其边界以及它的生产危机和流通危机。在认知劳动在生产过程中占统治地位的条件下，大都市能被视为工厂的最现代的形式，可从另一个角度来看，大都市还算是最古老的、最经典的工厂模式：流动劳动者和女性劳动者，来城里打工的人，没有稳定的单位和住所的人，都像奴隶一样遭受剥削，并且剥削机制会影响生活的各个方面和各种时刻。作为前工业化工厂的大都市会利用文化、性别、民族、阶级的差异来进行各式各样的剥削；另外，作为后工业化工厂的大都市把上述差异放置在一个共同的区域里面，把所有的差异混合起来，成为一种由不同的人、不同文化、语言和生活经验组成的空间。这样，大都市也是不同主体能够相遇的共同空间。我们必须承认并揭示大都市里所包含的共同性的存在。地租和所有经济租的形式会笼罩共同性这个原理的存在：通过建造高楼，或者通过股票市场经济租试图控制共同性原则。与此相反，只有绝对民主的抗议活动，或以公开性（Glasnost）的名义从事的社会斗争，能够将共同性从经济租的支配中解放出来。我们必须打击经济租的各种形式：不管是房地产的地租，还是知识产权以及与信息技术有关的经济租，都应该受到打击。

绝对地租原来体现了早期资本主义体系的本质及其暴力；目前，在资本主义最发达的阶段里，绝对地租就标志对共同性的剥削。因此，我们今天必须强调经济权力和共同性之间的矛盾，并必须试图让这矛盾爆发出来，对我们而言，眼下没有别的目的。我们还应该注意，任何辩证法的答案都解决不了问题：只有民主，或更准确地说，只有绝对民主才能解决问题，但这种民主意味着每个人得承认自己需要他人的帮助，因为在共同性的话语里面大家都是平等的。

当我们面临当代大都市问题的时候，找不着固定的答案：我所谓"工厂－大都市"是一种假定，而且像所有假定一样，需要我们的仔细考察。当然，从传统的工厂向大都市的转变不能简单地被理解为一种直线的过程，不过由于这种问题能帮助我们进一步了解当前的世界，因此还是值得研究的。

大都市显然与工厂有很多不同，我们不得不探索这个生产空间的独特性，但同时还可以说，它是最典型的生产空间。另外，还有个问题值得提出：我们能不能把城市居民或城市诸众，同产业工人相比较？这里我们当然要扩大并深入分析这种话题，不过如果说"大都市之于诸众，正如工厂之于产业工人阶级", 这种说法不是一个比喻。我还坚持强调, 这种说法之所以不是一个比喻, 是因为诸众与大都市的关系的确存在。这种关系能发生, 即便它跟工厂与工人的关系不一致, 不能被视为简单的剥削关系。今天一些社会学家把"空间"概念作为偶像去崇拜, 进而只能显示出城市里的差异和多样性, 我对此感到恐惧, 因为除了差异以外, 还有一种非常实际的剥削机制, 我把它叫作"萃取型的机制"①。假如我们把工厂与大都市、阶级与诸众放置在同样的框架内加以分析, 就要面对一种"非比喻"的实际情况: 为了阐释这种情况, 必须使用一些新的剥削概念, 尤其必须分析所谓"萃取型"的剥削形式, 即"萃取型的剥削", 或更准确地说,"萃取型"的统治关系。

这种"萃取型"特别值得强调, 同时我们要记住, 大都市的社会组织即使不是一种比喻, 也不能简单地被视为工厂组织。首先必须说明, 劳动分工不取决于其功能, 没有规训的目的, 而且甚至不起支配的作用; 其次, 资本主义的剥削形式处于另一个历史阶段, 有些学者把这个阶段称为信息化时代, 已经不是所谓后工业化时代。这个阶段已经有了相当稳定的条件, 不过一来是因为目前不变资本与活劳动之间没有清楚的划分, 二来是因为劳动者也许有收回不变资本的力量, 而且当前有可能对社会合作的需求已经构成一种自主性的装置, 所以我们现在很难确立剥削关系 (上述的萃取型机制) 的定义。

于是, 一方面, 大都市环境有新的社会控制机制, 有剥夺社会生产价值的机制, 有对劳动力的剥削, 有地租和房地产的投机买卖, 也有越来越多的市内边界和对人口流动的限制; 另一方面, 正如我在《大同世界》中所说, 有作为诸众的无机身体的大都市, 大都市是建构主体性和新的生活形式的空间, 它能展开新颖的主体化过程, 并集中一切能够产生共同性原理的感受。那么, 当我们分析大都市概念的时候, 如何能解释这两个截然不同的方面呢?

我认为大都市的经济秩序基本上是一个整体。我们固然可以对自主性的因素和萃取型的剥削形式进行单一的分析, 可是不能忽略这两个相

---

① 意思是资本主义的剥削机制能够从城市居民或者诸众抽出其力量和创造性, 把力量、知识、感受等共同的资源转化为利润 (或私有财产)。

对立的因素有密切的关系。我还要重复一遍上文的命题："大都市之于诸众，正如工厂之于产业工人阶级。"这里要强调，资本概念有双重含义：有剥削者，也有被剥削者；有压迫，也有反抗。问题在于，我们在界定剥削者和被剥削者这两个不同主体的本质的同时，还得考虑它们之间的互动关系：剥削者通过其剥削和支配的行动创造被剥削者的认同，同样被剥削者通过自己的反抗对剥削者的身份进行确认。两种主体的特点及其相对立的力量就是这样构成的。其间的互动关系既很稳定，又不断改变自己的形式，有很大的弹性，就像两个朝相对方向运动的波涛一样，其巨大力量不断相撞。

这可以说是宏观分析的层面；我们也可以离开宏观分析而进行微观分析，这一视角的转变当然很不容易，可能被定义为从马克思主义社会学向作为感受的物理学的政治学的转化。如果马克思主义社会学能作为宏观分析的方法论，并且其研究对象不是一个僵化的偶像，而是一个有活力、动态的对象，只有我所说的"感受的物理学"才能符合微观分析的要求。

另外，我们甚至需要考虑人类学提供的双重视角。一方面，有所谓"后工业化时代的人类学的心理结构"的问题，就是说，政治主体如何能收回不变资本，或者说他如何收回资本的机械部分，或至少如何能打破资本的专有控制。这里问题的关键在于，资本主义统治不仅仅把科技的因素插进人的身体里面，这是在马克思所说的"大工业时代"发生的现象，而且不能不看到，人具有利用科技和机器因素的自主性能力。当我们提出"社会感受"的时候，不但想讨论人如何成为科技产品的被动消费者，而且主要想强调人怎么能主动消费科技。这样的问题就像我们过去讨论的产业工人问题一样，我们必须把它从空洞的道德说教，或者从"纯粹人性"的修辞中解放出来。纯粹人性，或"赤裸生命"等概念其实没有任何意义，人总是穿着文化外衣，而且所穿的外衣一般不干净，反正为了了解人的现实，我们只能看他穿的是什么外衣。这样的逻辑也适合对贫穷概念的分析。今天的贫穷与一百年前的贫穷截然不同：今天所谓贫穷主要指的是人与人的交流能力或合作能力是否发达，当然不能只简单地考虑住、吃等温饱层面的问题。

此外，从人类学的角度来看，由于大都市是人们共同生活、共享知识、互相交往的环境，因此含有很多与共同性有关的取向。共同性的因素，不管是被动的，还是主动的因素，都属于大都市的本质，所以任何关于劳动和大都市空间的研究都应该从共同性概念入手。当然在大都市里面，在市中心和郊区之间，有许许多多的明显区别，有各式各样的阶层与社会分化，基于这种复杂结构，城市规划、内在组织以及拓扑学本身并不自明。当我们去分析大都市的时候，必须分析不同主体的差异和断裂性。这里提出的断裂性既属于研究对象，也属于我们研究者，可这并不意味着研究本身是不可能的。恰恰相反，今天有一种充满启发性的方法论，即研究者同自己的研究对象一起进行的共同研究（co-re-search）。比方说，如果我们想探索大都市的生活条件和新的生产方式，在分析认知劳动者形象的同时，还可以使用有关产业工人反抗能力的理论。

我们谈到这里，现在也许不得不提到戴维·哈维的《资本主义的十七个矛盾及其终结》（Seventeen Contradictions and the End of Capitalism）《叛逆的城市：从拥有城市权利到城市革命》（Rebel Cities：From the Right to the City to the Urban Revolution）等著作以及列斐伏尔的 "城市权利"（the right to the city）。"城市权利" 这一概念引起了许多左翼城市规划师的共鸣，不过我认为，我们不能忽视它的历史背景。"城市权利" 原初的含义是，住在福特主义城市的郊区之人，如住在巴黎的郊区但在巴黎市中心工作的人，提出了在城里自由流动的权利。这里也可以举另一个例子：我记得在 20 世纪五六十年代的意大利，许多工人从南方搬到北方都灵，在菲亚特找工作；他们不想住在郊区，而要求占领都灵市中心。总之，城市权利概念与福特主义时代的城市化过程是不可分离的。那是列斐伏尔的城市，当然还不能包括我非常重视的共同性的生产机制。至于戴维·哈维，在我看来他的理论过于强调城市中的阶级分化，只能看出悲观或消极的因素，而忽视后福特主义城市无产阶级的力量，即新无产阶级的组织能力和反抗能力。哈维尚未看清自主性运动以及认知劳动的政治主体性。

现在我们可以回到大都市里的劳动的矛盾问题。我认为，最大的矛盾是大都市本身的维护成本：共同性的价格越来越高。对我来说，城市再生产的成本大于地租：财产税、服务费和其他费用已经超过地租。这不仅仅是城市绅士化的后果，而且主要跟城市消费的过度正规化有关系。目前，积累过程基本上依赖大都市的生产能力：大都市生产知识、理念、语言、生活方式、关系网络，并且可能最重要的是合作和联合行动。虽然这一套资产能创造高额利润，可同时要付出巨大成本。收益和利润实际上不来自地租，而跟共同性的结构不可分离。

未来的城市不会依靠房地产的资本，其财富主要在于一系列相结合的服务：这样的装置给城市提供自己的价值，而且把它变成一种工厂：诸众的工厂。我这里之所以提出诸众的概念，不仅仅是因为诸众在大都市里不断生产价值，而且 multitude 这个词指的是服务的多样性。今天在大部分城市里到处有免费的互联网，互联网的普及有很多原因：居民要求上网，互联网提升城市的功能，也有利于人们的交流和联合行动，不过更为重要的是，互联网是诸众和共同性逻辑的标志。

西方社会运动立刻把大都市环境理解为一个新的斗争场所，由此我们想到这几年的城市罢工、抗议运动等。从 2011 年起，西班牙的"愤怒者运动"占领城市空间之后，就创造出一些重要的政治纲领；在土耳其，当抗议运动从格济公园扩张到伊斯坦布尔各个区的时候，抗议者的行动就更有效，并且伊斯坦布尔每个地区都成为对抗性的空间。这些对抗性力量的确能够打击新自由主义宰制及其等级结构。

一般来说，近来社会运动都有一个反对等级、要求平等的组织结构。这样的政治组织结构，不管属于运动的早期阶段，还是属于成熟阶段，都过于抽象，也许能符合宣传活动的要求，可无法引起任何实际政治变化。与其支持当代社会运动的模式，毋宁主张刚才提及的对抗性力量的观念：该模式能够更为有效地面对并解决构成性过程的问题。如果我们去探索大都市的布局，就可以发现大都市本身不适合反等级的社会运动模式。"阿拉伯之春"、2013 年的巴西运动都能证明这一点。

关于"占领华尔街"，这场运动的情况与上述运动有所不同。"占领华尔街"里包含多种复杂的因素，它首先从被驱逐的居民问题出发，其次开始讨论债务的问题，最后把自己的焦点从债务问题转向华尔街和金融体系。不过，占领运动从其具体的成就来看，不能说是个成功的运动，即便它的象征力量引起全世界的关注：占领运动没达到任何具体的目的，因此我们可以称之为这几年最脆弱的政治运动之一。怪不得遭到主流舆论的批评：一方面，有人提及"双重极端主义"的话语：占领运动和美国茶党实际上没有两样；另一方面，美国民主党在某种程度上吸收了占领运动的要求，并把这些要求转化为选举活动的口号，在这种背景下，比尔·白思豪被选为纽约市市长。尽管占领运动有弱点，然而我认为它的重要性在于运动的目标：占领运动直接批判地租和房地产制度，这一点对将来的大都市劳工运动会有很大的启发。

现在我们不能不面临一些围绕工厂－大都市关系的困难。第一，如果我们强调认知劳动所起的重要作用，这不意味着当代资本主义里不包含别的生产形式。我们不应该简单地把城市理解为认知劳动和第三产业的发源地。认知劳动者，或认知无产者，毫无疑问是我所说的诸众的表现，可他们的存在不能完全说明当代世界秩序。当代资本主义体系是一个丰富复杂的生产形式，基本上包括资本积累的不同模式。无论在西方发达国家，还是在新兴的非西方国家，资本主义都有不同的形式和表现：它包括先进的第三产业和认知劳动、房地产行业、最有活力的工业以及灰色经济和非正规的行业在内。后者在不发达国家和地中海沿岸国家里扮演很重要的角色。

总之，如果我们想对大都市的资本积累的空间进行研究，就不能忽略资本主义模式的多样性。

同样，我们不能忽略资本主义大都市所包含的丰富复杂的生活方式和诸众中的差异。但是，这里问题的关键不是对差异与多样性加以肯定，而是理解这些社会因素有什么样的趋势。就马克思主义方法论而言，趋势分析法总是非常重要的。我认为，在当代大都市环境里，第三产业能被视为趋势的主要因素，因此其他行业或多或少都受到它的影响，有时跟它有相对立的关系，不过还是有关系。

这里我想举一个例子：大都市环境也包括路上的小贩和许多做小生意的人，连这些人也不能忽视市场规律，应该了解银行和金融趋势，也应该了解市场与物流的关系。总的来说，关于这一点，我同意我的批评者。不过尽管如此，还应指出，虽然社会包括各式各样的差异在内，我们还应该寻找它的主要趋势。

另一个值得讨论的话题是所谓"萃取型"资本主义，就是说，资本主义如何从所有的社会活动中抽取价值。关于这一概念，有些理论家给我很大的启发，例如，戴维·哈维、艾迪安·巴里巴尔的著作，或者尼尔逊和梅扎拉（Mezzadra）有关移民、资本主义剥削形式和国际市场组织的研究。我从这些理论以及马克思的著作入手，展开作为顺差的共同性和联合行动的概念，这种顺差与经典的剩余劳动和剩余价值的理论有所不同。另外，对金融现象的研究，使我重新思考价值观念本身和社会创造的所有价值。如果大都市社会是最有生产能力的社会，那么可以说，剥夺价值的机制与剩余价值的积累都有个"萃取型"的形式。价值剥夺，与其说发生在某个具体的地方，如工厂，不如说发生在某个空间——诸众的空间里。这里我所谓"萃取型"就像萃取型产业提取原材料一样，抽出、占有并剥削共同的资源。

本人关于"工厂－大都市"的论题引起了争论，有人向我提出一些问题，例如，在当代城市里，房地产起什么作用，房地产与金融界的关系如何，以及房地产对当代资本主义发展有什么影响。说实话，我觉得哈维等经典的马克思主义理论家过于强调房地产的作用，把它视为金融化的资本主义的关键行业。也有学者认为美国经济模式里表现出一个长期趋势，即把不动产视为美国经济发展的主要动力，并且认为房地产会起反周期的作用。就他们而言，由于美国的经济在全世界占有霸权地位，因此美国房地产影响到全世界的经济发展。

我也认为房地产占据关键的地位，而且我同意那些学者的观点，很有可能房地产过去起过，而且今天还起着反周期的作用，不过我们应该注意：不动产行业的发展有一些具体的限制。例如，在巴西，或在伊斯坦布尔，房地产投资带来巨大收益，但圣保罗、里约热内卢和伊斯坦布尔已经成为不适宜居住的城市。在巴西，因为交通不便，开车是不可能的，所以有钱的人开直升机。至于伊斯坦布尔，连接两岸的天桥越来越多，可尽管如此，没有人想住在该城的欧洲区。我再重复我的假定：城市服务费用很快会超过地租和不动产利润。除非大都市的诸众及其对抗性运动成功地保护城市环境，否则城市化会产生不可持续的发展。

最关键的问题还是共同性和城市服务的成本。房地产问题、城市绅士化问题都应该被理解为城市再生产问题的一部分。就"大都市工团主义"而言，城市的再生产成本有一个战略含义：因为这种成本损害地租，所以在某种意义上可以说城市成本支持共同性，反对私有财产。比方说，当圣保罗人要求降低车票价格的时候，他们实际上要求增加大都市的资本主义成本。

今天一个关键的因素是，穷人在城市环境里进行的斗争对别的少数群体的吸引力。穷人的斗争能否激发其他群体的斗争？我认为，今天认知无产者、老师、铁路职工、老工会成员的斗争都受到穷人抗议活动的影响。根据典型的社会主义理论，只有工人阶级在社会斗争中才能扮演主导的作用，可现在最重要的政治主体是穷人，而不是工人。在"金砖国家"，政治主体也不是工人，或即便是工人，他们表达的要求也是中产阶级的要求。另外必须强调，穷人之所以能作为主导主体，不是因为他们是社会的被排斥者，相反是因为他们在城市环境里占据中心地位。

最后，我还想讨论一个问题，即共同性与城市权利的关系。我已经指出了，在我看来，有关城市权利的斗争已经过时了。随着福特主义和凯恩斯主义时代的终结，共同性成为最强有力的政治口号。与城市权利比起来，共同性是个"非区域化"的口号，因此能扩大城市权利有关交通和住宿条件的要求和政治视野。

对于城市权利概念，我与马克思主义者、地理学家安迪·梅里菲尔有类似的想法。虽然他对资本主义的分析与我的有很多不同，可我们的结论相当一致。简单地说，梅里菲尔对列斐伏尔理论的批评基本上涉及两个方面：一方面，城市权利是一个太抽象或太宽泛的观念，不适合那些以特定的城市地区为范围的社会运动（如土耳其的占领格济公园运动）；另一方面，就大规模的运动而言，这个观念太狭隘了（这里可以提出阿拉伯国家的抗议运动）。根据梅里菲尔的大都市概念，城市环境主要是"相遇的政治"的场所：在大都市里不同的主体性能交往、交换知识、团结起来。我完全同意他的想法。别的学者倒认为我们还可以运用城市权利概念去分析无家可归者、下岗者、女性、少数民族等运动。例如，研究全球化大都市的学者伊辛认为，大都市可被定义为一台"差异的机器"（城市不断创造差异）。伊辛还继续列斐伏尔的研究，不过我对他的城市观念没有任何意见，相反我觉得作为"差异的机器"的城市概念与我阐述的共同性概念完全兼容，两种理论之间未必有矛盾。

我的批评者提出了不少有意思的意见，不过他们都误解了诸众概念。他们将诸众理解为一个固定的整体；其实，诸众却是我刚刚提到的差异的机器，它里面包含不同独特的主体性。这些主体性在城市环境里能够交往并合作，其联合行动就产生了我所说的共同性。

我认为，当列斐伏尔阐述城市权利概念的时候，城市居民的联合行动还没达到今天的水平。当代的学者，如梅里菲尔，或布雷纳，都强调城市化过程以及差异的相遇是大都市的生产性的因素。

最后，我还想进一步讨论工厂与大都市的关系：当我说"大都市之于诸众，正如工厂之于产业工人阶级"的时候，工厂与大都市之间存在一种比拟关系，工人与诸众之间却存在一种比喻关系。

假如工人与诸众的关系能被视为一种比拟，那诸众像过去工人阶级一样，必然是一个完美的、有机的整体，可实际上不是。诸众是一种由许许多多的不同主体性构成的联合装置。

现在我就可以下一些结论。首先，我想指出，所谓"大都市"指的是一种生命政治的观念。它能包括时间与空间维度、传统的风俗习惯、过去的历史和文化遗产在内。每当我从自己在巴黎的住房的窗口往法兰西岛看的时候，就能看出过去的斗争在城市风景里留下的痕迹。2005 年之后，全世界的城市人口数量超过了农村人口；在 20 世纪初，全世界人口超过 100 万人的城市只有 4 个，今天却有 400 个，而且 50 个城市人口超过了 500 万人。

目前大都市的生活方式是唯一的生活方式，我们没有别的选择。我认为，今天没有一个外在于大都市的空间，同样，按照这个逻辑也可以说没有一个外在于资本主义的空间。大都市被视为生产过程的核心以及萃取型积累的决定性因素，因此是经济体系的主导因素。在这种意义上，我认为荷兰建筑师库哈斯的研究很有启发性。库哈斯认为，城市环境是一个巨大的生产机制，它生产商品和人际关系，同时还生产废物和垃圾。废物和垃圾不是生产过程的副作用，而是生产体系的有机部分。

我们如果使用趋势分析法，固然不应该过于强调废物的重要性，可是作为生产机制的废物和垃圾在城市生产过程中能起一种不可忽略的作用。如果说今天没有一个外在于资本主义大都市的空间，这并不意味着在资本主义体系内对抗性斗争不会发生：恰恰相反，我认为资本观念本身，尤其是城市资本，就是一种与阶级斗争不可分离的观念。在这方面，一个典型的例子是巴西贫民窟：在巴西，贫民窟地区有非常高的生产率，同时是不断斗争的场所。我们在观察世界斗争和抗议运动的时候，总是应该注意资本和统治制度与不同主体性的生活方式、斗争经验、相遇的可能性，与联合行动之间的冲突。这一切就能创造我所说的共同性。共同性是一个开放的概念：共同性是"差异的机器"，也是诸众的产物。

共同性与民主[①]

今天的演讲要从结论开始：在当今世界，生产已经变成一种普遍的、共同的行动。我们这里还可以沿用福柯的理论。自18世纪末以来，随着工业化的历史发展，人的身体和思想受到了双重束缚：一方面，个人成为被个体化的、去主体化的，被迫接受规训的装置，成为一个与他人和世界分离的个体，或者说成为一个"单体"（monad），一个隔离的、孤独的存在。另一方面，权力的装置把所有个人的单体结合在一起，将"单体"转化为一个同类"群众"：一个无名的、标准化的、可同时具有很大生产能力的群众。换言之，个人就成为生产链里的齿轮。

于是，一方面有个人的个体化，另一方面有标准化的、正规化的生产，这就是我所说的产业资本主义的双重束缚。

除了福柯以外，过去很多人也描述了生产线的节奏、劳动力的剥削、产业工人的经验及他们的感情、他们的奋斗历程，而且描述了标准化生产所产生的孤立感，令人感到自己只不过是生产过程的炮灰和牺牲品。

今天，产业资本主义的机制仍然存在，我不否认这一点，但是还必须承认历史条件也发生了很大的变化。

我提到的历史转变是生产模式的转变，它涉及劳动力剥削的条件、权力关系、劳动的范式以及价值的形成。不过，与此同时，这种转变也创造出新的反抗的可能性。看起来这是个悖论，同一的体系带来相对立的结果，但实际上资本主义模式的变化不仅巩固了权力机制，而且也为对抗性斗争开辟了一条新路。

---

① 演讲时间为2014年11月29日。

目前还有人舍不得放弃关于产业资本主义的经典分析，他们不能舍弃旧的工厂概念、传统工人阶级及其斗争的历史，因此不愿承认当前的剥削形式虽然与过去比起来，更有效并且有更广泛的范围，但同时还带来新的抵抗能力。

当我和哈特描述生产模式及其剥削形式的变化的时候，或者当我们指出工厂再也不是唯一的具有对抗性力量的场所的时候，我们想说明新的剥削也会产生一种新的对抗性主体。同样，当我们分析新的资本主义模式、非物质劳动、认知资本主义及其知识流通、联合行动、普遍智能的时候，我们一方面描述新的资本主义形式如何剥夺我们的生命，剥削的机制如何笼罩社会生活的各个方面；可另一方面，我们肯定斗争的可能性，并且将当代大都市定义为生产过程的核心以及对抗性的空间。

在我们看来，今天的资本主义再也不会把个人去主体化，或者把人转化为一个有两个头的机器人（有"单体"的头，也有"无名群众"的头的怪物）。现在资本主义想剥夺的价值，就是共同性的价值，是来自个人独特性和创造性的价值。

我和哈特不想否认工厂的存在，也不想否认遭受生产链折磨的工人身体的存在。我们只想强调，生产的核心已经改变了。今天，价值来自社会主体化过程，来自共同性和联合行动。资本主义需要主体性：没有主体，统治体系维持不下去。这样，资本主义陷入了一个悖论状态：它需要的力量，就是能够颠倒它自身秩序的力量。无产者的身体和头脑已经不是生产的麻木工具，而成为针对资本主义统治的武器。目前，如果没有共同性，就没有资本主义。通过共同性概念，我们可以扩大我们的斗争范围和我们的抵抗能力。这样的悖论就来自一个终于放弃了现代性的多余装饰的时代。

从劳动的"技术结构"的角度来看，生产过程已经成为一个共同的因素。从劳动的"政治结构"的角度来看，为了分析上述的共同生产及其重要地位，我们应该寻找新的政治司法的范畴。现在我们还在探索共同性概念，还缺少我们需要的新的思想范畴。因此，有人继续提出陈旧的观念来解释当代世界，仿佛生产的核心仍然是工厂：就他们而言，我们前面只有两条路，要么成为一个与世界分离的单体，一个孤独的公民，或一个被资本主义的鲸鱼所吃掉的匹诺曹①；要么参与一个恒久不变的无名共同体（如国家、人口、民族、种族、标准化的劳动力等）。

这是统治制度的弄虚作假：权力令人相信什么都没有改变——其实，我们要揭露骗局并面对真相，要切开鲸鱼的肚子，要把白鲸 Moby Dick 杀死。

权力如何欺骗我们？权力不断向我们重复两个词，这是权力的双重骗局。一个词是"私有"；另一个词是"公有"。私有和公有这两个范畴都是剥夺共同性的工具；就私有观念而言，正如卢梭所说，第一个说出"这属于我"这个句子的人，就发明了私有财产。这个句子的含义为：个人占有共同的资源，并剥夺别人的共同性。私有财产的存在，否定人们通过联合行动创造的共同资源。第二个词，即公有概念表面上与私有概念是相对立的；如卢梭无情地批判私有财产，把私有财产定义为人类的痛苦和腐败的起源，他却没有看清"公有"范畴所包含的风险和骗局。社会契约的问题就在这里，现代民主的问题也在这里：既然私有财产能产生不平等状态，那么哪些政治制度可以保证平等的条件？卢梭的回答为，在我们需要的政治制度里，财富正由于不属于任何人，因此能够属于大家：财产应该是公有的。公有这个词指的是，在国家的控制下，财富如果没有一个所有者，那一定要属于大家。这里卢梭（同整个现代政治思想一起）掉入陷阱里，他以为国家及其公有的范畴是保护集体财产的唯一的方法。卢梭尽力试图证明，国家对共同性的控制有充分的合法性：对他们来说，国家代表人民的利益，国家就是我们的代表，或者，作为人民的"我们"的认同，不是建立在我们的共同生产和共同生活的前提之上，而直接依赖国家，国家允许我们成为人民。就国家而言，共同性不属于我们，我们一无所有，不过虽然我们什么都没有，可至少可以宣布我们**是**人民，我们**是**国家公民：我们被剥夺了共同性，可作为赔偿，国家给予我们一种认同感，一种本质。

认同、本质就是我所说的骗局。如果我们想收回共同性，首先应该

---

① 在意大利经典童话故事《木偶奇遇记》中，主人公匹诺曹一旦说谎，他的鼻子就会随之变长。——译者注

放弃自己的认同和本质，就是说应该宣布"我们什么都不是"——因为"我们"不是观念，不是认同或本质，不是一个固定的状态。

我们的共同性没有本体论根据，也没有先验的定义：共同性是我们每天所创造的、我们不断重新发现的东西。"我们"是一种可能性的名字，或者是一种"生成"的名字。共同性总是在我们的前面，在我们的未来。从另一个角度来看，也可以说共同性就是我们自己：是我们的生产、创造、参与社会，与别人交流、流动、想象等行动。

大概自 17 世纪以来，人们一直将民主理解为对"公共事务"（res publica）的管理方式，就是说民主概念为国家剥夺行为提供合法性条件。我们现在应该重新思考民主的根本含义，我将它定义为**对共同性的共同管理**。对共同性的共同管理这种新的民主概念，也要求我们重新思考民主的时空关系：其空间维度应该被视为一种全球政治性（cosmopolitical）的空间；关于时间维度，我称之为一种**构成性**的时间。

如果社会契约建立在国家及其财产概念（财产不属于任何人，因此能够属于大家）的前提下，共同性理论的基础为：由于共同性是大家一起所创造的东西，因此不得不属于大家。

我们上次讨论过大都市概念。

今天大都市是共同的普遍生产的场所。共同性的创造和积累也发生在城市环境里。共同资源的积累以公有或私有的名义被剥夺——所谓城市的地租在经济上就成为很大的挑战，不过这里不能太仔细地分析地租与利润的关系，也不能分析生产的外部性（externalities）……现在只能指出，无论我们谈的是私有还是公有观念，两者都要占有共同的资源，因此其间基本上没有任何差别。

如果我们想夺回共同性，就不能夺回一种固定状态，而要赢得一种**构成性**的过程及其空间，即大都市的空间。统治制度把大都市的空间转化为一种由横线和竖线组成的网状结构。那么，我们应该绘制斜线去打破这种网状结构；我们应该以我们的**生成**原则去反抗任何僵化的身份；同时也应该以文化多样性去反抗自己单一的本质。几年前，斯塔罗宾斯基（Starobinski）将启蒙主义时代界定为"自由的创造"的时代；如果现代的民主是"自由的创造"，那么今天我们需要成立的激进民主，或绝对民主，就等同于"共同性的创造"。

关于斯塔罗宾斯基的理论，很可能他说得有道理，我们正在重新经历 17 世纪的历史，当时文艺复兴的危机与当前现代性的危机有不少相似之处。也许，现代性的危机等同于今天的创造时期……能不能说这是共产主义的创造？我不以为然，最准确的说法也许是，今天我们在经历后现代主义或者共同性的创造时期。目前，新的资本积累形式重复早期现代性对共同性剥夺的过程。这种过程对 20 世纪的工人斗争的成就、国家福利制度和民主制度而言，是一种打击：今天的资本主义形式又占有我们在漫长的历史中，通过现代性的痛苦的经验所创造的共同性原则。

不过，除了对共同性的剥夺以外，还有诸众的创造性力量及其抵抗能力。我和哈特合著的《大同世界》这本书就论述这个关键的命题，**一分为二**，并且描写当代资本主义体系里出现的分叉：一方面有统治，另一方面有反抗。这种分叉立足对共同性的保护与新的原始积累之间的冲突，在我们看来它正在起一个非常重要的作用。

当我们分析当代分叉和断裂的时候，还应该强调，当今资本主义生产过程的中心有一种无穷无尽的资源——智慧。为了保护共同性，智慧具有一种无法击败的力量：即便这种力量还是潜在的，可也不能说不存在。智慧的力量在《大同世界》中是一条主导线索；另一个关键的论点是诸众的政治自觉。我和哈特称之为**作为"生成君主"的诸众**；这里所谓君主，指的是葛兰西对马基雅维利《君主论》的解读，而不是马基雅维利的观念。我们想提出的问题是，诸众是如何构成的？我们在分析该问题的同时，也提出围绕诸众概念的一些争论。过去，这一概念受到了尖锐批评，有人将诸众称为我和哈特崇拜的空洞偶像，其实诸众是一个主体，在解放的政治条件下，诸众是一个由欲望、语言、斗争实践以及理论构成的实际主体。

今天，我们再也不需要经过一个过渡时代。我们要面对的是上述的分叉：分叉与过渡时代很不一样，过渡时代理论是根据 20 世纪社会主义历史经验所阐述的理论，现在不符合当代世界的要求。与其说今天问题的关键在于从一种生产方式向另一种生产方式的转变，不如说我们应该彻底建设一个另类世界，一个与过去截然不同的世界。另类的可能性已经在我们前面，因此必须思考如何能展开这些可能性。从方法论的角度来看，为了展开历史的可能性，首先应该拒绝辩证法及其有限的视野：我们可以出走辩证法。根据福柯和德勒兹的理论，我们需要建构一种有创造主体性能力的装置，进而可以出走历史的必然性。这里所说的"出走"不是走向一个新的历史整体性的行动，"出走"没有固定的目的地，而是一个开放的过程。在"出走"过程中，有可能一些新的制度因素会出现。这些制度的因素，不是黑格尔赞扬而无政府主义者批判的"民间社会"的制度化，也不是以政治神学为基础的制度概念，而是我所说的**构成性的过程**。这种过程能够不断重建自己。目前的分叉需要一种制度化。新的制度通过对共同性的积累给我们的世界提供意义和价值。我们已经从资本统治的手里夺回了不少共同资源，如欲望、劳动等等。

我正在讲的理论起源于一些意大利学者，如马拉泽、韦尔切洛内以及整个"调整学派"。这里第一个值得强调的因素，是金融在生产过程中所占据的中心地位。金融管理与实体经济的区分不但现在没有任何意义，而且从政治理论的角度来看，或者从实际情况来看，完全是不可能的。目前资本主义体系立足经济租。大工厂的老板与其把利润再投资，不如依靠地租。

今天，地租或经济租能被视为资本的核心，资本的血液：在资本流通和资本主义体系的维护这些方面，地租扮演着非常重要的角色。另外，货币成为社会生产的唯一标准。货币获得了一种本体论定义，它作为本质、血液、内在动力，巩固社会所创造的价值并保持整个经济体系，进而确立社会的臣服关系。整个社会被纳入货币的权力和统治之中，连政治自身（政治家、国家领导等）也不能回避货币的逻辑。于是，我们应该在这种体系内部进行反抗，直接面对经济权力。这里我半开着玩笑说，在这种语境下，我们能否建立一个苏维埃根据地？在金融和货币的集权主义的支配下，我们如何组织诸众的斗争和对抗性力量？诸众像过去的工人一样，不仅仅被剥削，而且更重要的是，诸众**在社会上被剥削**，因此我们要反抗剥削的社会结果：在这种意义上，所有要求增加工资的斗争是合理的，资本本身仍然是一种社会关系——劳资关系。

另外，我们还可以从这些论点入手，对目前的经济危机进行分析。

金融危机通过货币的增加会保持资本主义秩序（次级贷款及其吓人的后果有个较明显的目的：使无产者付出金融违法行为的代价）。我们不能不对金融机制进行最根本的批判，对这一点应该没有任何怀疑。关于这次金融危机有不少诠释，不过也许最有说服力的是马拉泽的诠释。他否定金融与实体经济之间的划分，并且指出，金融化不能被视为经济体系的偏差，也不是剩余价值与集体储蓄的寄生。

金融化不是经济体系的偏差，而是资本主义最新的积累方式。于是，金融危机能被解释为资本积累的停止，或者未完成的资本积累的结果。那么，我们如何能走出危机呢？我觉得社会革命是唯一的答案。今天唯一的可能的"新政"（new deal），应该包括新的社会权利和共同性的创造。很显然，共同性的权利与私有产权有对立的关系。换句话说，假如到目前为止，共同的资源具有"私有债务"的形式，从今天起就应该成为一种"社会化的经济租"，就是说共同性的权利必须得到承认。也许巴迪欧、齐泽克、洪席耶等思想家认为，这些有关共同权利的"改革"不会帮助劳工运动：也许他们有道理，反正我们还不妨试一下，我们为什么不应该向华尔街推荐这样的改革？

"帝国"与"诸众"受到的最典型的批评之一，涉及我和哈特假定**的从形式吸纳向实质吸纳的转变**：根据我们的假定，一个外在于资本的空间是不可能的，一切都被纳入资本之中，这就意味着资本也是生命政治生产的寄生。不过，我们在《大同世界》中强调不同的吸纳机制能够并存，并且描写在全球化的背景下出现的从实质吸纳向形式吸纳的转变：这种转变"不产生一个外在于资本的世界，相反带来更严重的社会分化"（第234页）。在当代资本主义的"条纹地理"中，不同的模式能够并存，这样的理论与马克思的《资本论》第一卷第六章的内容相当一致。

总之，当我和哈特提出形式吸纳从实质吸纳的内部"涌出来"的时候，我们想说两种吸纳之间存在一种很暧昧的关系。世界本身包括丰富复杂的层面在内：你们比较一下中国和玻利维亚的情况吧……毫无疑问，"条纹"的世界的确存在。我和哈特有关形式吸纳和实质吸纳的学说以及相关的生命政治的概念，是在20世纪90年代的背景下想出来的，而且在某种程度上只不过是一种假定。

不过，目前形式吸纳和实质吸纳的学说仍然起很重要的作用。由于形式吸纳和实质吸纳对管治的趋势一定有不同的影响，因此我们要把该学说放置在实际斗争的目标、战略和战术的框架内加以调整。

另外，关于流动人口和季节性工作的问题，这些社会现象越来越重要。流动已经成为我们的社会趋势：没有稳定单位的认知劳工，并不是个多余人物的形象；恰恰相反，这些劳动者的确表现出当代劳动状况及其特点。

几年前有人批评过我们对认知劳动的关注，以为我们在质量上和数量上都忽视了物质劳动和当代工人所起的作用；《大同世界》的内容试图反驳这些批评，即使我们在这部作品中还非常重视非物质劳动及其相关的剥削形式。有人还问我们生命政治概念是否证明非物质劳动的中心地位。

在我看来，认知劳动不仅仅在当代生产过程中占据霸权地位，而且巩固了物质劳动带来的后果及其最经典的剥削形式（如异化、分散、刻苦的生活条件等等）。认知劳工不是更幸运的劳工，他们没有任何特权。与传统的工人相比，其衣服不脏，手上没长鸡眼，可这不意味着他们遭受的剥削少于传统工人。被剥削的经验总是有一个具体的表现，深深地植根于劳动者的生命（bios）和身体。剥削影响到生活的各个方面：心理状态、健康水平，而且更为重要的是社会的因素。例如，认知劳动者不断受到债务的压力，总是依靠自己的信用卡，其生存费用比工资高，因此要注意自己花的钱是不是虚拟货币。这一切表面上好像不是这么严重的问题，其实对欠债的人来说都算是悲剧。我从 20 世纪 80 年代起对认知劳工和没有稳定的工作的人做了第一次调查，那时已经注意到了这些问题。总之，对认知劳动的剥削一定包含很大的痛苦，在这个意义上我们受到的批评是很不公平的。

对认知劳动概念的批评常常来自一些老工人，他们很留恋过去的工人运动，因此不能承认认知或非物质劳动力的力量及其重要性。但是如果认知劳动力——或者说，我们大家——对剥削不进行反抗，谁可以反抗？我们真的认为工人阶级是唯一的对抗性主体吗？认知劳动的优点在于智慧，这个无穷无尽的共同资源。那这样的共同资源为何不能变成我们斗争的武器？

现在我就可以做出结论。

今天诸众与劳动的关系十分复杂，并且有极端的条件：工作不稳定，有季节性的色彩，不包括正式合同，那么，在这种情况下，我们如何能建构共同性的力量？共同性的建构有什么意义？这里可以提供两种答案。

第一，必须看清今天的劳动条件、财富和价值是如何形成的。在我看来，只有生产性主体的联合行动以及独特性带来的创新，才能保证一种有效的生产过程。劳工一律遭遇同样的剥削形式，新的剥削形式的目标基本上是"普遍智能"，可还能涉及所有的生产层面。工人和农民，无论是男人还是女人，都按照同样的劳动组织去工作，并都面临全球化产生的剥削模式。

第二，为了建构诸众和新的无产阶级的共同性，对被剥削劳动力的共同条件的承认还是不够的，我们要确立诸众的斗争目标。毫无疑问，我们的首要目标是反对私有和公有财产的组织结构及其剥削过程。对共同性的要求直接反抗任何私有和公有的范畴；在绝对民主的自觉过程中，这一点是一个决定性的因素。

我们应该把下述重要的观念弄清楚：从客观的社会学的角度来看，劳动的不同功能和行业，不管我们谈的是信息技术、学术研究、农业、工业还是服务业，都属于同样的领域并符合同样的标准。脑力劳动把所有的被剥削劳动的形式统一起来；另外，在国际层面上，劳动分工及其等级和不平等交换越来越不稳定。这不意味着这些等级结构已经不存在——全球化过程和外包的趋势却证明相反的逻辑——不过当前的情况还在发展当中：交换的速度以及生产地区的互动关系是一些不可否认的现象。

我们对资本主义体系的限度都有充分的了解：限度就在于资本主义管理的金融化过程；像一个吸血鬼一样，金融化吸收任何劳动的功能，把它转化为利润。我们能不能说金融化自身是全球共同性的畸变？因此，我们描述的大同世界不得不从金融化这个全球统治的形象出发进行反省。

福柯之后， 如何阅读马克思？ ①

1. 今天我要提出的问题很简单：我如何阅读马克思以及福柯，而且读过了福柯之后，我如何重读马克思。这里我想简要地分析这种（阅读）经验。首先，我确立了马克思理论中的核心观念，进而把这些观念放置在福柯论述的主体化装置之中；依我看，该装置还能应用于目前的语境，可它需要一种恰当的本体论。另外，从另一个角度来看，如果我们阅读马克思的缘故是我们希望能够彻底改变历史，那么福柯的主体化概念也许可以被归结为这样的希望。

（1）马克思政治、经济学批判的逻辑和文风与当时历史条件是不可分离的，因此我认为，根据福柯的直觉和结论，我们必须持一种唯物主义的态度去解读他的著作。这意味着，我们不仅仅要**同时**阅读带有历史色彩的文本以及马克思的其他文本（尤其是有关政治经济学批判的文本），而且要以福柯的谱系学的方法论进一步分析马克思的观念及其历史性，以便探索这些观念在目前情况下还有什么含义。福柯的方法帮助我们明白并强调，阶级斗争的主体化过程在历史变迁中扮演着主动角色。当然，我们要不断更新对主体化的分析，而且不能忽略我们的分析应该随着观念的历史发展而发展。在福柯的理论框架之内，历史主体化概念超出辩证法和目的论的范围，它不取决于因果关系装置，可还起着一种决定性的作用。

这就像马基雅维利的思想：一种历史唯物论。

这里我能举的例子很多，下面只举两个。

其一，当马克思在《资本论》里描述从绝对剩余价值生产向相对剩余价值生产的转变的时候，他将这种转变与工人为了缩短工作日而进行的抗议运动联系起来：这里工人运动的历史维度以及（工人）阶级的主体化过程成为最重要的因素，它就显示出资本主义价值结构里的本体论转化。另外，值得强调的是，工人主体性也导致技术结构和政治结构之间的关系的转化。换言之，工人的斗争给历史事件和本体论转化提

---

① 演讲时间为 2014 年 12 月 1 日。

供了可能性条件。

其二，当马克思的分析从劳动力的形式吸纳延伸到实质吸纳的时候，他主要想提出一种有关生产方式的历史发展的假设。从形式吸纳向实质吸纳的转变，直接涉及剩余价值生产过程问题以及剩余价值如何转化为利润的问题；马克思在分析该转变时，描述了一些不同的萃取剩余价值的方式。按照这种有历史基础的理论，马克思分析过剥削形式在资本主义不同的阶段中如何不断衍化。在这样的理论框架内，连工人阶级概念自身也可以受到批评，因为随着手工业向大工业，或福特主义产业向金融资本主义的发展，"工人"范畴发生许多变化并有无数不同的表现。目前，在认知资本主义条件下，"诸众"概念更适合对独特、多元，乐于合作的"活劳动"的描述；我们不想用"诸众"来取代"工人"，不过还是认为"诸众"能帮我们重新定义"工人"的概念。

（2）如果我们从一种立足福柯理论的视野入手，就可以将马克思所说的"资本"（特别是历史意义上的资本，在从手工业到大工业，从社会资本到金融资本这一历史过程中的资本）与福柯阐述的"权力"概念联系在一起；这样一来，我们可以将资本解释为一种势力关系、一种针对某种主体的行动的回应，或者在本体论意义上是阶级斗争的产物。于是，无产阶级主体化所包含的新的特征——其抵抗能力、其构成性力量和生产力量——使我们又将阶级斗争放置在资本主义发展史的中心地位，将它作为历史的原动力来看待。也许，阶级斗争还会成为资本主义发展终结的动力和主要原因。说起资本主义的终结，我们不要继续反驳这个观念，说它只不过是某种历史目的论的产物而已；其实，通过这样的理论我们可以将其作为"政治性的概念"（德语：Begriff des Politischen；英语：notion of the political）的阶级斗争概念重新引入我们的话语中。

（3）那我现在想提出第三点：根据上述理论语境，我们还可以进一步分析劳动力的"技术成分"（或"技术结构"），同时还得强调劳工的对抗性主体如何能够抵抗资本主义统治。如果我们从福柯思想及其"自我技术观"的角度去看问题，就能深入探索"活劳动"的力量，就是说"活劳动"如何能夺回一部分"不变资本"。这意味着劳动力不仅受到资本主义生产方式所产生的剥削，而且在认知资本的条件下，通过自己的主体化过程还能构成新的"活劳动"的形式。这种主体能夺取一部分不变资本，从而提高自己的生产力。从这里我们能看出认知活劳动的独特"过量"（excess），并且可以深入分析其生命政治的生产力。资本与权力是由势力关系所构成的；不但在这势力关系中，而且在任何主体化过程中，资本与权力总是互动的。也许我们还应该重新思考西蒙东（Gilbert Simondon，1924－1989）的理论：我认为最有意义的不仅仅是他的交互主体性（inter-subjectivity，又译主体间性等）和个体化概念（individuation），而且是身体和主体性的机器性转化（machinic transformation，在加塔利和德勒兹的意义上）。另外，如果德勒兹的思想有时缺乏主体化因素及其对抗性力量，福柯的理论就能弥补德勒兹的缺陷。如果说阶级斗争总是贯穿资本的有机结构，那同样要说阶级斗争总是产生一种机器性因素：这种因素完全属于对抗性劳动力的"技术成分"——以后我们不要忽视它的中心地位。福柯之后，我们对马克思理论的理解会有这样的发展。在阶级关系里，本体论维度不是背景而是一种有生产性的机器。共同行动，即共同性的生产霸权，不但来自劳动向认知机器的转化，而且主要来自劳动向认知机器的转化带来的人的观念的变化。福柯研究的自我技术一方面追溯到古典时代，另一方面就建立一种全新的人类学：这种人类学不包含任何自然的特点，也不包含任何认同，不过对"人的死亡"后的人的概念加以肯定。福柯研究的出发点本来是与资本原始积累同时发生的"人的积累"；现在我们必须进一步探索劳动的技术成分、有生产性的身体的变化以及生活方式的变化，进而承认所谓"生活方式"就能成为"生产工具"。

（4）最后，作为第四点：粗略地说，当我们从福柯的主体化理论的角度去分析马克思与福柯的关系的时候，"共产主义"只能被视为共同性的生产过程以及民主的主体化过程，即诸众的独特性的形成。在这种意义上，生产的本体论与共同性有密切关系。

2. 我在上文就说明了福柯理论如何帮我阅读马克思的文本；那现在我想退一步，脱离我的主观阅读经验并奠定更客观的阅读基础。如果我们分析马克思与福柯之间相隔着的 100 年历史及其不同的剥削形式、斗争经验和生活方式，就能看出其间的区别。这些区别可能有点儿粗略，一定是有限的，不过都涉及这两位思想家独特的词汇和范畴，因此还能显示他们之间的距离。我在下文要提问，如果这些区别很重要，能否被放置在同样的视角中？这显然是我的假设。但无论如何，在讨论马克思与福柯的共同领域之前，我们还要了解其间的差异。

第一个区别在于，在马克思那里，统治体系的一致性以主权国家为基础；换句话说，政府在资本的主导下能统一。就福柯而言，权力的一致性却不存在：权力都分散了，在"管治"条件下权力有多样的表现。

第二个区别在于，在马克思那里，统治体系能被归结为资本，社会随着不同"吸纳"模式的发展而发展，因此整个社会领域被纳入"资本化"（capitalization）［甚至"国有化"（statelization）］过程中。然而在福柯看来，生命权力（biopower）已经进入去中心化过程，在不同的领域里面有许多独特的表现。根据福柯的理论，我们面对的是一种"政治的社会化"。

第三个区别在于，按照马克思学说，共产主义组织依靠无产阶级专政：只有在无产阶级专政的条件下资本主义社会向无阶级社会的转变才能实现。福柯倒认为，各种解放政治都依靠主体化过程，作为自由原则的解放政治能够"独特化"，通过无数的生产形式可以建构共同性的幸福。

我们能否调整这些明显的区别，能否把它们相对化？马克思与福柯在观念上的差异，尽管属于同样的本体论逻辑，可还存在：我们能否除掉这些差异？有可能两位思想家的区别没有我们想象的那么重要。

例如，关于第一个区别，马克思对阶级的历史分析以及对"阶级战争"的解释装置，在政治层面上能够调整他的有关国家和统治体系的有机论；同样，他在其历史著作里围绕巴黎公社所展开的假设（和批评），也能够调整其国家观和统治观。不过更为重要的是，在政治经济学批判里，当马克思脱离对生产与再生产的分析，而着眼于商品的社会流通的时候，或者当他的分析对象从生产过程转向价值的生产过程的时候，他主要描述收入的形成、社会阶级结构及其生活方式：在这里，其国家观和统治观发生了很大的变化。在马克思的这种叙述里，权力机制就有多元形式并扩张到很广泛的范围：如果社会本身能成为一个工厂，权力过程就能繁衍，并且有不同的形式。

关于第二个区别，一方面，马克思论述"资本化"或"社会的国有化"过程（尤其在原始积累阶段中，这种向心过程十分猛烈），另一方面，他也提到某种"治国能力"以及形式吸纳向实质吸纳的转变所带来的"国家的社会化"。罗贝托·尼格罗（Roberto Nigro）特别强调马克思与福柯有关"吸纳"理论的相似之处；另外，马舍雷（Pierre Macherey）通过对这些社会转化的分析，试图描写从"被生产的主体"到"有生产性的主体"的衍化过程：这种过程在福柯的主体化理论里占核心地位。

最后，关于第三个区别，即马克思的共产主义观，其无产阶级专政理论以及与此相对立的福柯的主体化概念的本体论颠倒：如果我们参考马克思在《大纲》里阐述的共产主义、普遍智能和社会个体的观念，就能发现他与福柯也有一些相似之处。这些相似之处在福柯的 1978 年后的讲学录中变得很突出：有可能当时福柯与自己的朋友、同事和合作者进行的讨论，以及他对马克思主义历史学文本［尤其汤普森（E. P. Thompson）的文本］的阅读，都影响到他的思想发展，使他接近马克思的立场。

总之，假如马克思与福柯的思想在国家、社会、主体等与现代性密切相关的观念上比较类似，我们还必须强调，这些共同点与其说让这两位思想家创立了一种新颖的本体论，不如说将他们的理论放置在"现代性的渐消"之内。值得注意的是，我在描述他们的差异时，主要分析福柯在 1977～1978 年及 1978～1979 年这两年的课程里展开的生命政治的理论。他们之间的共同点还比较模糊，对于观念的解释也有点儿暧昧。例如，对于第一和第二个区别，马克思话语的特征不是"独特化"，而是极端的"抽象化"。福柯倒有相反的倾向。

3. 依我看，如果我们对福柯思想的研究着眼于 1984 年后出版的 1977～1978 年的讲学录，不仅仅能了解作为哲学家的福柯有什么样的思想发展，而且可以将他当作激进分子来看待（他在法兰西公学院所讲的课程的文风和语调带有较浓的政治色彩）。再说，除了我在上文提到的治国能力、生命政治和主体等这些共同观念以外，我们还可以发现马克思与福柯在更深刻的层面上很相似，进而可以将他们的思想纳入一种共同的本体论里。

在 20 世纪 70 年代末，福柯进一步探索政治与伦理的关系，并称之为一种"自在的关系":政治、伦理、个人观念与笛卡尔的主体不同,其关系却构成一种沉浸在历史过程中的集体主体。于是,在福柯那里,(经典的)主体"解散了",从而他可以对一种"我们"(或一种"我/我们"的关系)进行反思:这种"我们"不但是(德勒兹所说的)"生成",而且是多样性的实践。他所说的"我们"就是一种"诸众",因此各个"自我"只有在"我与他者"的关系上才能存在。当我们分析晚期福柯不断强调的"关注自我"(Le souci dei soi,见《性史》第三卷)概念的时候,很容易能明白这种概念不能被归结为"个人"范畴。正如雷韦尔(Judith Revel)指出的,"它不是对于用模型塑造个体的权力的个人回应。粗略地说,古希腊的自我不是笛卡尔的自我,更不是福柯自身在 1978 年描述的政治经济自由主义的自我,相反它类似于德勒兹定义的'独特性'概念"。

伦理学就在存在和行动的交点,因此主体化过程不得不带来一种充满政治性的去中心化过程。这里犬儒学派的思想得到充分认同;"说真话"(古希腊语:*parrêsia*)与其被理解为说真话的意志,不如成为真理本身的领域。为了肯定这种观念,我们还应该强调权力/对抗性的对立关系的不对称(即使这两种概念不仅是相对立的,而且是相互依赖的);同时,我们也应该强调其间的本体论差异。该差异的表现就是自由原则的非可迁性:即便自由处于权力关系中,它也是一种无条件的因素——同样,活劳动也是一种非可迁的力量,即便它处于资本关系中。

真理就建立在一种能够造成新存在的创制(*poiesis*)领域中。例如,解放运动常常实行非可迁的自由原则,这些运动的自由便是一种能够创造真理的自由。当福柯跟乔姆斯基(Noam Chomsky)争论的时候,后者提出无产阶级的真理欲望的问题,那时福柯回答:"我要借助斯宾诺莎的思想来回答这个问题。我想说,无产阶级之所以对统治阶级发动战争,不是因为它认为这本身是一场正义战争,而是因为在全世界的历史中,这是无产阶级第一次愿意夺取权力。再说,由于无产阶级不仅仅愿意夺取权力,而且愿意颠覆统治阶级的权力,因此对它来讲,这就是一场正义战争。"

最后,主体化过程的发展显然让权力重构自己的"语法规定"(及其实践)。假如说(福柯所说的)考古学确认过去与现在的差异,以及谱系学要证明现在与未来的可能差异，那么，这一切需要我们对今天的情况进行详细分析，就是说，需要成立一种"针对我们自己的批判本体论"。通过这个"批判本体论"，我们可以（或者更准确地说，我们必须）对现代性的范畴提出质疑。这里我能举很多例子，可其中也许最重要的是"活劳动"的新本质以及生产力的新特色；此外，我们还可以提到"国有"和"私有"范畴的衰落和"共同性"的兴起——"我／我们"关系的产物，或者说"我们"所创造的"自我"。

于是，在这段历史中，伦理和政治行动的关键问题是，如何创造一种开放本体论的装置，或如何创造一种新的存在。在这方面上，福柯的立场也许有点儿古怪，可还挺有意义的：当福柯的思想出现的时候，萨特的存在主义依然流行，在革命左派里也占核心地位。福柯直接反驳萨特，指出主体的自由是不可能的，实际的必然性也是不可能的，相反他强调本体论语境的必然条件及其展开，即伦理行为的自由。

4. 海德格尔之后，在后现代思想里，本体论再也不能被视为主体的根本和基础，而应该发挥语言、实践和集体行动的组合装置的作用。作为实践（praxis），本体论属于当前的存在，它已断开了自康德以来超越性哲学的连续性。这种本体论完全脱离了现代性的本体论及其笛卡尔的基础以及主体的中心地位，而建立在"生活方式"的物质基础之上。这里，认识论的屏障再也不是一座通向现实的桥。海德格尔走上了这条路，同时，他自己证明这条路无法通行，技术的使用一方面建构世界，另一方面与世界发生冲突。"人类的主要威胁不是技术和机器，即便它们的使用能导致死亡；最大的威胁已经涉及了人类的本质。"就海德格尔而言，存在没有任何生产性，因此技术把生产放置在一种非人性的命运之内，新的本体论里也不得不包含变态的标志。技术给我们留下一种"荒原"：这里主体的幽灵一定要出现，海德格尔的存在主义恰好是这些幽灵的表现。

尼采与福柯却好像走了另一条路。他们接受世界的存在的本质，并且对此进行刻苦的钻研，以便了解其发展过程，并诠释过去的痕迹、现在的固态和未来的冒险。他们试图用历史填满本体论；他们确立了语言关系、施为性（performative）的装置、谱系学研究以及真理的意志，这样这一切在互动中能够创造一种新的存在。尼采与福柯把所有的关系归结为一种能够创造世界的机器。于是，超越性的认识论只能被淘汰：它不能保证"现在的本体论"所需要的知识。

与海德格尔的本体论不同，我们的新本体论产生的分叉导致生命共同的"跳动"。存在的生产不处于本体论的深度，也不处于超越性的维度，而在生命的出现、实践和"关注"。关于我提到的"跳动"观念，这里得加一点说明：这不是一个活力论的观念，我们的生活离不开社会和政治领域，跟"自然"或"生物学"的生命观念没有任何关系，生命始终是社会和政治的生命。

福柯最大限度地表现出，我们都沉浸在现在的新本体论里面。（根据该新的本体论）有一个共同的存在：这里不同独特性的多边、相互依赖的关系，构成唯一的寻求真理的场域。正如马舍雷指出的，福柯的著作都是"在一个新时期的开端写成的，当时一系列重要的哲学争论完全改变了战后时期的思想和写作方式：现实主义叙述、主体的哲学、直线历史发展叙述和辩证法的理性都被质疑"。摆脱那种文化，意味着摆脱主权主体、意识的旧概念以及任何历史目的论，也意味着将本体论解释为集体实践的产物。在 20 世纪 70 年代中叶，我在阅读福柯当时的作品的时候，能感觉到一个特大的困难：一方面必须超越结构主义对客观性的崇拜，另一方面要超越唯心论的主体，那时我想到，唯一的出路也许在主体化和对未来的本体论重构。到了 70 年代末，福柯就走上了那条路。

在马克思文本里，我们能看出类似的本体论根源。本体论在历史中生根并不断发展：（在马克思那里）没有任何形而上的主体。马克思的本体论与上述"新的本体论"是一致的，这当然不意味着我们可以忽略历史背景和"生活方式"之间的差异，如马克思和福柯（显然属于两个不同的时代），不过我们还能根据一致的标准去比较这些不同的"生活方式"。

于是，我们只能实行我在这篇文章的开头提出的四个重点：（1）政治、经济学批判的彻底历史化；（2）承认阶级斗争是资本主义发展的动力；（3）使劳工斗争和"活劳动"主体化，以及有生产性的身体对不同的生产关系的自我调整；（4）寻找并界定一种能适合共同性概念的主体化过程。

5. 在法国哲学界，常常有人走向相反方向：他们试图把本体论话语去主体化，在这方面阿尔都塞的思想奠定了基础。阿尔都塞以十分激进的态度开辟了这条新路。他写道："个人被传唤为（自由的）主体，为的是能够自由地服从主体的诫命，也就是说，为的是能够（自由地）接受这种臣服的地位，也就是说，为的是能够'全靠自己'做出臣服的表示和行为。除非由于主体的臣服，除非为了主体的臣服，就不会有主体的存在。"我们都意识到这些话有道理。不过，阿尔都塞在废除任何主体性并砍伐唯心论的树木的同时，无意中也砍伐了他自身坐上的树枝。巴里巴尔（Etienne Balibar）这样改正阿尔都塞的错误："只有在作为历史过程的**无主体**过程中，主体性的形成才能有意义。"针对主体的马克思主义批判不能被归结为某种模糊暧昧的反人道主义；相反，我们必须找回历史性及其力量：有可能，我所说的现在的本体论能使人道主义在"人的死亡"之后复活。

《21 世纪资本论》论析

资本主义普遍规律的兴衰

〔美〕达隆·阿西莫格鲁　　〔美〕詹姆斯·罗宾逊 著

纪　锋 译*

编者按：本文对皮凯蒂的批评是尖锐的，因为它略去了枝枝叶叶，而将批判矛头直指皮凯蒂论点的中心：r（资本回报率）大于g（GDP 增长率）作为普遍规律存在，并成为不平等扩大的关键因素。而本文作者认为两者都是有问题的：既不存在这样一个所谓"普遍规律"，同时 r>g 也不应是分析不平等的核心要素。对于前者，作者将皮凯蒂和马克思做了比较，认为皮凯蒂犯了和马克思一样的错误，即将自己所处的特殊的历史时期的现象夸大为超越历史和经验的"普遍规律"。而对于后者，作者则通过南非和瑞典两个案例试图证明，不是 r>g，而是制度和政治因素才是造成不平等状况变化的关键因素。作者发现，两国不平等状况的重大变化时点总是与重大制度变化时点高度重合，如种族隔离制度、劳动市场制度、税收制度、选举制度等。作者因此认为，与其关注 r 与 g 的变化，以及从数据上看到的不平等状况的变化，不如更关注这种不平等状况的变化所带来的政治后果。这是一个有趣的结论。同样一个有趣的问题是皮凯蒂将如何回应这个有力的批评。

关键词：r>g　制度　政治　不平等

Abstract：Thomas Piketty's recent book，*Capital in the Twenty First*

---

* 达隆·阿西莫格鲁（Daron Acemoglu），麻省理工学院经济系教授；詹姆斯·罗宾逊（James Robinson），哈佛大学政治学教授。纪锋，清华大学公共管理学院博士研究生。

Century, follows in the tradition of the great classical economists, Malthus, Ricardo and Marx, in formulating "general laws" to diagnose and predict the dynamics of inequality. We argue that all of these general laws are unhelpful as a guide to understand the past or predict the future, because they ignore the central role of political and economic institutions in shaping the evolution of technology and the distribution of resources in a society. Using the economic and political histories of South Africa and Sweden, we illustrate not only that the focus on the share of top incomes gives a misleading characterization of the key determinants of societal inequality, but also that inequality dynamics are closely linked to institutional factors and their endogenous evolution, much more than the forces emphasized in Piketty's book, such as the gap between the interest rate and the growth rate.

Keywords: r > g   Institution   Politics   Inequality

对于由托马斯·皮凯蒂的巨著《21 世纪资本论》所带来的对不平等经济学的巨大兴趣，我们都应感到欢欣鼓舞。皮凯蒂与伊曼纽尔·萨伊兹（Emmanuel Saez）于 2003 年合著的作品以及 2011 年他们与托尼·阿特金森（Tony Atkinson）合著的作品，通过证明纳税申报单数据如何可以被用来评估收入与财富不平等的趋势（尤其是收入分配的顶端），为经济学家们开启了新的视野。他们还提供了一些关于美国缴税最多的1%（或者0.1%）的纳税人的演变的令人震惊的数据，这些数据获得了媒体以及类似占领华尔街运动的关注。

无论你是否同意皮凯蒂书中的主调甚至观点，都很难不被它的雄心所打动。像许多伟大的思想家，包括托马斯·马尔萨斯、大卫·李嘉图，尤其是卡尔·马克思（皮凯蒂的书名、风格以及其对资本主义体系的有力批评都在模仿马克思）一样，皮凯蒂追求"普遍规律"。这些规律不仅使得现代经济将不再神秘，而且将揭示这个体系的内在问题（以及其解决方案）。

但是像马克思一样，由于一个非常简单的原因，皮凯蒂错了。对于资本主义（或者任何经济体系）普遍规律的追寻都是误导性的，因为它是一种制度。这些追寻忽视了，它是一系列制度以及一个社会的政治均衡。这些决定了技术的进步、市场的运行以及各种经济安排收益的分配。尽管马克思博学多才、雄心勃勃并充满创造性，但是最终还是误入歧途，因为他忽略了制度与政治。这对于皮凯蒂同样是正确的。

接下来，我们将考察马克思关于资本主义的概念以及他的一些普遍规律。然后，我们将转向皮凯蒂研究资本主义的方法，以及他的普遍规律版本。我们认为尽管皮凯蒂在对不平等背后的经济关系的解释方面有各种问题，其最重要的缺陷是忽略了不平等形成中的制度与政治因素的角色。我们将利用南非和瑞典 20 世纪制度与不平等衍化路径的例子来说明这一点。这个例子还表明，类似最富有 1% 人群财富占全部国民收入的比重这样的指标可能错过关于不平等的更大的图景。最后，作为结论，我们略述了一个关于不平等的替代性方法。这个方法不再有普遍规律，而是将下面的主张概念化，即技术和要素价格都是由制度衍化和政治均衡所塑造的，而制度本身是内生的，并部分被不平等和其他因素所影响。然后，我们运用此框架分析南非和瑞典的不平等与制度的衍化。

《资本论》的失败

尽管社会科学的许多重要思想可以追溯到马克思，其标志性的方法（尽管存在争议）是发现了资本主义的某些固有特点，马克思称之为"资本积累的普遍规律"。这种方法为马克思所在的 19 世纪中叶的历史环境所塑造。马克思亲身经历了由于工业生产提高所带来的令人迷茫的社会转型，以及与之相联系的巨大的社会混乱。他发展出一套历史理论来理解这些并预测未来。这套理论被他称为历史唯物主义，强调经济生活的物质方面。马克思称为"生产力"的东西，尤其是技术，塑造了社会、经济和政治生活的所有其他方面，包括"生产关系"。例如，马克思在其《哲学的贫困》中做过著名的论述：

手磨机带来了封建领主的社会，蒸汽机带来了工业资本家的社会。（MacLellan，2000，pp. 219 – 220）

这里，手磨机代表着生产力而封建主义代表了生产关系，以及一系列特定的社会与政治安排。当生产力，尤其是技术变化时，便会使生产关系不稳定，并导致本质上经常是革命性的社会和制度变化。正如其在1859 年的《〈政治经济学批判〉序言》中所指出的：

> 这些生产关系的总和组成了社会经济结构，它是法律和政治上层建筑得以产生的真正基础，也是社会意识形式的真正基础。物质生活的生产方式构成了社会、政治和精神生活的共同特征的条件。…… 在某个特定的发展阶段，社会生产力与既存生产关系或者产权关系（只是同一件事情的不同法律表达）发生冲突。这些关系转变为生产力发展的桎梏。于是社会革命时期便到来了。随着经济基础的变化，整个巨大的上层建筑会或快或慢地发生转变。（MacLellan, 2000, p. 425）

马克思假定，技术，有时与生产资料所有权一起，决定了经济与政治制度的所有其他方面——塑造社会生活的法理上的和事实上的法律、规定和安排。用这种历史理论，马克思仅仅基于其经济基础便对资本主义的演变做了非常肯定的预测，而没有对其制度或者政治做任何考察，因为马克思通常将这些视作生产力释放所带来的强力震荡的衍生品。

与我们在这里所关注的最相关的是关于不平等的三个预测。在《资本论》第一卷第二十五章，马克思认为失业者组成的"后备军"将使得工资维持在生存条件水平，使得资本主义不会带来工人福利的稳步增长。对于他的预测的准确含义可以有不同的解释，我们认为它可以有强和弱两种形式。

（1）资本积累的普遍规律。强形式：真实工资在资本主义条件下是停滞的。弱形式：在资本主义条件下，劳动在国民收入中的比例将会下降。

无论是在强形式还是弱形式下，这个规律隐含的意思是，资本主义条件下的任何经济增长几乎都会自动带来更大的不平等。如果资本家获利而工人没有获利的话，那就是因为资本积累或者再加上技术改变。

在《资本论》第三卷，马克思提出了另一个普遍规律。

（2）利润递减的普遍规律：随着资本的积累，无论技术发展路线如何，利润率都会下降。

这两个规律伴随着第三个规律，其被强调得更少，但却与本文高度相关，它出现在《资本论》第一卷。

（3）竞争弱化的普遍规律：资本积累导致工业集中度增加。

然而，马克思的普遍规律并不那么灵验。这和马尔萨斯和李嘉图之前提出的其他普遍规律表现也很差的原因是一样的：所有这些规律都是试图将他们所处时代的事实和事件压缩成一个宏大理论，假定其适用于所有的时间和地点，而几乎不考虑制度以及技术性质的变化（其很大程度上也是由制度决定的）。

在马尔萨斯写作时，他已经经历了技术革新和刚刚开始的工业革命，并伴随着实际工资的停滞。他的解释将这两者同 18 世纪英国人口的巨大增长联系了起来。他从中推断出，不断增长的人口繁殖将总会把工资拉回到维持最低生存的水平。当李嘉图写到土地收入占国民收入的比重将不断增加时，他确实生活在英国地租不断增长的时期。当马克思阐述他的第一个普遍规律时，数据与其是非常符合的。名义工资增长得非常平缓。而关于实际工资，虽有争论，但共识是英国的实际工资一直到 1840 年左右都是稳定的，而劳动收入占国民收入的比重直到 1860 年都是下降的。

但是就在马尔萨斯预言人口增长将吞噬掉生产力收益并导致维持最低生存标准的工资水平时，实际工资开始增长，而之后的人口学转变摧毁了他将收入和人口繁殖结合起来的理论。而那曾激发李嘉图理论的实际地租在迅猛增长之后，农业收入占国民收入的比重在整个 19 世纪单边下跌，到了 19 世纪 70 年代，实际地租开始急剧下跌，并一直持续了 60 年。

历史对马克思的普遍规律也没有更配合。当马克思写作时，真实工资增长了大约 20 年（Allen，2009a）。马克思其他的普遍规律从英国得到的支持甚少。

那么，为什么这些预言都失败了？我们认为原因很简单：他们都忽略了制度，而正是制度影响了市场、价格和技术进步。例如，英国真实工资的增长部分是工业革命带来的技术变革的结果（参见 Crafts，1985；

Allen，2009b；Mokyr，2012）。而技术变革本身是制度变革的路径依赖
过程的后果。这些制度变革包括产权的理性化、垄断的破除，对基础设
施的投资，以及包括专利制度在内的工业发展所需的法律框架的创设
（Acemoglu and Robinson，2012；Mokyr，2012）。新技术所带来的收益
的分配同样被不断演进的制度均衡所塑造。例如，工业革命与主要政治
变革相伴生，这些政治变革包括政府体制的发展以及改革法案，它们改
变了英国政治制度以及政治权力的分配。这些政治变革的经济后果甚至
更显著。1833 年设立了一个职业化的工厂检查团，它使得关于工厂雇
佣的规章被真正执行。1847 年的工厂法案比之前的措施更彻底，与它
同时出现的还有以宪章运动为形式的深入的社会动员。1832 年民主化
的政治余波还导致了 1846 年谷物法案的废除，从而降低了面包的价格，
提高了真实工资，并同时降低了地租（Schonlhart-Bailey，2006）。工
资、要素价格以及不平等之间的互动因此也应被看作政治经济均衡的一
部分，其中技术与政治制度和政策的内生决定相互作用（参见，例如，
Acemoglu and Robinson，2000）。

　　另一个生动例证是马克思第三个普遍规律的失败。美国内战结束之
后进入了强盗贵族时代，经济力量越发集中。到了 19 世纪 90 年代末
期，像杜邦、柯达、标准石油和国际收割机公司这样的巨头开始统治经
济，其中有几个已经控制了其市场的 70%（Lamoreaux，1986，pp. 3 -
4）。所有这些都使得马克思的预言看起来是正确的。

　　只是这种情况只是过渡性的，很快便逆转了。这部分是因为它引起
了政治和制度反应。大众动员（开始和民粹主义者，之后和进步主义
者）显著改变了政治均衡以及工业监管（Sanders，1999）。大公司的权
力开始被限制。1887 年通过了"州际商业法案"，之后 1890 年通过了
"谢尔曼反托拉斯法案"，其在泰迪·罗斯福总统任期内的反托拉斯行
动中被用于杜邦、美国烟草、标准石油以及当时被 JP 摩根控制的北方
证券公司。威廉·塔夫特继续了这些改革，尤其是于 1911 年完成了对
标准石油的分拆，以及 1913 年第 16 修正案的批准（其设立了所得税）。
伍德罗·威尔逊时期，通过了 1914 年的"克莱顿反托拉斯法案"，并设
立了联邦贸易委员会。这些改变不仅防止了进一步的集中，而且逆转了
这种趋势。通过考察美国制造业、采掘业和批发业的集中度在 1909 年

至 1958 年的演变，柯林斯（Collins）和普雷斯顿（Preston）（1961）发现，最大的 4 个或 8 个企业的市场份额有显著向下的趋势，而最大公司间的搅动率很显著。而怀特（White）（1981）发现二战后的集中度变化很小。

这些普遍规律的失败与马克思强调技术和生产力是历史的发动机，而制度只是起边缘性作用有关。政治因素（如谁拥有政治权力、这种权力如何被制约及运用、它如何塑造技术和社会）的中心作用被完全忽略了。这个理论缺陷也意味着他的历史解释是脱靶的。

资本主义在 21 世纪

像马克思一样，皮凯蒂是他所处时代的经济学家。他的思考也被深深打上了盎格鲁－撒克逊世界以及更近时期欧洲大陆日益不平等的现实的烙印，尤其是相比 20 世纪 80 年代及 90 年代法国更加平等的劳动收入分配和总收入分配。劳动经济学的大量文献记录和分析了美国始于70 年代某个时候的日益增长的不平等。皮凯蒂和萨伊兹利用纳税申报单数据为这些文献增添了硕果累累的新视角（并确认和扩展了之前的文献所揭示的模式）。

在《21 世纪资本论》中，皮凯蒂超越了这种经验的和历史的方法，提供了一个关于资本主义长期趋势的理论。他的数据证实了之前文献关于劳动收入的不平等推动了不平等的增长（至少在美国）的结论，但同时该书还描绘了这样的一个未来，其中资本收入、继承财产以及食利大款占着统治地位。得到此结论的理论框架是马克思和哈罗德（Harald）、多马（Doma）和索洛（Solow）的增长模型的混合。皮凯蒂定义资本主义的方法与马克思相同，也有一个类似唯物主义的方法：根据此书，为了理解资本主义动力、它的含义、局限以及未来，我们需要的是（理解）生产资料的所有权（尤其是资本）以及从索洛那里继承来的技术和生产功能的冷冰冰的本质。制度并没有进入其中。

这种方法塑造了关于资本主义本质的分析和预测。此书一开始便提出了两个"基本规律"，但是更主要的预测出现在书中称为"发散的基本力量"（fundamental force of divergence）（p. 351），或者有时称之为

"基本的不平等"（fundamental inequality）（p. 25）的地方，其中将真实经济利率水平同增长率相比较。我们将把这些分析与预测提炼到三个普遍规律中。

该书的第一个基本规律就是一个定义：

$$资本在国民收入中的比重 = r \times K/Y$$

这里 r 是净真实资本回报率（真实利率），K 是资本存量，而 Y 是国民生产总值或者国民收入（假定为封闭经济）。

第二个基本规律更本质一些，它认为，

$$K/Y = s/g$$

这里 s 是储蓄率，而 g 是 GDP 增长率。正如我们所解释的，这个规律确实可以很自然地从索洛类型的经济增长模型的稳态（steady state）中得出。

让我们遵循皮凯蒂的思路并将这两个基本规律结合在一起，便得到：

$$资本在国民收入中的比重 = r \times s/g$$

该书的第一个普遍规律便从此公式中得出，它假定，即使当 g 变化时，r 和 s 也可以被认为是基本稳定的（或者说不像 g 变化那么大）。在此假定下，第一个普遍规律就是，当增长率变低时，资本在国民收入中的比重将会更高。然而，这第一个规律并不那么令人信服。首先，当增长率 g 变化时，储蓄率也可能变化。但更重要的是，利率 r 可能会随着增长率的变化而变化。皮凯蒂认为，对于 g 的变化，r 不应该变化太多，因为资本和劳动的替代弹性很高。然而，这和这个领域的经验证据完全不符。而且，尽管确实如皮凯蒂所言，资本收入在国民收入中的比重在增长，这和该书中所强调的力量并不相关。尤其是，波内特（Bonnet）、波诺（Bono）、夏培尔（Chapelle）和瓦斯默（Wasmer）证明了这种增长是由于房屋和不动产价格的上涨，这让我们怀疑该书所强调的机制的正确性。

下面是第二个普遍规律，用公式表示是：

$$r > g$$

即（真实）利率高于经济增长率。理论上讲，对于一个储蓄率外生或者代际交叠（例如，参见 Samuelson，1958；Diamond，1965），或者不完全市场的经济（例如，参见 Bewley，1983；Aiyagari，1994）来说，利率不需要高于增长率（例如，参见 Acemoglu，2009）。只有在一种动态有效率的经济下才会如此。但是这种经济是不是动态有效率是一个经验问题，而当资本产出比非常高时动态无效率的可能性更大，而这正是该书预计未来将会发生的。

最后，该书的第三个普遍规律是，无论何时 r > g，都有不平等越加发散的趋势。这是因为资本收入基本以利率 r 的速度增长，而国民收入（以及非资本收入）以 g 的速度增长。由于资本收入的分配不平等，这必然导致由资本驱动的不平等的增长，将我们带回到简·奥斯汀（Jane Austin）和巴尔扎克（Balzac）的时代。用皮凯蒂的话说：

> 这种基本的不平等（r > g），在本书中扮演关键的角色。在某种意义上，它概括了我的结论的全部逻辑。
>
> 当资本回报率显著高于经济增长率时，从逻辑上必然得出继承的财产要比产出和收入增长更快。（pp. 25 – 26）

之后，他对此进行了更详尽的分析，写道：

> 在传统的农业社会，甚至很大程度上一战前的所有社会里，财富高度集中的主要原因是在这些增速极慢的社会里，资本的回报率明显并持续地高于增长率。（p. 351）

他还解释了在之后的几十年里不平等扩大的原因：

> 今天财富分配没有过去那么不公平只是因为从 1945 年以来时间还不够长。（p. 372）

和马克思一样，该书也忽视了制度作为对抗基本不平等 r > g 的力量的重要性：

基本不平等 r > g 可以解释发生在 19 世纪的高度的资本不平等，因此，在某种意义上可以解释法国大革命的失败。与 r > g 的不平等相比，体制的正式特征是不大重要的。（p. 365）

和该书的前两个普遍规律相比，从纯经济学角度考虑，第三个普遍规律更可挑剔。首先，正如已经提到的，强调 r - g 在某种程度上和劳动收入在不平等增加中的中心角色不太相洽。其次，r - g 不可能作为预测未来的原生因素，因为无论是利率还是增长率都要根据政策、技术和资本存量的变化而变化。而且，我们将在附录中证明，在社会流动不大的情况下，甚至很大的 r - g 也不会形成很大的力量来推动顶端分配的分化。

更重要的是，r - g 的基本力量在解释高度不平等时在经验上是成功的。对于该书中巨量的有趣数字，读者可能并没有仔细研究，就有了支持其观点的证据非常充分的印象。但是皮凯蒂并没有沉湎于假设检验和对因果甚至相关性的统计分析。即使对于不平等的增长是因为 r 超过了 g 这样的观点，它也不是通过标准的计量经济学甚至相关研究支持的。实际上，正如我们在下一节所讨论的，不平等与 r - g 紧密相关的证据并不是来源于数据，至少可以这样说。

但是，我们的主要观点是，对 r - g 的强调漏掉了制度和政治。如果历史可以重复（也许首先是悲剧，然后是闹剧，正像马克思精彩的点评），那么我们可以预期那些阻碍马尔萨斯、李嘉图和马克思的宏大预言，使其不能变为现实的困难，同样会发生。这并不仅仅是因为该书的诠释没有对观察到的不平等及其原因进行令人满意的描述，而且是因为经济、社会和制度仍在继续衍化，所以这些普遍规律不可能成为关于未来不平等的可靠指南。

在转向这种历史讨论之前，对该书的概念框架的最后一个方面（关注顶端的不平等，尤其是国民收入的前 0.1% 或者 1%）进行评论是有益的。尽管有许多理由关注顶端不平等，这对于理解不平等的本质、其含义或者未来都是不充分的。尽管该书在强调这点（顶端不平等）时有时很谨慎，对于顶端不平等的关注导致对于在收入分配的中层或者底层发生的事情关注不够。这可不是无关紧要的，下面我们就会看到这点。

两种不平等的故事：瑞典和南非

在这部分，我首先利用 20 世纪瑞典和南非不平等的历史（以及更多样本国家的数据）来说明不同的不平等演变与该书所强调的力量几乎无关。相反，瑞典和南非的不平等衍化与这些社会的制度路径相关联。然后，我们证明，在一个跨国家的面板数据中，没有证据证明 r－g 对顶端不平等有显著影响。

图 1 表明了自 20 世纪初期以来瑞典和南非最富有 1% 不平等的衍化（最富有 1% 人群收入占国民收入的比重）。最富有 1% 不平等情况在两个国家极为类似，最初非常高，接着几乎是单边下降直到 20 世纪 80 年代，接着开始回升。

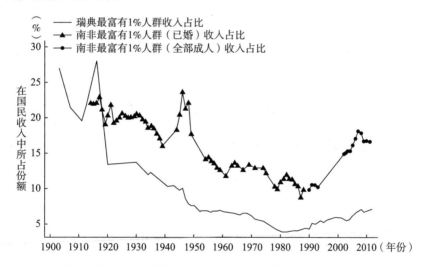

图 1　瑞典和南非最富有 1% 人群收入在国民收入中所占份额

说明：南非的数据来自 Alvaredo 和 Atkinson（2010）。瑞典的数据来自 Roine 和 Waldenström（2009）。数据来源都是世界高收入数据库。

两个如此不同的国家最富有 1% 不平等演变如此一致（一个是前殖民地社会，有着漫长的强迫劳动历史，在 20 世纪的大部分时候都被少数白人种族主义者统治；另一个是欧洲社会民主的发源地），本应支持皮凯蒂有关资本主义普遍规律对不平等波动的解释。人们甚至可以认为，正如法国大革命一样，相比 r＞g 的基本力量，种族隔离制度和社会民主只是微不足道的细节而已。

但是现实却完全不同。首先，最富有 1% 不平等在某些情况下只是给出了一个关于不平等的非常片面的图景（取决于制度的不同）。图 2 列出了南非最富有 1% 不平等以及其他衡量不平等的指标，而它们与最富有 1% 不平等指标差异很大。威尔逊（Wilson, 1972）关于黑人黄金矿工（他们是当时南非经济发展的一个关键引擎）的真实工资的一系列数据，表明在 20 世纪上半叶，黑人和白人工人之间的不平等显著扩大。来自人口普查数据的白人/黑人人均收入比也证实了这一点，其虽有波动但到 1970 年已由 10 倍增长到 14 倍。而在那之后则迅速下降。甚至最富有 5% 比重的表现与最富有 1% 的差别也很大，其下降波段并不一致（虽然从 20 世纪 50 年代开始才可以得到关于此变量的数据）。总之，南非不平等的故事仅靠最富有 1% 不平等数据很难说是完整的。

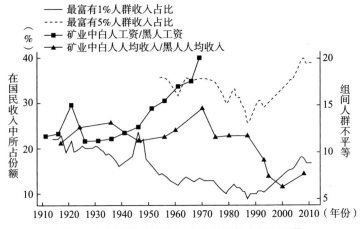

图 2　南非顶端人群收入占比与组间人群不平等

说明：左轴显示了南非最富有 1% 和最富有 5% 人群收入在国民收入中所占份额；数据来自 Alvaredo 和 Atkinson（2010）；右轴显示了采矿业中白人工资/黑人工资数据的变化，以及白人人均收入/黑人人均收入数据的变化，数据来自 Leibbrandt 等（2010）。

其次，如果想理解南非不平等的情况，劳动市场的制度和政治均衡比皮凯蒂的普遍规律要相关得多。早期的不平等状况是由 1910 年建立的种族隔离制度塑造的。在其之后不久，种族隔离政府于 1913 年通过了 "土著土地法案"（Native Land Act），将 93% 的土地分配给白种人经济（White Economy），而占 70% 人口的黑人仅得到 7% 的土地。在白种人经济中，黑人拥有财产或者经营生意是非法的，许多种合同关系对黑人也明令禁止。在 20 世纪 20 年代，禁止黑人从事技术和专业职业的种族障碍法律（color bar）从采掘业扩展到其他的白种人经济。黑人仅能在矿场和农田中从事不需要技术的苦工（van der Horst，1942；Feinstein，2005，第 2 ~ 4 章）。

国家党（National Party）1948 年上台之后，种族隔离越发严重，并开始全面的社会隔离（O'Meara，1997）。这包括 1950 年的"人口登记法案"，它将种族归类正式化并为所有超过 18 岁的人办理身份证；1950 年的"集体区域法案"（Group Areas Act），它连同 1951 年的"禁止非法定居法案"（Prevention of Illegal Squatting Act），不再允许黑人在白人居住地附近定居（如约翰内斯堡的索非亚镇或者好望角的第六街）。这导致了黑人城镇的大规模的转移与破坏。1949 年的"禁止通婚法案"，禁止不同种族之间的通婚，以及 1950 年的"不道德行为法案"，规定不同种族间的性关系为犯罪。这些以及其他法规造成了黑人、白人隔离的海滩、公共汽车、医院、学校以及大学。1953 年的"班图教育法案"实行教育隔离，它对非洲学生设计了不同的教育体系，教育黑人为白人工作。

所有这些经济制度使得黑人的工资很低，而白人工人以及农场主和矿主从中获益。图 2 表明他们成功了。南非成为世界上最不平等的国家之一（而所有这一切发生的同时，最富有 1% 人群收入的比重却在稳步降低）。而正如我们将在下一节讨论的，20 世纪 70 年代黑人工资的提高也有其制度与政治根源。

最富有 1% 不平等在 1994 年后开始快速拉升，这与南非令人生畏的剥削性制度的崩溃时间一致。尽管对于为什么会这样没有共识，答案可能与下面的事实有关，即种族隔离政策结束后，黑人内部人为抑制的收入分配差距开始扩大，因为这些人中的一部分开始受益于商业机会、教育以及激进的新平权行动计划如黑人经济赋权运动（Leibbrandt，Woolard，Finn，Argent，2010）。可无论细节如何，我们都很难将南非最富有 1% 比例的提高看作平等主义的衰落。

和南非不同，瑞典最富有 1% 份额的下降却确实反映了不平等程度的更加普遍的下降。图 3 表明，对于瑞典来说，其他不平等指标，包括两组基尼系数，与前 1% 和前 5% 不平等反映出来的趋势类似。

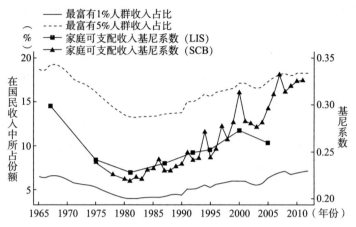

图 3 瑞典顶端人群收入所占份额和总体不平等情况

说明：左轴显示了最富有 1% 和最富有 5% 人群收入在国民收入中所占比例，数据来自 Roine 和 Waldenstrom（2009）。右轴显示了家庭可支配收入的基尼系数，数据来源是"卢森堡收入研究"（可参见 Milanovic，2013），以及"瑞典统计"网站或者 SCB（可参见 Atkinson 和 Moreli，2014）。

在瑞典的例子中，不平等的故事同样与制度变化相关，而不是该书认为的普遍规律。最富有 1% 份额最初的下降与政府政策的重大变化巧合，例如，20 世纪 20 年代再分配快速增长，而 20 世纪 10 年代还几乎没有（Lindert，1994）。边际税率从 1910 年的 10% 左右，提高到 1930 年的 40% 和 60%（原文如此，Roine，Valchos，Waldenstrom，2009，p. 982）。政府和再分配税收角色的扩展对最富有 1% 份额自然有消极的影响。在此期间，劳动市场制度也有剧烈的变化。工会密度从一战期间占劳动力的 10% 左右迅速提高到 1930 年的 35% 和 1940 年的超过 50%。集中化的工资协商以及工资差距的高度压缩也被制度化了（Donado and Walde，2012）。

该书强调，世界大战后资本存量被摧毁以及资产价格的下跌是解释 20 世纪的很多时期顶端不平等下降的关键因素。但是，这几乎不能解释瑞典和南非的趋势。前者在两次世界大战中都保持中立，而南非在两次大战中尽管都为盟国提供了部队和资源，但都没有直接的资本存量被摧毁的经历。

可能有人会提出，最富有 1% 所占份额只是不平等的一个方面，而 r－g 或许能够为这方面提供有说服力的解释。但是正如表 1 的结果所示，这一论点也仍然不成立。此处我们对来自"世界富豪收入数据库"与"麦迪逊数据库"的非平衡年度面板数据进行回归，时间跨度从1870年延伸至2012年。我们依次用三个不同变量来测度 r−g。首先，我们假设所有的资本市场都开放，且样本中的所有国家都采用相同的利率（该利率可能随时间变化，但各国相等）。在 r 不变的前提下，r−g 的变化只可能来源于增长率 g 的变化。表1 A 部分的前3列研究了增长率 g 的变化对收入不平等状况的影响（此处对数据做了标准化处理，r＝0因而 r−g ＝ −g）。第1列是最富有1%不平等状况与增长率 g 的回归结果。回归方程中引入了所有年份和国家的虚拟变量，因而回归结果不依赖时间和国别差异，而能够体现全球层面上不平等状况与 r−g 的相关关系。根据《21世纪资本论》的结论，r−g 的系数应该显著为正，但最终的 r−g 的回归系数却为负，且并不具有统计意义上的显著性。

第2列的回归方程中引入了最富有1%不平等的5个时间滞后项，以检验不平等状况的持续性。结果显示，加入时间滞后项的回归方程变得显著，且此时 r−g 的系数为负并在5%的置信度上显著成立，但这也仍然与《21世纪资本论》的结论截然不同。第3列的回归方程同时包括了 GDP 的5个时间滞后项和最富有1%不平等的5个时间滞后项。回归结果仍然不能证明，r−g 对于最富有1%不平等状况具有显著的正向影响；相反，正如第一个时间滞后项以及代表累积效应的长期项所显示的那样，r−g 的回归系数仍然为负。

当然，不平等状况变化的时间幅度可能更大，不是以年度或5年期为标准。表1 B 部分转而研究更长期的回归分析。通过对10年期（第1、2列）和20年期（第3列）的数据做回归，我们仍然看到 r−g 和最富有1%不平等状况之间呈现负的相关关系，而且此时 r−g 的相关系数不显著。

表1 A 部分第4~6列的回归方程，我们采用了实际利率来测度 r−g。实际利率的数据来源于 OECD 数据库，其等于长期政府债券的名义利率减去通胀率。回归结果仍然显示，r−g 相对于最富有1%不平等状况的回归系数显著为负。在表1B 部分，我们相应地对10年期和20年期数据进行了回归分析，其相关系数仍然为负，且20年期数据的回归方程中系数显著（第6列所示）。

表1 r－g在不同测度下的回归系数。因变量是前1%所占全国收入的份额。

	假定各个国家的利率相等			OECD 数据库中各国实际利率			r＝MPK－δ		
	(1)	(2)	(3)	(4)	(5)	(6)	(7)	(8)	(9)
A 年度面板回归结果									
t 时期 r－g 估计量	-0.006 (0.010)	-0.018** (0.008)	-0.018** (0.009)	-0.055* (0.028)	-0.032* (0.015)	-0.033** (0.014)	0.029 (0.030)	-0.004 (0.008)	-0.011 (0.008)
t－1 时期 r－g 估计量			0.001 (0.008)			-0.003 (0.016)			0.005 (0.013)
t－2 时期 r－g 估计量			0.005 (0.006)			0.010 (0.012)			-0.012 (0.007)
t－3 时期 r－g 估计量			-0.002 (0.007)			-0.015 (0.019)			0.014* (0.007)
t－4 时期 r－g 估计量			-0.005 (0.006)			-0.000 (0.012)			0.006 (0.009)
滞后项的联合显著性 [p值]			2.17 [0.09]			1.44 [0.26]			3.64 [0.01]
长期效应		-0.16 [0.04]	-0.18 [0.03]		-0.35 [0.15]	-0.40 [0.21]		-0.04 [0.67]	0.03 [0.87]
最富有 1% 占比的持久性 [p<1]		0.89 [0.00]	0.89 [0.00]		0.91 [0.13]	0.90 [0.10]		0.90 [0.04]	0.92 [0.06]
观测点	1647	1233	1226	608	503	453	1162	905	860
国家数	28	27	27	19	18	18	28	26	26

续表

	假定各个国家的利率相等			OECD 数据库中各国实际利率			r = MPK − δ		
	(1)	(2)	(3)	(4)	(5)	(6)	(7)	(8)	(9)
平均每个国家观测时长/年	58.8	45.7	45.4	32.0	27.9	25.2	41.5	34.8	33.1
r − g 平均值	0.055 (0.101)	−0.036 (0.101)	0.136 (0.203)	−0.057 (0.144)	−0.070 (0.135)	−0.200 (0.321)	0.069 (0.100)	0.148 (0.094)	0.061 (0.163)
长期效应 [p>0]		−0.05 [0.73]			−0.15 [0.64]			0.29 [0.19]	
最富有 1% 占比的持久性 [p<1]		0.32 [0.00]			0.53 [0.02]			0.48 [0.00]	
观测点	214	183	105	83	81	39	136	126	69
国家数	28	27	27	19	19	19	28	28	27
B 以 10 年和 20 年（第 3、6、9 列）为期的面板回归结果									
平均每个国家观测时长/年	7.6	6.8	3.9	4.4	4.3	2.1	4.9	4.7	2.6

备注：该表是当 r－g 在不同测度下对最富有 1% 所占全国财富份额的回归结果。第 1～3 列用了迪迪逊数据库的增长率数据并假设各国实际利率相同。第 4～6 列使用了扣除通胀率后的长期政府债券利率来作为实际利率。第 7～9 列中实际利率则是 r＝MPK－δ，正文对此做出了进一步的解释。回归方程包含所有国家及相应的固定年限效应，回归结果包含了在解决异方差、序列相关性和富有 1% 所占份额持久性的五个滞后项对最富有 r 之期后的标准误差。A 部分使用了 1870～2012 年 28 个国家的非平衡面板数据。第 2、5、8 列是增加因变量的一个滞后后的回归结果，表征了 r－g 对于因变量影响系数的长期效应的估计结果。第 3、6、9 列至多增加 r－g 的四个时间滞后项后的联合显著性检验。B 部分使用了 28 个国家每 10 年或 20 年的非平衡面板数据（第 2、5、8 列），并同时对所有滞后带来的长期效应，并控制了因变量的滞后项。最后，第 3、6、9 列是每 20 年 r－g 平均值对最富有 1% 所占份额的影响系数的回归结果（即 1880、1900、1920……2000）。

对第 4~6 列的回归方程的最主要质疑是最富有 1% 人群财富的资本利率不等于长期政府债券。为解决这一问题，第 7~9 列的回归方程利用了卡塞利（Caselli）和费雷尔（Feyrer）（2007）提出的计算方法，以资本的边际产出率减去折旧率来作为 r－g 的测度变量，数据来源于生产要素的总量数据。此时的回归结果变得更加不稳定，某些情况下系数为正而某些情况下系数为负，但所有情况下相关系数都不显著。

如果将人均 GDP（作为影响商业周期因而影响最富有 1% 不平等的控制变量）、人口增长率、国别趋势等自变量纳入回归方程，或者将应变量改为最富有 5% 不平等，回归结果仍然保持稳健。

尽管这些证据是尝试性的，而且很明显，我们并没有指望在 r－g 和最富有 1% 份额之间存在任何因果关系，但是这些基本的条件相关性对于该书的中心论点没有提供任何支持，这仍然是令人感到惊异的。这并不是说更高的 r 不是推动更大社会不平等的力量——很可能它是的，而只是说有许多其他的力量在影响着不平等。我们的回归结果也表明，至少在相关性意义上，这些在定量的意义上比 r－g 更重要。

转向一个制度性的框架

我们已经论证指出，对不平等进行分析的任何令人满意的框架都应该同时考虑两个问题：一是不同类型的制度对资源分配的影响，二是这些制度的内生衍化。我们现在充实一下这样的一个框架，并将其运用到对瑞典和南非的不平等（以及制度）的衍化的分析中。

我们现在提出的这个框架是阿西莫格鲁（Acemoglu）、约翰逊（Johnson）和罗宾逊（Robinson）2005 年文章中为分析长期经济发展所提出的框架的扩展。通过对那篇文章的图一进行调整，这个框架的一些主要支柱就可以被系统地展示出来，如下图所示。

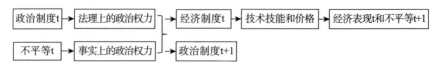

这个图表明，政治制度决定了政治权力在法理上的分配（例如哪些

团体的权力被剥夺了，权力争斗是如何进行的，以及精英的权力是如何被限制的，等等），政治制度同时还和社会不平等一起，影响着政治权力实际上的分配。例如，事实上的权力依赖各种不同的社会和经济团体的组织性，以及司法制度如何处理抗争活动，还依赖哪些团体进行组织，以及它们如何处理其集体行动问题。事实上的和法理上的权力一起决定了经济制度，以及政治制度的稳定和变化（也就是说未来的政治制度，即政治制度 t + 1）。经济制度塑造了技术（现存的技术是否以及如何能够被有效地利用，以及通过内生的革新和"干中学"而实现的技术变革）。它们还影响着技能的供给——历史上决定不平等的一个关键因素，在今天情况更甚。最后，经济制度通过对技术、技能的供给以及价格的综合影响而影响着经济表现和不平等（也就是说，经济制度在既定的供需下同样影响着价格，如通过管制、税收或者通过影响不同生产要素和个人的议价权等）。

时间顺序强调的是，政治制度和不平等是"状态变量"，它们不断被继承下来，作为未来动态的起始状态。我们也应该强调，正如我们之前的讨论所暗示的，不平等不应该被认为总是可以被某单一变量所概括，比如基尼系数或者最富有 1% 份额。相反，这里强调的经济和政治因素决定了更普遍意义上的资源的分配，例如，在南非的例子中，大多数黑人工人、黑人中产阶级、白人中产阶级以及白人工业家之间的资源分配。

现在让我们将此框架运用到南非的例子。正如已经提到的，南非不平等关键的转折点发生在南非联邦形成的 1910 年，20 世纪 40 年代、20 世纪 70 年代以及 20 世纪 90 年代。1910 年后，以前只要拥有一定的财富、收入或者财产就可以在好望角和纳塔尔拥有投票权的黑人被剥夺了选举权（后来扩展到有色人种和印度人）。正是白人对南非政治的统治导致了"土著土地法案"的施行以及"种族障碍法律"从采掘业（始于古波尔共和国）扩展到整个经济，并导致了显著的不平等后果。然而，南非的政治变动要更加复杂，而不能仅仅看作单一白人和黑人团体之间的冲突。相反，种族隔离可以看作白人工人、农民以及矿主的联盟，它牺牲了黑人的利益，但同时也牺牲了白人工业家的利益，因为后者不得不对技术工人支付非常高的工资（Lundahl, 1982；Lipton, 1985）。

种族隔离政府的正式制度巩固了少数白人的政治权力，同时种族隔离法律等创造了类似于土地分配和种族障碍等意在进一步扩大少数白人利益的经济制度。这些经济制度决定了社会不平等——不利于黑人，而有利于白人，尤其是白人工人和农民。但是，由于白人工业家因此失去了很大一部分技术工人储备，因此抬高了白人劳动力的价格（因为劳动力供给被人为限制了），南非的经济发展受到了阻碍。那么，为什么最富有 1% 份额下降了呢？这并不仅仅因为利润被技术工人的高工资挤压了，而且还因为在种族隔离制度内部有一种力量推动从富人向贫穷白人的再分配。确实，种族障碍的扩大和 1948 年国家党的胜利都与被称作"贫穷白人问题"的问题有关，它强调了支撑着种族隔离制度的特定联盟的重要性（对于其他因素的讨论，如黄金价格，可见 Alvaredo and Atkinson，2010）。

从 20 世纪 70 年代开始，白人与黑人之间的巨大差距开始缩小。这应当放在种族隔离制度在政治上开始弱化的背景下去看。国内转折点是黑人工人组织抗议和骚乱的能力，以及实施其事实上的权力的能力提高了，尤其是在 1976 年索韦托起义（其导致了黑人工会被承认）之后。这个进程得到了不断增长的国际压力的帮助（其使得英国和美国公司停止了产地歧视）。最终，这个事实上的权力迫使种族隔离制度最终崩溃，并设立了一套新的政治制度，授予了南非黑人选举权。这新的政治制度最终促成一套对不平等造成重要影响的新的经济制度，如黑人经济赋权运动。

我们的框架同样表明，种族隔离制度对技术衍化产生了影响，例如在金矿开采的机械化方面（Spandau，1980）。当种族隔离制度在 70 年代开始崩溃时，白人企业家迅速用资本代替劳动，并推动技术向劳动力节约方向变动（Seekings and Nattrass，2005，p. 403）。

现在转向瑞典。尽管瑞典的故事非常不同，但事实上的权力和法理上的权力在塑造政治和经济制度上的角色再次处于中心地位。在瑞典，重要的转折点是民主制度的创立。成人男子的普选权于 1909 年出现，但真正的议会民主在 1918 年的改革法案之后才开始发展，君主的权力被显著限制，选举也更具竞争性。无论是 1909 年改革还是 1918 年议会民主的出现，都是对各种骚乱、罢工和被剥夺了选举权的工人的事实上的权利的反应，尤其是在一战后充满不确定性和社会动乱的气氛下更是如此（Tilton，1974）。柯利尔（Collier）（1999，p. 83）解释道：

> 正是在 1918 年经济危机以及之后由社会民主党人领导的工人争取民主的抗议运动之后，改革法案才获通过。确实，在 1918 年 11 月，劳工抗议运动如此激烈，以至于瑞典保守党和上层阶级感受到了革命的威胁。

之后瑞典民主制度便奠定了现代劳动市场制度和福利国家的基石，并对不平等，包括前 1% 份额施加着强有力的向下的压力。

最后，和南非的制度一样，瑞典劳动市场制度也可能对技术发展路径产生影响。例如，莫内（Moene）和沃勒斯坦（Wallerstein）（1997）强调工资差距的缩小相当于对没有效率的工厂征税，从而刺激新人的加入以及迅速的技术升级。

当然，我们不是说我们的简单框架便可以充分把握不平等的所有方面的发展变化（先不提政治和经济制度的发展变化）。然而，此框架所强调的基本力量在一些例子中显示是重要的（并不仅仅指瑞典和南非，而且要普遍得多，可参见 Acemoglu and Robinson，2006，2012）。

我们的框架同时也提供了一些线索，说明为什么我们应该尤其关注最富有 1% 不平等。根据社会福利功能的不同，最富有 1% 不平等可能是非常有害的。但是这并不是思考不平等的社会和福利后果的最有效的方法。更相关的可能是机会平等的缺乏，即公平的游戏平台。其可能是由不平等造成的，也可能是由造成最富有 1% 不平等的相同因素所造成的。在阿西莫格鲁和罗宾逊（2012）的文章中，我们对前述框架进行了扩展，试图论证，缺少公平的游戏平台可能妨碍一个国家的投资、创新和资源配置效率。但是对于如何评价一个社会的机会平等程度以及人才和资源的分配是否有效来说，最富有 1% 不平等可能不是一个最相关的收入分配指标。例如，如果比尔·盖茨和沃伦·巴菲特比现在有钱两倍，那么是不是可以说美国社会变得更不注重才智了呢？不大可能是这样的。切蒂（Chetty）、克莱恩（Kline）和萨伊兹（Saez）（2014）的证据也表明美国社会流动性在过去的几十年里保持不变，尽管在此期间最富有 1%

不平等迅速扩大。其他类型的不平等，如南非社会中的白人与黑人之间的差距，或者美国社会中低层与中产阶级的差距，对于游戏平台平等来说更加相关。

但是最富有 1% 不平等对于政治制度的健康程度来说可能是处于中心地位的。如果一个社会极少数家族和个人异乎寻常地富裕，那么想要维持一个政治权力分散和社会政治参与广泛的政治制度是非常困难的。关于这种类型的不平等所产生的危险的一个警示故事在阿西莫格鲁（2012）的著作中被讨论，并在普加（Puga）和特雷夫勒（Trefler）（2014）的著作中得到扩展，它就是中世纪晚期威尼斯的故事。那里，最富裕和有权势家族的经济权力使得他们可以阻碍他人获取政治权力。而一旦他们因此垄断了政治权力，他们便能够为了其利益改变经济制度，阻碍其他家族进入有利可图的商业领域等等。这种政治的变化，以及由此引起的经济制度的恶化，开启了威尼斯的衰落。但是如果最富有 1% 不平等的主要威胁是政治性的，那么它说明，关注点应放在监控和限制顶端不平等所带来的政治后果上。而采取的政策也应该与社会制度断层线相关，并放在下面的背景下审视：加强针对此类权力攫取的制度限制。

结　论

皮凯蒂雄心勃勃的工作继马克思的《资本论》之后大获流行，它使不平等问题获得了许多新的关注。皮凯蒂贡献了一个大胆而全面的、适用于所有资本主义经济的关于不平等的理论。尽管我们相信对不平等的关注以及由此而来的争论是健康而具建设性的，但我们仍认为皮凯蒂犯了和马克思（在马克思之前还有马尔萨斯和李嘉图）一样的错误：他的方法和普遍规律忽略了制度因素，以及由制度塑造的技术的灵活性和多面性。我们进一步认为，南非与瑞典等经济体在 20 世纪不平等的历史表明，关注最富有 1% 不平等并不令人满意，而关于不平等的任何合理的理论都必须包括政治和经济制度，并将其置于中心地位。我们还提出了一个简要的框架，明确地将不平等研究的焦点放在制度以及其本质和衍化上。

将分配放回经济学的中心：反思"21 世纪资本论"

〔法〕托马斯·皮凯蒂 著　纪　锋 译[*]

编者按：本文是皮凯蒂针对阿西莫格鲁和罗宾逊的批评所做的回应。皮凯蒂认为他的观点被严重误解了：他既没有打算挖掘出一个新的"资本主义普遍规律"，也没有忽视制度在不平等的形成和发展中的作用。为此，皮凯蒂在本文中对自己的观点进行了重新归纳和整理。首先，皮凯蒂谦虚地说，自己的著作充其量只是基于新数据的"分析性历史叙述"，它的主要贡献在于通过对新的数据和证据进行定量的分析，并与历史方法相结合，从而更好地掌握关于财富分配变化的经济、社会和政治过程。在这个过程中，制度分析是重要的和不可缺少的，它比 r > g 重要得多。但是，与阿西莫格鲁和罗宾逊不同，皮凯蒂认为，r > g 确实是会影响不平等状况的。r − g 与制度和公共政策之间的互动决定着财富不平等的量级与变化。在其他重大因素一致的情况下，r − g 会严重放大不平等的程度。皮凯蒂认为 21 世纪的 r − g 仍有扩大的趋势，但他认为他的观点和制度研究的方法并不矛盾，而是互补的。

关键词：分析性历史叙述　制度分析　公共政策　r − g　收入分配　财富分配

Abstract：Piketty responds with this article to the critique by Ace-

---

*　托马斯·皮凯蒂（Thomas Piketty），巴黎经济学院教授。纪锋，清华大学公共管理学院博士研究生。

moglu and Robinson whom, he argues, have simplified and distorted his views. Piketty takes up several commonly misunderstood themes in his own magnum opus and seeks to re-explain and re-frame them. First, he stresses the key role played in his book by the interaction between belief systems, institutions, and the dynamics of inequality. Second, he briefly describes his multidimensional approach to the history of capital and inequality. Third, he reviews the relationship and differing causes between wealth inequality and income inequality. Fourth, he turns to the specific role of r > g in the dynamics of wealth inequality: specifically, a larger r – g gap will amplify the steady-state inequality of a wealth distribution that arises out of a given mixture of shocks. Fifth, he considers some of the scenarios that affect how r – g might evolve in the 21st century, including rising international tax competition, a growth slowdown, and differential access by the wealthy to higher returns on capital. Finally, he seeks to clarify what is distinctive in his historical and political economy approach to institutions and inequality dynamics, and the complementarity with other approaches.

Keywords: Analytical Historical Narrative　Institutional Analysis　Public Policy　r – g　Income Distribution　Wealth Distribution

当一本厚书在学术圈以及公共媒体中广泛讨论的时候，书中的观点被简单化或许是不可避免的。以我的《21 世纪资本论》为例，其主要观点普遍被简化为：由于资本回报率 r 超过了经济增长率 g，因此财富的不平等便注定会随着时间的流逝而不断增长。而在我看来，r 与 g 之间的差距只是解释历史上财富不平等的规模和变化的一个重要力量：尤其是它可以解释为什么财富不平等在第一次世界大战之前的几乎所有社会都如此严重和持久（见我书中第十章的讨论）。也就是说，我对 r > g 与财富不平等的关系的观点在围绕此书的讨论中往往没有被准确地理解，甚至许多经济学家也是如此。

本文将回到此书的一些主要论点，试图去厘清关于这些论点的讨论。例如，我并没有将 r > g 看作思考 20 世纪收入与财富变化，或者预测 21 世纪收入与财富不平等变化路径的唯一的或者主要的工具。制度变化与政治重大事件（它们在很大程度上可以被看作内生于不平等和发展过程本身）在过去扮演了重要的角色，在将来或许将会继续扮演重要角色。另外，我当然不相信 r > g 对于不断增长的劳动收入不平等的讨论是一个有益的工具。这里，其他的工具和政策要相关得多，如技术与教育的供给与需求。我的一个主要结论是，在 21 世纪，收入与财富不平等会增长到什么程度存在很大不确定性，我们需要更高的透明度和更好的信息以使我们能够调整政策和制度去适应环境的变化。

此书主要是讨论收入和财富分配的历史的。得益于过去许多学者的努力，我们已经可以收集到关于国民收入与国民财富结构以及分配衍化的相对较大的历史数据库，它可以覆盖近三个世纪超过 20 个国家。此书的第一个目的便是展现出这些历史证据，分析自工业革命以来发生在这些不同国家的变化，以及可以解释这些变化的经济、社会和政治过程。从一开始我便强调我们掌握的历史数据仍如此之少，以至于无法做出准确的判断。但另外，至少我们比过去所掌握的要多得多。

此书至多可以被称作基于新证据的分析性历史叙述。我希望我能够将对长期分配的研究拉回到经济学的中心。19 世纪的经济学家，包括托马斯·马尔萨斯、大卫·李嘉图以及卡尔·马克思等人，都将分配问题放在政治经济学的中心。然而，他们的数据有限，以至于他们的方法主要是理论性的。而自 20 世纪中叶以后，一些经济学家尤其是西蒙·库兹涅茨（Simon Kuznets）以及安东尼·阿特金森（Anthony Atkinson），发展出了将理论与定量及历史方法结合在一起的可能性。此书所基于的历史数据方法直接追随了库兹涅茨（1953）和哈里森（1978）的开创性工作所创立的传统。

在本文中，我将提取出此书的几个观点，这些观点在有关的讨论中也许被弱化或者歪曲了，我将会试图对它们进行重新解释。第一，我将强调，信仰体系、制度和不平等状况的变化之间存在着互动关系。这种互动关系在此书中扮演着关键性的角色。第二，我会简要描述我对于资本与不平等历史的多维度方法。第三，我将回顾财富不平等与收入不平等之间的关系以及造成它们的不同原因。第四，我会回到 r > g 在财富不平等变化中的特定角色：尤其是，更大的 r - g 将会扩大财富分配中的稳态不平等（steady-state inequality）。这种稳态不平等产生于某些重大事件（shocks）。第五，我将思考 21 世纪的哪些情境会影响 r－g 的变化，包括国际税收竞争、增长放缓以及有钱人寻求更高资本收益率的不同渠道。最后，我会试图厘清我关于制度与不平等变化的历史和政治、经济学方法的不同之处在哪里，以及它与其他方法的互补之处又在哪里。

信仰体系、制度以及不平等的变化

在此书中，我试图研究的不仅仅是收入与财富不平等的变化，还包括社会不平等在公共讨论、政治争辩以及在文学和电影中的集体表现是如何衍化的。我相信这些对收入和财富的表达和信仰体系的分析是关于收入与财富变化研究的不可或缺的一部分。

实际上，我的分析性历史叙述的一个主要结论在此书的前言中有所描述（pp. 20，35）：我们对于任何关于收入与财富不平等的经济决定论都要非常小心。财富分配的历史总是具有深刻的政治性，而不能简单归结为纯粹的经济机制。……它是由经济、社会和政治行动者如何看待"公正"，由这些行动者相对权力的大小，以及其造成的集体选择所塑造的。它是所有相关行动者一起创造的产品。历史如何展开有赖于社会如何看待不公平以及人们采用何种政策与制度来衡量和改变它们。正如我和萨伊兹在之后的一篇文章中写道的："在某种意义上，马克思和库兹涅茨都是错的。在不平等扩大或者缩减这两条道路上都有强大的力量，哪种力量占上风取决于社会选择采用何种制度和政策。"（Piketty and Saez，2014，pp. 842－843）。

如果研究 20 世纪不平等状况的变化，政治重大事件和经济代表情况的改变所起的作用尤为明显。尤其是（p. 20），"从 1910 年至 1950 年大多数发达国家出现的不平等的减少首先是战争与革命，以及为应对这些动荡而采取的政策的结果。与此类似，1980 年后不平等扩大很大程度上是由于过去几十年相反的政治变化，尤其是在税收和财政方面"。

同时我也努力证明，关于收入与财富分配的信仰体系也很重要，如果想理解 18 世纪和 19 世纪的不平等的结构的话（其实这对所有社会都是如此）。每个国家都有自己的关于不平等的独特历史，而我则试图证明，在不平等变化与认识、制度及政策衍化之间的相互作用中，民族认同起着重要的作用。

在对不平等状况变化进行历史叙述的过程中，我研究了许多制度与公共政策，它们在其中扮演着重要角色。我强调了教育制度公平（尤其是进入高质量学校与大学的机会）的重要性，以及财政制度（尤其是收入、遗产以及财产的累进税制）的重要性。其他的重要因素还包括：现代福利国家的发展；货币体系、中央银行制度以及通货膨胀；劳动市场规则、最低工资及集体协商；强制劳动（奴隶制）；殖民制度、战争及革命；没收、物理毁灭和私有化；公司治理与股东权利；租金与其他价格控制（如禁止或限制高利贷）；金融放松管制与资本流动；贸易政策；产权制度；生育政策；等等。

关于资本与不平等的多维度的历史

此书之所以如此之长，一个关键原因在于我试图提供一个关于资本及其变异的一个相对详尽的多维度观察的历史。资本所有权有着不同的历史形式，每种形式都涉及不同的制度、规则及权力关系形式，而这些都是要分析的。

理论模型、抽象概念以及公式（比如 r > g，下面我将更详尽地阐释）在我的分析中也扮演着一定的角色。然而，这个角色相对而言是次要的（我相信在社会科学中，理论的作用普遍如此），它的作用不应被夸大。模型对于厘清特定假设与结论之间的逻辑关系是有用的。但同时也过于简化了现实世界。我们不能过高估计这种抽象的意义。唯有如此，它才是有用的。所有的经济学概念，无论它看起来多么"科学"，都是一种知识"建构"，它们是由社会和历史所决定的，并且它们经常被用来促进某些观点、价值或者利益。模型是一种语言，只有当它和其他表达形式结合在一起，并且承认我们都是一个充满冲突和各色意图的过程的一部分时，它才是有用的。

具体而言，总资本存量 K 及总生产函数 Y = F（K，L）都是非常抽象的概念。虽然我不时提起它们，但我并不相信这些过于简化的概念可以充分描述任何社会的生产结构以及财富和社会关系状态。例如，在第一章，当我对资本和财富进行定义时，我这样解释（p. 47）：

> 资本不是一个永恒不变的概念。它反映了每个社会的发展状态与主要社会关系。……在不同的时期、不同的地方，私人可以拥有的和不可以拥有的之间的差别是巨大的。极端的例子便是奴隶制。同样的道理对于产权同样合适，这些产权的范围可能包括空气、海洋、山川、历史遗迹以及知识。特定的私人利益希望拥有这些东西，有时他们说这是为了提高效率，而不仅仅是出于私利。但是事实上无法保证这些主张与公共利益吻合。

更普遍地，我分析了历史上资本所采用的形式的多样性，以及财产关系及市场稳定措施所引致的各种问题。我详尽研究了许多次资本转型，从农业土地到现代房地产以及商业和金融资本。每种资本类型都有其特定的经济和政治历史，并导致不同形式的谈判过程、权力争斗、经济创新和社会妥协。

例如，通过研究 1865 年以前美国南部的奴隶资本的角色（其可以被看作拥有并统治他者的极端的形式），我发现，资本所有权与产权都是历史决定的，这一事实非常清楚（第 4 章）。研究还发现，德国公司通过股票市场资本化的程度比英美公司要低，这一现象显然与这一事实有关，即德国公司的所有者比其他国家更需要与其他利益相关者（工人、政府、非政府组织及其他相关者）分享权力。由此可以得出与前者类似的论点。这种权力分享显然并不损害生产效率或对德国公司的出口产生负面影响，这表明，事实上资本的市场与社会价值可能经常是不同的。

其他的例子还包括房地产资本和自然资源，如石油。在过去的几十年里，房地产价格大幅波动，大大影响着总资本价值的变化。这一点在 20 世纪上半叶同样发生过（第 3～6 章）。这也可以由制度与技术变化所解释，包括租金控制政策及其他规制、所有人与租户之间关系的其他规则、经济地理分布的变化，以及技术进步的速度在交通与建筑部门相对于其他部门的变化。石油资本及其世界分布根植于权力关系以及随之而来的军事保护（尤其是在中东地区），这也影响了主权财富基金的金融投资战略（第12章）。

财产关系及资本的制度分析同样有其国际及公共部门维度。国家间总金融资产的膨胀是近几十年金融全球化的一个主要特征，也是此书中不断出现的主题。我分析了英国和法国在其海外殖民的鼎盛时期的巨额净海外资产并将其与今天的中国、日本和德国的情况进行了比较。我不断强调，国际产权关系（一些国家的经济活动者在其他国家拥有大量的房地产及金融资产）难以以和平的方式加以规制。这在殖民时期和去殖民时期尤其如此。国际产权关系问题在未来还会凸显。这些处理高度的内部与外部不平等问题时遇到的困难当然有助于解释长期困扰拉美和非洲发展进程的高度政治不稳定问题。

公共资本（其变化依赖公共投资与赤字政策、国有化、私有化等不同模式及复杂的政治历史）在此书中也扮演着关键角色。我强调了不同国家间存在着显著不同（尤其是比较了18世纪及19世纪的英国和法国），但也存在着共同点（如二战后公共资本普遍较大，而最近几十年在高收入国家以及俄国和中国出现了较大下降，而这对于私人财富的分配及新型寡头的兴起有着重要的影响）。

由于存在着多维度的因素，而在讨论中，情境又是重要的，那么用"资本"作为唯一的范畴代表所有是否仍然合适呢？尽管将以不同形式存在的资本的所有市场价值相加在技术上是可能的，但简单加总的资本存量 K 并不能改变这样的事实，即不同资产存在不同维度并反映不同的产权关系。但尽管如此，这种抽象在某些情况下仍是有用的。尤其是，通过计算 $\beta = K/Y$（K 是总资本存量的市场价值，Y 代表国民收入），我们可以比较资本财富在社会中的总体重要性，否则便无法比较。例如，我们可以发现，尽管在资产性质和制度安排上存在许多变种，总资本价值（相对于总国民收入）在某些国家已经接近了18世纪至19世纪直到第一次世界大战盛极一时的世袭国家社会的水平。我相信这个发现本身是有趣的。但是当然，它并不能改变这样一个事实，即对这些不同社会进行合适的比较，需要对各种不同的资本类型以及相应的社会与经济关系分门别类，仔细分析。

劳动收入的不平等与财富的不平等

我对资本和不平等的分析是多维度的。关于这一点，另一个表现在于，全书始终都在区分劳动收入的不平等与资本所有的不平等。当然，不平等的这两个维度在一些方面是相互作用的。比如，某一时期劳动收入不平等的增长可能会在之后的几十年或者几代人中加剧财富的集中。但是驱动收入不平等与驱动财富不平等的力量在很大程度上是不一样的。

例如，我在书中指出（尤其是第 8、9 章），美国 1980~2010 年收入最高的部分占比的增长主要是由于劳动收入不平等的增长，而这又是由两组因素造成的。第一，美国这段时期技能获取及接受更高教育方面的不平等，它由于学费的增长和公共投资的不足更趋恶化。第二，高层管理收入的暴发性增长。这可能是由激励规范的改变所推动的，同时受益于高收入税的大幅削减。我认为，劳动收入不平等背后的机制"包括对不同技术的供需关系、教育体制的状况，以及影响劳动市场和工资决定的各种规则和制度"。最近几十年劳动收入不平等的增长与 $r-g$ 扩大的关系很小。实际上，很难找到一种合乎逻辑的方法证明 $r-g$ 能够影响劳动收入不平等。"而对于资本收入不平等，最重要的过程包括储蓄与投资行为、关于继承及赠予的法律、房地产和金融市场的运行等等。"（p.243）

另外，顶端不平等的概念（如前百分之几十占比或前百分之几占比）对于劳动收入和资本财富分配的含义是不一样的。顶端不平等可以被用来在不同社会之间进行比较，如 1789 年的法国和 2014 年的中国和美国之间进行比较。这点和总资本收入比率的作用类似。但是在某些社会里，收入和财富之间是高度相关的，而在另一些社会里，它们则代表了完全不同的社会等级（如在传统的世袭社会里）。这两种不平等维度区别的程度造成了关于社会不平等的不同的表达与信仰体系，而这又反过来塑造了影响不平等变化的制度与公共政策。

财富不平等的变化与 r – g 的角色

现在，我来阐明 r – g 在我关于不平等变化的分析中的角色。r 给出了资本收益率，而 g 则用来衡量经济增长率。r 与 g 之间的差距当然不是分析财富不平等变化的唯一机制。正如我之前所解释的，一系列制度因素对于理解财富的衍化起着中心作用。

而且，认为资本收益率 r 永远高于经济增长率 g，本身对于财富不平等并不意味着什么。实际上，在大多数标准的经济学模型的稳态均衡中，包括在代表性经济人模型（representative-agent model）（其中每个人都拥有相同的资本存量），r > g 都是成立的。

例如，考虑一下这样一个标准动态模型，其中每个人都类似于一个永续存在的假统，其稳态收益率由调整后的黄金法则 r = θ + γg（其中 θ 是时间偏好比率，γ 是效用函数的曲度）。例如，如果 θ = 3%，γ = 2，g = 1%，那么 r = 5%。在这个过程中，r > g 总是成立的，而这并不隐含着任何的财富不平等。

在一个代表性经济人模型中，r > g 意味着，在稳态中，每个家庭只需要再投资其资本收益的 g/r 便可保证其资本存量以与经济相同的 g 的速率增长。而其家庭可消费的比率是 1 – g/r。例如，如果 r = 5%，而 g = 1%，则每个家庭便可以将其资本收入的 20% 进行再投资，而消费 80%。同样，虽然 r > g，但这对不平等并不意味着什么，它只能说明资本所有使经济可以达到更高的消费水平。

那么，r – g 与财富不平等之间到底是怎样的关系呢？为了回答这个问题，我们需要向基本模型中引入其他成分，以便不平等问题可以凸显出来。在真实世界中，许多重大事件对一个家庭的财富状况会产生重要影响，从而产生财富分配的高度不公平（确实，在我们掌握数据的所有国家，对各个年龄段来说，财富分配比收入分配要不公平得多。这用标准的财富积累的生命周期模型很难解释。有关收入和财富不平等程度的历史证据的简要总结，可参见 Piketty and Saez，2014）。例如，有关人口的重大事件：有的家庭孩子很多，而只能将其遗产分为许多小份，而有的家庭孩子很少；有的父母亡故较晚，而有的则早亡；等等。还有一些影响收益率的其他重大事件：有的家庭善于投资，而有的则因此破产了。有关于劳动市场的事件：有的工资很高，有的则较低。还有一些参数会影响到储蓄水平：有一些家庭消费水平远超其资本收入的 $1-g/r$，甚至可能消费掉所有的资本财富，死亡时一无所有，而另一些人的投资则远超 g/r，从而留下大笔遗产。

这些模型的一个中心特征是，对于既定的重大事件结构，如果 $r-g$ 更高的话，财富不平等的长期量级会扩大。换句话说，在这些模型中，财富不平等将会收敛到一个有限的水平。重大事件会保证总是有一定程度的向上或向下的财富流动，使得财富不平等从长期来看会限定在一定的水平之内。但是这个限定的不平等水平是 $r-g$ 的陡峭的递增函数。直观地说，其他重大事件不变，更高的 $r-g$ 就是不平等的放大机制。即更高的 $r-g$ 使得经济得以维持一个更大和更持久的财富不平等水平。

更准确地说，如果重大事件采取乘法形式，那么从长期来看，财富不平等将会收敛于一个对于最富有的人来说的帕累托分配形态（这大约正是我们在真实世界所观察到的形式，大量的财富集中的顶层），倒转的帕累托系数（一个反映最高到最低不平等程度的指标）是 $r-g$ 的陡峭的递增函数。这个著名的理论结果是一些学者利用各种不同的人口和经济重大事件结构所建立起来的（尤其可参见 Champernowne，1953；Stiglitz，1969）。这个结论背后的逻辑以及 $r-g$ 的不平等放大器功能在我书中的第 10 章有所表现。$r-g$ 与稳态财富分配的帕累托系数之间的联系在琼斯（Charles Jones）的评论文章中也有很清晰的解释。

在这些模型中，$r-g$ 的相对较小的变化可能会产生稳态财富不平等的非常大的变化。例如，$r-g$ 从 2% 上升到 3% 便足以将帕累托系数从 $b=2.28$ 升高到 $b=3.25$。这相当于一个经济体从适度的财富不平等（比如说最富有 1% 人群拥有 20% ~ 30% 的财富，比如现在的欧洲或者美国），变为高度的财富不平等，相当于最富有 1% 人群拥有 50% ~ 60% 的财富，比如18 ~ 19 世纪直至第一次世界大战前的欧洲。

总结一下，$r-g$ 对于不平等的影响在考虑随机重大事件的财富累积模型中具有累积性的效果，其影响的数量级可能足够大到解释非常重要的财富不平等变化。

再次申明，这种观点并不意味着 $r-g$ 是解释财富不平等的历史变化的唯一重要的力量。其他重大事件的变化（尤其是回报率，不同的资产和个人可能完全不同），以及储蓄率在不同财富和收入间的不同，显然也非常重要。最重要的是，r–g的效果与制度和公共政策（包括收入、财富和继承的累进税制；通货膨胀；国有化；物理毁灭和没收；不动产划分规则；等等）之间的互动决定着财富不平等的量级和变化。尤其是，如果我们将税收纳入基础模型，那么决定长期财富不平等和稳态帕累托系数的就是税后收益率与增长率之间的差额（1–t）r–g。

在他们的论文中，阿西莫格鲁和罗宾逊计算了收入不平等与r–g之间的跨国回归结果，认为r–g对于不平等并没有太大的影响。然而，我认为这种回归并不非常令人信服。原因有两个。第一，收入不平等主要是由劳动收入不平等决定的，而前面我已提到，这与r–g无关。如果与财富不平等进行回归才是更有意义的。但是相比收入不平等，很多国家的长期财富不平等数据无法得到。在书中的第12章，我仅列出了4个国家的财富不平等数据（法国、英国、瑞典和美国），而且数据也远不完美。我们也计划将来将世界顶端收入数据库扩展为世界财富与收入数据库，并为数据库内的超过30个国家提供可比较的同质的财富不平等数据。但是目前我们还无法做到。

第二，代际财富积累和分配是一个长期的过程，因此r–g与不平等之间的跨部门回归并不是很有意义。我们需要考虑时间间隔，而且可能时间很长。比如，我们可能需要观察30～50年的平均r–g。正如我下面将会提到的，r–g与财富不平等之间的广义的相关关系看起来是没有问题的，无论是从长期来看还是从国际视角来看都是如此。但是，由于数据的有限性，以及时间间隔问题，我不能确定从跨国回归中能够得出许多有益的东西。

我认为，一个更有前途的方法是认真的案例研究与结构性的理论模型校准相结合。尽管对于财富不平等我们并没有足够的历史数据，但是它们表现出来的模式是一贯的。即我们观察到，在18～19世纪直至一战，在相当多的欧洲社会，都存在着极高的财富集中。尤其在法国、英国和瑞典，在19世纪和20世纪初，最富有10%人群拥有约90%的财富（而最富有1%则拥有60%～70%）。在整个19世纪直至一战，财富不平等看起来还在上升——也许在1890～1910年在非常高的水平上稳定了下来。因此,尽管在整个 19 世纪财富的性质发生了很大变化——作为一种财富形式,农业土地在很大程度上被房地产、商业资产以及外国投资所取代。1914 年现代工业社会的财富不平等程度就如同 1789 年的法国一样极端。

对一战前欧洲社会如此高的财富集中的一个最令人信服的解释看起来就是非常大的 r－g,即 18 世纪、19 世纪收益率和增长率之间的差距。直到 1914 年,税收或者通货膨胀都很小,所以(1－t)r－g 在一战前社会非常高,这在考虑了随机重大事件的财富积累动态模型中导致了非常高的财富集中度。相比较而言,随着 1914～1945 年巨大的资本震荡——物理毁灭、高通胀和高税收以及国有化,一战后税后及扣除资本损失后的资本回报率迅速跌落于增长率之下。图 1 比较了税前净回报率和增长率,而图 2 表现了税后以及扣除资本损失后的回报率,以及对未来的预测。

这种解释进一步被详尽的、自法国大革命以来的个人层面的法国继承档案数据所证实。我们发现 19 世纪和 20 世纪初期越来越陡峭的时间－财富曲线可以很好地用资本化以及更高的(1－t)r 和 g 之间的差距来解释。在 1914～1945 年的巨震之后,这种时间－财富模式被突然打破。而在 19 世纪直至一战期间美国的财富集中度比欧洲要低得多,这一事实也与这个模型一致:由于更高的人口增长率,美国经济的增长率更高,因此限制了不平等扩大器的累积效果。同时,19 世纪之前,美国经济受王室财富集中影响的时间也短得多。

法国档案以及其他国家的数据收集工作仍会继续,将来,新的数据将会使得对财富积累模型进行更好的实证检验成为可能。但是在目前阶段,我们现有的证据证明 r＞g 是解释为什么在 18～19 世纪直至一战前大多数社会都存在高度和持续的财富集中的一个重要因素。

在 21 世纪 r＞g 将会如何衍化?

一些力量可能会在 21 世纪引致更严重的财富不平等,包括人口问题、收益率、劳动收入、对于储蓄和遗赠的偏好等方面的剧烈变化。同样,相反的变化则会导致财富不平等的减少。(1－t)r 与 g 之间的差距肯定不是稳态财富不平等的唯一决定因素。然而，它是一个重要决定因素。存在一些原因，它们将会推动税后收益率（1－t）r 与增长率 g 之间的巨大差距在 21 世纪仍然保持下去，而这也会导致更高的稳态财富不平等。在此书中，我尤其强调下面三种潜在力量：全球税收竞争以吸引资本，增速放缓和技术变化，以及获取高额金融回报的机会的不平等（第 10～12 章）。这里，我重申这些观点。

随着国际竞争越发激烈以吸引投资，可以合理预见资本税将会下降，这在过去几十年里的许多国家已经发生了。当我说资本税的时候，我既包括了公司所得税，也包括了财富和继承税。但是当然，税收竞争的最终效果取决于制度如何反应。如果足够多的国家能够更好地协调，从而对大公司设定一个统一的税率，并建立一个可靠的跨境金融资产信息自动传递系统，那么有效资本税率就可能提高，从而（1－t）r 以及稳态财富不平等就会下降。最终，结果取决于制度如何反应。实际上，最近的研究表明，更好的国际财政协作是困难的，但并非不可能。

同时需要注意，资本税率的下降和税后收益率（1－t）r 的上升在原则上可能会导致储蓄率和资本积累的上升，因此导致边际资本收益的下降，从而抵销税后收益率的上升。事实上，在前面提到的没有重大事件的、代表性经济人假设的基准无限时域动态模型中，从长期看，资本税后收益率一定会遵循（1－t）r = θ + γg。在这种情况下，税收削减会导致储蓄效应，并最终将收益率拉回更早的水平。然而，这种结果的前提是一个极端和不现实的假设：在这个模型中，长期的储蓄与资本积累弹性（相对于税后收益率）趋向于无穷大。在一个关于资本积累的更加现实的模型中，这个弹性是正的，但不是无限大，这时资本税的下降将会导致长期的税后收益率的增长。

增速下降对 r－g 以及对长期财富不平等的效果更难以分析。在历史数据中，税前收益率 r 的历史波动很小，以致当 g 更高的时候，r－g 一定会更小，如图 1 所示。这也支持了这种观点，即 21 世纪更低的增长率可能会导致 r－g 的增长。

然而，从理论视角看，增长率 g 的下降对 r－g 的效果是模棱两可的：它可能走向任何一个方向，这取决于 g 的变化如何影响长期收益率 r。这取决于各种力量如何结合，包括储蓄行为、多部门技术替代、议价能力以及制度。我来总结一下我的主要论点。一般说来，由人口或者生产率的下降而导致的更低的 g 会导致更高的稳态资本产出比 β = K/Y，从而降低资本收益率（在既定技术条件下）。关键的问题是，r 的下降比 g 的下降更多或者更少？依我看，有很好的理由认为 r 会比 g 下降更少。但是这是一个复杂的问题。

在基准动态模型中，当 g 下降时，稳态 β 是上升的，而收益率 r = θ + γg 则下降。那么当 g 下降时，r－g 上升还是下降完全取决于效用函数 γ 的曲度比 1 大还是小。然而，这个模型在经验上并不是那么具有现实性，因此这并不是看待这个问题的最好的方法。注意，这个动态模型可以被看作哈罗德－多马－索洛稳态公式 β = s/g 的一个特殊例证。在这个模型的稳态，储蓄率 s = s（g）随着 g 温和增长，因此 β = s（g）/g 是一个 g 的递减函数。

如果我们假定储蓄率 s 是固定的和外生的，那么当 g 下降时，稳态资本产出率 β = s/g 将会提高得更多。在完全竞争和生产函数的规模弹性不变的情况下，r 的下降能否充分补偿 g 的下降依赖替代弹性的大小。如果资本和劳动的替代率较高（比如资本密集型技术如机器人的运用），则当 β 上升时，回报率下降相对较小，从而 r－g 将会随着 g 的下降而提高。最近几十年，资本收入比率 β 的上升伴随着扣除折旧后的资本比重 α 的上升，这在完全竞争条件下的单一产品模型中意味着替代弹性大于 1。然而，这个单一产品，完全竞争模型并不是一个非常令人满意的模型。在实践中，考虑资本收入比率和资本比重上升的正确模型是多部门模型（其中资本密集型部门如房地产和能源部门发挥着重要作用，而且相对价格的变动很大）。尤其是，结合了供需双方力量的部门间的替代弹性比部门内的资本－劳动替代弹性要大得多（尽管这点存在争议）。

当然，同样需要注意，没有理由认为扣除折旧后的储蓄率应该被视为一个常数。我考虑的是一个中间模型（位于动态模型和内生储蓄模型中间），其中当收益率处于中间水平（比如说 3%～6%）时储蓄收益率弹性相对较小，而当收益率极高或极低时弹性较大。当 g 接近 0 时，很清楚 β = s/g 不能接近无穷：否则收益率将接近 0，这时大多数经济人将可能停止储蓄。在极低增长率的历史时期（如前工业社会），我们看到资本收入比率很大，但是 β 并不是无穷大。正如琼斯和其他人提到的，β 不能趋向无穷大的另一个明显的原因是，物价下跌将会变得巨大。这个中间模型可以解释为什么从长期看收益率的系统性变动是有限的：在特定时期基本保持稳定。这些有限的变动可解释为时间偏好参数的间距，这在心理学上是合理的。

而另一种解释为什么收益率从长期看相对稳定的方法是下面这种。纯粹的经济推理认为更高的增长导致更高的收益率。但是高增长时期需要更多的创造性劳动以不断再分配资本并因此从高收益中获益（换句话说，在高增长社会里，为了将劳动投入因素考虑进去，需要向下修正收益率）。相反，在低增长社会里（那里靠股息生活更容易，因为资本再分配不会引起太多注意），衡量到的收益率可能更接近纯收益。这是我在此书中更喜欢的解释。实际上，在书中对历史收益率的估计很大程度上基于这种假设。

然而，如果我将这些不同的结果结合起来，就很清楚，没有普适的原因来解释为什么 r－g 会随着 g 的下降而上升。历史证据和新技术发展表明它应该上升（我也倾向这个结论），但是我完全同意这是不确定的。

为什么 r－g 在 21 世纪可能很高？最后一个原因（可能是最重要的原因）是获取金融高收益的途径的不公平。也就是说，即便平均收益率 r 与增长率 g 之间的差距并不那么大，大的金融组合比小金融组合更有机会获取高得多的收益。在此书中，我提出了一些证据，证明金融放松管制可能对此变化有所贡献。例如，根据福布斯排行榜，全球最富有的亿万富翁的财富增长比平均水平高得多，见表 1。这种变化不可能持续太久，除非我们准备接受亿万富翁们掌握财富的份额永远巨额增长（相对应的是中产阶级占有的份额下降）。同样，更大的大学基金获取的回报更高，见表 2。这些数据显然并不完美，也不够完整，并不能足以证明获取高回报机会的不公平。但是既然甚至很小的 r－g 的变化都可能对财富不公平有很大的放大效果，这个问题可能是非常重要的。

总的来说，关于 21 世纪财富不平等会有多少上升有很大不确定性。我们需要关于财富变化的更多的透明度和更好的信息。在我看来，累进财富税的一个主要的好处是它可以产生关于不同财富集体的规模和衍化的更好的信息，以便财富税在未来可根据这些信息更好地调整。我同意柯普塔克的观点，即我们可以得到的关于财富分配的数据来源是不充分的。然而，在目前阶段，对我来说，由萨伊兹和扎克曼发展出来的收入资本化方法，即从收入流动推断财富的方法，所得出的估计是最为可靠的。这些估计表明，美国的财富不平等近期有很大增长，增长程度比我在此书中报告的还要大。特别是，萨伊兹和扎克曼发现，对所有的资产收入形式（包括红利和利息，它们很难受劳动收入的影响），资本收入都是不断集中的。最后，萨伊兹和扎克曼的发现和福布斯排行榜的发现是一致的，即最富的人的财富增长速度比平均速度要快得多。然而，很清楚，这些变化都是不确定的。我认为，关于财富变化的透明度的缺乏（在很大程度上是由于缺少全面的财富税以及国际协调）越来越成为大问题。

表 1

全球顶端财富增长率（1987~2013）	年平均真实增长率［扣除通胀影响后（1987~2013）］
前亿分之一最富有者（20 世纪 80 年代 30 亿人口中前 30 个成年人，21 世纪 10 年代 45 亿人口中前 45 个成年人）	6.8%
前千万分之一最富有者（20 世纪 80 年代 30 亿人口中前 150 个成年人，21 世纪 10 年代 45 亿人口中前 225 个成年人）	6.4%
世界人均财富（成年人）	2.1%
世界人均收入（成年人）	1.4%
世界成年人口	1.9%
世界 GDP	3.3%

表 2

美国大学基金收益率（1980~2010）	年平均真实收益率［扣除通胀因素以及所有的管理费和财务费用（1980~2010）］
所有大学（850）	8.2%
哈佛－耶鲁－普林斯顿	10.2%

超过 10 亿美元的基金（60）	8.8%
5 亿～10 亿美元（66）	7.8%
1 亿～5 亿美元（226）	7.1%
1 亿美元以下（498）	6.2%

一个关于制度的新的历史和政治经济学方法

在《21世纪资本论》中，我试图发展一个新的关于制度研究和不平等变化的历史和政治经济学方法。经济力量，比如对技术的供需关系、工资谈判模型或者 r－g 对财富变化的效果，同样发挥着一定的作用。但是归根结底，真正重要的是经济力量和制度反应的互动，尤其是在教育、劳工以及财政制度领域。鉴于我在书中其实特别强调了制度和公共政策对收入和财富不平等的塑造，阿西莫格鲁和罗宾逊在他们的文章中认为我忽略了制度的作用多少是令人惊讶的。对我来说，我们之间的分歧比他们相信的要少。这里，学术圈总是试图扩大不同观点之间差异的倾向可能发挥了一定作用。

一些误解也有可能源自这样一个事实，即我们研究制度的方法不尽相同。然而，我相信我们的方法大体上是一致的和互补的：它们只是在某些具体制度内容，以及时间和地理范围上有所差别，而不是在本质上。在他们的早期文章中，阿西莫格鲁和罗宾逊主要关注产权保护制度。在他们的精彩著作《为什么国家失败了》一书中，他们发展了一套更广泛的关于制度的观点，强调包容性（inclusive）制度和汲取性（extractive）制度的区别。这套概念当然包括了我所关注的制度和政策，包括收入、财富和继承的累进税制，或者现代福利国家。然而，我必须承认，对我来说，试图用宽泛的术语来将制度进行分类可能是过于抽象的、不准确的和非历史的。

我相信各种制度如福利国家、免费教育、累进税制，或者一战、布尔什维克革命、二战等重大事件对不平等和制度变化所造成的影响，都需要在其发生的历史、社会及政治环境中进行仔细的和具体的分析。阿

西莫格鲁和罗宾逊在他们的书中有非常长的历史视角（从史前时代到大
发现和现代社会的形成），而我则关注我能够收集到系统性数据的历史
时期和国家，即 18 世纪、19 世纪尤其是 20 世纪（实际上也是对于现
代社会和财政国家的形成来说重要的时期）。

　　我研究制度的方法强调政治冲突对于不平等的影响。尤其是，战争
和革命在我对 20 世纪不平等和制度变化的描述中扮演着重要角色。当
然，由于选举权扩大而形成的民主力量在 19 世纪和 20 世纪更具包容性
的社会、教育及财政制度的兴起过程中也发挥着重要作用。但是许多最
重要的变化并不是简单来自和平的选举民主力量。相反，特定的历史事
件和政治动荡经常是重要的。例如，几乎没有证据证明，在一战导致的
剧烈的军事、政治和意识形态动荡之前，存在着朝向累进税制的自然运
动。关于社会不平等和政府角色的信仰体系和集体表达受到了一战和共
产主义兴起的深刻影响，正如它们受到大萧条、二战以及 20 世纪 70 年
代的滞胀和苏联解体的影响一样。

　　非常有意思的是，直到 1914 年，法国精英还经常引用法国大革命
的原则来为他们反对创建累进税制正名。根据这些精英的观点，1789
年后，由于贵族特权的结束和全民产权保护的发展，法国已经实现平等
了。每个人都能够公平地拥有财产，便不再需要累进税制了（这个故事
认为这种制度适合存在贵族的英国，而不适合实行共和制的法国）。在
这场发生在 1914 年之前的争论中，让我印象深刻的是一种结合，即既
强烈地信仰以产权为中心的制度，却又同样强烈地否认高度不平等的存
在。在我的书中，我试图去理解我们能从这样的事实中学到什么，即在
法国，财富不平等在 1914 年和 1789 年同样严重，而许多精英却试图否
定这点。我相信这对于理解当前财富和收入不平等不断增长，而同时却
有人试图淡化和否认这点有重要的意义。现在，r－g 持续偏高，各种重
大事件又不断拉大财富和收入不平等，这样，财富集中的程度将会处于
历史高位。

　　当然，我并不是说，唯有通过战争、革命或其他破坏或暴力的政治
动荡方能使得制度发生变化。人们可以争辩说，在 20 世纪早期的欧洲，
极度的不平等确实造成了当时高度的社会紧张和民族主义的兴起。但和
平的公共讨论也可以影响信仰体系，进而影响观念和政策。然而，我们

不应将其视作理所当然。应承认政治冲突在不平等和制度变化中的作用，这是重要的。在过去，变化总是伴随着重大斗争，将来仍是这样也不是不可能的。

更普遍地说，从这项工作中我得出的教训之一是，不平等研究和制度研究是密切相关的。稳定制度的发展和一个具有合法性的集中的政府的建构对于各种社会能够以和平和有秩序的方式解决社会不平等问题是紧密联系的。我相信，为了将制度放回经济学的中心，也有必要将对分配的研究放回到经济学的中心。在由代表性经济人构成的和谐社会中，不会有制度。制度产生于不平等的社会，产生于冲突。对于这个问题，阿西莫格鲁和罗宾逊发展的方法和我的方法是广泛一致并互补的。

最后，作为总结，我需要澄清，我的关于不平等和制度的历史的和政治的方法应该被视作高度解释性的，是不完全的。尤其是，我怀疑新的社会运动和政治动员在未来将会促进制度变化。但我并不想推进这个分析。回头看我书中关于未来政策建议的讨论时，我可能太过关注累进资本税，而太少关注可能同样重要的制度衍化，比如产权安排的替代形式和参与式治理。累进资本税之所以如此重要，一个核心原因是它同时可以带来关于公司资产和账户的透明度的提高。而反过来，财务透明度的提高又可以帮助发展新的治理形式。例如，它有助于工人更多地参与公司董事会。但是这些制度也需要就其本身具体分析。

我书中的最后一章这样结尾："没有真正的会计和财务透明以及信息共享，就不会有经济民主。相反，如果对公司决策没有真正的干预权（包括工人获取公司董事会席位），透明度用处便很小。信息必须支持民主制度，它本身不是目的。如果民主某天重新控制了资本主义，它一定始于这样的认识：资本主义体现于其中的具体制度需要不断地被再创造。"（p. 570）我没有将探讨深入下去，这是此书的一个主要缺点之一。更由于这样的事实，即我们对于收入和财富的历史和现实模式的有关数据仍然太少，我的著作至多只能是关于21世纪资本研究的入门。

中印收入不平等和累进所得税：1986～2015

〔法〕托马斯·皮凯蒂 钱楠筠 著 成福蕊 译[*]

编者按：《21世纪资本论》作者皮凯蒂和他的中国学生在此文中指出，中国个人所得税正在从精英税转变为大众税，恰与西方国家1914～1950年经历的财政现代化过程相吻合。中国正在经历"未被完全意识到的"财政革命。相比之下，印度还有很长的路要走。原因在于，印度收入增长较慢，所得税的起征点和收入档不断提升，且劳动力中的正式工作者比例过低。中印等发展中国家对累进所得税的功能和政策意义的研究远远不够，最优所得税率的设定不仅与经济增长息息相关，而且与民主进程密不可分。皮凯蒂于2014年11月15日在清华大学讲座中说，西方国有资产比重过低，而中国个人所得税比重过低，二者可能都应向最优中间点靠拢。此文是对《二十一世纪资本论》中译本的很好补充。

关键词：中国 印度 财政革命 所得税

Abstract：This paper evaluates income tax reforms in China and India. The combination of fast income growth and under-indexed tax schedule in China implies that the fraction of the Chinese population subject to the income tax has increased from less than 0.1 percent in 1986 to about 20 percent by 2008, while it has stagnated around 2 – 3 percent of the

---

* 托马斯·皮凯蒂（Thomas Piketty），巴黎经济学院教授；钱楠筠（Nancy Qian），耶鲁大学经济系副教授。成福蕊，中国社会科学院美国研究所博士后。

population in India. Chinese income tax revenues, as a share of GDP, increased from less than 0. 1 percent in 1986 to about over 1. 5 percent in 2005 and 2. 5 percent in 2008, while the constant adaptation of exemption levels and income brackets in India have caused them to stagnate around 0. 5 percent of GDP.

Keywords：China　India　Fiscal Revolution　Income Tax

一　引言

当前有关欠发达国家政策改革的争论一般集中在改进社会服务，设计更市场化的经济制度，提高减贫项目的有效性，或者强化贸易和市场开放的作用。令人吃惊的是，很少有人关注税制改革及在欠发达国家建立现代所得税制度的必要性。这至少在三个方面令人遗憾。首先，贫困国家经常过度依赖高度扭曲的税收工具，如对贸易征税或对具体消费品间接征税。其次，所得税有助于增加财政收入，为公共产品融资。在中国和印度这样的国家，税收收入目前占 GDP 的 10% ～15%，远低于能提供适当水平的教育、医疗和基础设施的西方国家。最后，许多欠发达国家在近期出现了收入不平等的急速上升。累进税通过对增长所得进行再分配，是控制不平等加剧的扭曲最小的政策工具之一。

本文选择中国和印度的累进所得税作为关注点。虽然中国在 1980 年就建立了累进的个人所得税制度，但是到目前为止仍未得到应有的关注，可能因为起征点以上的人口比例在 90 年代以前都低于 1% 的缘故。使用中国国家统计局收集的 1986～2003 年度城市家庭收入调查数据，我们计算了中国在此期间的一系列高收入人群的收入水平和份额，及理论纳税人数和总所得税收入（基于真实税法），并与真实的收入相比较。我们还预测了纳税人数和总收入 2004～2015 年的演进，假定收入水平和所得税率的趋势保持不变。

本文还将中国的发现与印度的类似数据进行对比。印度税收当局从 1922 年建立累进所得税制度以来，每年都详细编纂所得税收益表。最近班纳吉（Banerjee）和皮凯蒂研究印度高收入份额的长期衍化，使用了印度的税收收益表，我们利用其更新的结果与中国进行对比。

文章的主要结论简单而有力。中国快速增长的收入和低设的税率表表明，中国所得税收入占 GDP 的份额增长非常迅速，而印度不断更新起征点和税率表，没有让所得税发挥如此大的作用。根据我们的估计，中国缴纳所得税的人口比例从 1986 年的不到 0.1%，增长到 2008 年的20%，而印度一直停滞在 2% ~ 3%。中国的所得税收入占 GDP 的份额已经从 1986 年的不到 0.1% 猛涨到 2005 年的 1.5%，以及 2008 年的2.5%，而印度一直停滞在 GDP 的 0.5%。文章预测表明，中国所得税收入可能在 2015 年超过 GDP 的 5%。后文组织如下：第二节描述本文使用的中国国家统计局数据。第三节提出中国和印度的所得税演进研究发现。第四节给出总结性评论。

二 数据和方法

本文使用的中国数据源自中国国家统计局收集的城市家庭收入调查数据。这些调查的设计具有城市代表性。2002 年以前，每年调查13000 ~ 17000 户，从 2002 年和 2003 年开始，样本增长到 45000 户和 50000 户。遗憾的是这些调查的详细档案并非每年都有，我们让统计局给我们提供了依据详细档案计算的 1986 ~ 2003 年的数据表。我们获取了两个系列的数据：家庭数据表和个人数据表。家庭数据表包括覆盖的家庭数目、平均总收入、家庭规模及大部分收入阶层（尤其是高收入阶层）按照收入来源细分的平均收入（工资收入、企业收入、资本收入和转移收入）。个人数据表包括覆盖的个人数目、平均年龄、受教育年数、收入水平、家庭规模及大部分收入阶层按照收入来源细分的平均收入。事实上，一些形式的收入不可能合理归于家庭中的某个人（尤其是转移收入和资本收入）。因此，家庭表中的总收入合计高于个人收入表，在使用后者时需要做不同的调整。然而，个人数据表的重要优势在于，中国所得税是按个人征收的，而不是按家庭。

我们使用标准帕累托插值技术来估算中国家庭和个人收入分配模式，然后使用这些结构性参数来计算高收入份额，并进行所得税模拟。中国数据似乎非常好地契合了帕累托分布（任何给定年份，最富有 10% 人群的帕累托系数都非常稳定），尽管推断出调查数据对高收入份额估计不足。我们计算了 1986～2003 年 0%～90%、90%～95%、95%～99%、99%～99.5%、99.5%～99.9% 和 99.9%～100% 六个收入群体的收入门槛及平均收入。2004～2015 年的预测是依据与 1996～2003 年同样的名义收入趋势进行的。

我们没有对农村家庭收入调查做类似的计算。根据 2000 年中国人口普查，97% 以上的农村地区是农业家庭，因此没有所得税。2001 年农村平均收入比城市平均收入少三倍以上。因此，鉴于我们主要关注高收入阶层和累进所得税，不包含农村家庭似乎问题不大。事实上，我们模拟的所得税收入（仅依据城市家庭调查数据）在水平和趋势上都与真实所得税收入非常接近。

所有的印度数据都来自班纳吉和皮凯蒂（2004，2005）的研究，他们使用"印度所得税统计"手册中的所得税收益，来估计高收入水平和国民账户，以计算平均收入比例。根据所得税收益估计的高收入份额很可能比依据调查数据估计的更高（由于后者一般会低估顶层收入），但是没有明显的理由认为趋势上不可比。班纳吉-皮凯蒂系列数据提供了各阶层 2001 年以前的年度家庭收入和平均收入。2002～2015 年的预测是假定各阶层的名义收入趋势与 1996～2001 年相同。

三 发现

1986～2003 年，中国实际人均 GDP 增加了将近 200%，印度的增长略低于 80%（年均 3.3%）。随着转向收入阶层，增长趋势进一步拉大。图 1 表明，根据我们的估算，中国最富有 1% 人群的收入份额在 1986～2003 年增加了 120% 以上，印度则接近 50%。

改革开放以前，所有中国工人为国家工作，并从工资中支付隐性税收。改革开放后私有部门扩张，降低了政府直接课税的能力。跟随其他国家，中国建立了个人所得税制度，正式始于 1980 年。为了避免大众反对，初始起征点设得如此高，以至于在 1980 年，实际上没有人必须缴纳所得税。中国所得税法从建立以来几乎未变。1980 年以来，名义所得档次划分和边际累加税率（从 5% 到 45%）同样适用于工资收入和

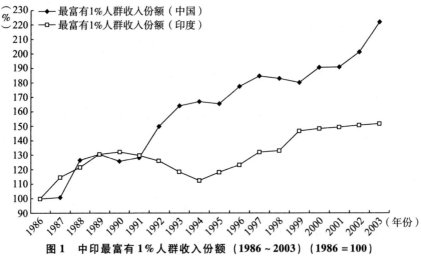

图 1　中印最富有 1% 人群收入份额（1986～2003）（1986 = 100）
资料来源：中国数据来自作者对家计调查表的计算；印度数据来自作者对所得税
申报表的计算［见参考文献中 Banerjee and Piketty（2004）文中表 A3 第 1 列］。

非工资收入的规定一直未变。唯一主要变化就是工资收入的名义起征点
（非工资收入没有减免）1980～1988 财政年度的每年 9600 元增长到
1999～2003 财政年度的 12000 元，2004～2005 财政年度涨到 14400 元，
2006 年开始涨到 19200 元。这远低于名义收入增长速度。1986 年，起
征点比个人平均收入（1400 元）高 7 倍，甚至比 99% 人群的收入门槛
（3000 元）还高 3 倍以上。到 2008 年，起征点已经降到平均收入以下
（20400 元），比 99% 人群的收入门槛（93100 元）低 4.5 倍（见图 2）。

　　与中国所得税相反，印度所得税制度历史长得多，1922 年由英国
人创立。而且，一直是一个统一的体系，平等对待所有收入来源。印度
对所有个人收入应用累进税率，不管收入来自何处。更重要的是，税率
在 1986～2008 年几乎一直变化，总体税率下降，起征点和收入额度不断
上升。事实上，起征点从 1986 年的 15000 卢比，上升到 2008 年的 150000
卢比，几乎与名义收入增长率相同，平均收入从 4400 卢比涨到 56300 卢
比，99% 人群的收入门槛从 14400 卢比涨到 192400 卢比（见图 3）。

　　这些极端不同的衍化简单而有力地表明，中国缴纳所得税的人口比
例急剧增加，从 1986 年的不到 0.1% 增加到 2003～2008 年的 15%～
20%，而印度只有少量增加，从 1986 年的不到 1%，增加到 2008 年的
3%（见图 4）。中国的所得税已经成为大众税种，而在印度仍然只是一

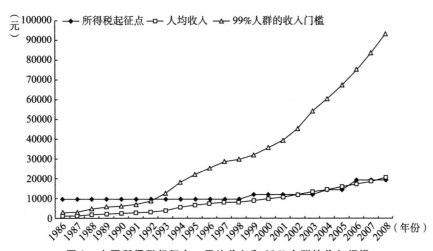

图2 中国所得税起征点、平均收入和99%人群的收入门槛
（1986～2008）（当前人民币不变价）

资料来源：起征点数据来自中国税法；平均收入和99%人群的收入门槛数据来自作者对家计调查表的计算。

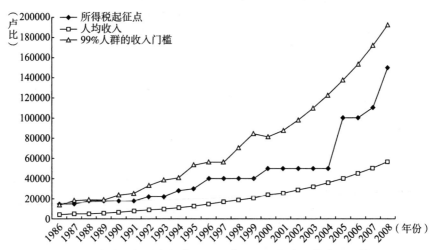

图3 印度所得税起征点、平均收入和99%人群的收入门槛
（1986～2008）（当前卢比不变价）

资料来源：起征点数据来自印度税法；平均收入和99%人群的收入门槛数据来自作者对所得税申报表的计算［见参考文献中 Banerjee and Piketty（2004）文中表 A0 第 7 列及表 A1 第 9 列］。

个精英税种。而且，中国纳税人口支付的有效税率大幅上升，这是由于所得税的名义收入档划分自1980年以来未变的事实。这两个效应的结果是，中国所得税收入激增，占 GDP 的份额直到 20 世纪 90 年代初还不足 0.1%，到 2005 年已经达到 1.5%，2008 年达到 2.5%，然而印度的份额一直停留在 0.5%（见图 5）。

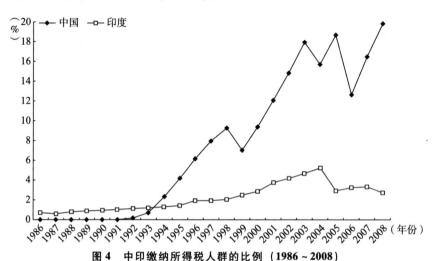

图 4　中印缴纳所得税人群的比例（1986～2008）

资料来源：中国数据来自作者对家计调查表的计算；印度数据来自作者对所得税申报表的计算［见参考文献中 Banerjee and Piketty（2004）文中表 A0 第 4 列］。

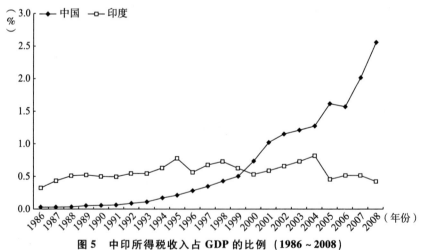

图 5　中印所得税收入占 GDP 的比例（1986～2008）

资料来源：中国数据来自作者对税收和家计调查表的计算；印度数据来自作者对所得税申报表的计算［见参考文献中 Banerjee and Piketty（2004）文中表 A0］。

我们假定所得税参数不变，对 2008～2015 年进行了预测。在印度，如果起征点和收入额度保持与过去十年同样的增幅，那么纳税人口比例和税收份额都会继续停滞（纳税人口比例为 2%～3%，收入份额为 GDP 的 0.5%）。而中国，假定名义起征点在 2008～2015 年的增长率与 2003～2008 年相同，但是名义收入档划分仍然保持不变（如同过去），结果税收收入会非常可观：纳税人口比例仍保持在 20% 左右（城市工作者的纳税比例为 30%～35%），而税收收入在 2015 年占 GDP 的份额将会超过 5%（见图 6）。如果 2008～2015 年的名义起征点不变，那么到 2015 年，纳税人口比例会达到 50%（城市工作者的纳税比例大概在 75%），所得税收入会超过中国 GDP 的 10%。

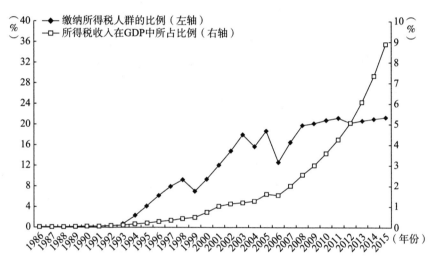

图 6　中国预期缴纳所得税人群的比例及预期所得税收入（1986～2015）
资料来源：作者对城市家计调查表的计算。

四　结论

如果我们预测准确，那么中国将经历财政革命。从不到 GDP 1% 的精英所得税转向达到 GDP 4%～5% 的大众所得税，恰是西方国家 1914～1950 年所经历的财政现代化的过程（其收入水平类似于当前中国的水平）。尽管印度所得税收入可能在未来增加，但是印度的前景并不乐观，不仅因为收入增长较慢，而且因为较高的起征点和收入档划分。让所得税成为大众税方面，印度比中国面临更多困难的一个原因，可能是印度劳动力中的正式工作者比例惊人得低。政策制定者和经济学家还有很多工作要做，来提高中国和印度这样的国家的累进所得税的功能和政策意义。因为所得税会越来越重要，所以将所得税改革置于政策的优先议程显得非常紧迫。例如，中国政府很可能不会永远低设其起征点，工薪阶层的最优税待遇有必要在某个点得到解决。相反，印度民主仍须找到出路实现财政现代化，这需要说服选民，大众所得税是一个有用的政策工具。这些对中国和印度的经济发展都是重要的民主挑战。

参考文献

Banerjee, Abhijit and Newman, Andrew. (2003). "Inequality, Growth and Trade Policy," MIT Working Paper.

Banerjee, Abhijit and Piketty, Thomas. (2004). "Top Indian Incomes, 1922 – 2000," CEPR Working Paper 4632.

Banerjee, Abhijit and Piketty, Thomas. (2005). "Top Indian Incomes, 1922 – 2000," World Bank Economic Review, 19: 1 – 20.

Chen, Shaohua and Wang, Yan. (2001). "China's Growth and Poverty Reduction: Recent Trends between 1990 and 1999," World Bank Working Paper.

Deaton, Angus. (2003). "Adjusted Indian Poverty Estimates for 1999 – 2000," Economic and Political Weekly, January 25th.

Kremer, Michael and Maskin, Eric. (2003). "Globalization and Inequality," Harvard Working Paper.

Piketty, Thomas. (2003) "Income Inequality in France, 1901 – 1998," Journal of Political Economy, 111: 1004 – 1042.

Piketty, Thomas and Qian, Nancy. (2006). "Income Inequality and Progressive Income Taxation in China and India (1986 – 2015)," CEPR Discussion Paper 5703.

Piketty, Thomas and Saez, Emmanuel. (2003). "Income Inequality in the United States, 1913 – 1998," Quarterly Journal of Economics, 118: 1 – 39.

Ravallion, Martin and Chen, Shaohua. (2003). "When Economic Reform is Faster than Statistical Reform: Measuring and Explaining Income Inequality in Rural China," World Bank Working Paper.

Tendulkar, Suresh. (2003). "Organized Labour Market in India—Pre and Post Reform," Delhi School of Economics Working Paper.

Wei, Shangjin and Wu, Yi. (2001). "Globalization and Inequality: Evidence from Within China," NBER Working Paper 8611.

一个两部门－两阶级的经济增长模型

〔美〕约瑟夫·斯蒂格利茨 著　丁孟宇 译*

编者按：当前不论是对西方经济危机走势的判断，还是对中国是否位于"刘易斯拐点"的争论，都离不开对"潜在增长率"和"实际增长率"之差的分析，而这就必须涉及经济增长理论的框架。约瑟夫·斯蒂格利茨在麻省理工学院跟随萨缪尔森和索罗读博士期间发表的《一个两部门－两阶级的经济增长模型》，将对当前的讨论热点提供有价值的视角。斯蒂格利茨指出，"本文检验一个包括两部门的增长模型：一个资本品部门和一个消费品部门。模型中还包括两个阶级：一个是完全从资本中获得收入的资本家阶级，另一个是从工资和储蓄中获得收入的工人阶级。最近，在本模型的单一部门版本中，米德、萨缪尔森和莫迪利安尼证明了帕西内蒂推论在一定约束条件下成立。其中，帕西内蒂推论是指在一个经济体中，利润率等于增长率除以资本家储蓄倾向的比值"。这样的视角在对当前中国经济的争论中还不存在，但确是迫切需要的。

关键词：两部门　两阶级　经济增长

Abstract：Current discussions concerning with either the trend of financial crisis in western world，or whether China confronting "Lewis

---

* 约瑟夫·斯蒂格利茨（Joseph Stiglitz），美国哥伦比亚大学经济学教授，诺贝尔经济学奖获得者。丁孟宇，清华大学公共管理学院博士研究生。

Turning Point", depend on estimates of the gap between potential growth rate and real growth rate, and these estimates are related to the theoretical framework of economic growth. Wishing to contribute a valuable perspective to current debates, we present the paper "A Two-Sector Two Class Model of Economic Growth" by Joseph E. Stiglitz, which was a part of his Ph. D. dissertation in MIT and supervised by Samuelson and Solow. According to Stiglitz, this paper "examines the properties of a growth model with a consumption goods sector and a capital goods sector, in which there are two classes, one whose income is derived entirely from capital (the capitalists) and a second which derives its income from both wages and return on savings (the workers). In a one sector version of this model, Meade and Samuelson and Modigliani have recently shown that Pasinetti's proposition that in such an economy the rate of profit is equal to the rate of growth divided by the savings propensity of capitalists is true only under certain restrictive conditions". Such perspective is necessary but rarely found in recent debates in China.

Keywords: Two-Sector Two Class Economic Growth

一　导言

本文检验一个包括两部门的增长模型：一个资本品部门和一个消费品部门。模型中还包括两个阶级：一个是完全从资本中获得收入的资本家阶级，另一个是从工资和储蓄中获得收入的工人阶级。

最近，在本模型的单一部门版本中，米德、萨缪尔森和莫迪利安尼证明了帕西内蒂推论在一定约束条件下成立。① 其中，帕西内蒂推论是指在一个经济体中，利润率等于增长率除以资本家储蓄倾向的比值。

---

① 这并不是说这些条件会（或不会）在真实经济体中得到满足。

二　模型

资本积累的微分式如下所示：

$$\dot{k}_c / k_c = s_c r - n, \tag{1}$$

$$\dot{k}_w / k_w = s_w r - n + \frac{s_w (y - rk)}{k_w}, \tag{2}$$

其中，s_c 是资本家的储蓄倾向，s_w 是工人的储蓄倾向，r 是利润率，n 是劳动力的增长率，k 是人均资本比例，k_c 是资本家占有的资本与劳动力规模的比例，k_w 是工人占有的资本与劳动力规模的比例，y 是以工业品计价物度量的人均产出。如果以 λ 表示劳动力在资本品行业（以下标 1 标注）中的比例，那么显然：

$$y = \lambda y_1 + (1 - \lambda) p y_2 = w + rk,$$

其中，y_i 是第 i 个行业中每个工人的产出，p 是价格率，w 是工资率。

我们可以将储蓄投资相等的均衡条件写成：

$$\lambda y_1 = s_w y + (s_c - s_w) rk。 \tag{3}$$

最后，我们得到一个两部门新古典模型的一般生产关系：要素价格等于边际产品，同时劳动力和资本都得到充分利用。使得 $y_i = f_i(k_i)$，$i = 1,2$，k_i 是第 i 个行业中每个工人的资本，ω 是工资租金比例，可以得到：

$$\omega = (f_i / f_i') - k_i, f_i' > 0, f_i'', i = 1, 2, \tag{4}$$

$$\lambda k_1 + (1 - \lambda) k_2 = k。 \tag{5}$$

三　货币均衡的唯一性

在本文中，我们明确假定货币均衡是唯一决定的；也就是说，给定

$\dot{k}_c$ 和 $\dot{k}_w$（从而 k 也被决定了），在任何时点，均衡路径（$\dot{k}_c$ 和 $\dot{k}_w$）都是被决定了的；换言之，给定 k_c 和 k_w 也就唯一地指定了 k_1 和 k_2。

该假设的充分条件可以很容易演绎出来。如果我们定义：

$$\overline{s_c} = s_w + (s_c - s_w)k_c/k > s_w,$$

在考虑投资储蓄均衡条件时，式（3）至（5）在形式上就与通常的两部门模型中相应的式相同：

$$\lambda y_1 = (s_w \underline{w} + \overline{s_c}k)r,$$

货币均衡唯一性的充分条件也就是：（1）替代弹性的和大于或等于 1；或者（2）资本品部门的资本密度低于或等于消费品部门的资本密度。

四 平衡增长路径的存在性

如果没有资本家阶级，前述模型就变成通常的包括一个常数比例储蓄（s_w）的新古典模型。因此，任一宇泽（Uzawa）常数储蓄比例模型中的平衡增长路径就是我们两阶级模型中的平衡增长路径。

但是我们感兴趣的问题是当 $k_c \neq 0$ 时平衡增长路径的存在性（及唯一性）。容易看出，如果存在对于两个阶级都是平衡的增长路径，那么它是唯一的。平衡增长路径表示为 $\dot{k}_c = \dot{k}_w = 0$。因此：

$$r = n/s_c \tag{6}$$

$$s_w y = s_w r(k - k_w) + nk_w = nk - nk_c + s_w rk_c，或者 \tag{7}$$

$$s_w y = nk + k_c(s_w r - n), \tag{7'}$$

由式（6），r 是被唯一地决定的；因此，从边际生产率等于要素价格的角度，k_1 和 k_2 也是被唯一地决定的；并且 y_1 和 y_2 是固定的。将式（7'）带入储蓄投资平衡方程，我们得到：

$$\lambda y_1 = nk + k_c(s_w r - n) + s_c k_c r - s_w k_c r = nk + k_c(s_c r - n) = nk, \tag{8}$$

代入充分就业条件，我们得到：

$$\lambda = -k_2 / (k_1 - k_2 - y_1 / n)。 \tag{9}$$

显然，λ 在此时是固定的；并且因为 $k = \dfrac{\lambda y_1}{n}$，$k$ 是被唯一决定的。这样，我们就证明了最多只有一条包括两阶级的平衡增长路径。

这样一条平衡增长路径存在当且仅当 λ^*、y_1^*、y_2^*、k_1^* 和 k_2^* 的值与 k_c 的一个正值一致 [$*$ 表示该数值为式（3）至（9）的解]；也就是说，由式（7′）：

$$s_w y^* < n k^* = s_c r^* k^*， \tag{10}$$

或者

$$s_w / s_c < r^* k^* / y^*，$$

或者利用式（8），我们得到：

$$\lambda y_1^* > s_w y^*， \tag{11}$$

或者

$$\frac{I^* / L}{Y^* / L} > s_w（这里 I 是指投资）。$$

条件（10）指出工人储蓄倾向与资本家储蓄倾向的比例必须小于资本的份额。而条件（11）指出投资产出的比例必须大于工人边际储蓄倾向。

这些条件的含义可以从以下方式得到显示。由式（7），使 $k_c = 0$，我们得到：

$$\psi(k_1, k) = nk - s_w(w + rk)。 \tag{12}$$

我们假设，在这个 $k_c = 0$ 的模型中存在唯一的 k 值与每一个 k_1 的值相一致[1]，标记为 $h(k_1)$。我们进一步假设：

$$\varphi(k_1) = \psi(k_1, h(k_1)) = 0， \tag{13}$$

仅成立于一点（并且 $\varphi'(k_1)_{\varphi=0} > 0$）[2]。问题于是转化为式（13）

---

[1] 这一点可以成立，例如，当 $k_1 < k_2$，或者各个部门中的替代弹性都大于 1。

[2] 这一点在上一个脚注提到的条件下也可以成立。

的解使 k_1 大于还是小于下式的解：

$$s_c f_1'(k_1) - n = 0。 \tag{14}$$

如果情况如图 1 所示，那么存在包括两阶级的均衡，因为在 A 处，$s_w y < nk$（详见后面关于稳定性的讨论）。

另外，如果情况如图 2 所示，那么不存在包括两阶级的平衡增长路径，因为在 A 处，$s_w y < nk$。

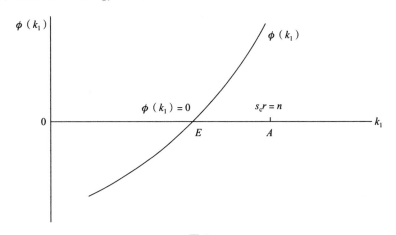

图 1

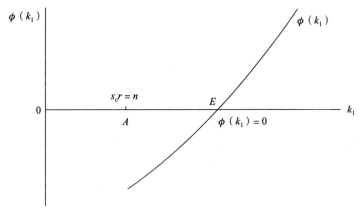

图 2

在观测中重要的问题是人们时下无法纯粹地考察工人的储蓄倾向和投资产出率来判断包括两部门的平衡增长路径是否存在；即使两部门中

资本产出率都是固定的（但是两部门的产出率不同），这一点也无法被否定。[①]

五　稳定性

如果唯一的平衡增长路径是单阶级平衡增长路径（the one class balanced growth path，OCBGP），那么模型的稳定性一如宇泽和稻田（Inada）所做的分析。

问题在于两阶级和单阶级的平衡增长路径如何能够同时存在。基于这一考虑，我们提出两个与 OCBGP 的稳定性有关的问题：

（a）如果将 k_c 固定为 0，OCDGP 是否稳定？

（b）一般情况下，OCDGP 是否稳定？

第一个问题的答案已经由宇泽和稻田给出。而我们给出的第二个问题的答案是否定的：如果 k_c 可能为正，并且存在 $k_c > 0$ 时的平衡增长路径，那么 k_c 将一直为正。但是另外，并不能证明该经济体会趋向两阶级平衡增长路径（the two class balanced growth path，TCBGP），它将在此附近摆动。

第一，可以观察到，在资本密集假设下，系统是局部稳定的。

通过 $\dot{k}_w = s_w (f_1 - k_1 f_1') + s_w k_u f_u' - n k_w$ 以及 $\dot{k}_c = s_c k_c f_1' - n k_c$ 证明局部稳定性，我们须证明，当 $\dot{k}_c = \dot{k}_w = 0$ 时，雅各比矩阵 $\dfrac{\partial (\dot{k}_w, \dot{k}_c)}{\partial (k_w, k_c)}$ 的特征根是负的。当 $\dot{k}_c = \dot{k}_w = 0$ 时，该雅各比矩阵可写为：

---

①　我们列出下面广为人知的两部门经济特征以备参考，其中 $k_c = 0$ 也就是产出中有一个常量部分被储蓄：（a）货币均衡总是被唯一地决定。（b）如果资本品部门的资本密度低于消费品部门，或者各个部门的替代弹性大于或等于 1，那么存在一条唯一的经济体渐进趋向的平衡增长路径。要注意帕西内蒂模型并不比内涵经典储蓄函数（根据收入类型进行储蓄）的两部门模型具有更规则的结果。正如我们所指出的，$k_c \neq 0$ 时的货币均衡唯一性条件和 $k_c = 0$ 时的平衡增长唯一性和稳定性条件与经典储蓄模型中的类似条件相同。这些模型要求利润的储蓄率大于工资的储蓄率（但是利润中的储蓄部分小于利润额，而工资中的储蓄部分大于零）。

$$\begin{bmatrix} s_w f_1' - n + s_w f_1'' \dfrac{dk_1}{dk_w}(k_w - k_1) & s_w f_1'' \dfrac{dk_1}{dk_c}(k_w - k_1) \\[2ex] s_c f_1'' \dfrac{dk_1}{dk_w} k_c & s_c f_1'' \dfrac{dk_1}{dk_c} k_c \end{bmatrix}。$$

该雅各比矩阵的特征方程为：

$$\rho^2 + \left\{ -s_c f_1'' \dfrac{dk_1}{dk_c} k_c - s_w f_1'' \dfrac{dk_1}{dk_c}(k - k_c - k_1) - s_w f_1' + n \right\} \rho +$$

$$\begin{pmatrix} s_c s_w f_1''^2 k_c (k_w - k_1) \dfrac{dk_1}{dk_c} \dfrac{dk_1}{dk_w} - s_c s_w f_1''^2 \dfrac{dk_1}{dk_c} \dfrac{dk_1}{dk_w} k_c (k_w - k_1) + \\[2ex] s_c f_1'' \dfrac{dk_1}{dk_c} k_c (s_w f_1' - n) \end{pmatrix} = 0。$$

由于 $s_c > s_w$，则 $s_w f_1' - n < 0$；并且由于 $k_1 < k_2$，$k_1 < k$。我们需要证明 $dk_1 / dk_w > 0$ 和 $dk_1 / dk_c > 0$。观察到储蓄投资式是 k_c、k_w 和 k_1 的函数，我们有：

$$H = \lambda y_1 - r(s_w(\underline{w} + k) + (s_c - s_w)k_c) = 0;$$

于是

$$\frac{dk_1}{dk_w} = \frac{-\partial H / \partial k_w}{\partial H / \partial k_1} \text{和} \frac{dk_1}{dk_c} = \frac{-\partial H / \partial k_c}{\partial H / \partial k_1}。$$

因为

$$\lambda = \frac{k - k_2}{k_1 - k_2} \text{及} k_1 < k_2,$$

$$\frac{\partial \lambda y_1}{\partial k_1} = \frac{y_1 ((dk_2 / dk_1)(\lambda - 1) - \lambda)}{k_1 - k_2} + \lambda r > 0,$$

$$\frac{\partial H}{\partial k_1} = \lambda r + y_1 \frac{\partial \lambda}{\partial k_1} - (\lambda - s_w) y_1 \frac{d\ln r}{dk_1} > 0,$$

而

$$\frac{\partial H}{\partial k_w} = -s_w f_1' + \frac{f_1}{k_1 - k_2} < 0,$$

并且

$$\frac{\partial H}{\partial k_c} = -s_c f_1' + \frac{f_1}{k_1 - k_2} < 0。$$

因此特征方程的所有系数都是正的；由于特征方程的所有系数均为正是特征根为负的充分必要条件，我们的定理已经证明。

然而，考虑到我们正在考察局部稳定性，我们只须要求消费品部门在 TCBGP 附近比资本品部门具有更高的资本密集程度。相对于要求该限制对所有工资租金比例均成立（即有较高的资本密集程度——译者注），这是一个弱得多的条件。利率的情况则与局部稳定性完全无关，除非它任意接近 $r = n/s_c$。

但是系统局部稳定的特征并不能保证围绕 TCBGP 周期性摆动的路径不存在；这一点可以通过依靠相图（the phase diagram）进行的分析推导出来，周期性的路径会显示出确凿的可能性。但是可以排除的是存在周期性的路径处于 TCBGP 附近，也就是说不存在一个由无限趋近于 TCBGP 的路径组成的区域。这就是局部稳定性的意义所在，而关于这样一个区域的大小的讨论需要依靠方程的细节信息。

第二，应当注意到如果 OCBGP 唯一并且当 k_c 固定为 0 时稳定，那么当 k_c 不确定时，它是全局不稳定的（如果存在一个 TCBGP）。这一点可由前述 r 一定大于 n/s_c 的条件得出，并因此得出 $\dot{k}_c$ 在 TCBGP 附近一定为正。而且，因为 $\dot{k}_c$ 的最小值为 $-nk_c$，如果 k_c 曾为正，那么它绝对不会变为 0；因此若 k_c 曾为正，k_c 在经济体进入 OCBGP 的一个微小邻域时也会保持正值（如果它也进入该邻域）。显然，k_c 会一直上升直至 (k_w, k_c) 不再任意地接近 OCBGP。

我们现在证明当两阶级平衡增长路径存在时，关于该系统全局稳定性的定理。[①]

（1）如果消费品部门的资本密集度不低于资本品部门的水平，那么在 (k_w, k_c) 相图中代表路径的极限点的集合要么是 TCBGP，要么是围绕它的一个有限的循环，否则该路径的资本劳动比例是无解的。稻田导出条件已足够排除趋散的可能性。

（2）如果资本品部门的资本密度大于消费品部门的程度，以上所有结果在唯一的稳定的 OCBGP 存在的条件下仍然成立。而且，如果满

_____
① 我们忽略 k_c 保持为 0 的情况，若如此，我们的模型就与宇泽和稻田所研究过的相同。

足稻田导出条件，TCBGP 点不会是鞍点（saddle point）。

（3）在条件（2）的基础上，如果 TCBGP 是不稳定的，那么所有路径都在 TCBGP 周围摆动，并且有至少一条路径是完全周期性的。

证明①：根据庞加莱和本迪克森定理②，一个有限的集合只可能是一个稳定的极限环、一个稳定的节、一个稳定的焦点，或者是一个稳定的鞍点（对于非趋散的路径而言）。因为我们只有两个固定点，OCBGP 和 TCBGP，对于（1）和（2）我们只须证明 OCBGP 不是一个极限集，并且所有极限环都围绕 TCBGP。后者很容易利用庞加莱指数③证明。考虑一条路径以一条封闭的曲线作为其极限集。将一条封闭的若尔当曲线作为满足下述条件的路径：起始于 $(k_c(t), k_w(t))$，t 是任意大的值；经过完整轨迹到达 $(k_c(t+z), k_w(t+z))$，其中 $k_c(t+z) = k_c(t)$，并且 k_c 为常数的直线的部分要求连接 $k_w(t+z)$ 和 $k_w(t)$。当 t 足够大，起点和终点会任意地接近作为轨道极限的封闭曲线上的一点，它们之间也会任意地接近。因为我们的函数都是可微的，向量 $(\dot{k}_c, \dot{k}_w)$ 定义在连接起点和终点的直线上的点上，这些向量必须充分一致；并且这样定义下的若尔当曲线的指数必须为 1，这说明它必然包括一个不动点。而且由于不存在负值的 k_c，该曲线肯定不包括 OCBGP。

我们已经观察到 OCBGP 是一个以 k_w 为渐进线的鞍点，因此 OCBGP 并不是一个趋于极限的集合；因为我们已经排除 $k_c = 0$，OCBGP 本身也不会是极限集。

为了证明稻田条件足以支持 $k_1 > k_2$ 时的非趋散性，我们证明在 (O, D)(D, D) 和 (D, D)(D, O) 直线［见图 3（a）］所有的点上，当 D 在 (k_w, k_c) 相图上充分大时，$(\dot{k}_c, \dot{k}_w)$ 是向内的。当 $k_w = 0$，可以认为我们建立了一个稻田模型，s_c 是被储蓄的资本收入，s_w 是被储蓄的工资收入。当 k 充分大，r 可以任意小。而且，我们已经证明 $dk_1/$

---

① 至于有关本部分论文中证明过程所运用的定理的讨论，读者可参考非线性微分方程方面的任意经典教材，例如［1］和［5］。参见［2］，尤其是第 16 章，可获得基础性介绍。

② 参见［2］，第 394 页。

③ 参见［2］，第 400 页。

$dk_w > 0$。因此，（D，D）（D，O）上各处均有 $\dot{k_c}/k_w = s_c r - n$ 为负。另外，

$$\dot{k_w}/k_w = s_w w/k_w + s_w r - n < \frac{2s_w w}{k_1} + s_w r - n = 2s_w \left(\frac{f_1}{k_1} - f_1\right) + s_w r - n,$$

当 $k_c = 0$，我们得到一个两部门模型，其中工资收入和利润收入有相同的比例被储蓄，$s_w = s_c$；并且我们知道当 k 充分大时，k_1 也会任意大，同时 $dk_1/dk_c > 0$。通过稻田条件，我们还知道资本的边际产出必定等于 k_1 任意大时的平均产出。因此在（O，D）（D，D）上有 $\dot{k_w}/k_w < s_w r - n < 0$。

对于 $k_1 > k_2$，我们证明在直线（D，O）（O，D）上各处均有 $\dot{k} > 0$ [见图 3（b）]。在第三部分的定义中，我们有 $\dot{k} = (s_w \overline{w} + s_c \overline{k}) r - nk$，这一条件与稻田两部门增长模型中的资本积累的微分方程相同。显然，可持续的资本劳动比例的上界是当所有资本品都投入资本品部门时可承受的比例，也就是说对于 $y_1(k_1^*) = nk_1^* = 0$ 有 $k \leq k_1^*$。但是由于 $k_1 > k > k_2$，如果我们选取 $k > k_1^*$，即使我们将所有资源投入资本品部门，我们有 $\dot{k} < 0$。

为了说明 TCBGP 在已讨论的条件下不可能是一个鞍点，我们将方形区域（O，O）（O，D）（D，D）（D，O）的边界作为一条封闭的若尔当曲线。通过我们前面的讨论，容易计算庞加莱指数为 +1，因此唯一的封闭在内的不动点，也就是 TCBGP，不会是鞍点。

最后，我们希望证明如果 TCBGP 点是局部不稳定的，除了平凡的情况即一直停留在 TCBGP 点上的路径，以及一直保持 $k_c = 0$ 的路径，所有路径围绕其摆动并且至少有一条路径是周期性的。如果我们在 (k_w, k_c) 相图上取 TCBGP 点一个足够小的邻域，并且定义利润的区域为（O，O）（O，D）（D，D）（D，O）和该邻域补集的交集，这个新的区域显然是紧致的[1]，所有路径[2]必定进入这一区域并且在进入之后不会离开。庞加莱 - 本迪克森定理[3]于是得到满足：所有路径的极限点的集合是一条封闭的曲线（也就是极限环），而且至少有一条路径是周期

---

[1] 因为一个点的邻域是一个开集，其补集是封闭的，两个闭集的交集是闭集。

[2] 平凡的情况已经被排除。

[3] 参见 [2]，第 291 ~ 394 页。

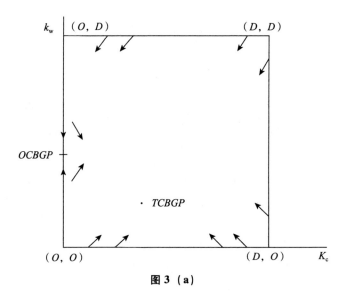

图 3（a）

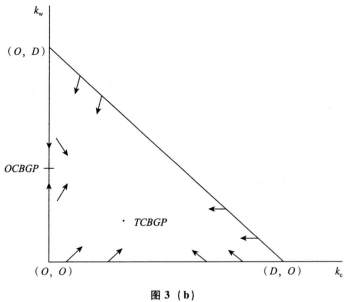

图 3（b）

性的。①

---

① 也许，一般极限环和周期性轨迹（作为一种特殊情况）之间的区别应当着重讨论一下。周期性轨道本身是自己的极限；极限环的极限点的集合组成一条封闭的曲线（一般与轨道不同）。

　　我们现在来研究这些环的性质。第一，任何周期性轨道必有利率的时间均值与增长率除以资本家储蓄倾向的商相等。[1] 而且，资本家所拥有资本的平均回报等于 n/s_c。第二，以 IC 为代表某一些路径的极限点的集合的封闭曲线。那么，起始于（或趋向于）足够接近 IC 处的任何轨迹围绕 IC 螺旋式运动，这就是说，这些轨迹将会与经过 IC 且方向异于向量 $(\dot{k}_c, \dot{k}_w)$ 的直线无限次相交。

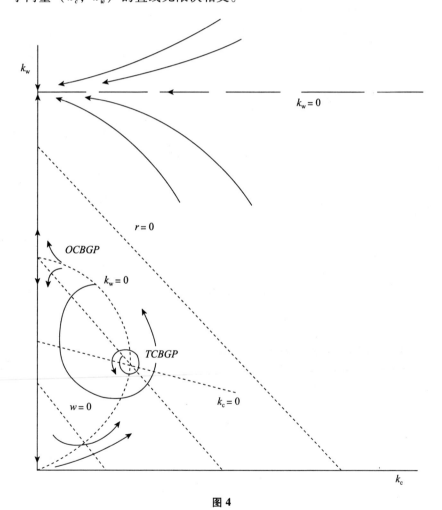

图 4

---

[1] $\lim_{h \to \infty} \int_{2\pi/z}^{2\pi(h+1)/z} d \ln k_c = s_c \int_{2\pi/z}^{2\pi(h+1)/z} r dt - 2\pi n/z \to 0 \Rightarrow \lim_{h \to \infty} \frac{1}{2\pi/z} \int_{2\pi/z}^{2\pi(h+1)/z} r dt \to \frac{n}{s_c}$。

第三，由于没有两条轨迹会相切（货币均衡的唯一性），相继的极限环之间会有不同程度的扩张。

第四，如果 C_{i+1} 是周期性轨迹，并且 C_i 在规模上次小，那么二者中至少一个是稳定的（在正的时间轴上）。[1]

第五，极限环的个数是有限的。

这些环并不构成一个经济周期，因为我们在模型中已经事先假定了充分就业。但是经济周期的其他特征可以被观察到：收入分配的波动，人均产出的波动，产出增长率的波动，投资产出比的波动，以及以周期的规模变化中平均利润率为常数。事实上，这个周期的"故事"类似于经济周期文献中发现的一些资本密集的版本（除了就业率的波动）。但是注意这个周期的系统中不包括黏性和滞后问题。

结论性评价：我们尝试分析了关于两部门、两阶级新古典模型中均衡和非均衡的动力学，并且我们发现，即使在限制性的稻田条件下也不能保证存在向不动点的趋近：有明确的可能性存在摆动的路径。但是当我们将模型拓展到存在两个以上阶级时，尽管货币均衡唯一性和多阶级平衡增长路径存在性的条件没有本质改变，稳定性分析依然不再成立（即使在单部门模型中）。

六　两个例子

1. 柯布 – 道格拉斯生产函数

为了举例说明我们前面讨论的推论，我们考虑一个例子，其中 TCBGP 即使在资本密集假设（$k_1 < k_2$）不满足的条件下也是局部稳定的。

使

$$y_1 = k_1^{\alpha}, y_2 = k_2^{\beta}, \alpha > \beta。$$

那么

---

① 参见 [2]，第 397 页。

$$\underline{w} = k_1 \left(\frac{1}{\alpha} - 1 \right) = k_2 \left(\frac{1}{\beta} - 1 \right),$$

或者

$$k_2 = N k_1 , N = \frac{(1/\alpha) - 1}{(1/\beta) - 1} < 1 \text{。}$$

（a）货币均衡的唯一性。我们需要证明，对于给定的 k_c 和 k_w，下列方程中 k_1 的解是唯一的：

$$s_w \left[(1 - \alpha) k_1^{\alpha} + \alpha k_1^{\alpha - 1} k \right] + (s_c - s_w) \alpha k_1^{\alpha - 1} k_c - k_1^{\alpha} \frac{k - k_1 N}{k_1 (1 - N)} = 0 \text{。}$$

该式除以 $k_1^{\alpha - 1}$ 并重新整理得到：

$$k_1 = \frac{(1 - b s_w) k_w + (1 - b s_c) k_c}{s_c (1 - \alpha)(1 - N) + N},$$

其中 $b = \alpha \cdot (1 - N)$。

（b）两阶级平衡增长路径的存在性。我们需要证明在 s_w、s_c、α 和 β，当 $r = n / s_c$ 时有 $k_c = k - k_w > 0$：

$$k_w = \frac{s_w w}{r (s_c - s_w)},$$

$$k = \frac{\lambda y_1}{n} = \frac{k_2}{k_2 - k_1 + (y_1 / n)} \frac{y_1}{n} = \frac{N k_1}{k_1 (N - 1 + c)} k_1 c,$$

其中 $c = 1 / \alpha s_c$。

$$k - k_w = \frac{N}{N - 1 + c} c k_1 - \frac{s_w w}{r (s_c - s_w)} > 0,$$

若

$$\frac{N c k_1}{N - 1 + c} - \frac{s_w (1 - \alpha)}{\alpha (s_c - s_w)} k_1 > 0,$$

若

$$\frac{N}{N - 1 + c} > d, \text{其中} d = \frac{s_w s_c (1 - \alpha)}{\alpha (s_c - s_w)} \text{。}$$

由于 $c > 1$，$N - 1 + c > 0$，如果在下述条件下我们以上讨论成立：
$N > d(N - 1) + cd$ 当且仅当

$N (1-d) > d (c-1)$ 当且仅当

若 $d<1$，$N > (d(c-1)/(1-d))$；

若 $d>1$，$N < (d(c-1)/(1-d))$。

但是，$d>0$，若 $d>1$，则有 $1-d>0$ 以及 $N<0$，这是不可能的。所以我们只须考虑 $d<1$ 的情况。我们必须证明不可能有 $1 > N > \dfrac{d}{d-1}(1-c)$。这一切成立只须 $cd-d<1-d$ 或 $cd<1$，也就是 $\dfrac{s_w}{s_c-s_w}\dfrac{(1-\alpha)}{\alpha}<1$ 肯定可能。事实上，这个条件成立当且仅当 $s_w/s_c<\alpha$，因为这样的话 $1=\dfrac{1-\alpha}{\alpha}\dfrac{\alpha}{1-\alpha}>\dfrac{s_w}{s_c-s_w}\dfrac{1-\alpha}{\alpha}$（注意到如果 s_w/s_c 小于资本的份额，由于 $\beta<\alpha$，$s_w/s_c<\alpha$）。

（c）稳定性。TCBGP 是局部稳定的。首先，我们注意到特征方程中的常数项是正值，这是由于 $f_1''<0$ 以及 $s_w r-n<0$（在 TCBGP 附近）。而且，由于 $N<1$ 和 $bs_c<1$，在 $V=s_w(1-\alpha)(1-N)+N$ 处，$dk_1/dk_c=(1-bs_c)/V>0$（这排除了 TCBGP 是鞍点的可能性）。

为了证明 TCBGP 是局部稳定的，我们必须证明（在 TCBGP 附近）：

$$-s_c f_1''\frac{dk_1}{dk_c}k_c - s_w f_1''\frac{dk_1}{dk_w}(k_w - k_1) - s_w f_1' + n > 0,$$

也就是

$$\frac{(1-\alpha)s_w(1-bs_w)}{V} < s_c - s_w + (1-\alpha)\frac{s_c(1-bs_c)k_c + s_w(1-bs_w)k_w}{(1-bs_c)k_c + (1-bs_w)k_w},$$

它的一个充分条件是 $(1-\alpha)s_w(1-bs_w)<V(s_c-\alpha s_w)$。

但是由条件 $k>k_w$，我们有 $s_c V>s_w/\alpha-s_w(1-N)$。这个问题就成为其是否大于：

$$(1-\alpha)s_w[1-\alpha(1-N)s_w]+\alpha s_w[s_w(1-\alpha)(1-N)+N]=(1-\alpha)s_w+$$
$$\alpha s_w N = s_w[1-\alpha(1-N)]。$$

但是由于 $1-\alpha(1-N)-\alpha[1-\alpha(1-N)]=(1-\alpha)(1-\alpha(1-N))>0$，这一问题的答案是肯定的，因此有 TCBGP 是局部稳定的。

这里值得注意的是本迪克森准则①不满足（虽然它是摆动路径不存在的充分条件）。我们已经证明在 TCBGP 点附近有 $\dfrac{\partial \dot{k_c}}{\partial k_c} + \dfrac{\partial \dot{k_w}}{\partial k_w} < 0$。我们现在要证明在满足 $k_w > 0$，$k_c > 0$ 的点处，这个式子的和为正。考虑在某一点处，k_c 虽然为正但是任意小。那么：

$$\frac{\partial \dot{k_c}}{\partial k_c} + \frac{\partial \dot{k_w}}{\partial k_w} \approx \alpha k_1^{\alpha-1} \{ (s_c + s_w) + s_w (1-\alpha)(1-z) \} - 2n,$$

其中 $z = (1 - s_w b) / V$，显然为正。例如，若 $k_1 = 1$，$s_w = 0.05$，$s_c = 0.95$，$\alpha = 0.1$，$N = 0.5$，则上面的表达式约等于 $0.096 - 2n$，当 n 的值小于 0.048 时该值也为正（容易证明该例中存在 TCBGP）。

2. 固定系数生产函数

我们现在来关注一个 TCBGP 局部不稳定的例子。我们使两部门的系数都是固定的，其中资本品部门的资本密集度高于消费品部门。我们下面使用数值化的具体案例使讨论更加方便。我们使 $k_1 = 5$，$y_1 = 1$，$s_c = 0.550$，$n = 0.1$，$k_2 = 0.556$，以及 $s_w = 0.366$。我们能容易地证明整个模型中货币均衡是唯一地决定的，当 k_c 和 k_w 给定时，我们可以唯一地解出 r：

如果

$$k_1 \geq k_w + k_c \geq k_2, r = \frac{\dfrac{k - k_2}{k_1 - k_2} y_1 - s_w y_1}{s_w k_w + s_c k_c - s_w k_1};$$

如果

$$k \geq (1 - s_w) k_2 + s_w k_1, r = 0;$$

如果

$$k_w + k_c < k_2, r = y_1 / k_1。$$

---

① 本迪克森准则要求该系统的雅各比矩阵的对角元的和的符号保持不变。例证请参见 [1]。

我们还可以容易地证明 TCBGP 是存在的。在我们的数值案例中，我们在 $r = n/s_c = 0.1818$ 时有：

$$k_w = s_w w / r(s_c - s_w) = 0.9957;$$

另外，我们有

$$k = \frac{y_1 k_2}{n(k_2 - k_1 + y_1/n)} = 1.00000。$$

因此，$k_c = k - k_w = 0.0043$，说明了 TCBGP 事实上存在。

另外，对于 TCBDP 的稳定性，我们要求：

$$M = -s_c k_c \frac{dr}{dk_c} - s_w \frac{dr}{dk_w}(k_w - k_1) - s_w r + n > 0。$$

通过投资储蓄方程，我们计算得到：

$$\frac{dr}{dk_c} = \frac{-rs_c + y_1/(k_1 - k_2)}{s_w(k_w - k_1) + s_c k_c} = -0.0855,$$

以及

$$\frac{dr}{dk_w} = \frac{-rs_w + y_1/(k_1 - k_2)}{s_w(k_w - k_1) + s_c k_c} = -0.109, M = -0.126 < 0,$$

并且 TCBGP 是局部不稳定的。注意 $dr/dk_c < 0$ 的事实已经足够排除 TCBGP 是一个鞍点（因此它必定是一个中心，或者是不稳定的焦点，或者是节）。

容易证明这个模型存在唯一的 OCBGP[①]，其中的 k 与其在 TCBGP 中的值相同（因为 $\lambda y_1 = nk$ 沿着一条平衡增长路径，并且 λ 是以 k_1 和 k_2 为参数的 k 的一个简单的函数）；但是根据：

$$r = \frac{s_w y_1 - nk}{s_w(k_1 - l)} < \frac{s_w y_1 - nk}{s_w(k_1 - k) - (s_c - s_w)k_c},$$

OCBGP 是一个鞍点；为了展示这一点，我们计算了雅各比矩阵：

① 当 $r > 0$ 时；当 $r = 0$ 时在 $k = s_w y_1/n$ 处存在一个（稳定的）OCBGP，$k = 0$ 时存在一个平凡的 OCBGP。

$$
\frac{\partial(\dot{k}_c, \dot{k}_w)}{\partial(k_c, k_w)} = \left\{ \begin{array}{cc} s_c r - 1 & 0 \\ s_w(k_w - k_1)\dfrac{dr}{dk_c} & s_w r - n + s_w(k_w - k_1)\dfrac{dr}{dk_w} \end{array} \right\}
$$

$$
= \left\{ \begin{array}{cc} s_c r - n & 0 \\ -s_c r + \dfrac{y_1}{k_1 - k_2} & -n + \dfrac{y_1}{k_1 - k_2} \end{array} \right\},
$$

其中的特征根是实数，但是具有相反的符号。这个模型的相图在图 4 中给出。

参考文献

[1] Andronov, A. A. and Chaikin, C. E. *Theory of Oscillations* (Princeton, 1949).

[2] Coddington, E. A. and Levinson, H. *Theory of Ordinary Differential Equations* (New York, 1955).

[3] Inada, K. "On a Two-Sector Model of Economic Growth: Comments and a Generalization," *Review of Economic Studies* (1963), 119 – 127.

[4] Meade, J. E. "The Rate of Profit in a Growing Economy," *Economic Journal* (1963), 368 – 374.

[5] Minorsky, N. *Nonlinear Oscillations* (Princeton, 1962).

[6] Pasinetti, L. L. "Rate of Profit and Income Distribution in Relation to the Rate of Economic Growth," *Review of Economic Studies* (1962), 267 – 279.

[7] Samuelson, P. A. and Modigliani, F. "The Pasinetti Paradox in Neoclassical and More General Models," *Review of Economic Studies* (1966).

[8] Solow, R. "Note on Uzawa's Two-Sector Model of Economic Growth," *Review of Economic Studies* (1961 – 62), 48 – 50.

[9] Uzawa, H. "On a Two-Sector Model of Economic Growth," *Review of Economic Studies* (1961 – 62), 40 – 47.

[10] Uzawa, H. "On a Two-Sector Model of Economic Growth II," *Review of Economic Studies* (1963), 105 – 118.

21 世纪资本论：经济学的统一场论？[*]

崔之元[**]

编者按：法国经济学家托马斯·皮凯蒂的 685 页学术著作《21世纪资本论》的英译本 2014 年 4 月出版后引起了世界性的思想震动，竟然连续数月居于亚马逊畅销书之首，并在各大国际机场书店中被放在显著位置。诺贝尔经济学奖得主克鲁格曼在一个月内发表四篇书评，盛赞皮凯蒂建立了经济学的"统一场论"，即把经济增长理论与收入分配理论统一起来，而这正是亚当·斯密、大卫·李嘉图、卡尔·马克思等古典经济学家的理想。也许克鲁格曼还没有充分意识到他所用的"统一场论"之比喻的全部含义：爱因斯坦建立统一场论的努力并未成功，但这一努力过程本身激发了大量相关科学研究，极大地促进了物理学的发展。当然，也有不少对此书的尖锐批评，认为此书中提出的所谓资本主义的两个基本规律均不能成立。然而，尽管他结合"经济增长理论"和"收入分配理论"的"统一场论"看来还不能算成功，《21 世纪资本论》必将促进经济学，特别是"政治经济学"的大发展，正如爱因斯坦的"统一场论"促进了物理学大发展一样。

关键词：皮凯蒂　统一场论　资本主义　经济增长　收入分配

Abstract：The 685 - page tome *Capital in the Twenty-First Century* by French economist Thomas Piketty attracted great attention after its

---

[*]　为便于查证，文中引用的图均沿用皮凯蒂原著中的编号。

[**]　崔之元，清华大学公共管理学院教授。

English edition being published. It hit No. 1 on Amazon Bestseller and was put in the front tables in international airports for several months. The American economist and Nobel laureate Paul Krugman wrote four book reviews in one month, praising Piketty's book as a "unified field theory" of economics which unifies the discussion of economic growth and the distribution of income which has been long dreamed by classical economists like Adam Smith, David Ricardo and Karl Marx. Krugman may not realize the whole meaning of "unified field theory". Einstein's effort of "unified field theory" construction is not successful itself, but it leads to amounts of relative researches and the development of physics. Although there are lots of criticism on Piketty's two fundamental laws of capitalism in the book and his unification of "theory of economic development" and "theory of distribution of income" could not be seen as a success itself, this book will definitely lead to a great development of economics, especially the development of political economy.

Keywords: Piketty　Unified Field Theory　Capitalism　Economic Development　Distribution of Income

　　法国经济学家托马斯·皮凯蒂（Thomas Piketty）的《21 世纪资本论》的英译本 2014 年 4 月出版后引起了世界性的思想震动。这本 685 页的学术著作竟然连续数月居于亚马逊畅销书之首，并在各大国际机场书店中被放在显著位置。诺贝尔经济学奖得主克鲁格曼在一个月内发表四篇书评，盛赞皮凯蒂建立了经济学的"统一场论"，即把经济增长理论与收入分配理论统一起来，而这正是亚当·斯密、大卫·李嘉图、卡尔·马克思等古典经济学家的理想。当然，也有不少对此书的尖锐批评，认为此书中提出的所谓资本主义的两个基本规律均不能成立。也许克鲁格曼还没有充分意识到他所用的"统一场论"之比喻的全部含义：爱因斯坦建立统一场论的努力并未成功，但这一努力过程本身激发了大量相关科学研究，极大地促进了物理学的发展。正如哈佛大学前校长萨默斯（Summers）所说，"即使皮凯蒂的理论解释全错，他转变政治话语的数据工作也值得获诺贝尔奖了"。

为什么萨默斯说皮凯蒂的数据工作本身可以得诺贝尔经济学奖？这是因为皮凯蒂在研究收入和财富分配的不平等问题上有重大的方法论创新。以往的研究大都采用家计抽样调查数据，但这种随机样本很少能反映最富有 10% 或 1% 人群的情况。皮凯蒂及其合作者另辟蹊径，将法国、英国、德国、美国等国家自引入所得税和遗产税以来的全部数据系统梳理，展现了收入和财富不平等在几个世纪以来的衍化轨迹和趋势。

请看书中的图 10.6：1810 年时，欧洲最富有 10% 人群占有社会总财富的 80% 以上，最富有 1% 人群则掌控社会总财富的 50% 以上，这一状况大致持续到 1914 年第一次世界大战。而 1910～1970 年这一比率则大幅下降，但 1970 年后至今这一比率又开始回升。皮凯蒂此书最令人震惊的预言是，如果没有激进的平等化改革措施，到 21 世纪末将重现整个 19 世纪收入和财富分配高度不平等的图景。从图中可以看出美国不平等的轨迹和趋势与欧洲大致相同：1810 年美国最富有 10% 人群掌握社会总财富的比重接近 60%，最富有 1% 人群则拥有总财富的 25% 左右。这是因为作为新大陆，美国资本积累和社会分化需要一段时间才能展现出来。从 1910 年到 1970 年，美国的不平等也呈现下降趋势，而不平等从 70 年代又开始加剧。

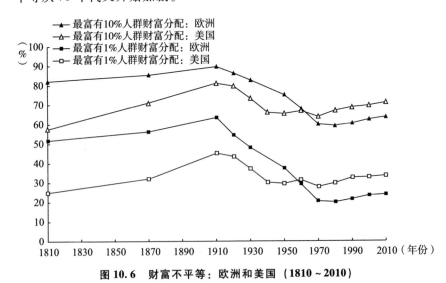

图 10.6　财富不平等：欧洲和美国（1810～2010）

实际上，阅读皮凯蒂书中的图表可以是一种享受。如图 12.6 说明发达国家在避税天堂（如瑞士和一些群岛）的未注册资产高于这些国家的官方净负债。这说明发达国家仍然是债权国。这就解释了国际货币基金组织的国际收支统计中的所谓"火星人拥有地球"之谜，即富国和穷国都是净债务国（皮凯蒂《21 世纪资本论》英文版第 465 页）。

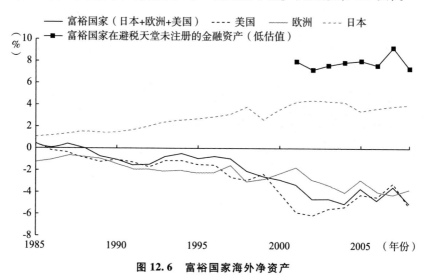

图 12.6　富裕国家海外净资产

皮凯蒂之所以研究国际收支统计中的难题，是为了反驳西方近来流行的所谓"中国将买下全世界"的观点。他试图证明西方国家内部的贫富差距是近来其经济危机的主要原因，而并非中国等发展中国家贸易顺差资金回流西方所造成的。

更能说明他全书主要观点的是图 4.10。

从图中可见，美国 1770 年奴隶的市场价值是其当年国民收入的 1.5 倍，大约与土地资本与国民收入之比相等。这个"资本/收入"比率是皮凯蒂的一个主要概念，反映了资本存量在经济和社会中的重要性。皮凯蒂的数据显示从 1700 年到 1910 年，法国和英国的这个比率稳定保持在 7 左右，而在 1910 年到 1950 年，由于两次世界大战和普遍的萧条，这一比率迅速下降，英国下降至 2.5，法国则降至不到 3，但随后这两国的资本/收入比率又开始回升，到 2010 年，英国的这一比率超过 5，而法国的这一比率则接近 6。美国的轨迹稍有不同，在 1770 年美国的资本/收入比率仅在 3 左右，但到了 1910 年，这一比率上升至 5，1920 年

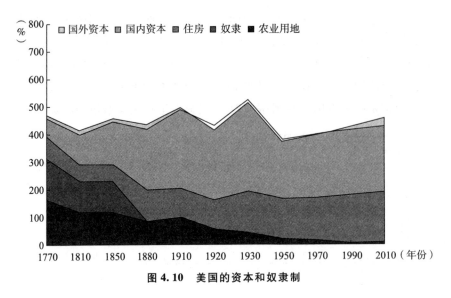

图 4.10 美国的资本和奴隶制

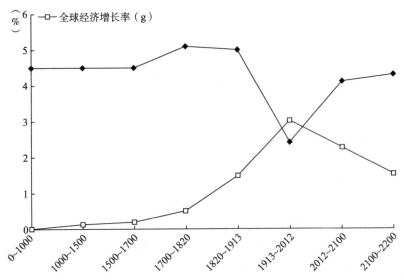

图 10.11 税后资本回报率 VS. 全球经济增长率（从远古到 2200 年）

又轻微下降，1930 年又恢复到 5 ~ 5.5 之间，1950 年下降至不到 4，到 2010 年又回到 4.5。

皮凯蒂将资本/收入比率用符号 β 表示，它在所谓资本主义第一定律和第二定律中均出现。所谓第一定律是：$\alpha = r \times \beta$，其中，α 代表资本收入占国民收入的比例，r 代表资本回报率。所谓第二定律是：β =

s/g，其中 s 代表储蓄率，g 代表经济增长率。皮凯蒂理论解释中还有一个关键不等式：r>g，它甚至被一些评论人称为资本主义的第三定律。这三个定律逻辑上包含的结论是，当经济增长率 g 下降，甚至趋于 0 时，β 趋近无穷大，此时无论 r 多小，α 都将增大，也就是说资本收入占国民收入的比重将增大，造成更加严重的不平等。

那么，r>g 在皮凯蒂理论解释中的关键作用是如何体现的呢？如果 r=g，资本收入和国民收入增长率将相同，β 将是稳定的，从而 α 也将是稳定的。只有 r>g，似乎才能解释不平等的发散趋势，而 g>r，则代表了不平等的收敛趋势。皮凯蒂书中图 10.11 给出了 2000 年来世界范围的 r 与 g 关系及其到 22 世纪的趋势。

从图中可见，在 18 世纪中叶以前，全球经济年增长率只有 0.5% ~ 1%，而资本（当时主要是土地）年回报率则有 4% ~ 5%。只有 20 世纪的两次世界大战及其带来的制约资本的社会政治变革，才使得 g 曾一度大于 r，但 70 年代后 r>g 又得到恢复。皮凯蒂认为，r 越是大于 g，过去的资本财富积累就越是在现今社会发挥更大支配作用。这个观点背后的直觉是他给出的一个例子：如果 g=1%，r=5%，那么资本所有者只须储蓄其资本收入的 1/5，就可以保证其资本存量增长与国民经济增长同步。皮凯蒂推算 21 世纪的资本回报率在 4% 左右，由于人口增长和技术进步在发达国家放缓（而中国和印度在赶上发达国家后将呈现同一趋势），21 世纪后半叶全球经济年增长率将下降到 1.5%，r>g 的程度大致恢复到 19 世纪的水平，坐享继承的财富将比努力工作对年轻人更具吸引力（如巴尔扎克的小说《高老头》所生动描绘的），这就是他所说的"拼爹资本主义"（patrimonial capitalism）的重现。

从皮凯蒂书中的图 6.5 可以看出，富裕国家资本收入在 1975 年占国民收入的 15% ~ 25%，而在 2000 ~ 2010 年这一比例提高到了 30%。那么，他是如何论证这一趋势将继续在 21 世纪发展？这里，他必须回答一个流行的批评意见，即资本的边际收益递减的一般规律将发挥作用，使资本存量增加时资本收益下降，也就是说，因为 α=r×β，单单是 β 增加，并不能保证 α 也增加。皮凯蒂需要证明，当 β 增加时，虽然 r 减小，但其下降比例小于 β 增加的比例，因此 α 仍然会增加。换言之，资本与劳动间的"替代弹性"在 21 世纪必须大于 1。

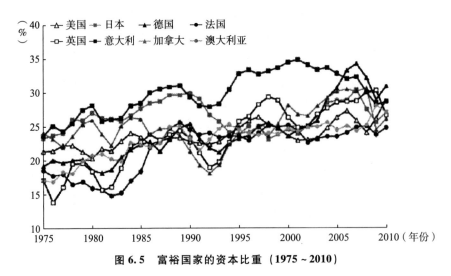

图 6.5　富裕国家的资本比重（1975 ~ 2010）

　　皮凯蒂这个 "替代弹性大于 1" 的观点，正是《21 世纪资本论》出版后被一些经济学家批评的要害所在。本文前面引用了萨默斯的说法："即使皮凯蒂的理论解释全错，他转变政治话语的数据工作也值得获诺贝尔奖了"，其实萨默斯正是认为皮凯蒂的理论解释基本错误。萨默斯指出，皮凯蒂 "混淆了资本的总收益和净收益"，虽然资本存量增长时，r 可能并不是以同一比率下降，但折旧却是同一比率的。因此，从资本净收益来看，资本与劳动的替代弹性不会大于 1。实际上，皮凯蒂引用了其他学者估算的替代弹性为 1.3 来支持其论点，但这是从总值意义上的生产函数推算得来的，如从净值来看，替代弹性应为 0.6，不能支持皮凯蒂的 α 将随 β 增加而增加的核心观点（见 Larry Summer，"The Inequality Puzzle"，http：//www. democracyjournal. org/33/the-inequality-puzzle. php）。

　　我认为，如果局限于教科书中的索洛增长模型，皮凯蒂将难以回应对他的批评。因为教科书模型中的资本/收入之比 β 并非等于 s/g，而是等于 s/（g + d），其中 d 是折旧率。例如，据美国官方统计，2013 年美国私人固定资产的平均折旧率是 5.7%。这样，当增长率趋于 0 时，s/（g + d）的分子并不会趋近于 0（详见 Per Krusell and Tony Smith，"Is Piketty's 'Second Law of Capitalism' Fundamental?"，http：//www. voxeu. org/article/piketty-s-second-law-capitalism-vs-standard-macro-theory）。有趣的

是，索洛本人并不认为皮凯蒂违背了他的增长理论，他在《新共和》杂志上发表的对《21 世纪资本论》的长篇书评的标题就是"皮凯蒂是对的"（见 http：//www. newrepublic. com/article/117429/capital-twenty-first-century-thomas-piketty-reviewed? utm content = buffere43e3&utm medium = social&utm source = twitter. com&utm campaign = buffer）。

关于《21 世纪资本论》的经济学理论争论肯定还将进行下去，英国《经济学家》杂志和《金融时报》都建立了专门的"皮凯蒂讨论"博客，美国加州大学伯克利校区的德龙（Brad Delong）教授甚至建立了"每日皮凯蒂讨论"（Daily Piketty）博客。但我认为，皮凯蒂的政治学解释其实同样重要，甚至更重要。

如果说皮凯蒂的资本主义"第一定律""第二定律"和"第三定律"描述了 19 世纪不平等的衍化轨迹，并预测了 21 世纪不平等恢复到 19 世纪的趋势，那么他对从第一次世界大战到 70 年代之间资本/收入比下降的解释完全是政治学的，他对扭转 21 世纪收入不平等状况的政策建议也是政治学的。

皮凯蒂强调"累进所得税的产生是因为世界大战，而不是普选权的自然结果"（皮凯蒂《21 世纪资本论》英文版第 514 页）。法国议会通过建立所得税的法案是在 1914 年 7 月 15 日，是作为即将到来的第一次世界大战的财政应对措施；美国在 1913 年通过宪法第十六修正案建立了所得税制度；英国和瑞典则是在更早前的 1909 年和 1903 年建立此项制度。如皮凯蒂书中的图 14.1 所示，尽管这些国家的所得税制度都略早于第一次世界大战，但最高税率却是在一战之中和之后才大幅提高的。例如法国 1914 年的最高税率仅为 2%，但 1920 年该税率提高到 50%，1924 年该税率提高到 60%，到 1925 年，则提高到 62%。又如英国，1909 年的最高税率为 8%，而一战后英国将此税率提高到 40%，而美国则在 1919 年将最高税率提高到 77%。德国的情况则更有趣，普鲁士早在 1891 年就建立了所得税制度，但 1891 ~ 1914 年最高税率一直是 3%。1915 ~ 1918 年，该税率提升到 4%，但德国战败的 1919 年，最高税率立刻提高到 40%。

从政治学角度特别值得注意的是，美国是率先把最高所得税率提高到 70% 以上的国家。美国 1930 ~ 1980 年的遗产税也在 70% ~ 80% 之

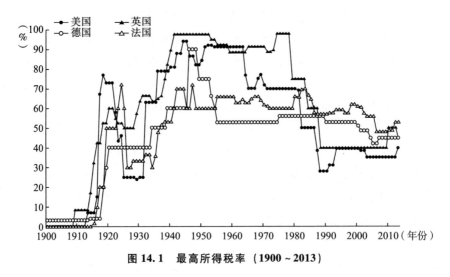

图 14.1　最高所得税率（1900～2013）

间，而同期德国和法国的最高遗产税则从未超过 40%。皮凯蒂认为，这可能是因为德国和法国在第二次世界大战后采取了对部分企业实行国有化并直接限定高级管理人员工资的措施。在某种意义上，国有化是高额累进所得税的替代。

作为对 20 世纪累进所得税的进一步发展，皮凯蒂建议用全球资本税来纠正 21 世纪不平等恢复到 19 世纪的趋势。他也知道这一政策建议不可能在短期内实现，但他认为全球资本税是一个"有用的乌托邦"。具体来说，他设想 100 万欧元以下的净资产税率为零；100 万～500 万欧元之间净资产税率为 1%；而对 500 万欧元以上净资产税率则为 2%。而对 10 亿欧元以上的净资产税率则为 5%～10%。皮凯蒂认为，第一步先建立欧洲资本税是可行的。事实上，法国在 1945 年征收了一次性 25% 的资本税。显然，皮凯蒂的每年征收资本税的建议，其税率不可能像法国 1945 年一次性征收那么高，一般在 5% 以下。他强调，意大利政府在 2012 年为了应对巨大的国债危机引入了资本税，但因为害怕本国资产转移到瑞士、奥地利和法国的银行，意大利资本税率对不动产仅为 0.8%，对银行存款和其他金融资产的税率仅为 0.1%，股票则完全免税，并且这些税率没有累进性。但 2013 年提出资本税的总理在选举中失败，意大利资本税昙花一现。皮凯蒂认为此事凸显资本税若要成功必须有国际合作。他因此极为看重美国国会 2010 年通过并将在 2014 年实行 FATCA（海外账户纳税法案），以及卢森堡和瑞士 2013 年宣布它们将积极配合该法案实施。

从政治学和经济学相结合的角度，皮凯蒂对现行马斯特里特条约中的"黄金准则"的批评尤其值得注意。该准则是指欧盟成员国的财政赤字不得大于 GDP 的 3％，国债则不得超过 GDP 的 60％。他认为这一准则是完全缺乏经济学合理论证的，因为"如果不考虑公有资产和总国家资产，就难以合理论证任何具体的国债规模"（皮凯蒂《21 世纪资本论》英文版第 566 页）。

近年来，对我国地方政府负债水平的批评也往往根据欧盟的"黄金准则"，即看地方债务与地方 GDP 之比，而不考虑地方公有资产，因此皮凯蒂对欧盟黄金准则的批评对我国也极有启示意义。图 3.3 是皮凯蒂给出的英国国有资产与国债的历史衍化。

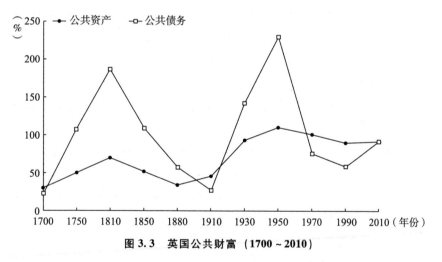

图 3.3 英国公共财富（1700～2010）

从中可以看出英国国资与国债占国民收入的比重大致相当（约94％），净国有资产几乎为零。中国国有资产统计还极不完善，但根据财政部公布的最新数据，国有企业资产总额超过 104 万亿元，负债总额67.1 万亿元，所有者权益 37 万亿元，而 2013 年末国债余额实际数为8.7 万亿。考虑到国有资产高于国有企业资产，可见中国国有净资产远大于零。

最后，我想强调，皮凯蒂明确指出他的工作是沿着米德 1964 年《效率、公平与产权》一书的足迹前进的（皮凯蒂《21 世纪资本论》

英文版第 582 页)。米德是 1977 年诺贝尔经济学奖获得者，他毕生的工作是发展"自由社会主义"理论。自由社会主义学说的一个重点是国资、国债和税收三者的关系。例如 1959 年时，英国的国有资产与社会总资产之比为 42%，很多人据此认为英国国有化程度已经非常高。但米德则认为如果考虑到国有资产减国债后的净国有资产，英国的国有化程度应该为 -14%。[①] 更有趣的是，米德发展了一种最优混合所有制的理论，提出了公有资产与私有资产最佳结合点的形成机制。这一机制从两个相反的方向起作用。一个方向是，"财产所有权的社会化，将给政府带来更大的财产净收入，其结果是降低税率，或者向穷人支付更多的社会保障，同时也并不降低其他形式的政府支出。私人部门的总收入会下降，因为政府的国债利息支出减少了，或者是原来财产获得的利润转给国家了"。

然而，私人部门的净收入却没有变化，因为利率降低了，或者因为社会保障支出增加了。另一个相反的方向是，"随着私有财产数量的增加，（1）税收的激励扭曲作用将加强，（2）从财产权上获得的安全感和独立感将增强。随着私有财产的进一步增长，由于（1）造成的额外损失将变得越来越严重，从（2）中获得的好处却越来越不重要。在某个水平上，可能达到一个（多种所有制并存）最佳点，尽管我可能不能告诉读者它究竟在哪里……我们需要一种组合：财产社会化措施和更平等地分配私人财产的措施"[②]。考虑到中共十八届三中全会将"混合所有制"作为全面深化改革的要点，米德的最优混合所有制的理论将很有借鉴意义。

不过，我还想补充一点，即虽然皮凯蒂说他是沿着米德的足迹前进，但实际上并非完全如此。关键在于，米德对财富（资本）不平等变动趋势的研究不像皮凯蒂那样依赖于 r > g（资本回报率大于经济增长率），而是看较小财富和较大财富的增长率之比：

$$k_1 = \frac{S_1(E_1 + V_1 K_1)}{K_1}$$

$$k_2 = \frac{S_2(E_2 + V_2 K_2)}{K_2}$$

---

① 参见〔英〕米德《效率、公平与产权》，施仁译，北京经济学院出版社，1992，第 55 页。

② 〔英〕米德：《效率、公平与产权》，第 58 页。译文略有改动。

其中，

  K_1 是较小一份个人财产

  K_2 是较大一份个人财产

  E 表示劳动收入或工资

  V 是资本回报率，VK 表示资本收入

  E + VK 表示全部收入

  S 是储蓄率

  如果较小财产的增长率大于较大财产的增长率，财富分配的平等性将增加，反之则财富分配的不平等将增加。米德认为，如果仅仅考虑只挣工资和只获资本收益两种极端情形，那么劳动收入将是一个平等化因素；而资本回报率显然是一个扩大不平等的因素。复杂性在于储蓄率 S 对不同财富增长比率的影响。如果一个人一年只获劳动收入 1000 英镑，而另一个人一年只获 10000 英镑财产的 1000 英镑利息收入，虽然他俩的总收入一样，但前者比后者的储蓄率将更高。[①]

  米德的上述比较两份不同大小财产的增长比率的公式貌似简单，但如果对其中 E、V 和 S 展开分析，则可发展出相当复杂的模型，这已经超出本书评的范围。我在此仅仅想说明，米德的不平等理论不依赖 r > g（资本回报率大于经济增长率），因此不受前述从索洛增长理论对皮凯蒂批评的影响。有趣的是，米德以前的学生，刚卸任不久的英国中央银行行长金（Mervyn King）对皮凯蒂的批评恰恰是，r 在当前西方国家接近零利率的"非常规货币政策"情况下是小于 g 的。

  综上所述，可以肯定，皮凯蒂《21 世纪资本论》提出了重大的收入和财富不平等的发展趋势问题，并为解决这一问题提供了系统的数据基础。尽管他结合"经济增长理论"和"收入分配理论"的"统一场论"看来还不能算成功，《21 世纪资本论》必将促进经济学，特别是"政治经济学"的大发展，正如爱因斯坦的"统一场论"促进了物理学大发展一样。期待此书中译本出版后，也将引起中国学术界和公众的热烈讨论。

---

  ① 参见〔英〕米德《效率、公平与产权》，第 34 页。译文略有改动。

实验主义治理

实验主义治理

〔美〕查尔斯·萨贝尔　〔美〕乔纳森·泽特林 著

蒋余浩　高　臻 译[*]

编者按：中共十八届三中全会提出"全面深化改革的总目标"是"完善和发展中国特色社会主义制度，推进国家治理体系和治理能力的现代化"，提示了研究治理体系与治理能力关系的重要性。如果"治理"仅仅是指"法治"，或再加上"德治"，那么似乎没有必要区分"治理体系"和"治理能力"两个概念。同一个国家在同一种治理体系下不同历史时期的治理能力也有很大差距。治理国家，制度是起根本性、长远性作用的。然而，没有有效的治理能力，再好的制度也难以发挥作用。"实验主义治理"，可以理解为通过在实践中提高治理能力而改革、发展和完善治理体系。

关键词：实验主义治理　治理体系　治理能力

Abstract：A secular rise in volatility and uncertainty is overwhelming the capacities of conventional hierarchical governance and "command-and-control" regulation in many settings. One significant response is the emergence of a novel "experimentalist" form of governance that establishes deliberately provisional frameworks for action and elaborates and revises these in light of recursive review of efforts to implement them in various contexts. Robust examples can be found in the United States

---

* 查尔斯·萨贝尔（Charles Sabel），美国哥伦比亚大学法学院教授；乔纳森·泽特林（Jonathan Zeitlin），威斯康星大学麦迪逊分校政治学教授。蒋余浩，清华大学公共管理学院博士后；高臻，清华大学公共管理学院博士研究生。

and the European Union (EU) in domains ranging from the provision of public services such as education and child welfare to the regulation of food and air-traffic safety, and the protection of data privacy, as well as in transnational regimes regulating, for example, global trade in food and forest products. In this chapter we analyze the properties of these experimentalist governance processes, and show how their distinctive mechanisms for accountability, monitoring, and compliance enforcement respond to the demands of a world in which precise policy goals and methods of achieving them cannot be determined ex ante, but must instead be discovered in the course of problem-solving. By way of conclusion, we contrast conventional and experimentalist governance approaches to the problem of power disparities, and discuss the distinctive way experimentalist reforms aim to overcome such structural barriers to change.

Keywords: Experimentalist Governance　　Governance System Governance Capabilities

跨国的转变：实验主义治理的兴起

在民族国家内外，当代治理品格正经历着深刻的转变。在不同的层次和区域，这些转变都显而易见：从地方公共服务改革，如教育与儿童福利，到食品和林产品的全球贸易治理。这些转变的核心，是被称为"实验主义治理"的兴起，它基于框架性规则制定以及建立在不同环境背景下执行结果循环评估基础上的不断修正。在许多地区都能找到其鲜明实例，包括美国和欧盟。在此，我们分析这些实验主义治理程序的特性。

一般说来，根据其适用于对私人企业的公共规制，还有教育等公共机构的服务供给，实验主义治理是指一种临时性目标设置与修正的递归程序（a recursive process）——这种循环程序基于对在不同环境中推进自身的不同方法展开比较的学习。（我们在此使用"递归"，意思与数学和计算机科学相似，意指一个程序或操作流程的产出成为下一个程序或流程的投入，以至于相同的程序迭代生产出不同的结果。）最发达的实验主义治理形式涉及一个多层级架构，其四项因素在一个迭代递归中相互连接。第一，大框架目标与计量它们成果的标准，是"中央"和"地方"单位的某种联合体根据与有关的市民社会利益相关者协商，临时建立的。这种框架目标的例子，我们将在文中涉及，包括"优良水质""安全食品""完善的教育"以及"永续林业"。第二，地方单位被赋予宽泛的自由裁量权，以自己的方式追求这些目标。在规制体系中，"地方/局部"单位（the "local" units）特指如企业这样的私人行动者或者它们直接应对的地方当局（美国的州规制机构，或欧盟的成员国当局）。在提供服务的组织中，"地方"单位特指一线工作者，如教师、警察、社会福利工作者，或者监督他们的地区机构。但是，第三，作为这个自治权的条件，这些单位必须定期汇报它们的绩效，并且参与同行评估，同其他使用不同方法实现相同目标的单位的成果进行比较。根据同行经验，在它们没有取得良好进展、符合公认指标体系的领域，地位单位被期望展示它们正在实施合适的整改措施。第四亦即最后，目标、标准和决策程序自身根据不断扩展的行动者圈子适时修正，以便应对评估程序反映的问题和可能性，并且，这个递归过程反复适用（Sabel and Zeitlin, 2008, 2010b; Sabel and Simon, forthcoming）。

根据这些原则组织的治理程序可以被认为是美国实用主义如杜威（1927）哲学意义上的实验主义，因为它们系统地激起对于自身假定和实践的怀疑、把所有的方法都当作不完整的和可改正的，并且生产出一种目标与手段之间持续、互惠的反复调适，这种反复调适是基于对推进共同一般性目标的不同方法进行的比较（Sabel, 1994, 2005）。这些治理程序也可以被认为是一种"直接协商的多头政治"（directly deliberative polyarchy, DDP）。它们是"协商的"，因为它们使用讨论来松动固定的实践，并且开放性地重新思考与其相关的团体、机构甚至国家的利益界定。它们是"直接协商"，因为它们使用行动者应对当前问题的不同反应的具体经验，以便为思考产生出新的可能性，而不是保护决策者不受世俗经验的干扰，最好引出他们针对抽象摆出的问题采取有原则、公正的应对。这些治理程序是"多头政治"，因为在中央的、最终决定者缺位的情况下，它们的构成单位必须彼此学习、相互监管，并且相互设立目标（Cohen and Sabel, 1997, 2003; Sabel and Gerstenbery, 2002; Sabel and Zeitlin, 2008, 2010a）。

这种实验主义治理架构已经在欧洲很多政策领域普遍制度化，范围涵盖从能源规制、金融服务、食品和药品安全的竞争、数据保密、环境保护，到司法和内部安保、反歧视及基本权利。它们采用多样的组织形式，包括网络化机构、国家规制委员会、开放型协作方式、一线官员的操作式合作，各种组织方式经常相互联合（Sabel and Zeitlin, 2008, 2010）。相似特征的治理架构也在美国广泛应用，既存在于如教育和儿童福利的公共服务改革，也存在于如核能、食品加工和环境污染等公共卫生和安全风险的规制领域（Sabel and Simon, forthcoming）。

行动中的实验主义治理

规制领域中的实验主义架构通过欧盟"水框架指令"（WFD）及其"统一实施战略"（CIS）得到很好的展现。这项立法在激烈谈判多年后于 2000 年被正式采纳，以一个单一的包括方方面面的规制框架取代了 20 世纪 70 年代制定的七个详细规范的指令（Holder and Scott, 2006; von Homeyer, 2010; Sabel and Zeitlin, 2008: 309 – 310, 315）。该框架指令的目标是，通过相互协调的流域管理提升整个欧盟水资源的质量和可持续性，同时要求成员国到 2015 年实现"优良水质状态"的目标。"优良水质状态"的概念很显然是开放式的，实现这一目标所采取的方法、工具、标准和评估值，都可以在实施过程中发展制定。WFD 也要求成员国"鼓励所有利益方积极参与"实施，特别是参与"流域管理规划……的制定、评估和更新"（Barreira and Kallis, 2003: 102）。

实施程序的核心是一个指令本身没有正式勾画的制度：统一实施战略。经由国家"水利主管"构思而欧洲委员会审批，CIS 被设计用来帮助成员国实施 WFD 并且避免因不相容的措施而产生的管理冲突。它的基本成果是不具拘束力的技术指南文件，如计量水质量和界定"优良"水状态的指标与评价值。这些产品被认为是"通过基于成员国既有实践的实用主义方法加以发展的"，体现最可用的知识，被认为是接受持续评估和更新的"活的文件"。但是，成员国也有责任发布关于实施该指令的常规报告，包括流域管理规划和监控水状态的方案。欧盟委员会转而制作自己的常规性实施报告，包括对欧盟水状态的评估、对成员国规划的调查，以及进一步改进的建议，所有这些都写上 CIS 的记分牌和基准线（Holder and Scott, 2006：229 – 231；von Homeyer, 2010：141 – 144）。

不仅 CIS 的成果，而且它的组织安排，都"被看作临时的，且可根据经验而修正"。CIS 的各种行动更经常直接和间接地注入对于 WFD 的修正中。因此，建立新的"子"指令的立法建议，是通过来自各类 NGO、企业协会，以及国家主管当局和欧盟委员会的代表共同组成的多方利益相关者专家咨询论坛（multi-stakeholder expert advisory fora），本着"开放式协商的精神"，加以发展的。CIS 的指南性文件也可以经欧盟委员会合法授权而获得拘束力，受成员国代表审批的限制——这种审批基于成员国代表在"专家委员会"程序下对 CIS 被授权的规制权力使用的检查（Holder and Scott, 2006：231 – 233；von Homeyer, 2010：144 – 147）。

在欧盟与美国，对私人经济活动的实验主义规制，特别寻求对企业自身实验主义治理程序进行公共监督或者引导它们向新领域发展的途径来发挥作用。这种做法是为了应对在一个波动的、快速变动的世界里"命令－控制"型规制众所周知的失败。在这样的世界里，科层制当局制定的固定规则很快就滞后而无法有效执行，由此产生的规则与实践之间的裂痕，充斥着不断滋长的任意的不作为与自由裁量（waivers and exceptions）。那种替代性的方法是，通过要求企业根据关于在相似环境中安全故障的可用知识，为识别并减轻操作中可能的危害，发展出系统的、可供检查的规划，从而建立和监督企业自己的错误检测与矫正机制（Sabel, 2005；Sabel and Simon, forthcoming）。

一个资料翔实的例子是保障食品安全的 HACCP（Hazard Analysis Critical Control Point，表示危害分析的临界或关键控制点）体系在世界范围内的传播。这些体系取代了基于"戳戳－嗅嗅"式（poke-and-sniff）定期成品检测以保证符合最低卫生标准的传统命令－控制型方法。与之相反，HACCP 是一种程序本位的方法，因为企业被要求，为防范潜在的危害而分析它们整个生产链条、识别污染可能出现的关键点，为控制和降低这种危害制定出可检验的规划、监督规划实施，检测其成效，并且采取救济行动矫正任何性能缺口。公共当局评估这些规划和检测程序的完备性；然后，他们可以要求企业整改以符合最好的生产者建立起的、不断提高着的卫生安全标准，虽然正规的规制安排可能各不相同。日益显著的是，这种规制也超越了个体企业，扩展到要求整个供应链条的全程产品追踪（Zeitlin，2011：7-10；Sabel，2005：138；Sabel and Simon，forthcoming；Henson and Humphrey，2009）。在航空安全系统，或者核能发电规制中，这种危害分析方法经由严密的事件通报系统而加强，这种事件通报系统要求地方行动者通知关于"失控的"续发事件（险些发生的事件，或只因意外才没有引发灾难的意外事件）的系统规制者。然后系统规制者评估该事件，与地方行动者协作以确定其根本原因，警示系统的其他行动者注意调查结果以及对于他们自己运作的潜在影响，并且定期评估针对这些警示的应对措施（Sabel and Simon，forthcoming）。

相似的发展在公共服务供给或者如儿童保护、卫生保健、"特殊"和普通教育、职业培训、心理健康服务、残疾人护理等领域的地方公共物品供给（Noonan et al. 2009），以及经济发展和社区决策中（Simon，2001；Fung，2004）也非常明显。变化的动力是，认识到了服务必须有效满足个体或小团体需求这种私人定制（Sabel et al.，forthcoming）。新制度由此高度强调个性化的规划、普遍的绩效测量，以及收集和传布关于有效实践的信息的努力。

这些新方案的基础是重新定义传统的中央与一线的关系。中央的作用不再只是监督一线合乎已颁布的标准。它有责任提供支持一线工作的基础设施与服务。因此，实验主义学校中委托人的作用就不仅是查教师是否认真地施教，而且要组织教师团队在构思和实施个人学习计划中必须依赖的特殊服务与框架条件——矫正式阅读（remedial reading）、诊断学习困难的测试（testing to diagnose learning difficulties）、团队建设中的培训（coaching in team building）。在儿童福利方面，社会工作者依靠中央来培养和使收养人合格、协助与外部专家签约、调配资源以应对特殊家庭的额外需要或者突发性的全社区范围的问题。

孤独的"街头官僚"（street level bureaucrat）——他在其上司的雷达监控下，在规则执行不力的广阔间隙中，所拥有的那种心照不宣的自由裁量权，自 20 世纪 70 年代以来，一直在组织学文献中游荡，并且限制着决策者的雄心——在这些方兴未艾的实验主义制度中不再出现。通过三种重要的方式，实验主义的设计剥离了产生街头官僚的组织特征。

首先，一线问题的模糊性与复杂性，以及因此而来对灵活应对之策的需求，是公之于众的。社会认识（the social professions）越来越多地把个体问题看作要求跨学科诊断和干预的多重和多样原因的函数。在最受关注的儿童保护服务方案中，社会工作者主要的责任是组织和召集特别包括重要家人、保健医生、儿童和律师、治疗技师，或许还有一位教师在内的团队（Noonan et al., 2009）。在学校，类似的跨学科团队——班级教师、阅读专家、行为治疗技师——为有学习障碍的学生制定计划。团体决策在两个方面提高了问责性：团队成员在不同的同行（a shifting array of peers）的监督下工作，这种同行创造了避免错误并取得良好绩效的无形压力；进一步，集体决策要求说理清晰，而团队成员背景的多样性确保了，在更同质的环境里可能会想当然的事情能够得到解释并且接受检测。

不同于街头及其他科层制的实验主义服务供给的第二个特征，是独特的监督方式。如同实验主义风险规制中的事件通报实践，社会服务监督参与深度的个案监测以便揭示系统问题。但是在意外的干扰引发事件通报的地方，实验主义服务供给的核心监督就成为常规组织行为的一部分。一个特别完善的例子是应用于犹他州及其他许多州儿童福利计划中的"质量服务评估"（QSR）。QSR 从分层随机样本的选择开始。一个二人团队，包括一位机构官员和一位外部评估人，两天检查一个案例，从文件审查开始，进而对儿童、家庭成员、非家庭成员的护理者、职业团队成员以及掌握相关信息的其他人进行访谈。

其次，评估者根据一套关于儿童及其家庭幸福的指标与另一套关于团队建设、做出测评、制定和更新规划，以及执行这些规划的能力的指标，对案例进行定量评分。最初的评分在评估人会议上，然后在评估小组与社会工作者及监管者（已经评估过了后两者的决议）之间的会议上得到提炼。最终报告提出汇总后的得分，并且从特定案例中识别出有启发性的反复出现的问题。

QSR 既是规范解释又是合规性执行的程序。如儿童安全和家庭稳定度这样的机构目标抽象而不确定，QSR 有助于建立能说明其意义的范例和实现它们的程序。儿童福利部中央行政官员的参与，保证了跨地区的一致性。与此相似，QSR 数据计量了绩效并且帮助诊断系统问题。得分可以进行纵向比较，就哪里需要集中整改提出粗略但是有用的指示（Noonan et al. , 2009；Sabel and Simon, forthcoming）。

再次，在实验主义行政过程中相比于在传统治理中，规则与问责之间的关系完全不同。工作人员在他们相信遵守规则可能有负面效果（counterproductive）的地方，经常有不执行规则的自由裁量权。然而，这种自由裁量权受到如下制约：其行为必须是透明的，接受评估，并且如果他的判断得到维护，则推动规则的重新制定以体现新的理解。这些制度挑战街头官僚文献的假定：从机械地遵守规则的僵化性逃离，只能是隐蔽的、特别的基层自由裁量。不同于人们熟悉的规则与鬼鬼祟祟的自由裁量的联合，这些制度依靠可称为"动态"问责的东西，在其中，如果能够合理地说明行为是为了促进组织目标的实现，并且及时了解目前应对相似状况的最佳努力，那么这种行为就是正当的，或者是符合规则的。

如同这些实例表明的，实验主义治理在不同部门和制度环境的发展可以被理解为，对过去 20 年持续滋长的环境波动性与复杂性的普遍应对。其中一些实例直接与全球化相关，如管理横越边界的公共资源（如水）的问题，或者因其通过跨国供应链流动而产生的确保进口食品及其他产品安全的问题。而在另外的案例中，跨国联系仅是故事的一部分，因为还有科技创新日益加快的步伐（已经在很多工业里动摇了"命令－控制"型规制的有效性），或者家庭结构、雇佣模式、人口的多样化（已经在如教育和儿童福利等领域降低了标准化公共服务的有效性）。但是，跨国和国内因素无论如何具体组合，在很多领域，"策略不确定性"的相应增长已经冲击传统科层制管理与委托－代理型治理的能力。一般理解，委托－代理型治理的基础，是对下级符合固定规则和详细指导的监督，通过肯定的与否定的措施——奖金和处罚——加以激励。在一个"委托人"不确定其目标应该是什么、怎样最好地实现这些目标的世界里，他们必须准备好从其"代理人"解决问题的行动中学习。因此，"委托人"不再能够通过把代理人绩效与事先确立的规则相比较的方式来对"代理人"进行问责，因为后者发展新的解决方案越成功，规则被改变的可能性就越大（Sabel，2004，2005；Sabel and Zeitlin，2008：2010a）。

相应地，实验主义不仅与传统科层制治理背道而驰，而且也与其他集中于强化委托－代理关系的当代改革［无论是自上而下，如"新公共管理"（NPM），还是自下而上，如权力下移或"交互式"治理］截然不同。实验主义既非立基于政策理念与行政执行之间显著的分离，如同在传统科层制治理和新公共管理中一样；也非立基于它们在地方社区和公民协商会中的融合，如同在交互式治理中一样（Sabel，2004）。相反，它基于目的与手段之间互惠式的重新定义，这种再定义是通过一个临时目标设置与修正之间迭代反复、多层级递归而实现的，因此赋予结构显著的"网络治理"的流动特征。

通常，实验主义的"动态问责"——它预示着使用中的规则的变化——不仅针对当代策略不确定性的挑战，而且针对民族国家内部自身委托－代理型治理长期存在的正当性赤字（legitimacy deficits），提供可能的有效应对。因为这是现代行政国家公开的秘密：立法机构和法院都未曾成功控制诸如规制和服务供给这样的复杂技术领域中获授权的官僚当局的自由裁量权实践。通过责成行政当局公开论证其规则选择的理由，通过比较同等处境的同行的选择，实验主义治理的动态问责促使所有的新老政治行动者根据比以往更丰富的可行措施的信息，来进行方案的竞赛。以这种方式，实验主义治理程序，虽然其自身本质上并不民主，但对国内政治有一种潜在的民主化改变现状的效果，特别是在欧盟这样的跨国环境中。但是，潜在的参与者是否利用由此创建的可能性，以及如果他们这样做了，可能对公共决策产生什么影响，在经验上和理论上仍是个问题（Sabel and Zeitlin，2008，2010a；Sable and Simon，2004，forthcoming）。

实验主义治理可以被理解为从多样性中学习的机制。它因此特别适合如欧盟这样异质但相互高度依赖的环境。在那里，地方单位面对相似的问题并且能够从彼此处理这些问题的努力中学到很多，即使特定的应对之策很少能直接加以概括。在这个意义上，实验主义把多样性从对整合的障碍转变为推进整合的有利条件。如果说，策略不确定性是实验主义治理的一个前提，那么另一个前提就是权力的多头或多级分配，在这里，没有某个行动者有能力强加他自己偏好的方法而不考虑其他人的意见。因为欧盟不得不在深度的内部多样性和坚固的多头政治约束之下面对与日俱增的策略不确定性，它似乎比其他决策体更快、更坚定地推行实验主义的方法（Sabel and Zeitlin, 2008, 2010a）。

欧盟的实验主义治理并不仅限于欧盟控制力不强，主要制定无拘束力指南、行动规划、计分和建议的政策领域。近期研究显示，早前勾勒的关于框架规则制定与修正的实验主义架构，在欧盟拥有广泛立法权的领域中也发展良好。实例包括能源、电信、金融服务、竞争、数据保密、药品审批、食品安全、环境保护、反歧视权利。在很多这种例子中，欧盟实验主义决策架构有规律地产生对于法律授权的可修正的标准的解释以及最后可以被赋予拘束力的新原则的说明，如同在 WFD 和 CIS 中一样。在另一些例子中，随后的变革可能只影响国家行政部门的行为，而不对欧盟法律框架自身产生作用（Sabel and Zeitlin, 2008, 2010）。

然而，不管怎样，欧盟实验主义治理的动态问责并不只通过道德劝诫或者"点名–批评"来运作。参与其程序以及遵从其结果，通过可以称为改变现状制度（destabilization regimes）的整套装置而得以保障——这样的机制：通过指出当前状态的不可维持同时建议，或者激发当事人建议，合理和更好的替代方法，打破框架规则制定与修正的僵局。其中一些机制直接运作，如欧盟食品安全中，对科学风险评估的不同意见应提出公开论证的要求，或者在新"欧洲竞争网络"中，国家当局挑战个案处理的权利——这种权利横向扩展到该网络的其他成员，纵向扩展到欧盟委员会（Vos, 2010; Dabrowska, 2020; Sabel and Zeitlin, 2010a: 13 - 14）。另有一些改变现状机制，如惩罚性默认状态（the penalty default），则间接起作用。与强制各方当事人协商不同，中央当局创建拒绝这样做的反刺激，通过设置使所有当事方非常难以接受的规则，激发大家去促成一种允许公平、有效监管其相互依赖关系的信息共享制度。在一个标准的规则制定程序只产生如此不可预测的后果因此全然不可取的世界里，生成惩罚性默认状态最简单的方法就是对参与传统的规则制定施加"威胁"（Sabel and Zeitlin, 2008: 305 - 309; Sabel and Simon, forthcoming; Karkkainen, 2006）。一个证据确凿的例子能在欧盟能源决策中找到。在那里，欧盟委员会定期威胁要援用其受委托的规制与竞争法权力，去刺激成员国和私人行动者在框架规则制定程序中协作（Eberlein，2010；Sabel and Zeitlin，2010a：14-16）。

然而，即使在这种改变现行制度、利用官方权威吸引参与者研究新的可能性并且遵从非正式审议结果的地方，它们也不能被比作传统的那种在"科层制阴影"下议价的理念。在那个观念中，当事人比较两种已知因素：正式方案的回报值与共同议价结果的价值。他们选择议价，因为它比正式方案对双方更为有利。但是，在策略不确定性条件下的议价，当事人比较的是两种未知因素。科层制当局不再能够可信地直接发挥规制功能。他们实际上只能承诺"使事情行不通"：惩罚性默认状态是一个不可计算的损失的警告，"作为警告"（*in terrorem*）。受规制的当事人也不能明确计算出通过议价最后实现的回报：如果他们共同的问题处理结果事先能够知道，则他们就不会面对策略不确定性了。很清楚的是，通过相互接触比选择惩罚性默认状态，当事人更能控制自己的命运，也由此更有机会为双方找到可行的方案。综上所述，欧盟治理的实验主义架构不是监督指南意义上的"软法"，这些指南可以被轻易忽视；但也不是源自委托-代理型规则制定的传统"硬法"。

跨国扩展的实验主义

实验主义似乎特别适合跨国领域，在那里，即使理论上也不存在支配一切的政府权威设置共同目标，而地方条件和实践的多样性使得采用和执行统一的固定规则，甚至比在国内环境中更不可能。然而，正是那种使实验主义治理在此条件下具有吸引力的多头政治与多样性，也使跨国制度难以顺利起步。总之，太多有着显著不同视野的参与者，可能难以达成一个有关共同框架目标的最初协议。相反，单个强势的参加者有能力否决其他被建议的方案，即使他不能够强推自己的方案。

一个可能的出路，虽然绝非唯一，是如欧盟（或美国）这样的大参与体，领头扩展实验主义超越其自身疆界，如通过单方面规制跨国供应链作为市场准入的条件。然而，一个明显的危险是，这种单方面扩展将引起其他国家管理相对人的愤恨与反抗，除非在形成其希望满足的标准的过程中，他们有权发出声音。这种单边扩展也有可能改变实验主义自身的性质，由于它切断了从规则实施到规则修正的地方学习的反馈回路。因此，就要求设计某种更进一步的改变现状的机制去打破这种僵局，通过开放这种单方面规制的计划、实现其他国家受影响当事人的共同治理。

在这方面，世界贸易体系的规管措施令人意外地证实为很有用。世界贸易组织（WTO）规则允许成员国为保护公共卫生和环境而限制进口。但是，它们也要求希望限制进口的国家持有这样的理据：确保他们建议的措施是非歧视性的而且与意图的目标相称、考虑相关的国际标准、与其贸易伙伴协商以便对受影响的第三方产生最小的冲击（Weinstein and Charnovitz, 2001；Parker, 2001；Scott, 2004）。这些规管措施，当它们从根本上看来是允许那种扩展时，可以提供潜在的机制，使如欧盟这样的发达国家或地区制定的单边规制计划转变为与发展中国家利益相关者共同治理的系统，即使不是完全的多边实验主义治理。WTO 的这个做法指明了一个更一般的机制运行方向，因为既有的多边机构的规则，虽然自身并非实验主义，却总能够推动实验主义的单边扩展朝向更为互惠的方向。

请看例证，想想欧盟近期关于"森林法实施治理与贸易"（FLEGT）的计划。这个创新性计划目标是打击许多发展中国家的一种特有问题：非法砍伐——它拖低合法采伐木材的价格，削弱全球可持续林业的采用。FLEGT 应对的是西方政府此前处理全球性森林恶化问题（通过谈判形成一个有拘束力的协约，设置单边贸易限制）的失败，以及发展中国家收紧私人林业认证（Cashore et al., 2007）。FLEGT 通过与发展中国家协商达成"自愿合作协议"（VPAs），创设"合法担保"许可制度，力争控制非法伐木的出口。这些许可制度的基础是共同界定的标准、常规监控与绩效评估、第三方证明。地方市民社会利益相关人既参与对"合法采集木材"的界定，又参与监控对它的证明，这两者显然被构想为可相互修正的。欧盟为发展公私行动者的规制能力提供协助。加纳、喀麦隆、刚果（布）和中非共和国等国家已经签订了具有这些实验主义特征的协议，同时，其他一些亚非国家目前正处于谈判过程中（Overdevest, 2009；Brack, 2010；Lawson and MacFaul, 2010；van der Wilk, 2010）。

为加强 FLEGT 的效力并且扩展其地域范围，欧盟制定法律要求所有把木材放在欧洲市场上的商家证明，为确保这些木材为合法采伐，根据整个供应链的全程跟踪，实施了"严格审查"。这种严格审查可用三种可能的方法加以证明：（1）持有 FLEGT VPA 颁发的出口许可证；（2）建立具备全程跟踪、风险评估、风险消减程序的私人风险管理系统；（3）参与一个经过验证的监控方案（基于独立的符合地方森林法的认证）。欧洲委员会，在与各国当局协作中，有责任确定认证监管机构的证明机制是否持续有效，其中也应包括错误救济程序（Official Journal of the European Union，2010）。

欧盟打击非法采伐的措施有可能不仅被 WTO 而且被发展中国家所接受，因为它为它们提供了参与合法担保的共同治理系统的机会，同时给欧洲的进口方设置互惠责任。欧盟的这些计划可能会很有成效地与其他发达国家，包括美国，采取的控制非法采伐类似工作相互影响（后者缺乏某些实验主义的特性），而且同时不断加强私人林业认证许可和对它们的公共审查。同样，这些计划可以被期望对中国——目前世界木材生产最大的贸易商——产生重要影响，中国已经与欧盟和美国签订了打击非法采伐、提升发展中国家可持续林业的双边协作协议（Brack，2009，2010；Lawson and MacFaul，2010；van der Wilk，2010）。

FLEGT 只是实验主义规制通过全球供应链不断延伸的一个例子，其受世界贸易体系规则的管理，可以促进一个包含发达国家和发展中国家的公私行动者的多元合作跨国治理体系的形成。不过，其他路径也是可能的，并且对它们进行比较可能是富有成效的（Zeitlin，2011）。

实验主义与改革的结构性障碍

到目前为止，实验主义很大程度上被表述为对策略不确定性的回应：指这样一种情况，当事人面临紧迫问题，知道他们偏好的问题处理策略失效，因此愿意参与共同的、协商的（潜在地改变偏好）对于可能方案的探索。但是，当然有很多情况，至少一方有能力阻碍改革的当事人已经质疑当前制度的有效性，但不管如何仍要捍卫它，因为既有制度给他（而不是其他人）带来好处，或者，（当直接的收益并不显著时）因为可能的替代方案预示着损害其长期被视为理所当然的生活方

式。在这些案例中，存在着改革的结构性障碍：维持不平等性和支配关
系的特性鲜明的制度（企业招聘政策、学校招生政策、法庭审判实践）
或者普遍信仰（关于哪种人"可靠"或"危险"）。因为这些障碍如此
根深蒂固且渊源久远，它们可能抵制并且最终挫败改革的大多数努力。
20 世纪最后几十年提高教育质量——特别是希望通过有效的教育改革，
来改变学生根据社会和经济背景而预测的教育成果——的失败，就可被
看作这种障碍的最终体现。然而，实验主义改革正证明在一些这样的领
域里最有前途，如教育、儿童福利和反歧视，在那里，结构性障碍似乎
更令人却步。因此，通过结论，我们简要比较传统与实验主义对于根深
蒂固的变革障碍问题的应对。

按照传统观念，最好的应对之策是从一开始就迎头痛击那些障碍。
如果对权威决策者的不同接近程度所明显表现的权力不平衡最终可能抑
制变革，那么，以某种保障平等接近程度的形式出现的权力共享，就成
为改革的首要任务和前提条件。美国的社区组织者已经把这个策略磨炼
成一门技艺：在学校或者维护治安等领域中绘制协作式决策程序的"权
力示意图"去发展社会运动领袖的技能，以及运用娴熟的领导能力从既
有者手中争夺某种程度的控制力（Oakes et al. , 2006）。但是，从劳工
运动以及随后兴起的许多社会运动来看，这种一般性策略很为人熟识。
一定程度上，如一些马克思主义表述的，整体政治和经济控制权分配变
革意义上的革命是任何基本变革的前提条件。

实验主义与许多其他的"后现代"或"后主权主义"观念分享这
样一种假定：决策权与改革的结构性障碍，并非停留在这个或那个科层
制顶端。毋宁，权力关系和其他此种障碍在整个社会中分布，因此在每
个领域里呈现。实验主义属于后现代观念族群的"乐观派"，进一步持
有这样的观点：权威科层制的不受控制，无论显隐，并不表明控制性规
训的无所不在，而是相反，说明局部变革可能有局部的效果，而这种效
果可以水平甚或向上渗透（Kjaer, 2010：ch. 5）。因此，实验主义改革
的重点在于创建局部创新的空间——在动态问责的条件下，授予局部/
地方单位和一线工人决策权——而不是在制度顶层分享正式权力。

不过，在实验主义与传统改革观同权力不平衡及其他结构性障碍的
关系之间的差别，并不如同这种并置显示的那么大。实验主义坦白承

认，由于既有利益，许多行动者会抵制创建局部创新的空间。这就需要惩罚性默认状态以及法院（如在美国教育和儿童福利制度改革的案例中）、立法机构（如在美国要求教育系统采取实验主义改革方案的法律的案例中）或者行政当局（如在前文讨论的欧盟的例子中）设立的其他改变现状的装置了。这里假定了，由于策略不确定性以及对其更新要求的背景识别，当事各方宁愿选择共同研究，即使这导致偏好及与之相伴的习惯行为的改变，而不是徒劳地求助于无人——包括他们以其名义行事的当局——真正控制的外部力量。换言之，这里的假定就是，在产生具体措施的改革过程，而不是构想措施中，结构性障碍能够更好地（也许是，仅能如此）被识别和克服。

可以证实，甚至在通常认为存在变革的根深蒂固的结构性障碍的地方，这种改革仍起作用。美国城市如纽约的教育系统——它要么是通过明确的政治决议，要么是为应对惩罚性默认状态，推行了实验主义改革——大幅提升了贫困学生的学习成果（Kemple，2011）。在芬兰，国家教育系统——使用一个实验主义改革的变体——取得国际联盟排名榜首位的成绩，同时几乎完全排除父母的社会和经济背景对于学生成绩的影响（Sabel et al.，forthcoming）。但是仍然还不能明确，这些成功经验能否进一步普及。而且，即使能够普及，改革的包容性问题仍然存在。儿童福利的实验主义改革经常涉及被关注的儿童——例如，他们作为制定其未来规划的团队的成员甚至领导。但是，教育改革中的父母，或者实验主义规制系统中的公民的作用，还并不清晰。还存在关于立法监督实验主义治理制度的相关问题。

但无论如何，这些都提出了问题而非反对意见。公平地说，实验主义已经在很多社会生活领域创造了合理的改革希望——在这些领域，对变革的社会阻碍确有其根据的忧虑，似乎长期容许着无所事事。

参考文献

Barreira, A., and Kallis, G. 2003. 'The EU Water Framework Directive and Public Participation in Transboundary River Basin Management'. pp. 92 – 103 in *Environmental Information in European Transboundary Water Management*, eds. J. G. Timmerman and S. Langass. London, IWA Publishing.

Brack, D. 2009. 'Combating Illegal Logging: Interaction with WTO Rules'. *Energy,*
Enviroment and Resource Governance Illegal Logging Briefing Paper 2009/01. London:
Chatham House.

—2010. 'Controlling Illegal Logging: Consumer Country Measures'. *Energy, Enviroment*
and Resource Governance Illegal Logging Briefing Paper 2010/01. London: Chatham
House.

Cashore, B., Auld, G., Bernstein, S., and McDermott, C. 2007. 'Can Non-State Gov-
ernance 'Ratchet Up' Global Environmental Standards? Lessons from the Forest Sec-
tor'. *Review of European Community and International Environmental Law* 16: 158 – 172.

Cohen, J. and Sabel, C. F. 1997. 'Directly-deliberative Polyarchy'. *European Law*
Journal 3: 313 – 340.

—2003. 'Sovereignty and Solidarity: EU and US'. pp. 345 – 375 in *Governing Work*
and Welfare in a New Economy: European and American Experiments, eds. J. Zeitlin
and D. M. Trubek. Oxford: Oxford University Press.

Dąbrowska, P. 2010. 'EU Governance of GMOs: Political Struggles and Experimentalist Solu-
tions?'. pp. 174 – 214 in *Experimentalist Governance in the European Union: Towards a*
New Architecture, eds. C. F. Sabel and J. Zeitlin. Oxford: Oxford University Press.

Dewey, J. 1927. *The Public and Its Problems.* New York: Henry Holt.

Eberlein, B. 2010. 'Experimentalist Governance in the European Energy Sector'. pp.
61 – 79 in *Experimentalist Governance in the European Union: Towards a New Architec-
ture*, eds. C. F. Sabel and J. Zeitlin. Oxford: Oxford University Press.

Fung, A, 2004. *Empowered Participation: Reinventing Urban Democracy.* Princeton, NJ:
Princeton University Press.

Gerstenberg, O. and Sabel, C. F. 2002. 'Directly Deliberative Polyarchy: An Institution-
al Ideal for Europe?'. pp. 289 – 331 in *Good Governance in Europe's Integrated Mar-
ket*, eds. C. Joerges and R. Dehousse. Oxford: Oxford University Press, 289 – 341.

Henson, S. and Humphrey, J. 2009. *The Impacts of Private Food Safety Standards on the*
Food Chain and on Public Standard-Setting Processes. Paper prepared for FAO/WHO,
Rome: Codex Alimentarius Commission.

Karkkainen, B. C. 2006. 'Information-Forcing Regulation: Penalty Defaults, Destabiliza-
tion Rights, and New Environmental Governance'. pp. 293 – 322 in *Law and New*
Governance in the EU and the US, eds. G. de Búrca and J. Scott. Oxford: Hart.

Kemple, J. J. 2011. 'Children First and Student Outcomes: 2003 – 2010'. pp. 255 –
291 in *Education Reform in New York City: Ambitious Change in the Nation's Most*

Complex School System. Cambridge, MA: Harvard Education Press.

Kjaer, P. F. 2010. *Between Governing and Governance: On the Origin, Function, and Form of Europe's Post-National Constitution.* Oxford: Hart.

Lawson, S. , and MacFaul, L. 2010. *Illegal Logging and Related Trade: Indicators of the Global Response.* London, Chatham House.

Noonan, K. , Sabel, C. F. , and Simon, W. H. 2009. 'Legal Accountability in the Service-Based Welfare State. *Law & Social Inquiry* 34 (3): 523 – 568.

Oakes, J. , Rogers, J. and Lipton, M. 2006. *Learning Power: Organizing for Education and Justice.* New York: Teacher', s College Press.

Official Journal of the European Union. 2010. 'Regulation (EU) No 995/2010 of the European Parliament and of the Council of 20 October 2010 laying down the obligations of operations who place timber and timber products on the market'. *Official Journal* L 295/23 – 34, 12. 11. 2010.

Overdevest, C. 2009. 'Exporting Experimentalism and the Case of FLEGT'. *Unpublished memo prepared for the project on 'Extending Experimentalist Governance: From the EU to the World?'*. University of Wisconsin-Madison, March 6 – 7.

Parker, R. W. 2001. 'The Case for Environmental Trade Sanctions'. *Widener Law Symposium Journal* 7: 21 – 28.

Sabel, Charles F. 1994. 'Learning by Monitoring: The Institutions of Economic Development'. pp. 137 – 165 in *Handbook of Economic Sociology*, eds. N. Smelser and R. Swedberg. Princeton, NJ: Princeton University Press, and New York: Russell Sage Foundation.

—2004. 'Beyond Principal-Agent Governance Experimentalist Organizations, Learning and Accountability' pp. 173 – 195 in *De Staat van de Democratie. Democratie voorbij de Staat*, eds. E. Engelen and M. Sie Dhian Ho. Amsterdam: Amsterdam University Press.

—2005. 'A Real Time Revolution in Routines'. pp. 106 – 156 in *The Firm as a Collaborative Community*, eds. C. Heckscher and P. S. Adler. Oxford: Oxford University Press, 106 – 156.

—and Simon, William H. 2004. 'Destabilization Rights: How Public Law Litigation Succeeds'. *Harvard Law Review* 117: 1015 – 1101.

—forthcoming. 'Minimalism and Experimentalism in American Public Law'. *Georgetown Law Review.*

Sabel, C. F. , Saxenian, A. , Miettinen, R. , Kristensen, P. H. , and Hautamäki, J. forthcoming. *Individualized Service Provision as the Key to the New Welfare State: Lessons from Special Education in Finland.* Helsinki: SITRA.

Sabel, C. F. , and Zeitlin, J. 2008. 'Learning from Difference: The New Architecture of Experimentalist Governance in the European Union'. *European Law Journal* 14: 271 – 327.

—2010a. 'Learning from Difference: The New Architecture of Experimentalist Governance in the European Union'. pp. 1 – 28 in *Experimentalist Governance in the European Union: Towards a New Architecture*, eds. C. F. Sabel and J. Zeitlin. Oxford: Oxford University Press.

— (eds) 2010b. *Experimentalist Governance in the European Union: Towards a New Architecture.* Oxford, Oxford University Press.

Scott, J. and Holder, J. 2006. 'Law and New Environmental Governance in the European Union'. pp. 211 – 242 in *Law and New Governance in the EU and the US*, eds. G. de Búrca and J. Scott. Oxford: Hart.

Simon, W. H. 2001. *The Community Economic Development Movement: Law, Business, and the New Social Policy.* Stanford: Stanford University Press.

Svetiev, Y. 2010. 'Networked Competition Governance in the EU: Centralization, Decentralization, or Experimentalist Architecture?'. pp. 79 – 120 in *Experimentalist Governance in the European Union: Towards a New Architecture*, eds. C. F. Sabel and J. Zeitlin. Oxford: Oxford University Press.

van der Wilk, N. 2010. 'China and the EU's Normative Approach to Africa: Competitor or Collaborator? A Case Study of Forest Law Enforcement, Governance and Trade (FLEGT)'. Unpublished M. A. thesis, University of Amsterdam.

von Homeyer, I. 2010. 'Emerging Experimentalism in EU Environmental Governance'. pp. 121 – 150 in *Experimentalist Governance in the European Union: Towards a New Architecture*, eds. C. F. Sabel and J. Zeitlin. Oxford: Oxford University Press.

Vos, Ellen. 2010. 'Responding to Catastrophe: Towards a New Architecture for EU Food Safety Regulation?'. pp. 151 – 176 in *Experimentalist Governance in the European Union: Towards a New Architecture*, eds. C. F. Sabel and J. Zeitlin. Oxford: Oxford University Press. .

Weinstein, M. M. , and Charnovitz, S. 2001. 'The Greening of the WTO'. *Foreign Affairs* 80: 147 – 156.

Zeitlin, J. 2011. 'Presidential Address: Pragmatic Transnationalism: Governing across Borders in the Global Economy'. *Socio-Economic Review* 9: 1 – 20.

杜威、民主与民主实验主义

〔美〕查尔斯·萨贝尔 著　刘　岩 译
崔之元 校 *

编者按：实验主义治理是实用主义政治哲学在治理领域的推
进。实用主义是由美国著名哲学家杜威等在 20 世纪初提出的。近
年来，西方分析哲学在数理逻辑似乎走到尽头时又重新回到实用主
义，杜威被重新发现，实用主义也成为西方最前沿的哲学研究。实
用主义哲学与现代中国渊源也很深。从 2010 年开始，华东师范大
学出版社陆续推出了 38 卷之巨的中译《杜威全集》，使中国知识
界兴起了一股 "杜威归来" 的惊叹。早在 20 世纪初年，因胡适的
大力推动，杜威哲学已经开始参与中国思想文化领域的大论战。但
是，胡适对杜威哲学的理解仅局限在 "实验的方法"，即以经验事
实来检验理念的真理性，从中总结出著名的 "大胆假设，小心求
证"，这种工具主义理解庸俗化了杜威的思想。瞿秋白在《实验主
义与革命哲学》中说："中国五四前后，有实验主义出现，实在不
是偶然的。中国宗法社会因受到国际资本主义的侵蚀而动摇，要求
一种新的宇宙观和人生观，才能适应中国所处的新环境——实验主
义哲学，刚刚用它的积极方面来满足这种需要。" 重新全面认识杜
威，尤其是既要认识他关于公众的形成、民主理想的塑造等思想对
于中国社会的重要性，又要注意他在来华访问仅仅 5 天之后就遇到

---

* 查尔斯·萨贝尔，哥伦比亚大学法学院教授。刘岩，在北京从事文化工作；崔之元，
清华大学公共管理学院教授。

的五四运动对于他本人思想的冲击（五四运动强烈吸引杜威，致使
他一再延长访华时间直至 1921 年 7 月），以及更重要的是关注在这
种相互影响之中，充分展现了的杜威哲学最深刻的层面，即"手段
与目的相互转化、相互界定"，这将是"杜威归来"中无法绕开的
重大研究课题。值得指出的是，瞿秋白的"实验主义"可能是比
"实用主义"更好的译法，避免了"实用主义"给人的庸俗和缺乏
理想与价值观的误解。不过，按约定俗成，在此讨论的哲学层面，
依然使用"实用主义"，在治理层面，则使用"实验主义"概念。
哥伦比亚大学查尔斯·萨贝尔教授是"实验主义治理"的代表学
者，他指出杜威的民主思考中存在"自然主义"的局限，并强调，
当治理难题从"无知"转变为不确定性时，强化不同利害相关者
相互沟通学习的机制建设，会对民主理想及其制度设计产生深刻的
影响，可能形成与传统代议制民主（向后问责）不同的"实验主
义民主"（向前问责）。2015 年 5 月 5 日召开的中央全面深化改革
领导小组第十二次会议，提出：在部分区域系统推进全面创新改革
试验，是贯彻落实《中共中央、国务院关于深化体制机制改革加快
实施创新驱动发展战略的若干意见》的重要举措。杜威关于个人与
社会、个人与制度相互促进以便拓展共同处理问题的社会智识的论
述，正可呈现出新的意义。此文中对 2011 年美国"食品安全现代
化法"和奥巴马最新医改方案的"实验主义治理"视角的分析，
也对中国目前相关领域的治理机制改革有重要的启发意义。

关键词：实验主义　实用主义　革命哲学　民主

Abstract：Dewey's approach to the problem of organizing reform of democracy focused on rethinking the ideal of democratic participation, or, backing up a step, the conditions of communication eventually shaping it. He left the design of institutions to advance joint problem solving and individual development to the outcome of this process. To the extent that he had concrete institutional plans they vacillated in focus between the society as a whole and the immediate local community. Democratic experimentalism looks to connect these levels to correct the defects of an exclusive focus on either.

Keywords：Experimentalism　Pragmatism　Philosophy of Revolution Democracy

对于如何组织民主改革的问题，杜威的方法聚焦于重新思考民主参与这一理想，或进一步说，他关注的是最终塑造民主参与理想的那些相互沟通的条件。他把推动共同解决问题和促进个人发展的制度设计留给了这个过程的结果。就杜威已有的具体制度方案而言，其关注点在作为整体的社会与直接接触的地方社区之间摇摆。"民主实验主义"则着眼于把这两个层面相互连接，以纠正排他性地集中于其中任一层面的缺陷。

一　引介

杜威不朽的成就在于他提供了一个有关个人和社会相互构成的引人注目的解释，他们共同斗争拓展知识的极限，以应对那些他们认为已经熟知的事物带给他们的措手不及的困境，并且建立起作为自治形式的民主理想，以此在每一个新环境下，提供最大可能范围的解决问题的社会智识，以及作为其条件和成果的丰富的个性。杜威同意马克思有关生产具有社会性而且对这种社会性的否定将造成自我的扭曲的观点；他与罗尔斯一样，承认拥有完整而独立人性的公民是政治秩序首要且最基本的约束。然而，他有一种意识，认为技术世界在道德和政治上具有可塑性——生产组织既影响政治，又同样深刻地受制于政治。他对于民主制下的个人的恰当理解是马克思不熟悉的。他从个人与社会鲜活的互动关系中所得出的有生产性的智性理解也是罗尔斯所不知的。在当今不确定的世界上，生产过程中的创新与个体生命过程和性别角色的变化相互颠覆对方，确保社会团结的传统形式丧失了，传统的代议制民主看起来更像是这些变化过程的制度牺牲品，而不是有效的公众应对工具。此时此刻，坚定的民主派应该从杜威那里汲取养分。

然而，当触及制度设计方面的问题时——关于具体规定可以如何组织不同领域的行动以推进共同解决问题和个体发展——除了有限的并且最终具有争议的关于学校的意见以外，杜威已然明显地触怒了他最忠实的拥趸和亲密的读者①，因他近乎不置一词。他在这些问题上的沉默是一种令人费解的双重缺失。

第一，杜威著作中总体上缺乏关于什么可以被称作实验主义制度的讨论（仅在争论中偶尔谈到）。没有人比杜威更能理解，通过把注意力集中在对于（习惯性）预期的破坏上，习惯或者积累演变成默示的预设的经验，使行动更有力量；没有人比他更理解，习惯同样可以固化为常规，使默示的预设无法被修正，并且将我们困在单一的经验之中，如果我们不试图在事件中充分地审视它们。杜威也强调个体与制度之间彼此依赖，一旦其中一方受阻也会波及另一方。因而制度和个人或同时变化或都不变化。鉴于此，他并未提出如下的问题令人感到困惑不已，即如何设计制度以减少组织性习惯凝结为限制性常规的概率，抑或可以检测并"打破"那已然构成障碍的常规。

第二，更为具体也更常引起注意的缺失在于民主制度设计本身的讨论，即关于适用于现今环境下能促进个人充分发展的民主理想的公共选择制度。杜威是彻底的"试错论者"（fallibilist）。他认为典范的研究——在实验室里——是一个向错误学习、持续自我校正的过程。而他在实验室之外所推进的那种联合探索或社会研究，假如有什么不同，则是更容易犯错误也更需要校正。总体而言，他坚持目的与手段的相互转化——就好比在艺术中，绘画行为变成了画面——或换一种说法，理论或第一性的原理在应用它们的过程中不可避免地被重新界定。他一般性的观点对于民主制度来说尤其真实；他经常出现的论点之一是，服务于民主制度的手段及其最直接的目的必须随环境的改变而重新反思。马背上的经验主义（horseback empiricism）足以证明他在这一点上是正确的。19 世纪美国民主的制度，受小所有者的理念而形成（即使不是以此为前提），与 20 世纪 20 年代大公司和大团体构成的规模生产、大众消费型社会，是完全不适应的。法西斯主义的兴

---

① 韦斯特布鲁克（Robert B. Westbrook）如此概述杜威后期民主思想："那么，就其最好的一面，我们可以说杜威在 1939 年一些开创性的民主思考所表露的思想建立在对杰弗逊民主思想复兴、重构的前景基础上。"见韦斯特布鲁克给 2005 年 3 月 22 日于里海大学人文中心召开的"Creativity：Raw and Cooked"研讨会提交的"Creative Democracy-The Task Before Us"一文。

起充分说明民主也可能做出或有助于恐怖的选择。新政的官僚制、集权化倾向令杜威感到困扰，表明他区分了民主授权的决策与服务于其民主理想的组织决策。在背景中（但并非在思考之外），是关于司法至上以及通常认为塑造了进步主义时代的人民与宪法之间关系的持久公共争议。① 然而，尽管对民主的理解和捍卫与对它的设计的问题，在事实上并且根据他自己的思考来看，似乎是密不可分的，但是，杜威关于民主制度避免错误和纠正错误的机制几乎不置一词，这与他对一般性制度设计的态度一样。

民主实验主义解决的是实用主义制度设计方面的问题，以及相关的制定和完善民主决策的问题。其目的当然不是试图说明杜威可能或应当如何表态，也不是责备他保持沉默。毋宁说，民主实验主义的目的是建立一种概念上更可辨识、经验上更可行的民主形式，它在今天必定是处于变动不居的经验丛，这与杜威将适应性的社会学习与最大可能的个体发展相连接的愿望是一致的，并且（综合了信念与经验的评估）主张，不能通过市场机制来实现这些最高的公众目标。②

实用主义制度设计是比尔·西蒙（Bill Simon）这次讨论会论文的主题。他指出，私人企业和公共部门机构各自独立地设计出这样的机制，通过这些机制，操作中出现的微小故障触发大范围而且并非不可行的持续探查，以寻找故障的深层或根源性动因，并且在需要时，对引发故障的程序，甚或对启动这些程序的目的，加以完善。一个具有代表性的私人部门范例是丰田生产系统，在那里，取消库存（转向即时生产）意味着故障必须被修理，而且一经出现就需即刻根除——所以，如果要持续生产，改进必须同时进行。在许多监管领域中，触发机制（trigge-

---

① 最为显著和重要的是 1912 年的选举，由宪法保守派塔夫脱（William Howard Taft）和今日可视为人民宪政拥护者的罗斯福（Theodore Roosevelt）与威尔逊（Woodrow Wilson）——支持总统作为国家指令的承担者和内阁政府的领导之间的竞争。见 William E. Forbath, "Popular Constitutionalism in the Twentieth Century: Reflections on the Dark Side, the Progressive Constitutional Imagination, and the Enduring Role of Judicial Finality in Popular Understandings of Popular Self-Rule," *Chicago-Kent Law Review* 81 (2006): 967 – 990。

② Charles F. Sabel, William H. Simon, "Minimalism and Experimentalism in the Administrative State," *Georgetown Law Journal* 100 (2011): 54 – 93.

ring mechanism）是一个登记、分析和排除迫近的事故因素的系统——（航空管制或核能发电中的）事故的发生不会是偶然因素，因此，恰当地理解，是揭示了一些别的方式无法观察到的导致灾难的条件。在公共服务的提供方面，比如儿童福利，触发机制可能是一种对于随机抽取的案例进行的研究性评估，目的在于确定那些诊断和回应特殊困难家庭问题的常规方法能否带来良好的效果，而如果不能，那么，就得弄清楚问题的成因是决策过程中的局部缺陷，还是机构的常规方法或目的缺陷。在所有这些案例中，遵守规则包括了思考规则是否需要被完善，以及如何完善的责任。在这些新型的制度条件下，负责任的行动意味着要么是遵循规则，要么是提供一个令人信服的解释（通过相似情况下的同行经验来评估）：为什么局部的甚或是总体上的偏离规定的实践是合理的。"问责"是向前看的，也是向后看的。

本文把实用主义制度的讨论延伸到民主的一些核心组织上。中心主题在于，就实用主义制度总体而言，现有条件下的创新扩大了参与和实验的可能性，因而可以兼容并且很好地推进实现杜威民主理想某种变体的机会。许多也许是大多数这样的创新，在当前对立宪民主制法律和行政国家的理解下都是被允许的。在许多案例中，它们的发展并未干扰国家的日常运作，至少部分出于这一原因，它们不为公众所见。而本文主张——并且经验也初步显示——随着越来越多的既有和新的政治行动者被吸引去利用实验主义创新所提供的机会，关于这种创新合法性和可允许之范围的讨论将越发活跃，这将为公众重新阐释民主理想以及创建更具包容性的参与制度奠定基础。

与此相反，对于如何组织民主改革的问题，杜威自己的方法聚焦于重新思考民主参与这一理想，或者再进一步，他关注的是最终塑造民主参与理想的那些相互沟通的条件。他长期倾向于把制度设计留给这个过程的结果。就杜威已有的具体制度设计而言，其关注点在一个作为整体的社会与直接接触的地方社区之间摇摆。民主实验主义着眼于把这两个层面相互连接，以纠正排他性地集中于其中任一层面的缺陷。杜威的思想在这里将作为以上表述的陪衬，而这正是我们接下来要讨论的。

二 杜威的两种民主思想

杜威有两种关于在他所处的时代条件下民主如何能成为民主的思想。第一，如在《公众及其问题》所简单陈述的那样，把民主的出现与在公共和私人行为之间任何有效区分的出现联系在一起。私人交往，以双边合同形式为典型，经常会给不是缔约方的其他人带来各种后果，即我们所说的外部性。当那些受制于外部性的当事人开始意识到，他们共同为他们不能加以控制的决定所左右，则形成了一个公众（a pub-lic），而且在此形成的过程中，授权国家的官方机构来规范影响公众的交往。民主是最鼓励也最能顺应公众形成的政府形式，并且与此同时，允许自然倾向于相互依存和相互交往的交易者的社会，审慎地反思其自发的交流状态，并以共同利益为导引，形成一个有自我意识的共同体。20 世纪 20 年代的公众问题，如上所述，不得不面对大公司和组织的兴起以及它们对地方社区和交流方式的破坏性影响，而在杜威看来，正是这些社区和交流允许美国的民主自建立时起就单纯地起着作用，没有实质性的自我反思和修正的需求。补救的办法是把实验室的研究文化引向更广阔的社会，支持并鼓励创造新的交流形式（这种交流形式不似大众传媒和广告联合主导的 20 世纪 20 年代那样被商业主义与哗众取宠所影响），以及用新的不易被腐化的艺术形式传达经验。如果成功的话，这一补救措施将会把全国性的、有着高度相互依存性但却缺乏自我反思的20 世纪 20 年代的伟大社会，转变成新型的、在道德上对民主必然性有着自我理解的"伟大"共同体，因为民主"就是共同体生活自身的理念"。①

但是，当涉及改革的提议时，杜威却提出异议。"就民主的政治形式提出改进性建议"是没有意义的，除非交流和提升集体自我认知的问题已获得解决——而一旦如此，改革的提议就是多余的：

---

① John Dewey（约翰·杜威），*The Public and Its Problems*（《公众及其问题》）（雅典：O-hio University Press，1954），p. 148.

首要的困难……是发现一种方法，通过这种方法，分散流动和多样性的公众可以因此认识自身，即界定并表达自身的利益。这一发现是任何（政治）机器根本性变革必要的先决条件。[1]

使改革成为一个相互间自我发现（几乎是自动进行的）过程的结果，这一点与杜威思想中的进化或"自然主义"维度相共鸣：根据目的和手段相互决定的思想，选择的标准（这里是指民主的思想）与被选择的单位（这里是指与该思想相对应的民主制度，以及在此制度中的公民的角色）共同演进，以至于公众及其要求的改革只能同时出现。实际上，杜威把普选权、多数决原则和其他典型的代议制民主制度描述为"在时代前行的方向上演进，演进中的每一个波段就当时的动力而言，都是对先前习惯和法律的微小背离。这些制度装置服务于某个目的；但是，该目的是满足因过于迫切而无法忽略的现实需求，而非推进民主理想"[2]。

然而，既然说民主或者其他社会组织形式是进化的理性狡计的产物，人类主观能动（human agency）的可能性当然被削弱了，而且个人与社会之间相互丰富交流的思想也让位于有机体和环境的盲目竞争及调整。至于这种进化论所描述的民主发展，即便不谈其悖论式的败坏，其实是杜威自己在其他场合嘲笑过的糟糕的历史学。关于在法国和美国建立共和国，或者 19 世纪在英国及其他西欧国家拓展普选权的争论，都专注于把特定的民主理念与特定的民众特性联结起来以便在当时产生良性循环的制度安排，即那些鼓励民众美德发展、限制他们的恶起作用，从而反过来使他们更强大的制度。这些争论并不是出现在白纸上；由于其前提假设的错误以及目标的模棱两可，它们所造就的宏大设计被实现时非常不完美。但是，它们对于塑造以后的发展特别是人民此后将在其中讨论宪法的环境，有着深远的影响。它们可类比为杜威不断援引的那些关键时刻在公共生活中的对应物——在那些关键时刻里，个人（他们努力推测新颖的、合乎目的的意义）既利用又改变习惯，甚至随着它们为他们的个性添加新的解释。考虑到其著作的整体性，杜威本可以很好

---

① John Dewey, *The Public and Its Problems*, p. 140.

② John Dewey, *The Public and Its Problems*, p. 145.

地援引此项类比，并且从它提示出的有利角度研究 20 世纪 20 年代的民主状况。他没有那么做。但是，他允许或邀请我们思考《公众及其问题》的局限性这一事实，说明《公众及其问题》更多是对一些智力挑战的间接回避，而非其民主思想之基本缺陷的表达。①

十余年后，杜威的写作回归到民主改革的主题上来，以一种相关却又不同的方法，更为细碎却更为生动。在《公众及其问题》里作为工业化牺牲品的地方社区，现在变成保留着的遗迹或再生的元素。杜威接受了杰弗逊所长期关注的以财产的大致平均分配作为一个共和国的物质基础，以及他后期把弗吉尼亚乡村切分为小的共和国的思想：以新英格兰镇会议为模型，与特定行政权力进行协商的议事会，依赖公民的直接参与并拒绝代表制。②

----

① 我的好友昂格尔（Roberto Unger）并不宽容。他注意到美国实用主义和杜威在两种思想之间摇摆。前者可以由此理解："人之能动性的图景被抛入一个受限制但却开放着的世界——一个任何事物都可能成为其他事物，没有什么是永恒不变的世界。"这正是杜威所谓"建立假设的能力是人得以从包围的并加诸身心的存在堙没中抽身的途径。这是抽象的积极阶段"［John Dewey, *The Quest for Certainty*（New York：Minton Balch and Co.，1929），p. 165］。第二种思想得之于魔术师学徒故事中：工具的制造者，加工工具以应对他的环境，使"他自己变成工具：一种自然选择的工具"［Roberto Mangabeira Unger, *The Self Awakened*：*Pragmatism Unbound*（Cambridge, Mass.：Harvard University Press, 2007），p. 35］。张力存在，偶尔失效。然而任何有关人类行为的理论——假设有限的预见，因而结果难料——和任何个别的真正的新异或创造的可能性——因而也是发展所必要的轨迹——可被理解为具有进化的一面：既非完全出于高阶决策的目的也不是它的远见卓识，而是由目的和限制的循环相互作用所构成。安塞尔（Ansell）关于杜威的讨论涉及西蒙的科学设计（在本册）表明在一些场景中（比如，复杂产品的发展改变了我们以为什么是装置所能做的和我们对它们的期待）进化的角度带来启发性。

② 关于杜威的小资产阶级激进主义和大众主义，参见 "Creative Democracy-The Task Still Before Us，" 2005；Sheila Greeve Davaney and Warren G. Frisina, eds.，*The Pragmatic Century*：*Conversations with Richard J. Bernstein*（Albany：State University of New York Press，2006），p. 191。也可参见 Westbrook, *John Dewey and American Democracy*（Ithaca, N. Y.：Cornell University Press, 1991），pp. 315，454 - 458；Robert Westbrook, *Democratic Hope*：*Pragmatism and the Politics of Truth*（Ithaca, N. Y.：Cornell University Press，2005），第 3 和第 5 章；Robert Johnston, *The Radical Middle Class*：*Populist Democracy and the Question of Capitalism in Progressive Era Portland*，Oregon（Princeton, N. J.：Princeton UniversityPress, 2003）；Kevin Mattson, *Creating a Democratic Public*：*The Struggle for Urban Participatory Democracy during the Progressive Era*（University Park：Pennsylvania State University Press, 1998）。

要理解杜威对于这种地方社群主义（communitarian localism）的亲和力——"地方是最终的普遍之物，近似于全部的存在"，他在《公共及其问题》中写道①——联系如下内容来思考，是有益的：共和主义的大众主义政治理念以及青年时代的生产者合作社运动对他的思想和政治形成所产生的持续影响，特别是他对亨利·乔治（Henry George）这位最激进的小所有者及其地方社群捍卫者的推崇。乔治的主要改革建议是对涨价的地租征税。明确把杜威吸引到这个理念的，是乔治对于地价上涨的深刻社会根源的思考。乔治把这种上涨看作一个过程，借此过程，个人理性甚至计算决策导向一种更为复杂的社会分工，并且伴随更为密切的合作以及随之出现的社区。在乔治的寓言里，第一位定居者确定选择的是这块土地而非邻近那块，他吸引了相继而来寻求伙伴关系和友邻帮助的拓荒者；日益增长的聚集吸引来工匠和商人；这个商贸中心最后变成一座城市和学府；思想得以积累并发生冲突。这里，在乔治的《进步与贫困》的篇章里，杜威或许发现了一个比他有关商业与社区联合发展的视野中其他任何东西更关键的启示：把政治嵌入合作的文化之中从而形成民主。② 这种朝向地方的吸引力，以及在它之上重建民主的欲望，是杜威的这样一种信念的基石：抽象与具体、手段和目的，必须放在一起以实现有用的目标。地方行为——产生自直接经验，并产生出直接的地方影响和校正性回应——似乎是维持这一联系的必要条件。

如果杜威能前瞻于时代，他毫无疑问将会被已通过杰弗逊与乔治思想的混合物而启发其想象的那种"社区共和国"（ward republics）的光明——虽然不无灰霾——的未来所震惊。在 20 世纪 70、80 年代，技术和市场相互激发的变化开始瓦解长期投资所需要的稳定性，而这种长期投资在杜威的时代曾是主导国内和世界经济的那种大批量生产企业的基础。在丰田生产系统之外的一种经济组织——这些经济组织在应对波动

① John Dewey, *The Public and Its Problems*, p. 215.

② "这只是（亨利·乔治）思想的一个糟糕的版本，所主张的仅是增长的人口在土地价值的生产资料和货币增量物质效果的一面……亨利·乔治更强调的事实是社区生活提升了地价，因为它打开了'一种广泛的、丰富的和更具多样性的生活'，因此随社区所带来的对分享更高价值的欲求是提升地价的关键因素。"［Henry George and John Dewey, *Significant Paragraphs from Henry George's Progress and Poverty*（Garden City, N. Y.：Doubleday, Doran and Co., 1928），p. 2］

的过程中以足够强的适应性保持发展——是工业集群或工业园区：中小型企业在地域上紧凑聚合，相互竞争并合作。工业区的每一家企业专门从事某一生产的特定阶段或某一生产过程，企业组群以快速变化的组合方式合作生产成品。在这些工业区里的交易是面对面进行的，个人和专业声望互相影响。由于企业一般都比较小，而且从技术工人到小企业主到实业家的变化（反之亦然）是流动的、开放的，财产和机会的分配大致平等。因为公司太小，无法提供他们自己需要的很多服务，如职业培训或完善的质量控制，他们必须进行合作以组织联合供给。经济影响到政治。工业区的行动者往往把他们自己的历史理解为遵循了乔治的寓言：从随机形成的邻里关系向经济动力结成的社区过渡。在 20 世纪八九十年代，出现了一股追溯这些工业园区历史的写作热潮，这些园区曾经因杜威时代出现的大批量生产企业而衰落，之后又复苏并向新兴地区扩散——而且，这类写作明确地称颂工业园区，其目的是想说明自耕农共和国（the yeoman republic）理想在现代条件下的可能性。①

　　然而，假如说工业区的成就为杜威后期的民主制度思考提供了实体基础和合理性，那么，它们当前的变化则提醒人们注意杜威思想及其所由发端的那种广阔思想传统的显著局限性。同样的内向性，即在工业区内利用非正式的、个人化的交易以及默会知识（tacit knowledge）的积累——社区内彼此熟悉、知根知底、相互学习——导致难以与外人紧密合作、难以向外人学习。在其传统领域内（瓷砖、打包机、液压系统等等），工业区是高度灵活的；但是，随着一些跨国企业对产业集群联盟发挥作用——传递跨领域的知识以开发创新的产品和流程，并且领导园区内企业"打破"地方僵化去做同样的事——工业区作为一种组织形式已面临压力。"地方性"仍然是必要的应对条件；但却并不充分——跨地区学习的能力也是必要的。共和传统和杜威的杰弗逊时刻的"自然"社区，以忽略第二个必要条件为代价鼓励第一个必要条件，这看起来更像是限制而非建设。今天的根本问题看来不是如何保护或培育自然社区的创生，而是如何鼓励默会知识的充分阐明，以便促成"陌生人"之间的交易和

---

① 一个例证参见 Michael Piore and Charles Sabel, *The Second Industrial Divide: Possibilities for Prosperity* (New York: Basic Books, 1986)。

相互学习，同时并不因此而破坏鼓励非正式交易和互惠的那些条件。①

的确，杜威不可能从这样的角度前瞻问题。但在杜威的时代很明显，并且对杜威来说无疑也是这样，对于他视为给社区和民主带来灾难性后果的经济与政治集权而言，别无替代方案可予以信赖，除非这种方案指导多样性的公众或地方社区如何联合起来协调其有规则的交往，解决其分歧并从中学习以及在必要时一致行动。对这个问题的意识在其著作中一闪而过②；但却没有实质地处理，甚至在讨论社区共和制（即民主复兴的基础，但这从来不是其全部）时也如此。

除了注意时下跨越社区边界联合学习的重要性之外，近来对工业园区内默会知识的限度以及这种默会知识得以产生的各类工艺和专业经验的认识，表明从杜威时代迄今私人和公共解决问题的语境已发生了深刻的变化。《公众及其问题》很好地触及的"新政"难题，是如何管理相互依赖度和国家化程度日益增加的经济体所产生的各种后果。典型的解决方案是设立一种专业化的行政机构，它依次与代表特定领域主要行动者的贸易联合会协商：国会认识到关于特定领域知识的有限性而把相关的立法权委派给此行政机构；而此机构，比国会更了解情况，认识到自己权能所限，在法规的具体制定过程中与那些对相关事宜有着直接——地方性——经验的代表进行协商。这里的预设是，权威的决策者一定程度上不了解具体语境，但有一些——基层的——行动者的确了解他们所做的事情，并且能够被吸收到如何为了公共利益来管理这个事情的讨论中。换言之，难题即是官方的无知（official ignorance）；补救方法是一种允许立法机构及其委派机构咨询知情的当事人的制度安排。这个方法对杜威来说可能过于集权了——更像是把地方行动者卷入国家规划而非自下而上重组国家政策——或

---

① 顺便说，我自己对实用主义和杜威的兴趣可以追溯到这个阶段。同时吸引我的是两种意见：在任何行为和交往中不可避免的对默认知识的依赖，以及当我们的期望遭受令人不安的失望时，驱使我们从想当然之中澄清我们实际需要的那种能力。

② John Dewey, *The Public and Its Problems*, p. 47；John Dewey, *Freedom and Culture*（New York：G. P. Putnam's Sons, 1939），p. 160. 因为组织范围的巨大延伸——这由消除空间的距离和绵延的时间跨度而产生——很明显政治的或非政治的社会机构不能被局限于地方。但是在不能直接接触的广泛活动之间进行和谐调整的问题，以及社区之间交流的密集活动，是一个朝向民主的紧迫过程。

者，过于依赖上层的代表而不是贯彻直接民主；然而，就他对外部性威胁的严肃讨论的广泛意义而言，这确是对公众问题的正当的（也是数十年来行之有效的）解决方案。①

今天，难题已从无知转化为不确定性（uncertainty）。决策的障碍不是作为局外人的官员无法知悉作为局内人的行动者所了解的东西。而是所有的人——包括局内人与局外人——都没有能力可靠地辨识他们有可能面对的风险和机会。实事求是地说，技术和市场日益增长的变动性意味着，相对于明天的问题来说昨天的应对方案是一项糟糕的指导；而对当前问题的最好应对或许会产生自迄今被认为不相关的领域。因此，问题的解决离不开寻求新的潜在合作者：在工业区把龙头企业对新的陌生的合作伙伴开放就是一个例子。公众对普遍存在的不确定性的应对因而不是更广泛地咨询局内人，而是联合研究潜在风险以及如何化解它们的组织。回想一下，这正是公私部门内实用主义制度所做的工作：基于没有任何行动者对于问题领域有充分而全知的认识，从而预见到哪里会出事故、哪里有改进的机会的假设，这些制度自然而然地利用操作中既存的或者有意诱发的故障来启动对于事故和机会的探查。

---

① 在杜威的思想与新政相关制度的连接点上——为寻求协调国家来协同承认地方特殊的持续重要性而建立，绕不开卢埃林（Karl Llewellyn）。卢埃林是"统一商法典"（UCC）的主要作者，UCC是协调不同州涉及销售和其他商业交易方面的法律的核心手段之一。在卢埃林的概念里面，应用于审判个别案例所统一提供的代码将参照地方贸易的习俗和实践的语境来解释，后者形成了达成协议的当事人的预期。通过与由非专业的商贸专家组成的商业陪审团以他们职业的方式合作，"多面手"的法院得以通达这种地方性的知识。卢埃林对这样一种语境化必要性的强调部分源于他自己丰富的商法经验，但也来自他对德国浪漫主义商法思想的精通（尤其是19世纪中叶重商主义者Levin Goldschmidt的著作），其时地方社区的交易是人们道德的真实表达。参见James Q. Whitman，"Note, Commercial Law and the American Volk: A Note on Llewellyn's German Sources for the Uniform Commercial Code," *Yale Law Journal* 97（1987）：156-175。当最终采用UCC时，包括了无数的提示供法院裁决案件中的当事人是否行为"合理"，或遵循"贸易的惯例"或"习俗"；但是本将有助于这种裁决的商人陪审团机构却被取消了，并且未提供替代机制。杜威似乎没怎么注意到卢埃林。但是卢埃林却看到了他和杜威的观点之间重要的相似性，这让他非常钦佩杜威。据卢埃林的传记作者所言，卢埃林的个人野心，如他在一次讲座中所坦白的，是在法学界扮演杜威的角色，试图为法律做那位伟人在其他学科所做的到的。能够以卢埃林的最为愉悦的赞美莫过于把他和杜威相类比。参见William Twining, *Karl Llewellyn and the Realist Movement*（London：Weidenfeld & Nicolson, 1973），p. 423, n. 130。

不确定性产生的更为深远的影响，是其已经瓦解了在杜威时代美国所出现的基于福利国家的转型。在一个相对稳定的世界里，预见阶段性的破坏是可能的，如劳动力市场季节性或周期性的萧条，并且通过保险来应对它们。然而，不确定性导致非精算性风险的兴起：损害的发生率如此难以预期，以至于不可能给处于风险中的人们创造保险池（an in-surance pool）以便足额赔偿其所遭受的损失。结构性失业的增长说明了这个问题。当产品设计或生产技术的根本性转变使整个商业和技术门类发生永久性的贬值（转向计算机控制的制造业，它取代了装配线上的工人和机器），失业保险就自身而言并非通向相同工种另一职位的桥梁，或者实际上不能通往任何工作。对这些条件的有效回应，是去帮助个体和家庭加强抵御风险的自我保险，使他们能获取克服他们面临的故障所需要的能力，即确保能胜任一个宽泛而变动着的职位范围的一般技能。社会团结较少集中依赖于提供不同形式的社会保险，而是更多依赖于提供培育能力的服务：培养对于那些能增强自力更生的技能的吸收。①

展望未来，至少一种持续增长的不确定性有助于那个与杜威旨趣相投的世界的兴起——在这个世界里，相互学习和共同解决问题催生民主共同体。一方面，杜威所强调的，教育作为每一代人打破社会习惯的掌控、使每个人获得其所需的技能以便全面参与民主生活以及生产性活动的机会，看起来就像是对那种即将出现的以赋能或服务为本位的福利国家的预言（尽管必须说明，杜威在此领域也不注意制度设计问题，忽略了帮助学生改革他们带进课室里来的多种多样、有时形成阻碍的习惯的问题，并且因此很少谈及教师和课程对于支持那些并非"自觉"的学习者的作用等基础性问题）。② 更一般地讲，不确定性激发了杜威视作

---

① 参见 Anton Hemerijck, *Changing Welfare States* (Oxford: Oxford University Press, 2013); Charles Sabel, A. Saxenian, R. Miettinen, P. Kristensen, and J. Hautamäki, "Individual-ized Service Provision in the New Welfare State: Lessons from Special Education in Finland," 为 Sitra, Helsinki (2010) 所准备的报告。

② 置于 20 世纪早期教育改革潮流的背景下对杜威学校概念的一种敏锐的赞赏和批判，可参见 Richard Hofstadter, *Anti-Intellectualism in American Life* (New York: Alfred Knopf, 1963), pp. 359 - 388。讨论杜威与改革运动潮流的关系，参见 James Liebman, and Charles Sabel, "A Public Laboratory Dewey Barely Imagined: The Emerging Model of School Governance and Legal Reform," *NYU Journal of Law and Social Change* 23 (2003): 183 - 304。

我们创造力和社会性最高表达的那样一种研究。这世界越不确定——越难理解它会成为什么——依赖于那些从世界必须沿某条道路发展的复杂假设而得出的人们熟悉的策略（并且与自利的理念有关）的风险和潜在代价就越大；相反，认真对待与同样处于茫然中的其他人一起探讨下一步如何走的可能性，只要他们分享他们所习得的东西并分担研究的成本，是更为谨慎的选择。最初，向他人建议些临时性的步骤，即可以通过个人及联合加以改变的理念；这些变化着的可能性理念推动重新思考共同利益以及如何实现它们、与谁一起努力。加大的不确定性并不抹杀所有旧的敌意，也不纠正权力分配中的每一处不公。但是，它的确提升了行动者们超越其熟悉的朋友和盟友圈子，寻找新的合作者和合作方式的倾向。

在政治作为一个整体的层面上，从杜威到我们时代的转变，治理的中心问题从官员无知到组织合作研究以应对不确定性，转变的长期影响是立法及其执行形式的变化，这促进了实用主义制度在规制和公共服务领域的建立。这一变化给传统的行政国家提供了日益增加的实验主义特征的模型；它或许开创了一条从代议制民主向实验主义民主过渡的通道，后者更贴近杜威的理想，并且——因为它总体承诺以地方性的学习为基础并据此重新评价这个承诺——相比无所不包的大共同体或他所设想的孤立的社区共和国，更适合于我们所处时代的条件。

三 实验主义立法与执法

转向实验主义立法，要求在制定法律的方式及其适用于不同处境的方式上出现相应的变化：法律必须鼓励在适用于具体处境时得到调适和完善；具体处境中的调适必须能够探查出局部的错误，允许跨处境学习，并且经深思熟虑，在必要时能促进对原初立法的再审视。

同时满足两个方面的要求产生了一个实验主义立法与行政的独特流程。首先是在最高管辖层面上（例如，美国的联邦层面，欧盟的联盟层面）就大框架目的达成一致。较低阶的行动者（美国的各州，欧盟的成员国，或者通过其地方单位行事或与州或成员国行政部门协作的行政机构）被授予自由裁量权以他们自己的方式推进该一般性目的，但是必须符合这样的条件：他们要么自行要么更典型地与其他人一起，解释那些细化目的的标准并且为测度目的的实现程度而设置准则。然后，较低层面的经验以这些标准和准则为背景定期进行比照，而这些执行经验的比较把注意力集中在要么改变较低阶行政部门，要么完善那些标准和准则，或法律框架或所有这一切的综合物的需求上。

遵循这个流程，最高层面的管辖权或中央不需要假装对情况有着它不可能有的全景式的把握，而较低阶的行动者也不需要局限地依赖于他们直接接触的、必定是十分有限的经验。每个独特位置的局限性根据来自其他位置的视角得到矫正，打破了那种人们熟悉的在构思计划的委托人与执行这些计划的代理人之间的区分，以及同样为人们所熟识的，至高无上的立法机构"立法"、尽最大可能忠实于立法者意图的行政官僚体系执法的理念。在这里，问责既是向前看的也是向后追溯的。

随着问责范围的扩大，相应扩大了积极参与立法的可能性并且增加了立法的透明程度。低阶官员被期望的，以及在所有层面上，规制所针对的私人行动者们被期望的，并不是遵从于某个法规，而是积极研究更优化的解决方案，并且在研究的结论要求时对该法规做出批评。服务供给方面也发生相同的变化。积极探究替代性方案，并且总结它们的功效，这使公众、立法者和法院有可能了解到的不仅有行政机构做出的决定这一例，而且有它的决定是否如同面对相似问题的同行们的经验所展现给它的，经过了充分的研究和协商。或者换一种方式，制定标准、依据它总结经验并且评价其效用的义务，意味着当政府使它自己透明化时，变得可视的东西有可能是有用的信息。

尽管美国和欧盟之间有明显的差别——前者是典型的现代联邦制国家，拥有通过宪法宣称自己就是国体的人民；而欧盟，从形式上说，是一个特殊的实体，既无人民也无真正意义的宪法，综合了民主国家联盟和跨政府组织的特征，以条约为基础跨越国界行动——但两者颁布的法律和创设行政制度都带有明显的实验主义特征。欧盟的进展或许更加显著，部分是由于这个监管体制的建设远远晚于美国，因而其应对不确定性的需求也更突出；部分是由于欧盟"多元政治"（polyarchic）的性质——单一主权者的缺失——经常能在立法中界定共同的、核心的需求，而且给予诸成员国自治权，以与它们各自的法律和制度传统最相兼容的方法来实现这些目的。①

欧盟发展的一个例证是最近对化学品注册、评估、授权和限制的监管（REACH）。② 这项监管建立了一套框架，以确保欧盟商业活动中所有的化学品或合成产品被使用的途径符合人类健康与环境的高水平保护，否则禁止使用；它创设了欧洲化学机构（ECHA）以执行它制定的条款。REACH 总的范围是处理先前监管上的失败。由于经常使企业依赖于已经获得审批的产品变得更划算，而不承担注册新产品的成本，现有的新化学品商业化的要求削弱了创新的激励。REACH 取消了这种负激励（this disincentive），通过要求所有生产的或进口到欧盟的化学产品重量达一吨以上都要在 ECHA 注册，包括旧的（在过渡时期）或新的（当它们进入市场）。致癌物质、持续性有毒污染物、生物累积性有毒化学物质和其他"高危物质"，它们可能给人类健康和自然环境带来不可逆转的影响，要受到额外的仔细审查并且仅在能够说明它们的利益要大于它们带来的风险时才获得授权。不符合这项检测的化学品被限制使用。对于申请注册的公司来说，创造注册或授权所需的信息的负担是很清楚的——"无信息，则无市场"是监管的至理名言——而且，寻求批准同样或相关化学品的企业被强烈地鼓励组成联合，以推动相互监督并且降低用动物来测试化学品的需求。ECHA 的风险评估与社会经济分析委员会对申请授权进行评估；欧盟委员会（联盟的行政实体）必须接受这些评估意见，或者在不同意时必须提出合理的理由。成员国在ECHA 管理委员会及其下属委员会里有其代表。更为根本的是，认识到所有 ECHA 决议背景的不确定性，成员国被授予额外的权利，即如果它们的主管部门——特别是该国环保部或机构——发现证据支持，它们可以改变 ECHA 的判断。要点在于，"中央的"决策是临时性的，服从以地方经验为基础所做的纠正。对这项管理制度运行的最新评议发现：

---

① Charles Sabel and Jonathan Zeitlin, "Learning from Difference: The New Architecture of Experimentalist Governance in the EU," in *Experimentalist Governance in the European Union: Towards a New Architecture*, eds., Charles Sabel and Jonathan Zeitlin (Oxford: Oxford University Press, 2010), p. 10.

② *Regulation* 1907/2006.

在每个转折点上，如果涉及何种物质要接受评估（以接受最严格的审查——cfs——作为注册的条件），何种物质需要授权或限制，或涉及贴标签的要求时，成员国……有权，根据确定的程序，用它们的地方性知识去说服作为整体的欧盟修订适用的规范，以确保这项管理制度的框架目的有效实现。[1]

类似的实验主义安排也在环保的其他领域出现（如水质量），还有其他如通信、能源、医药授权、职业健康与安全、食品、海事、铁路安全、私人数据、促进就业、社会包容和养老金改革，以及最近的卫生保健、反歧视政策和竞争政策等规制领域。[2] 通过要求联盟的机构要么遵从它们所咨询的科学委员会的建议，要么就它们不采纳的建议提出相应的理由，欧盟新出现的这种行政法鼓励与这些机构所依赖的那种灵活的执行过程进行广泛的意见交换。[3]

这种行政上的灵活性，以及它所依赖的向前看的问责形式的条件，初看起来似乎并不适合美国。我们宪政的传统，受洛克影响，高度地怀疑立法机构的任何授权，包括针对行政机关的授权；而我们的行政法传统，部分是由于这个原因，欣喜于制定事后问责制；更一般的情况是，当执行机构的判断被看作处理立法指令中的模糊之处或填补立法指令的空白时得到遵从，但当这些决议被认为违背了明确的立法意图时则断然被抛弃。然而，形式上对创新的阻碍经常被夸大。国会可以也的确颁布了创设带有 REACH 及欧盟其他此类措施特征的实用主义制度的立法。或许更为重要的是，州与联邦政府之间在执法方面日益广泛的协作，可能正在鼓励着实验主义的传播，甚至在国会未曾意识到这一点的领域。

---

① Joanne Scott, "REACH: Combining Harmonization and Dynamism in the Regulation of Chemicals," in *Environmental Protection: European Law and Governance* (Oxford: Oxford University Press, 2009), p. 58.

② Charles Sabel and Jonathan Zeitlin, eds., *Experimentalist Governance in the European Union: Towards a New Architecture* (Oxford: Oxford University Press, 2010).

③ Case T-13/99, Pfizer Animal Health SA v. Council of the European Union [2002] ECR II-03305. 讨论见 Marjolein B. A. van Asselt and Ellen Vos, "The Precautionary Principle and the Uncertainty Paradox," *Journal of Risk Research* 9 (2006): 313 - 336。

通过立法行动创设实验主义制度的一个范例，是 2011 年的"食品安全现代化法案"（FSMA）。[①] FSMA 要求食品加工企业应获得食品药品监督管理局（FDA，又译食品和药物管理局）许可。为获取许可，企业必须提交一个"危害分析和风险预防控制计划"，以充分识别生产过程的关键点，即那些病原体可能污染食品的环节，明确规定消除风险的措施以及证明措施有效的测试，并且提供测试结果以说明风险确实是在控制之下。[②] 根据 FSMA，"所有者，操作者和管理者将监督（计划）控制的有效性"，而且食品药品监督管理局定期检查已获许可的企业，当已获许可的企业业绩相比同行有所降低时，检查的频率随之增大。在企业监督措施察觉风险管理失灵的地方，FSMA 要求以纠正行为来排除诱因。企业必须每隔三年"重新分析"它的计划——如果情况变化能"在此前被识别的危害中产生出新的危害或者显著的风险"，则这个时隔会更短——以证明该计划"仍规定着企业的原材料、生产条件和过程以及新的和正出现的威胁"[③]。另外，FSMA 指令食品药品监督管理局，与其他机构合作，建立可就食源性疾病的爆发追踪到其食品供应链来源的国内和国际系统。如同 REACH 一样，当前的判断服从于持续的挑战和修订，这种挑战和修订是以在地方与较高层阶之间的信息往复交流而获取的新经验为动力的。

另一个间接的，但或许最终是更为重要的在美国推进实验主义的路径，是通过常见的国会决议授权州政府执行它制定的法律，即合作联邦主义。合作联邦主义并不是新事物。新政的社会保障法案就是与州政府联合施行的；许多联邦福利方案和 1965 年医疗补助法案（向低收入人群提供健康保险）也部分由它衍生而来。20 世纪 70 年代清洁空气与水法案以及 1996 年电信法案也是主要依靠联邦 - 州之间的

---

① Public Law 111 - 353，124 Stat. 3855. 关于 FSMS 的缘起和总体操作，参见 Sabel and Simon，"Minimalism and Experimentalism，" pp. 54 - 93。关于法案细节提供，参见 William H. Simon，"Democracy and Organization: The Further Reformation of American Administrative Law，" 2012 年 8 月。

② FSMA sec. 103（h）.

③ FSMA，sec. s 103d，e，i.

不同方式的合作。①

如杜威所期望的，经验表明，在许多这些案例中法律的执行重塑了立法的原意：州和联邦官员间的权利对话帮助确立了引发 20 世纪 60 年代福利权利要求的预期；州政府放弃联邦福利项目，促成州主导的 1996 年联邦福利改革的实验。通过自己的行政行为以及退出联邦项目，各州扩展了它们医疗援助项目的覆盖面，从援助一些"值得可怜的人"转变为所有低于某个特定收入水平的公民的权利。

但是，最近两则重要的立法更能说明，促成可能的联合探究是国会意图的目的而非偶然结果。第一个是 2010 年初等与中等教育法案的重新获批，广为人知的名称是"不让一个孩子掉队法案"（NCLB）。作为获取联邦补贴的条件，法案要求各州设立它们自己的"恰当教育"的标准，并创建治理机制，包括一套方法，以测试其对语文和数学方面的熟悉程度，以确保所有的学生，包括各种少数族裔和其他群体，能够取得年度的进步以缩小他们的教育成绩与州的目标之间的差距。②

第二个是 2010 年的"患者保护与平价医疗法案"（ACA）——自 20 世纪 60 年代以来最重要的国家社会权利立法。ACA 和它建立的体制在许多方面是直接而明确的联邦－州之间合作的产物。国会授权卫生和公共服务部（HHS）与国家保险委员协会（NAIC）进行磋商起草特定的管理制度，NAIC 是州保险官员的协会。NAIC 也为各州制定了许多实施 ACA 的模范法典和管理制度；它已经直接为 HHS 本身起草了联邦法规。ACA 也多次邀请各州（以及私人团体）在不同领域开展试点项目。

---

① 对合作联邦主义的讨论直接引自 Abbe R. Gluck, "Intrastatutory Federalism and Statutory Interpretation: State Implementation of Federal Law in Health Reform and Beyond," *Yale Law Journal* 121 (2011): 534 – 622. 对合作制的另一种理解认为，由议会同时授权给联邦行政当局与各州，通过这种设计作为首要的立法者可以使它的两个代理机关相互作用，并通过支持最为忠实的机构的行为最终保证其意图得以执行。参见 Roderick M. Hills, Jr., "Federalism in Constitutional Context," *Harvard Journal of Law and Public Policy* 22 (1998): 181 – 196, 以及一种相近观点 Jessica BulmanPozen, "Federalism as a Safeguard of the Separation of Powers," *Columbia Law Review* 112, no. 3 (2012): 460 – 503 (有些案例符合这一模式，但如下面紧接着要描述的，一种合作联邦主义经常产生的结果使得包括国会在内没有一方从一开始清楚地预期)。

② 有关讨论和更多参考，见 James Liebman and Charles Sabel, "A Public Laboratory Dewey Barely Imagined: The Emerging Model of School Governance and Legal Reform," *NYU Journal of Law and Social Change* 23 (2003): 183 – 304。

更为根本的，对那些满足联邦标准的——改革架构的核心——方便个人和小型保险企业交易的健康保险交易所的设计，主要被留给了各州。"州的灵活性"这个短语，在与交易所章程相关的法规中出现了六次。进一步，依据 HHS 建议的管理制度，州可以（但不经常）要求联邦政府提供交易所操作方面的行政支持。但是假如特定的州选择不建立交易平台（根据 ACA 它们有权这样做），联邦政府将给它们提供交易平台。[①] 总之，在以前利用合作联邦主义使各州成为自己的——用布兰戴斯的说法——发明实验室的领域，近期在法规中对它的细化，旨在引导和支持实验。

但这个进一步的发展还不是创造一种实验主义的体制。在国家层面上，所缺失的根据地方经验在不同层面持续完善规范的"蓄水池"（continuous pooling）。这种机制的缺失在 NCLB（"不让一个孩子掉队法案"）的经验中尤其明显。除了其他方面的缺陷，测量（州所界定的）恰当程度的要求的缺失，以及对它的合理补救的缺失，在该法律实施的早期阶段变得很明显。但还没有现成的方法去纠正它们。国会的僵持已经阻碍了在重新审批过程中对该法律的修正，教育部现在通过允许不适用现有法律中的许多条款，只要提出申请的州说明它们打算如何满足各项新治理要求，在实际上与各州协作来完善立法。[②]

即使合作联邦主义最近的扩展没有直接建立实验主义制度，它们仍然促进了其形成和传播。在一些领域如儿童福利、教育或少年犯罪（例如，给不适宜实行拘役的少数族裔青少年创造替代方案），许多改革的努力在城市或州级层面上，常常吸引国家的专业群体充分注意到适应性制度（adaptive institutions）的优势，建立起实用主义制度。纽约和巴尔的摩是其中的两个例子。巴尔的摩前市长马丁·奥马利，目前担任马里兰州州长，正在该州各机构内部及机构之间推动细化的实验主义制度。自上而下的朝向合作联邦主义的运动与自下而上的实用主义制度的建设之

---

① 参见 Robert Pear, "U. S. Officials Brace for Huge Task of Operating Health Exchanges," *New York Times*, 5 August 2012。

② 对弃权的一个深刻的评议，参见 Jeremy Ayers and Isabel Owen, "No Child Left Behind Waivers: Promising Ideas from Second Round Applications," *Center for American Progress*, 27 July 2012。

间的互动，看起来可能为连接国家、州和地方层面的实用主义体制的出现创造了许多的环境。

关于实验主义在美国传播的可能路径，还有许多可以说的，尤其是为公共管理组织开创了创新空间的法院的作用。[①] 但是，讨论到目前为止足以证明在这个方向上有实质的改变——立法与执法的创新表明了，在解决公共问题中把地方和较高层面的学习连接起来是可行的；对于更多的创新并无明显的障碍，并且有理由认为发展的动力正朝着这个方向。

四 存在一种民主实验主义的政治吗？

正是所有这些变化能与我们当前明显无力的代议制民主相协调，必定会产生这样的一个疑问：朝向实验主义的发展或转变，最终是否可能至多在公共制度绩效中取得进步，而同时保持当前那种受阻碍的政治参与形式，以及那种大众政治与制度改革之间不稳定的关系大体不变。我们走了那么远仅是为了找到类似杜威的限度？从重构公众和使得这种重构成为可能的新的交流形式的需要出发，他从来没有设法预示一种新生民主的制度设计，这种民主可能引导交流促进新的公众的形成，并且使公众参与到寻求表达其方案和认同的方法之中。而民主实验主义起步于这种制度设计，但却没有就与新的民主公众及其得以构成的交流形式有关的那些制度说多少，便停了下来。难道路径虽不同，终点却同样远离共同的目标？

一种部分的回应是，这种实验主义所传递的政府效能的提升，以及它更多承诺的东西，不容小觑。政府能做什么的理念被它实际做了什么而有力地塑造着，什么是可能的参与的理念被实际提供的参与机会所塑造。在这个意义上，（一些）学校和其他服务部门发挥作用，（一些）监管制度在商业流下保护我们的安全，创造了政府部门的支持者——不是杜威已经思考过的受外部性影响的公众，而是大群的获益者，成员更

---

① Charles Sabel and William Simon, "Destabilization Rights: How Public Law Litigation Succeeds," *Harvard Law Review* 17 (February 2004): 1015 – 1101.

广泛地散布于社会，拥有关于政府能如何行事、能如何影响效能以影响大众的政治理解的确信。这不会是第一回。进步时代美国农业部创设的农业推广服务和其他类似制度产生过这种影响。[①]

更为普遍的是，在北欧福利国家，提供总体较高质量的儿童看护、健康、职业培训和其他服务的成功制度，明显地归功于公民意愿承受与之相联的高税负。[②] 我们也不需要担心为支持有前途的可能性而实施的动员经常会被"集体行动的逻辑"所挫败——依据集体行动的理论，少数有权者极大地从特定政策中获益，因而有动力投入竞选来实现这些政策，常常会战胜多数但分散的其他替代性政策的受益者，后者的每个人享有总回报的太小份额，以至于没有动机为他们的利益而组织起来。[③] 最近的研究表明，当"分散"的行动者意识到切身的利益存在风险——例如20世纪60年代开始担忧自己及家人陷入劣质产品和环境恶化的危险中的消费者或者今天担心子女在差学校的未来堪忧的父母[④]——动员是迅速而有效的。

问责制也一样：实用主义机构中对路径方法的持续评议，涉及与之相关的个人和企业，相当于以新的前瞻式的问责制进行持续培训。它创建习惯，那些习惯形成了对于立法监督机构，以及民选官员所需的能力的选民期待。关于哪种信息与判断相关的期待塑造着以交流的形式呈现出的价值观；这种评价反过来塑造使杜威意义上和更广泛意义的公众知情的信息流。

但这个回应是有局限的。如果推得太远，这个回答将靠近于杜威思想中谬误的、"自然主义"的特征。相比于杜威关于外部性，交流的形式和新公众的产生的相联系的主张对他所处时代的适用性而言，我们关

---

① D. P. Carpenter, *The Forging of Bureaucratic Autonomy: Reputations, Networks, and Policy Innovation in Executive Agencies, 1862 – 1928* (Princeton, N. J.: Princeton University Press, 2001).

② Charles Sabel et al., "Individualized Service Provision in the New Welfare State," 2010.

③ Mancur Olson, The Logic of Collective Action: Public Goods and the Theory of Groups (Cambridge, Mass.: Harvard University Press, 1965).

④ 进一步的讨论，参见 Gunnar Trumbull, *Strength in Numbers: The Political Power of Weak Interests* (Cambridge, Mass.: Harvard University Press, 2012)。学校改革的动员，参见 Liebman and Sabel, "A Public Laboratory," 2003。

于不确定性产生实用主义制度与实验主义立法和执法，而后者又诱生新的参与和问责形式的理念，或许更接近我们所处的时代环境。但是，很容易想象我们不确定时代的其他后果，那些后果将进一步败坏而非推动我们所拥有的民主；即使有利于实验主义后果的环境条件比重更大，但是，"自然主义"地依赖于那些环境条件来保障其结果，将是对作为自决（个体与社会）的民主理念的否定，即便当我们宣布民主胜利之时。

然而或许，甚至考虑到这种局限，我们也并没有绕进圈里。实用主义制度与民主实验主义的立法和行政的出现，证实广泛分布的、日益增长的创新能力已应对了失败的常规，而杜威将这种创新能力视为人性固有特征和民主信仰的根基。这些创新并不是自给自足的，它们也没有自发产生出一种民主政治。但或许它们引导我们的思想和想象，它们的成功和局限都激发关于进一步行动的争论和冲突。或许它们建立了与我们时代的当前现实足够多的联系，从而实现了杜威认为推动实践想象为我们的理想服务所需的必要条件。"理想"，他写道，"表达可能性；但它们是真正的理想仅在于它们是现在运动的可能性。想象可以把理想从它们的拘囿中释放出来，并投射为对存在事务的导引。但是，如果不和现实性相关，理想就只是梦中的图景。"① 民主实验主义恰恰在这个意义上是真正的民主理想。

---

① John Dewey, *Individualism Old and New* (1930; Amherst, N. Y.: Prometheus Books, 1999), p. 72.

实用主义合作：控制机会主义的同时增进知识

〔美〕苏珊·赫尔普　　〔美〕约翰·P. 麦克杜菲
〔美〕查尔斯·萨贝尔 著　贾　开译[*]

编者按：本文挑战以科斯为代表的交易成本经济学的企业边界理论。科斯认为，为避免由不可完全契约化投资（即专用性投资）而引起的"挟持"问题的潜在威胁，垂直整合是必需的。但事实上，在逐步降低与其供应商垂直整合程度的同时，企业正在不断加强其与供应商的合作关系。包括标杆管理、同步工程、误差检测与矫正系统在内的实用主义机制，正在使"从监督中学习"和"开放创新"成为可能——在无须清晰界定产权的情况下，企业及其合作者仍然能够对联合生产流程及产品性能进行持续改进。有趣的是，科斯本人参加了本文发表的会议，谦虚地承认了从通用汽车公司收购其供应商的经典案例出发对他的批评。

关键词：交易成本　企业理论　合作　机会主义

Abstract：This paper challenges the traditional Coase Firm Theory which argues that integration is necessary to avoid the potential for hold-ups created when non-contractible investments are made. Actually, this paper observes that firm are strengthening their cooperation with suppliers

---

* 苏珊·赫尔普（Susan Helper），美国凯斯西储大学（Case Western Reserve University）维德罕管理学院教授；约翰·麦克杜菲（John P. MacDuffie）宾夕法尼亚大学沃顿商学院教授；查尔斯·萨贝尔（Charles Sabel），哥伦比亚大学法学院教授。贾开，清华大学公共管理学院博士研究生。

while at the same time reducing the extent of vertical integration. Pragmatist mechanisms such as benchmarking, simultaneous engineering and "root cause" error detection and correction make possible "learning by monitoring" —a relationship in which firms and their collaborators continuously improve their joint products and processes without the need for a clear division of property rights. What makes it interesting is that Coase modestly accept the criticism of this paper on his former explanation to the classical case of GM integration.

Keywords: Transaction Cost　Firm Theory　Cooperation　Opportunism

一　关于合作的可能性 （或不可能性）：两种企业理论的观点

当前被广泛注意到的一种现象是，即使企业在减少与其供应商垂直整合的程度，但它们同时也在不断增强与其供应商之间的合作关系。这个观察与传统的标准企业理论并不一致。标准企业理论认为，当不可契约化投资导致 "挟持" 问题时，垂直整合是必需的。本文将从该悖论出发 （以当前及历史上的例证作为说明），描述一种非标准 （non - standard） 的企业形式——一种既不同于市场，也不同于科层制度的新的组织形式，这种新的组织形式能够在解决机会主义问题的同时促进学习与创新。通过对这两种不同的企业观点的对比，我们将对非标准企业的行为做出理论解释，探索对于这类企业的治理方式，同时对建立在合同或产权基础上的传统企业组织模式的局限性进行讨论。

标准企业理论对亚当·斯密所勾勒出的并于 19 世纪晚期发生于美国的大批量生产中得以实现的，同时也为钱德勒 （1962, 1977） 及其他学者渲染为历史的经济活动进行了程式化的归纳提炼。它的核心观点是，企业之所以存在，或者更一般意义上的产权之所以存在，是为了降低合作过程中的机会主义风险，而这种风险是不能通过市场交换得到有效克服的。当潜在的合作者拥有对于联合生产来说不可缺少的资源的控制力时，他将索取高于初始合同规定的额外回报；或者他可以利用对方的无知来为自己谋利，尽管未尽义务却宣称已尽义务并要求相关回报。

这些问题是普遍存在的，因为人类天生是无知和狡诈的，人们倾向于利用其他人的无知来获取利益。合作双方仅仅在讨论潜在收益的分配时才会交换信息，从而玷污了他们所宣称内容的真实性和达成的协议。财产的所有权（被理解为决定财产用途的排他性权利，除非有其他合同的规定）以及与此相关的其他合法权利，为限制阻碍合作的敲诈与欺骗行为提供了有力的工具（Holmstrom，1997）[①]。为考察这些工具的内容以及它们在什么时候、怎样起作用，企业间的合作行为是不可或缺的研究对象。此处的关键是学习如何理解在利己主义把自己绊倒并剥夺各方从合作中所能获得的收益的情形下的经济行为。

非标准理论缘起于对人类天生喜好交际的行为以及个体之间和群体之间互惠规范准则的发展的观察。经验上的启示来自两个方面：第一，（由日本启迪的）始于 20 世纪 70 年代中期、成功挑战了在汽车及其他工业领域里的大批量生产者统治地位的实行"精益生产方式"的企业；第二，（主要基于美国经验）同时期在计算机、半导体、软件和生物技术领域发展并商业化了整个新技术的高科技创业公司。非标准理论的核心主题是人们对所有事物的理解，从最简单的口头交流到最复杂的合作开发项目，本质上都是含糊和临时的。对话者（或合作者）必须相互合作以实现相互理解并以此作为自我理解的条件。从这个角度来看，因对世界的无知而造成的相互的脆弱性，使得人类在本能上选择为获得知识而合作的可能性至少与选择相互欺诈是一样的。一旦合作探索未知模糊性的进程开始，合作者从未来共同工作中的收益是如此之大以至于足够维系合作。

各种类型的企业受到多种来源的启迪，已经发展出通过合作来学习的潜在能力并将其程式化。企业通过引进我们称为"实用主义机制"（pragmatic mechanism）的规则来达到这一目的，这些规则揭示了在当

---

① 本文中，"标准企业理论"指代威廉姆森、哈特和钱德勒（Chandler，1977；Williamson，1985；Hart，1995）笔下的企业理论。对于交易成本和产权理论的区别请参见温斯顿（Whinston，1997）。对于所有权之外的激励机制请参见贝克尔（Baker）及其合作者霍姆斯特洛姆和罗伯特（Baker et al.，1998；Holmstrom and Roberts，1999）。

前的产品设计、生产流程和组织边界方面的模糊性。同时，这些企业也精心协调了合作的个人、集体和组织针对这些模糊性的联合探究（joint inquiry）。在联合探究的过程中，每一个合作者都可以持续监督其他相关者的业绩，同时向他们学习并获取可以在其他合作项目中重新运用的技能。我们将整个过程称为"从监督中学习"，并以此作为实用主义合作的基础。①

从非标准理论的视角来看，这些实用主义机制的意义在于它们放松了普遍存在的无知所带来的制约；而在标准理论看来，这种制约被视为人类天性的构成部分。企业之所以在非标准理论所描述的世界里存在，是因为必须确定合作者的观点、期望和责任，以便通过合作不断地评估和修正。② 从任何一个合作过程中得到的探索性结果都可以作为必要的调整基础以促进下一次合作的完成。换句话说，对于共同项目所使用的资产的事实上的剩余控制权将成为审议下一个项目的基础，而不是无益的争论的来源。

非标准企业运用一系列实用主义机制以创造并维持两个或两个以上企业能够持续合作的环境条件。这些机制，包括标杆管理、同步工程和误差检测与矫正系统（下文将进一步阐述）在内，有助于克服合作过程中的有限理性和机会主义问题。

本文的余下部分，我们将以汽车工业为例来说明，合作开发现在成为（事实上在历史上的关键时期已经成为）企业组织和行为的核心理念，远胜过标准理论的观点。接下来我们将更深入地阐述并发展非标准理论的观点，以求解释当前合作者之间渐进式创新（incremental innovation）[以及累积后的突破式创新（cumulatively radical innovation）] 的制度化进程。我们的研究项目既是实证性的（我们证实很多的企业采用了这些实践方式），同时也是规范性的（我们认为更多的企业应该采用

---

① 组织理论的相关文献请参见舍恩（Schon）和韦克（Weick）（Schon, 1973；Weick, 1995）。在本文看来，实用主义视角的哲学基础来源于洪堡（von Humbolt）、黑格尔（Hegel）和杜威（Dewey），其人类学基础来源于莫斯（Mauss）及早期布迪厄（Bourdieu, 1977）。同时，也请参见萨贝尔关于"从监督中学习"（learning by monitoring）的早期研究（Sabel, 1995）。

② 请参见科格特（Kogut）和赞德（Zander），他们更多地将企业视为引导合作行为开展的身份观念（Kogut & Zander, 1996）。

这些实践方式）。

本文的论证过程将分为以下四个部分。第二部分将介绍汽车工业里合作式供应商关系的三个例子，包括（1）从战后一直延续到 20 世纪 90 年代早期的日本经联社；（2）当前流行于美国的分包潮流；以及（3）对 1926 年通用汽车公司（General Motors，GM）并购费希尔车身公司（Fisher Body）案例的重新解读。最后一个例子经常被引述为现代垂直整合企业出现的范例。

选择汽车工业是出于多方面的原因。第一，我们可以有效利用手中掌握的广泛的对于该产业的实地调查结果以对合作过程及实用主义机制进行更细致的描述①。第二，自科斯发表《企业的本质》（Coase，1937）以来，汽车工业领域里"生产或者购买"（make or buy）的决策始终是关于企业本质和边界问题的经验与理论研究中常被引证的章句。我们相信，在一个垂直整合被视为应对合作风险的典型反映的领域，如果能够找到合作的证据，那将是非常有说服力的。

本文的第三部分将通过比较标准和非标准两种类型的企业，更系统地阐述合作创新的机制。对于每一种类型的企业来说，我们重点强调劳动分工和治理结构是如何与某一认知可能性的概念联系在一起的，也就是关于问题的背景和我们应当采取什么行动来解决问题之间关系的独特观点。换句话说，我们将对比熟悉的（或标准的）企业和不熟悉的（非标准的）企业，前者按日常惯例运作并将其视为实现效率的条件，后者在不损害日常惯例作为行动指导之下系统性地质疑日常惯例并以此实现效率。

同时，本部分更详细地讨论实用主义合作的优势。我们从效率和有效性两方面来度量合作的制度安排，特别是对有用的知识生产方面；我们也将描述这样的制度安排是如何通过将合作各方的利益协调一致而控制合作中的机会主义行为。

在本文第四部分，我们将讨论动态性（dynamics）的问题：实用主义合作是如何开始的，而什么因素又会阻碍它的发生和进行？我们认为，那种宣称非标准企业仅仅在一定制度环境（如日本的制造业）下

---

① 本文主要依赖于（受篇幅所限在此未全部列出）汽车工业领域学者们的广泛研究（例如，Sabel，1995；MacDuffie，1997；MacDuffie & Helper，1999）。

才有可能兴盛的观点是有失偏颇的。因为当前我们已经看到，非标准企业的形式已经扩散到多种环境中。本部分中我们总结道，应用实用主义机制，遵守纪律的联合探究过程在事实上催生了维持并滋养合作所必需的条件，即使所处的制度环境看上去会有发生"挟持"（hold - ups）问题的高度可能性。

第四部分中，我们还从非标准理论的观点出发，讨论了关于企业边界及其战略决策的开放性问题。尽管新的合作机制还带有实验性质，但当前实践已经浮现出对这些问题的答案。我们发现，非标准企业在做战略性决策选择时，也遵循和产品选择、生产流程和组织设计的选择相同的对假设进行有纪律约束的仔细审查。非标准企业形成了一系列的制度工具，包括将运营单位的绩效与企业整体绩效联系起来的新度量指标，将管理人员职业发展路径与企业重组联系起来的新方法，以支持通过合作解决问题的方法来实现企业战略选择的定义和调查。因此企业的战略选择和边界问题都可以被视为非标准企业运营过程中的联合产品。

第五部分是全文的概要和总结。请注意在本文中，我们以经济学的标准企业理论作为出发点。我们从对当前企业发展的观察以及对企业历史的重新解释识别出对标准理论的挑战，并提出能够更好地解释所观察到的现象的非标准的企业理论。在讨论本文的核心问题，即关于企业间的双边合作问题（如"为什么不担心'挟持'问题会阻碍合作的可能性"这样的问题）时，我们并不试图回答从经济社会学中所衍生出的另一个问题，即企业网络在知识的生产以及租金的产生中的作用（Powell et al. , 1996；Dyer and Singh, 1998；Gulati, 1998；Kogut, 1998）。本文的结论部分将阐明我们未来的工作将如何解答这一问题。

二 出人意料的合作的丰富案例：
对企业图像的重绘

本部分我们将通过引用世界范围内汽车工业的三个例子来做企业间合作行为的例证。第一个例子是二战后流行于日本的分包制度，它在 20 世纪 80 年代引起了诸多学者的注意。大型厂商与其分包商之间的合作被广泛视为构成日本竞争力的关键因素，而这种合作行为往往被视为特定文化和历史发展的结果。但今天看来，这种实用主义机制在很多不同文化背景下也同样可被发现。第二个例子我们将主要关注来自美国和加拿大的数据。赫尔普（Helper）在1993年所收集的数据显示，相比于20年前，1993年汽车制造商与其供应商之间的合作更加紧密。然而，这些供应商不仅保持了独立地位，而且有能力通过多元化的发展降低其对汽车制造商的依赖性和脆弱性。企业之间的这种新关系在我们看来代表了一种混合的组织模式。该模式下，企业选择合作伙伴的标准中，能够参与学习的能力至少与投标较低价格同样重要。

第三个例子是1926年通用汽车公司并购费希尔车身公司的经典案例。我们认为这一并购行为不大可能是为了解决委托者和代理人的利益冲突问题。更广泛地，我们展示出在这一并购行为发生的时期，主要的汽车制造商（特别是克莱斯勒）都正在试图与其供应商建立合作关系，这与我们当前在美国和其他地方所观察到的现象惊人地相似。而费希尔车身公司正是该种合作关系的先驱和成功代表。本文所提出的这种修正观点，与经济学家长期以来所认为的，通用汽车收购费希尔车身厂是通过垂直一体化并购以解决"挟持"问题的经典例证的观点是冲突的。

（一）日本的分包制度

有关日本汽车制造商与其供应商之间紧密合作关系的研究有很多（例如 Dore，1983；Smitka，1991；Sako，1992；Nishiguchi，1994），本文将只对其做简要概述。

战后，日本汽车制造商（特别是丰田公司）与其供应商逐渐发展出紧密的合作关系。这些供应商或者财务独立，或者至多有10%的股份被其客户（即汽车制造商）所有。这些合作关系包含了一系列在标准企业理论看来难以稳定维持的实践措施，因为在该措施下合作双方都将受到机会主义行为的威胁与影响。这些措施包括双方订立的宽泛、开放式合同；供应商向其客户提供的详细成本信息；供应商大量投入与特定客户相关的专用性投资（如工厂的地点以及供应商工程师进驻客户工厂）；客户向供应商提供的免费技术支持（这些技术支持往往会改进供应商向其他汽车制造商提供的零部件的质量）；客户与许多不同供应商

（供应商之间往往是竞争对手）联合产品设计（联合产品中各自的贡献既不能被单独确定，也不能因此受到保护从而得到应有利益）。

尽管如此，汽车制造商和供应商之间的合作关系不仅被证明是稳定的，同时也带来了很好绩效。供应商极大地促进了日本汽车业的发展，带来了更高的质量（Cusumano & Takeishi, 1992）、更低的库存（Nishiguchi, 1994）以及更有效的设计（更快的交货时间和更少的生产时间）（Clark, 1989）。

日本汽车产业在合作方面的成功起初被归因于日本特有的因素。例如威廉姆森认为，"日本国内交易过程中企业面临的风险比美国更小，因为特定的文化和制度都限制了机会主义问题的发生"（Williamson, 1995, p. 122）。多尔认为，日本文化中重视声誉的传统使得机会主义的危险不那么大（Dore, 1987, p. 173）。限制机会主义的制度包括供应商协会的存在、大企业的终身雇佣制度以及银行对于公司业绩的监督，它们都鼓励长期合作。威廉姆森、多尔及其他学者认为，日本特殊文化和制度环境产生了忠诚的员工和耐心的资本，其他没有忠诚的员工和耐心的资本的经济不可能建立合作的制度。因而日本制度能够扩散到其他国家的可能性很小。

（二）美国的供应商 - 客户关系

在个人主义盛行的美国，严格的制度保证被认为是对专用性资产投资所必不可少的。例如蒙特维德和蒂斯认为，当生产过程中产生了高度专业化且不能受到专利保护的专有技术诀窍时，（汽车）装配厂就应该与其供应商垂直一体化整合（Monteverde & Teece, 1982, p. 206）。这种专业技术知识的存在，使得即使装配厂拥有供应商所使用的某种专业设备，如昂贵的模具和夹具，其与供应商之间的相互"挟持"关系也可能发生。他们进一步提出，因专有技术诀窍而导致的相互"挟持"现象，在新部件的研发过程中最容易发生。因此，某种部件研发所付出的努力越大，这种部件的设计和生产工作越有可能在企业内部完成。

通过对 1976 年福特和通用汽车公司 133 个汽车零部件的分析，蒙特维德和蒂斯指出，"对于任一个给定汽车零部件，其研发过程中所付出的努力与该部件在企业内部生产的可能性呈正相关"（Monteverde &

Teece，1982，p. 212）。

但汽车工业领域关于客户－供应商关系的最近的研究却展现出另一幅不同的画面。我们将引用赫尔普在 1993 年完成的针对供应商的一次调查的结果，其调查对象包括独立供应商和属于汽车企业的非独立供应商。问卷被派送给汽车行业主要一线供应商名录中（包括国内外）所有企业的销售和市场部门主管，这些供应商主要为美国和加拿大地区的汽车及轻型卡车厂商提供零部件。尽管赫尔普的数据不同于蒙特维德和蒂斯的研究，但它的确表明，之前研究中所显示的相关关系当前已经不复存在。

首先，垂直整合后的内部供应商①并不比独立供应商更可能从事一般设计或是技术要求苛刻的零部件设计工作。在赫尔普的样本中，50% 的内部供应商承担了当前车型设计的大部分工作，而 40% 的独立供应商承担了类似事情，这一差别在统计学上并不显著。在以前的车型设计中，这个比例分别是 35% 和 22%。由此可以看出，垂直整合成为内部供应商，在今天既不是参与设计的必要条件，也不构成充分条件；而独立供应商参与设计工作所占比例的增长速度高于垂直整合的内部供应商。如果聚焦于技术要求苛刻的零部件设计工作，我们仍然可以看到类似图景。② 67% 的内部供应商参与设计，与之相对应的是 48% 的独立供应商。

同时，我们也通过观察"超级供应商"的特点来检验设计能力与企业垂直整合之间的关系。这些"超级供应商"是最成功的联合设计者，它们具备以下属性：它们完成当前车型零部件大部分的设计工作；它们因为出色的供应能力而获得不止一个奖项（获得第一个奖项是当今参与供应链的不可或缺的前提条件）；它们拥有至少两个客户。③

更主要的，赫尔普的研究向我们展现了汽车厂商与其供应商之间的信息交流超常增加，而这种交流与供应商的正式身份并没有关系，不论

---

① 如果某供应商股份的 30% 及以上被其客户（汽车商）所拥有，那么我们认为该供应商是被垂直整合的。

② 在调研中，这部分数据来自"技术复杂度"为 4 分或 5 分（最高为 5 分的量表）的零部件。

③ 尽管赫尔普的数据没有直接证明拥有更多客户的供应商具备更强的赢利能力，但对于日本汽车企业更细致的研究确实证明，这些供应商的确拥有更多回报（Nobeoka，1995）。

是独立的供应商还是垂直整合的内部供应商。以传真、电话、邮件或者面对面形式所开展的交流量不仅巨大，而且一直在增加；各种类型的互动平均每天都有或者至少每周都有。

为共同努力以提升产品质量或改进生产流程而展开的互动尤其频繁。福特公司的供应商平均每天都与其就此展开互动交流，而其他企业的供应商也大约平均每两天一次。

汽车厂商与供应商之间亲密关系的另一个例证便是供应商越来越多地派出驻厂工程师（resident engineers）。在 1989 年，只有 5% 的独立供应商和 23% 的垂直整合内部供应商派出驻厂工程师；1993 年这一比例已经分别上升到 17% 和 38%。这些工程师几乎所有的时间都在客户的设计和制造工场度过，致力于解决质量问题或者提升设计水平。他们的工资全部由供应商支付。但是，客户工厂和供应商都可以向其分配任务。尽管在标准企业理论看来，对于工程师的这种含糊不清的控制将导致无效率的讨价还价。但事实上，不同来源的观点的汇集有助于更快地解决质量问题，特别是对于那些由多种因素导致的问题来说更是如此（Nishiguchi，1994；本文作者关于通用汽车的访谈，1992）。

合作关系在产品多元化且设计屡获殊荣的"超级供应商"中尤为显著。我们接下来将看到这个类型的企业，在它们的合同存续期间，如果其竞争对手开发出一个更好更便宜的产品，它们可以期望从其客户处得到帮助。"超级供应商"比那些不太成功的供应商（它们可能需要学习更多）从其客户处学到了更多东西，但它们并不是依赖于垂直整合或者更详尽的合同才实现这一点。请注意，这些合作关系与经济学家所描述的完全竞争理论格格不入，因为客户（即汽车厂商）不能够随意更换供应商而失去一个它已经知道如何向其学习的合作伙伴。

日本企业在美国的成功以及美国企业对于日本式实践的采纳，使得那种认为垂直整合或者详尽合同是支持企业间合作的必要条件的论点难以成立。现在我们想进一步说明在美国的汽车工业领域，"合作"关系并不是最近才出现的新鲜事物。尽管标准企业理论强调机会主义威胁在现代企业崛起过程中的历史重要性，但是新近的研究表明，早在 20 世纪的前几十年，美国汽车工业的很大一部分就已经了预见了目前的客户－供应商合作关系中的关键因素。因而我们也很难接受这样的观点，即认为技术进步（例如计算机的推广）推动了这些组织形式的发展。

（三）重新讲述美国汽车工业垂直整合的历史

1926 年，通用汽车公司并购费希尔车身公司的案例已经成为标准企业理论的经典案例。[①] 在克莱因（Klein）、克劳福德（Crawford）和阿尔奇安（Alchian）（Klein et al., 1978）所提供的版本中，由于费希尔公司担心专用性设备难以服务于通用汽车公司以外的其他厂商，所以它拒绝在通用汽车公司装配厂的附近投资修建冲压厂。费希尔公司同时也拒绝修改其与通用汽车公司在 1919 年所签订合同中的成本加成定价协议（Cost–Plus Pricing Agreement）。由于合同签订之初双方未能预料到费希尔公司所生产的全封闭钢体车身的市场需求快速增加，该协议为费希尔公司带来了意料之外的巨大利润。在这种观点看来，通用汽车公司并购费希尔的目的就是解决因资产专用性和不完全合同而产生的代理人问题；通用汽车公司非常看重其对专用资产的控制，因此它愿意将费希尔公司买过来。他们认为，事实上在整个并购故事中，控制是最重要的：交易双方被假定都知晓对方的能力和意图，唯一的问题是资源和意志将为哪一方的目的服务，而这是要由所有权决定的。

但是这种对于费希尔车身公司–通用汽车公司之间的关系，以及对于更大背景下汽车工业领域的客户–供应商关系的描述是不正确的。[②] 三方面的修正特别重要：（1）交易过程中剩余控制权（residual control）的问题至多只扮演次要角色；（2）和许多其他的大型供应商类似，费希尔公司在满足通用汽车公司所需的专用资源的要求的同时，并没有放弃与其他客户的合作；（3）在 20 世纪 20 年代和 30 年代，美国汽车企业更热衷于延伸和调控其与供应商的合作关系，而不是为了解决代理问题而进行垂直整合并购。在这些修正的基础上，我们对这段历史进行了重新的解读。我们认为，通用汽车公司并购费希尔车身公司的目的在于将费希尔兄弟招募进通用汽车公司以帮助通用汽车公司构建合作体系。

[①] 请参见哈特（Hart, 1995）基于"产权"的企业理论，其观点广泛吸收了克莱因及其他合作者的意见。

[②] 我们非常感谢通用企业的托马斯·马克思（Thomas Marx）慷慨地从他自己关于费希尔企业的研究中为我们提供了原始资料。

从这个观点出发，交易的目的便不是控制权的转移而是专业人才的转移；更具体地说，是为了获得合作组织（即费希尔公司）中的专家（以指导通用汽车公司内部的合作战略），而不是为了获得剩余控制权并以此代替合作关系。

我们提出修正的方法是指出标准理论与事实的不符之处。第一，正如 Klein，Crawford 和 Alchian 在脚注中表明的，通用汽车公司自 1919 年即拥有了费希尔公司 60% 的股份。从 1919 年到 1924 年，费希尔公司的股份由一个信托委员会管理。委员会中，两名理事代表通用汽车公司，另外两名理事代表费希尔公司。但是该信托管理协议于 1924 年终止，即在通用汽车公司收购费希尔公司 100% 股份的两年之前终止。[①] 因此在 1924 年之后，通用汽车公司所拥有的超过半数的所有权已经足够其在费希尔公司的决策过程中发挥主导作用。事实上，（前述提到的）定价协议正是在 1924 年被修订，要求费希尔公司产品的定价方式与通用汽车公司的全资子公司保持一致（Chandler and Salisbury，1971，p. 576；Freeland，2000）。

第二，在信托委员会管理时期，费希尔公司已经开始和通用汽车公司一起，在同一地点建造工厂。1924 年通用汽车公司的一份"告股东书"中声明："无论是在美国还是加拿大，只要有别克、凯迪拉克、雪佛兰、奥克兰，或者奥兹莫比尔的汽车制造厂的地方，就会有（或者在其临近之处）费希尔车身公司的工厂，以充分满足我们对高质量封闭车身的需求。"（通用汽车公司，1924）

这一计划的大部分已经开始执行了。

"1923 年，通用汽车公司对雪佛兰汽车底盘的生产场所进行扩张，在每一个新建的雪佛兰制造工厂旁边开设了费希尔车身工厂。在这一年，在俄亥俄州的诺伍德市、威斯康星州的简斯维尔市、纽约州的布法罗市，成对出现的雪佛兰汽车底盘工厂和费希尔车身公司工厂开始联合生产。"（White，1991，p. 56）

在这个时期，费希尔车身公司还在弗林特（靠近雪佛兰和别克）、奥克兰（靠近庞蒂亚克）和兰辛（靠近奥兹莫比尔）开设车身工厂，全都

---

① 请参见通用企业董事会会议记录，1919 年 9 月 25 日（Chandler and Salisbury，1971）。

处于密歇根州。① 费希尔公司这一建新厂的热潮源于其与通用汽车公司的非正式讨论，而不是由于建立了制度的利益保障。在雪佛兰设计师威廉·克努森（William Knudsen）的授权传记中提到，"克努森在通用汽车公司的早期职业生涯中，他设法说服了费希尔公司将车身厂修建在靠近雪佛兰生产厂的地方"（Beasley，1947，p. 141）。克努森于 1921 年到通用公司工作，5 年之后通用汽车公司才购买了费希尔公司的全部股权。②

第三，以在同一地点修建工厂的形式而投入的专用性资产，其优势有时会被其他考虑因素所抵消，在通用汽车公司并购了费希尔车身公司后的几十年内主要的汽车制造商按惯例继续请外部的其他公司制造汽车车身。甚至是通用汽车公司也依然从 Budd 公司采购汽车车身。福特公司从 Budd，Murray 和 Midland 钢铁企业购买车身，它自己内部也制造一部分。福特公司外购产品中的 2/3 来自 Briggs 公司。1929 年，Briggs 公司甚至与福特公司签订了一个可以续签的 5 年租赁合同，租用福特公司的场地来生产汽车车身；其产品不仅供给福特公司，也供应给其他汽车制造厂商（White，1991）③。

从 20 世纪 20 年代开始，A. O. Smith 公司就向通用汽车、福特及其他汽车生产商供应车架，直到今天仍然如此。事实上，作为标准企业理论的创始人，罗纳德·科斯在 30 年代被 A. O. Smith 公司高效率的名望所吸引，曾经参观过 A. O. Smith 在密尔沃基的工厂（Coase，2000）。作为一个独立的零部件供应商，A. O. Smith 公司显而易见的成功使得科斯事

① 如需了解费希尔工厂位置及其开厂时间，请参见 1933 年 6 月 1 日"通用企业分企业费希尔企业的概要介绍"（Pound，1934）。如需了解此时期通用企业工厂的所在位置，请参见通用企业 1920 年的年报第 12 页。

② 为什么克莱因、克劳福德和阿尔奇安只描述了该并购案例的其他方面而遗漏了这一点？他们似乎只依赖于斯隆（Alfred P. Sloan）在 1953 年美国政府诉杜邦、通用汽车企业一案中的证词。几乎是在并购发生的 30 年之后，斯隆在证词中说："费希尔企业不愿意（在邻近通用汽车制造厂的地方）投资建厂。"但这一证词有如下几点缺陷：（1）与前文所述的事实不符；（2）斯隆证词中只有很小一部分论及专用性投资的问题，其重心是在解释费希尔企业的成本加成定价协议以及费希尔兄弟的杰出能力，"我们（通用汽车企业）此刻非常需要（费希尔兄弟）这类人才，而且我非常急切地希望他们能加入通用汽车企业并且在更多的方面帮助我们"（美国地区法院审判记录，no. 49 - C - 1071，pp. 2908 - 2909）。

③ 请参见"Body by Briggs"，*Special-Interests Autos*，Nov. /Dec.（1973）：24 - 29。1953 年，Briggs 企业被克莱斯勒汽车企业收购。

先就拒绝认为"垂直并购是解决利益协调问题最有效率的办法"——这一观点后来成为交易成本理论的主流观点（我们接下来将回到这一主题）。同时代类似于此的汽车生产商在关键零部件上依赖独立供应商的例子仍然不胜枚举。①

这些例子使得人们开始注意到那个时代的工业组织所发生的巨大变化，从而改变了标准企业理论所基于的时代背景及意义。在修正后的历史画面中，我们揭示了 20 世纪 40 年代之前美国汽车产业独立发现的我们今天称为日本方法的生产方式，是这种模式的先锋。② 这种客户 – 供应商关系之所以被描述为与日本类似，是因为它们也包含了长期关系、联合产品开发，以及努力做到最小化库存，同时生产出多样化的产品。③

在世纪之交（19 世纪和 20 世纪之交——译者注），美国汽车工业的供应商比汽车组装厂商的规模更大且更成熟，许多供应商很早以前就为其他行业（如马车和自行车行业）提供零部件。这些供应商是创新和流动资本的重要来源（更详尽的分析请参见 Helper，1991）。之后，创新理念和资金在客户及供应商之间变为双向流动。例如在 1909 ~ 1914 年，福特公司"并不反对从独立供应商处购买几乎所有的原材料和零部件"。福特向其供应商分享了它日益增长的管理经验和专长。④

合作设计也是这个时期的特点之一（尽管权力关系反转到令人吃惊的地步）。例如，铁姆肯（Timken）公司的广告说："您汽车中所安装的铁姆肯轮轴，无论大小或价格，都是经过铁姆肯公司的工程师与汽车生产商的工程师的多次会议之后，精心挑选和安装的。"铁姆肯公司告诫汽车生产商，它们不能"只将铁姆肯轮轴作为宣传其产品的一个卖

---

① 例如，通用汽车企业超过一半的刹车采购于 Bendix 企业（通用汽车拥有该企业 25% 的股份），而 Bendix 企业超过一半的产品也供应给通用汽车。福特企业在轮胎橡胶、铝合金外壳、车轮、闸皮、散热片等方面都严重依赖外部供应商（Schwartz，2000，p. 13）。

② 这种描述见之于 Helper（1991），Hochfelder & Helper（1996）及 Schwartz（即将发表）。

③ （美国汽车工业）客户 – 供应商关系在两方面不同于 20 世纪七八十年代为人所熟知的日本模式，首先其分包商不一定是初级合作伙伴，再者美国汽车工业并非有意识的组织安排，而更像是施瓦茨所描述的"原生态"（Schwartz，即将出版，p. 1）。

④ "福特企业为其零部件供应商购买原材料、重新组织后者的生产流程，并监督其战略政策的施行。在某些情况下，福特企业在资金方面还为供应商提供帮助。福特企业对其供应商也开始变得非常依赖，以至于因为生产部件供应的不及时而经常面临半个小时以内的生产流程的中断"（Seltzer，1928，pp. 89 – 90，100）。

点，铁姆肯轮轴必须成为汽车不可分割的一部分，而不仅仅是附加物"；铁姆肯公司经常在轮轴被安装之前坚持要求对汽车设计进行修改。①

1915~1925年，随着福特公司建立了自己的零部件生产厂以及通用汽车公司并购了许多零部件生产商，当时兴起了一股转向垂直一体化的趋势。1920~1925年，新车价值中来自汽车厂商内部生产的比例从45%上升到74%。但1926年之后，发展趋势又回归到零部件外包上来（这种发展战略直到二战后都没有再出现逆转）。在30年代早期，福特公司生产成本的2/3来自外部供应商。通用汽车公司的比例稍低，但这主要是因为它并购了费希尔车身公司，后者占据了其25%的生产成本。截至1938年，克莱斯勒汽车公司80%的零部件都向外部供应商采购（占据其总价值的40%）（Schwartz，2000）。

发展趋势向生产外包的回归是主要汽车生产商（特别是福特和通用汽车）应对两个威胁的举措，这两个威胁都与独立的零部件供应商的持续存在有关。第一个威胁来自新出现的竞争对手，它们往往利用租赁的厂房设备对标准的零部件进行组装生产，由于无须承担产品研发的高额的固定成本和资本投入因而其产品价格低廉。第二个威胁来自旧车翻新，供应商提供的零部件经由低固定成本的小企业组装不仅能够修复旧车，同时还能提高旧车性能。一旦经济危机发生，这些潜在的威胁又加上了一个机会：供应商急切希望充分利用其产能而向各个汽车生产商提供极具价格诱惑力的零部件产品。

为应对上述威胁，主要汽车生产商加快了创新的步伐，以此来提高市场的进入壁垒并降低旧车相对于新车的吸引力。20世纪20年代早期，通用汽车公司领先开创了每年更新一次车型的做法；在主要的汽车生产商中，坚持不更新车型的福特公司最终也于1927年如法炮制，推出了A型车。

然而，创新的驱动力并没有如标准企业理论所说，将零部件供应商边缘化，反而是进一步加深了汽车生产商与零部件供应商的合作关系。即使对于最富有的汽车组装企业来说，创新的成本都是难以独立承担

---

① 请参见"The Auto Era"的广告，1916年2月和1917年8月，封里（Hochfelder and Helper, 1996, pp. 4 - 6）。

的，所以它们选择了通过与各种供应商合作开发零部件来降低成本。相应地，供应商通过与其他主要客户（即汽车生产商）合作对每个产品开发出多种样式并且凭借在零部件市场得到的经验，降低生产成本。

结果便是，各种合作方式得到了繁荣发展，这些合作安排惊人地预示了非标准的客户 - 供应商合作关系，上述赫尔普的调研数据反映出这一非标准关系（Langlois & Robertson，1989；Schwartz，2000）。Schwartz 写道，"在 20 年代中期，通用汽车公司已经发展出并实施了类似于丰田模式的政策：对于所有的零部件寻找不止一家供应商，但同时也限制在 2 ~ 3 家，并与其建立长期稳定的合作关系"（Schwartz，2000，pp. 72 - 73）。通用汽车与利比（Libbey）、欧文斯（Owens）、福特（Ford）在玻璃产品方面的合作，以及与 Budd 在车身产品（尽管通用汽车公司并购了费希尔车身公司）方面的合作都是这一政策的具体例证。①

类似的，霍恩谢尔指出，"福特公司在大萧条早期越来越多地依赖于外部供应商"（Hounshell，1984，p. 300）。随之而来的合作关系不仅对于产品设计的重大改变的成功，如转型生产全新产品 V - 8 是非常关键的，而且对于解决在引进新的零部件时通常出现的机械设计和生产布局的棘手问题都起到了决定性作用。② 关于福特公司 20 世纪 30 年代中期以后的运营过程的描述也表明，合作开发对于企业常规运行是至关重要的。③

推动创新的力量不仅使得汽车生产商依靠外部供应商，同时也创造了"即用即买"（hand to mouth）式库存系统。这便是准时制（just in time）生产方式的先驱，它在几乎没有零部件库存情况下保证供应链不中断。④"即用即买"库存系统的发明进一步加强了汽车生产商对与外

---

① 通用汽车企业在将其内部的玻璃生产商（国家平板玻璃企业）卖给利比 - 欧文斯 - 福特联合企业之后，将其挡风玻璃 2/3 的采购量都给予了后者。

② 霍恩谢尔详细分析了在 A 型车的开发过程中，福特企业和吉布（Gibb）在油箱方面的合作过程。亨利·福特先生开发了一个全新的设计，但现有设备在量产时难以完成油箱的密封工作。生产电焊设备的吉布企业便将其技术人员派到了福特企业的工厂，并与后者的工程师、生产人员一起重新设计了油箱，并同时完成了焊接和组装流程。（Hounshell，1984，pp. 284 - 285）。

③ 请参见巴克利，施瓦茨引用（Schwartz，2000，p. 74）。

④ 20 年代早期福特里弗鲁日（River Rouge）工厂的库存在每年 35% ~ 40%，堪比 60 年之后日本汽车企业库存的最高值（Schwartz，2000）。

部供应商合作发明创造的依赖。①

这些新发展的具体体现便是克莱斯勒汽车公司（Chrysler Corpora-tion）。它的创始人是沃尔特·克莱斯勒（Walter Chrysler），克莱斯勒在被提升为通用–别克汽车的总裁之后与通用汽车公司的首任设计师威廉·杜兰特（William Durant）发生了冲突，他随后离开通用汽车公司并创立了自己的品牌。第一个克莱斯勒汽车的原型是由三名克莱斯勒工程师与零部件供应商联合研发的，其大部分供应商都在底特律，但也有远至俄亥俄州和印第安纳州的。第一个型号的克莱斯勒汽车的每一个零部件都是从外部供应商处采购的，并在一个租来的厂房中组装而成。最终产品包含了许多以前只能在豪华车中才可以享受的功能，但只需其1/3的价格。由此可见联合开发的努力取得了多么大的回报。

克莱斯勒汽车第二个主要创新型号，普利茅斯（Plymouth），所采取的合作研发的逻辑离我们前面所追溯的现代系统又近了一步。这次的设计同样是与供应商一道联合研发而成。但是对于普利茅斯来说，其产品计划要求在新的型号引入之后，对生产过程的效率进行不间断和重大的改进。普利茅斯在1929年投入中低端市场。随后的三年时间里，在供应商和组装厂的联合努力下生产成本降低了30%，而高配置的普利茅斯已经可以与入门级的福特与雪佛兰一争高低。此时，合作供应关系所能带来的巨大创新能力在整个行业面前显露无遗。

为了完成对于费希尔车身公司并购交易的重新解释，我们进一步指出，费希尔车身公司是汽车行业中客户和供应商合作关系的领跑者。一战期间，费希尔（Fisher）公司和哈德逊（Hudson）公司联合开发了第一款具有成本效益的全封闭车身。这款产品吸引了通用汽车公司的注意，于是后者收购了费希尔公司60%的股份。即使股权结构发生了如此变化，费希尔–哈德逊的合作关系仍然保持并延续了下来，而且借助机床制造商的帮助，两家企业又共同研发了用宽钢板冲压大车身面板的新技术。该技术降低了焊接及其他制造成本以至于一部轿车的生产成本可以降至与敞篷车近似（Schwartz, 2000, p. 72）。1923年，费希尔车身

---

① 尽管如此，"即用即买"库存管理系统并不包括准时制库存管理系统对于更严格库存管理和质量控制的强调。

公司与克莱斯勒汽车公司的设计小组合作研发出弧形挡泥板与保险杠，这最终促进了流线型车身设计的发明。[①]

从这里，我们离颠覆标准企业理论只有一步之遥了。费希尔车身公司在合作开发方面是一流的，如果通用汽车企业需要，它便可以为其提供专用资源；而同时，通用汽车公司并不十分在乎资产专用性（正如上文所表明的，在核心零部件供应方面，通用汽车一直在扩大其外包采购的比例）。因而，如果说通用汽车购买费希尔车身公司那剩余的 40% 股份不是为了将其意志强加给后者，而是为了获得费希尔兄弟在组织运营管理方面的专家才能，难道不可能吗？

出人意料的，很多证据都支持这一观点。首先，当时的记述支持这种看法。例如，皮埃尔·杜邦（Pierre Dupont）在写给董事会成员的一封信中这样描述与费希尔车身公司的谈判，他说作为通用汽车购买费希尔股票的回报，1924 年费希尔兄弟两人"……同意切断其与费希尔车身公司的所有联系并成为通用汽车公司执行委员会的成员，以便深入彻底地了解通用汽车企业的运营状况及当前面临的问题，他们将不会被分配任何特定工作。我认为这是一个进步。因为对于斯隆来说，他不可能注意到通用汽车公司的方方面面，我认为在协助他及时发现问题并进行补救方面，费希尔兄弟是非常适合的人选"[②]。

类似的，通用汽车公司在 1926 年年报中也再次确认："两个企业的合并带来了很多好处，而这其中比运营经济更重要的，是更紧密地将费希尔兄弟纳入了通用汽车公司的运营组织。由于他们的创造力、远见和激情，费希尔公司已经占据了其行业统治地位。"（p. 10）

费希尔兄弟因其突出的团队合作能力[③]而知名，他们在设计、生

---

① （Schwartz, 2000, p. 71）费希尔企业与其竞争者也保持了合作关系：查尔斯·费希尔（Charles Fisher）和沃特·布里格斯（Walt Briggs）便是能够很多个晚上都在一起讨论本行工作、交换意见并互相帮助做出商业决策的密友。查尔斯·费希尔同时长期在 Briggs 企业董事会担任董事。（Body by Briggs, p. 24）

② 请参见前述引用的斯隆的陈述。

③ 费希尔兄弟同时在通用企业及其家族企业担任职务，他们每天都在午餐会上讨论生意并做出决策，这已经成为该家族最著名的特色。通用企业的一个副总曾经调侃道，"费希尔兄弟间的合作是如此紧密，以至于如果某一个人刮胡子时刮破了皮肤，他们所有人都会流血似的"（White, 1991, p. 61）。

产①和管理技能等多方面的专业才干在与克莱斯勒的合作中得到了充分发挥。因此对于与他们同时代的人来说，他们加入通用汽车更多地意味着对公司运营结构的重组，而不是确立委托人对于代理人的权力。

这种解释与钱德勒（Chandler）和索尔兹伯里（Salisbury）的观点一致，他们认为获得费希尔兄弟的管理能力是通用汽车公司将其在费希尔车身公司的股份从 60% 提高到 100% 的动机，他们并没有提及资产专用性的问题（Chandler and Salisbury，1971）②。最后，费希尔兄弟以股份形式获得回报，这种薪酬形式也符合吸引他们积极投身管理工作的目的。③

那究竟是什么使得费希尔兄弟如此宝贵呢？正如前面提到的，他们有非常专业的设计和工程能力。但更重要的是，他们帮助通用汽车公司在内部建立了合作的关系，就像克莱斯勒与外部供应商的合作关系一样。④ 换句话说，费希尔兄弟对斯隆在通用汽车公司非常高明地发展起来的 M 型（多部门）公司结构和协调委员会体系的完善方面贡献巨大。再次申明，本文的分析颠覆了标准企业理论。我们没有将这种"并购"视为对机会主义威胁的回应，反而认为它代表了通用汽车公司建构一种适合于它的合作供应商体系的努力，克莱斯勒在 20 年代的做法清晰地体现了这种模式。

并购费希尔车身公司只是通用汽车公司实现这一目的的一种方式；通用汽车公司的法律顾问可以设计出在不改变股权结构条件下实现相同目标的安排。我们认为，通用汽车公司的管理层在设计公司的组织结构时，考虑其对知识学习的影响至少和考虑其对机会主义的影响一样多。

---

① 特别的，（费希尔兄弟）具有工程天赋，他们知道如何设计机械并使之能够量产高质量的产品（Fisher Body：Its Combination，p. 4）。

② 同样可参见 Beasley 的叙述，他认为，"20 年代早期，费希尔兄弟的加入是通用汽车企业相比于其他企业的竞争力之一"（Beasley，1947，p. 14）。

③ 从这个角度出发，通用企业与费希尔兄弟的融合同时也预示着其在 20 世纪 80 年代与 EDS 企业（发明了电子差速锁）的融合。如果从该角度来解释这两个例子，我们都可以发现，通用汽车企业与供应商的合作是为了学习如何更好地管理自身事务。通用汽车和 EDS 的关系请参见 Levin（Levin，1989）。

④ 例如，在凯迪拉克汽车企业，尤其是在通用汽车并购凯迪拉克之后，劳伦斯·费希尔（Lawrence Fisher）与主管人员及颜料供应企业建立了很好的私人关系以不断提升汽车喷漆流程。这些措施后来被丰田企业制度化为全面质量管理，包括有计划的实验和员工参与等方面。这些措施的成果之一便是将汽车喷漆后的干燥时间从 21 天降到了 7 天。[参见 Lawrence Fisher 的证词，US versus Dupont 353 US 586（1952），fol. 998–1025]

在有关费希尔车身公司并购案例浩繁的文献记录中，没有证据能够表明，费希尔兄弟采取了机会主义行为，即"狡诈地寻求自我利益"（威廉姆森的定义，Williamson，1985）。他们并没有隐藏信息或者试图误导通用汽车公司。但是他们确实希望最大化自己的收益。也正是因为注意到这一点，通用汽车公司修正了其为费希尔兄弟提供的薪酬结构，以激励他们全身心投入。这完全不同于控制机会主义的理论所描述的故事逻辑。通用汽车公司并购费希尔车身公司，不是因为他们不信任费希尔兄弟，反而是因为他们非常信任费希尔兄弟以至于希望他们能够更加密切地参与通用汽车公司的所有资产的管理。①

我们再次回顾整个论证过程，我们发现当前日本和美国汽车工业中存在的客户 - 供应商关系并不像标准企业理论所描述的那样。我们进一步发现，被标准企业理论视为经典的并购案例竟然与当前的非标准理论有着令人吃惊的亲缘关系。接下来我们将更加系统地比较新旧两种组织形式，以及有关合作的可能性和机制的前提假设，而这些假设正是这两种组织的基础。

三　两种企业理论

本部分我们将再次回到两种企业理论的对比上，并将主要阐述非标准企业理论的有关内容。我们将从以下几方面展开：首先，我们将大致勾勒出经济学和组织理论中标准企业的理想模型，以此凸显其与本文所关注的非标准企业模型的不同之处。我们对于模型的勾勒不完全是概念意义上的；正如下文所指出的，由于标准企业模型抓住了战后经济环境相对稳定条件下大企业的运营特征，因此其理论观点被广泛接受。考虑到标准企业模型已经被充分讨论，本文将不再对其做过多描述。然后，本文将对几种实用主义机制进行描述，它们集中体现了非标准企业在内部运营和外部合作行为方面的特点。本文材料一部分来自上一节所提到

---

① 科斯指出，20 年代费希尔兄弟在事实上控制了通用汽车企业的执行委员会，很难想象通用汽车企业会将其自身托付给被其视为邪恶的集体（Coase，2000；Brooks & Helpler，2000）。

的实证案例，另一部分来自我们自己对于该类型企业的现场调研。最后，本文将提出企业绩效方面的核心观点，即非标准企业通过合作，不仅能够促进知识学习，还能够控制机会主义。

（一）标准企业

标准企业理论的起源和核心观点都来自有以下特征的工业组织：它们是实行中央集权制的、科层式的和垂直一体化的。总部设定的目标通过分等级排列的、专业化的分支部门来实现，这些分支部门都是一个单一组织的组成部分。20世纪的大部分时间里，这些属性都被视为有效率的人类行为所应遵守的最基本和毋庸置疑的原则。

指导原则

第一，分工是有效率的。亚当·斯密用有力的理由说明，如果两个人合作生产，一个人从产品的上端开始，另一个人从产品的下端开始，那么相较于二人分别独立地生产整个产品，在单位时间和资源条件下，合作可以生产出更多的产品。分工越细，效率越高；而且如果市场规模越大，为完成精细分工任务的、高度专业化的专用资源的投入风险就越小。

当市场规模很大时，斯密的分工理论最终便达到了我们熟悉的规模经济的概念，即产量越大，单位成本越低。随着分工而来的便是，概念构想与执行的分离，概念构想由公司科层结构的顶层来集中设计。分工理论存在一个关于效率的前提假设，即存在一个超级管理者，他掌握有关市场可能性和产品技术的所有知识，从而能够设计产品并将生产过程分解为多个专业化任务，而每一个任务又可以被其下属做进一步分解。

第二个原则在很多情况下都是第一个原则的推论，即有效率的专业化分工会使系统变得脆弱。任何产品的生产越是高度分工，各生产环节间的相互依赖关系或互补性越是紧密；反过来，各环节的零部件也越不太可能应用于其他产品的生产过程（再次考虑为某一产品的某种特别型号的一个零部件进行加工的自动化机器的例子）。

因此，拥有高度专业化且具有互补性资源的所有者在合作过程中，将面临巨大风险。在合作项目中，任何一个先期投入者都有可能被其合作伙伴所"挟持"，因为后者可以拒绝投入互补性资源（如果缺少此资源，那么先期投入将变得毫无意义），除非他得到一个比初始协议更有利的回报。但是这种潜在的威胁会阻止先期投入者的进入，因而合作项目会由于它所带来的脆弱性的前景而无法正常进行。垂直一体化便是从组织形式上解决此类机会主义问题的答案。如果一个单一的所有者对生产过程的所有阶段都具有排他性的控制，且每一生产过程阶段的专业化分工是如此之细以至于鲜有该阶段相关产品和服务的购买者，那么所有者被"挟持"的可能性就消失了。[①]

第三个原则是前两个原则的构成要素，它将组织最基本的特征与人类认知能力的局限性联系起来。它承认我们显然没有能力在可用的时间内对每一种可能的选择的成本和收益进行计算评估。由于有限的理性，为了行动我们必须有效利用我们有限的注意力，利用习惯的应急措施并将复杂任务分解为多个简单任务。出于习惯，我们将环境中的关键变量视为理所当然，而无须注意我们做了何种假设以及它将如何影响我们未来的思想。我们将问题分解为几大子块，每一子块的解决方案是在我们的认知能力范围之内，而且这些解决方案可以组合起来成为解决初始问题的一个综合方案。当一个问题非常复杂而必须合作的时候，集权化和科层化的组织形式便被引进以完成问题的分解工作。但同时必须保证，每个子块的负责人虽然拥有其上级管理人员所不掌握的知识，但他们不会利用其专业知识来谋取个人利益。

惯例（组织层面的"习惯"）同样也承担了双重责任。它们建立了各个部分的相互联系并同时对各个部分的运行施加一定限制以维持整体的完整性。因而它限制了专业化所带来的利用专业知识谋私利（self - dealing）的可能性。

另外，由科层制专业化所带来的认知能力的提高与惯例化是相互促进的。一项任务更多地被惯例化，那它便也更容易被学习和掌握。这正是亚当·斯密在其"别针工厂"案例中所观察到的现象，它解释了操作者在执行简单、重复性工作过程中所表现的几乎超出常人能力的灵巧性。同时，如果一项任务被越来越多地惯例化（比如说，它包含了手的几次

---

① 有关通过限制其他代理人的可选空间而提升委托者谈判能力的分析请参见 Baker, Gibbons, Murphy 和 Marglin 的文章（Baker et al.，1998；Marglin，1974）。

重复的动作），其在未来就越容易被进一步分解。亚当·斯密将这种"更进一步简化的可能性"视为分工带来的另外一种提高效率的来源。[①]

标准化企业所采取的这些原则之所以能够被广泛采纳，在很大程度上也正是因为专业化过程中所取得的不可否认的效率收益。但尽管如此，这些原则也同样具有难以回避的局限性；采用这些原则的组织也和个人一样，将陷于自己一手造成的知识陷阱当中。为了了解事物我们必须实行专业化，但在专业化过程中我们被一些不知不觉中就被视为理所当然的事物所限定。因而，组织通过专业化而获得的收益的真正代价（除了由于需求改变而导致的专用设备贬值的风险之外）是组织在某种形式上的自我遗忘。为了有效率地实现目标，组织便不能追问"为什么这些目标就应该是它的目标"，或者"为什么它要追求这些目标"。当惯例已经变得根深蒂固甚至成为不可改变的常识的时候，组织便成了自己历史的俘虏，只能在自己最初选择所带来的被遗忘的限度之内做选择。

局部的解决办法是存在的。稀缺资源下争取生存的斗争使得只有具备最适合周围环境要求的惯例的组织才能够存活下来。即使某些组织不能调整其行为以适应环境变化，其他一些组织如果它们的惯例和专业知识能够很好满足环境要求，则可以做得很好。此外，一旦预见到其自身存在的先天刚性，组织可以提前采取"反机构"（counter-institutions）的措施。例如，通过将知识创造惯例化，即设立内部研发实验室来不断更新当前惯例中的关键环节。但是惯例的更新过程必须在运营核心之外完成，由此也说明组织的缺陷不可能从内部得到彻底解决。这些"反机构"的存在，证明了科层制专业化组织在取得巨大成绩的同时也伴随着变成无用的危险。[②] 在二战后经济扩张的年份里，专业化所带来的巨大

---

① 亚当·斯密认为，这种持续进行的简化工作既可能通过细心的工人完成，也可能通过专业化的人员完成。在实践中，如果认识到精细化分工对使用自动化设备的极大促进，以及自动化技术对程序标准化及科层控制的极大促进，那么便可发现，这种标准化进程很自然会不断简化工程师的角色。

② 事实上，反对企业的市场理论也主要认为，通过引进多样化的关系和视角，市场可以克服企业潜在的认知无效威胁（Kogut, 1998）。但是，保持一定距离的市场关系很少可以为多样化观点的聚集提供肥沃的土壤（或者换句话说，市场关系很少可以使人们所有的隐性知识显露出来并实现共享），而这却正是实用主义机制的关键所在。类似的市场关系也许可以打破企业所受到的难以避免的遮蔽，但却不一定能够带来持续性学习和深刻洞见。

收益远远超过潜在的认知成本和经济成本，以至于我们已经理所应当地认为这就是产生效率的唯一渠道。但尽管如此，20 世纪 70 年代中期之后，由于一些我们将不在这里讨论的原因，这一生产体系所赖以生存的对标准化产品的稳定的需求市场开始变得破碎和动荡，而专业化所带来的成本也突然显现并日益严重（Piore & Sabel, 1984）。在破碎和动荡的市场环境中，为实现规模效益对高度复杂的产品和生产系统设计所需的巨额初始投资，分期还款的风险很大。为应对国外竞争而冒险上马项目的企业很可能错过市场的机会之窗，最后不得不为它们的鲁莽付出代价。而谨慎应对的企业往往眼睁睁地看着产品性能和生产流程的进步与其擦肩而过，它们以往所具备的非常重要的能力也变得过时了。

这一霍布森（Hobson）式的选择一度看起来是组织所必须面对的残酷现实。美国的企业忘记了曾流行于其过往历史中的合作生产的可能性，只知削减成本而不知改变集权化的组织形式。但在最近十年持续的竞争压力下，美国企业开始逐渐理解，采纳并进一步发展出另一种替代的生产方式。这一生产方式的核心是重新塑造客户 - 供应商关系的关键面，即再造那些将第一次世界大战前以及从 20 年代中期到第二次世界大战这段时间内出现的客户 - 供应商互动方式正式化的关键方面。效率仍然要达到，但此时，质量、速度以及管理多元化产品的能力也可以同时实现。（前文所提到的）标准化路径所带来的"自我遗忘"刚性将不再是为追求效率而必须付出的代价。

（二）非标准企业

非标准企业是联邦式的，而非集权式的：高层决策在很大程度上是受其组成单位的决策所影响。这种联邦式是开放的，而非垂直一体的：对企业最终产品至关重要的零部件或服务可以通过外部独立供应商提供，而企业内部专业化的生产部门也可以为外部的公司提供关键的投入品。与标准企业相比，非标准企业这些外在的差别来源于其独特的效率原则及治理原则；而这些原则又根植于对人类认知能力的新的理解。非标准企业将标准理论的逻辑反转过来，企业惯例可以被审慎评估，与此同时这些惯例仍是正常活动的指南。

指导原则

本部分我们将详细描述"非标准"企业所采纳的实用主义机制。新型企业最基本的工作单元是团队或工作小组。工作小组有责任实现其与合作者相互商定的目标，它们凭借与合作者共同确定的方法来实现目标。因而，不同于科层式大批量制造企业的专业化部门，这些工作小组能够很自由地改变它的内部组织，并自由选择是通过内部生产还是通过外包采购来获取所需要的生产投入品（包括生产工具、工程服务、零部件等）。外部购买（buy）而不是内部生产（make）的决策选择并没有受到相关产品或服务可以从合作企业内部获得这一事实的影响，因为"内部"资源必须在与"外部"资源的竞争中胜出才能被选中。就工作小组所具有的自主性程度而言，无论其正式的法律地位是什么，它更像一个独立企业在行使职责。①

工作小组内部及小组之间的协调是通过反复的目标设置过程得以实现的，这种创新性的组织方法受到日本企业组织的重大突破的启迪，但它又不再仅限于日本企业。这种组织方法建立的第一个概念就是通过对当前产品和生产流程的严格调查，思考"生产什么和如何生产"。这种标杆管理（benchmarking），辅之以对可能出现的新颖但尚未经证实的技术的评估，打破了"什么能做，什么不能做"的前提预设。因而它对当前模式是否明智提出了实用主义的质疑，并为探索未来的可能性做好了准备。

产品设计遵循一个分权化但却有纪律的过程，这被称为"同步工程"（simultaneous engineering）。负责零部件设计的每一个子单位都可以对初始计划提出修正意见，并同时需要考虑其他子单位提出的修正意见对于自己设计的影响。因此草图设计被反复评估、修改和提炼，而借助工程经济学或价值分析方法，每部分的成本也得以与其对最终功能的贡献度进行比较。

---

① 但是请注意，如果考虑事实上的权力谱系，不同行业，甚至在相同行业内部各个小组的差别也都很大。在涉及雇佣或解雇工人等重大事务上，很少看到工作小组具有非常明显的权力，尽管它们经常可以通过非正式渠道施加影响。对于工作小组有限权力的原因的讨论已经超出本文范围。有关所有者愿意牺牲学习能力来换取监控能力的诱惑的分析请参见 Babson（Babson, 1995）。

一旦开始生产，误差检测与矫正系统便利用新惯例下发生的故障来引发对之前未检测出的设计和生产流程中的弱点的搜索。正如实用主义那样，持续地对实现目的的手段进行调整（反过来也一样，对目的也不断修正），同样也是不同生产者之间合作的手段和目的。

此外，标杆管理、同步工程、误差检测与矫正系统所需要的信息交换同样使得合作者互相密切监督各自行为，并在灾难性后果发生之前发现失败和欺骗征兆。最终，充分的信息交换会使参与者就正在研究的问题形成统一意见。由于这些机制将可靠性的相互评估与合作探究的能力联系在一起，因此我们在整体上将这种合作系统称为"从监督中学习"（learning by monitoring）。

例如，某汽车企业要设计一个新型小型面包车，设计小组首先通过两方面工作初步设定了大致的绩效目标：一方面将当前最好的小型面包车作为标杆，另一方面探索尚处于开发阶段但可能用于新设计的创新技术。接下来，设计小组通过参考先进的样板和比较可能性，将这些一般性绩效目标进行了分解，子任务包括发动机的设计、暖气系统、通风系统和空气调节系统等；然后，设计小组从企业内部或外部供应商中选择专业化的团队来实现最初的设计目标。

相互独立的子任务团队同时对所有的子系统精心开展工作，它们将运用在小型面包车第一轮标杆管理过程中所采用的相同办法，即对竞争对手的成功经验和未来技术的可能性进行评估。此外，对于最终产品有着至关重要作用的生产流程，它们将采取标杆管理的方式以保证产品性能达到甚至超过当前最优秀的竞争者。例如，发动机工厂将以单位输入所产生的输出量为衡量标准，将自己产品未来预期的表现与其他发动机工厂（生产类似发动机且产量类似）产品的实际表现做比较，并以提供给最终消费者保单的形式保证其产品具有类似的可靠性。

要实现上述过程，便要求各企业和子公司将关键生产流程中的实际绩效数据共享。实现数据共享的方式有两种，或者通过双边信息互换，或者（更多时候）通过设立行业的研究机构对每一个企业的生产流程进行排名，条件是每个查询者必须提供自己当前数据的完整描述。对于这类属于企业独家性能指标数据的共享，以前常被认为是不可能的。但在动荡易变的市场环境下，各企业意识到，即使当前产品相对于其以往产品在性能上已经提高很多，但如果想当然地以为自己的产品具有很强竞争力（甚至更优越），这将是非常危险的。① 接下来，初始目标往往在同步工程中被修正，例如发动机设计小组可能发现了提高性能或降低成本的更好办法，只要它能说服其他合作小组相应地修改自己所负责的零部件的设计。

借助准时制生产模式和与之伴随的误差检测与矫正系统，最终设计得以持续改进。在准时制生产模式中，零部件仅仅在需要的时候才被送到每一个工作站：理想情况是"一次一个"（one at a time）。这些机制都使得生产过程的中断和产品的缺陷立即体现出来。一个工作站的故障会使得零部件向下游工序的输送中断从而导致整个生产流程停止；类似的，生产过程中某一阶段所造成的产品缺陷使得正确地完成接下来的工作非常困难或几乎不可能。

因而，为了保证生产过程的正常进行，引起中断或缺陷的原因必须被找出来，视为生产工艺的失败或者是设计或运营组织的不完善。对于这些原因的调查需要顺着因果链条一直回溯到不太可能的源头，而这又需要通过持续地、坚持不懈地追问一系列问题，这被称为问"五个为什么"。例如以下这些问题：

• 为什么A机器发生了故障？——（可能的回答是）未采取相应的预防维护措施。

• 为什么维护人员没有尽到应尽职责？——（可能的回答是）他们一直忙于修理B机器。

• 为什么B机器总是发生故障？——（可能的回答是）该机器加工的某个部件总是被卡住。

• 为什么那个部件总是被卡住？——（可能的回答是）该部件因为热压而形状扭曲。

• 为什么这个部件总是过热？——（可能的回答是）这是一个设计缺陷。

与标杆管理和同步工程类似，误差检测与矫正系统同样揭示出了一

---

① 请注意标杆管理不是仅仅复制其竞争者的产品，创造性的标杆管理会利用其他行业领域的优秀技术。例如很多汽车制造商学习里昂·比恩（L. L. Bean）的订单执行系统，而施乐（Xerox）学习了乐高（Lego）的精密塑性成形技术。

项复杂工程的各部分之间合作关系持续改善的可能性。各项改进的成果最终的累积效应便体现在各个生产过程中，参照标准的不断提升。

这种新型企业在认知方面的高明创新就体现在这些看起来朴实，甚至是常识性的制度中。对于标杆管理、同步工程，以及如"五个为什么"之类的误差检测方法来说，它们都完成了有限理性条件下曾被标准理论认为是不可能实现的事情：常规性地质疑当前惯例的适用性。无论是在新设计的初始性能指标定义过程中（标杆管理），还是在这些近似指标的具体化过程中（同步工程），抑或是在这些指标的实际生产过程中（误差检测），这种对于当前惯例有纪律约束的质疑总是发生在自我审查非常重要但又非常困难的时候。①

上述机制要求参与者在限定的可能性范围内寻找解决方案（例如一系列当前及潜在的最优设计，可能造成某一特殊故障的行为链），尽管人们往往难以预见这些方案的精确框架和内容。正因为如此，所寻找解决方案的结果很可能既为人所不熟悉，又令人不安，因而迫使人们重新评价习惯性的反应。因而，（在本文所阐述的理论下）新型企业是新的一类制度的成员，这些制度不是由固定的、连它们自己都可能忘却的惯例所定义的，而是由它们用来质疑和修正既有惯例的常规性做法所定义的。我们将新的制度视为实用主义的：它们系统性地激起对惯例的质疑，即一种实用主义意义上的紧迫的怀疑，认为习惯信念对于解决当前问题的指导性很差。②

针对问题的团队会议使得企业能够处理大量的可选方案。但是，通过广泛的合作而不是科层制的任务分解来解决问题的团队会议即刻遇到一个反对的意见：根据标准理论假设，这样的合作所带来的两两接触呈几何级数增长。如果 A 必须先和 B 商议，然后和 C 讨论，B 和 C 再相互咨询；这样除非合作伙伴非常少，否则磋商的次数将是难以处理的。然而，如果所有合作者能够坐在一起（有限理性条件下标准理论未对这

① 对于企业来说，它们会很自然地与其最亲密的合作伙伴建立稳定关系（Gulati, 1998）。长远来看，这可能同样会导致我们在企业内部运营过程中碰到的认知无效问题。我们的观点是，无论在组织内部还是在亲密的合作关系之间，通过引入对既有实践及决策的质疑这种实用主义机制，来阻止狭隘认知问题的发生。

② 可参见 NUMMI（通用汽车和丰田企业的合资企业）如何平衡标准流程和持续改进之间紧张关系的例子（Adler et al., 1999）

种可能性进行考虑），那么一次会议就可以代替很多次会议，从而大大节省了参与者的时间。

更重要的是，团队会议将成员的多种能力和经验集中在一起共同使用，对通过标杆管理、同步工程以及探求解决问题的办法而产生的可选方案进行评价。因此，新型小型面包车的设计小组召集发动机和传动设备的设计专家在一起，同时还包括造型设计、市场营销和生产制造方面的专家，讨论与所希望的发动机性能相关的目标市场的方案。每一个方案都能启发所有人的灵感，而所有的方案都可以接受团队内部多元化知识的检测。团队本身及其成员都可以借助这种多学科、各项目的互动过程而受到启发。其结果便是各种方案的可能性都可以被清晰地展现出来；而同样的方案如果被逐一审查或由一个评估员来审查，方案的可能性仍会模糊不清。①

（三）实用主义合作的优势

上文中我们已经提到，非标准理论的指导原则使得采取合作行为的企业既能够促进知识学习，也能够控制机会主义。接下来在本部分，我们就明确阐述实用主义合作的优点。

1. 效率和效用的来源

尽管其目标很高，且其初始阶段的成果可能相当有限，但以上描述的实用主义方法仍然可以是非常有效的。我们曾提到过，标杆管理和同步工程的目的是充分揭示当前绩效和潜在绩效的巨大差距，并以此激发绩效提升可能性的讨论，接下来是对提升绩效的方法本身进一步改进的讨论。在初始性能设计、生产方法以及误差检测系统方面所达成的协议都应该是灵活可行的，因为这些是一切的起点：它们是暂时性的、可完善的，而非不可更改及决定性的。

上文还曾提到过，"从监督中学习"机制的总体效果并不是为了形

---

① 将集体会议的机制置于实用主义合作行为的核心会涉及企业能力的本质（及可能的边界）问题。我们相信，集体会议的质量会受到各方吸收能力的影响（Cohen & Levinthal，1990），而且反复磋商可能使得这种能力与特定的合作伙伴相关（Dyer & Singh，1998）。我们承认，一个企业能够成功地同时处理不同合作关系的数量是有限的（Bensaou，1999；Prahalad，会议讨论）。

成一个详尽的、完全可复制的产品设计或生产流程。标杆管理也并非为
了产生实验室原型以便在其他地方再次复制成功的实验结果。相反地，
它仅仅提出可实现的目标并揭示达到该目标可行的方法。误差检测系统
（其本身当然也是可以被基准标杆化的）被用来确定如何将已明确的方法
适用于当地的环境以实现目标。因而，项目早期对目的和手段的初始定
义不仅是起始点，同时也是组织合作者交流经验的基础。这种交流接着
又促进了学习过程，使得初始阶段之后对于产品设计或生产流程的修正
成为可能。

这一双重的信息（计划和观点）集中共同使用产生了一种独特的效
率增长。如果说科层式的任务分解促成了规模经济（economies of scale），
那么信息集中共同使用就产生了范围经济（economies of scope）：所从事
的项目越多元化，从事另一个新类型项目所付出的成本越低。

范围经济的效率增长来源于新制度下的认知属性。对于不熟悉的可
替代性方案（这包括竞争性设计、实现该设计的多种可能方法，以及对
于缺陷来源的不同解释等）的比较有助于降低孤立、封闭决策的可能
性，同时也有助于减小以后很晚才发现某一决策存在代价高昂的缺点的
风险。

范围经济效率增长的第二个来源是有纪律的信息集中共享机制的自
我强化属性。正如任务分解可以促进进一步的分工一样，团队内部及各
团队之间就任务的模糊性开展的合作探索也将进一步提高使用合作机制
的熟练程度，这同时也有利于可选方案范围的扩展以及对方案内容认识
程度的加深。

上述效率增长的累积效应使得熟练掌握这些实用主义原则的企业能
够颠覆大批量生产方式的真理，并将大批量生产方式的必要条件转变为
新的生产方式的相互强化的属性。例如，大批量生产中，同时探索产品
设计的多种可选方案将严重阻碍针对任何一个方案的及时、彻底的研
究，这是不言自明的一个道理。但与此相反的是，在技术精密复杂且产
品生命周期又很短的行业里的企业的经验表明，同时探索多种可选方案
是理解每个方案优缺点的最佳方法，而且这也进一步有助于对当前最佳
方案的选择。

类似的，在大批量生产中，产品质量的提升往往要以生产效率作为

代价。例如，在关键的操作部位设置检查员以提高产品精确性的单独的努力，似乎不可避免地会影响生产的自动化，减少生产系统单位时间的产出，降低生产率。采取多部门相互配合的协同努力来提高精确度（除非精确度的提高是作为不断加深的任务分解的副产品）似乎又过于复杂。然而，"从监督中学习"模式中的误差检测与矫正方法能够揭示生产组织过程中的缺陷，这些缺陷在非紧急状态下往往难以被发现。通过以下几种方式消除这些缺陷可以增加提高整体效率的可能性，比如减少因设备维修而造成的停工时间；或者引入了精巧的自动化设备，其正常运行依赖于维持公差非常小的环境条件；或者是降低了劣质产品的返修率等等。从对采用不同生产方法（或者是传统的科层式分工，或者是新型的实用主义合作机制）的竞争性企业的相对绩效进行评估的角度看，这些提高整体效率的可能性在对产品缺陷的容忍度较高的环境中是无法实现的。[①]

2. 控制机会主义

实用主义的信息集中共享也为解决机会主义问题提供了可选方案。正如上文所指出的，大批量生产方式中机会主义问题的出现是科层制专业化分工的一个直接结果。针对某一工程所投入的专用资源在其他地方毫无用处，专业技能是如此的片段化和专门化以至于一个人或一个团队的做法对其他人来说是难以理解的。因此，"挟持"及欺骗他人的诱惑使得垂直一体化以及相应的依赖权威与激励的方法成为应对该问题的必然选择。相比之下，新的制度改变了合作条件，使得鼓励欺骗的行为动机能够为信息的相互交换所抵消，而后者恰好也是探索未知模糊性的必然要求。[②]

首先，关于方案和观点的信息共享打破了相互之间一无所知的专家

---

① MacDuffie（1995）完成的一项全球性调查表明，同一家汽车生产商可能同时在产量和质量两方面都名列前茅。

② 重复交易一度被认为是建立信誉以避免投机行为的充分条件（Axelrod，1984）。但是在投机主义已经盛行的环境中，长久的贸易关系只不过会让贸易各方更加认为对方不值得信任，因而无助于信任的建立。例如文中引用的汽车零部件供应商的调研数据显示，向其主要客户供应零部件的时间越长，美国企业对其的信任度越低（Sako& Helper，1998）。"从监督中学习"为供应商提供了收集信息的机制，使得它们可以确认是否应该相信其客户已经改变行为方式的声明。

间的区别，而以往他们甚至可能利用他人在自己专业方面的无知来获取利益。科层制组织形式带来了相互一无所知的信息不对称，而"从监督中学习"机制在事实上创造了信息对称，使得各参与者能够彼此了解对方的意图和能力。例如，在"同步工程"和通过"五个为什么"的问题来实现的"误差矫正"系统中，每一名参与者都必须相互教会对方他们各自专业中重要环节的知识，并清晰阐述其设计意图的内在逻辑，以使得他人能够理解其行为。

其次，新系统的一个主要能力在于重新部署（re-deploy）资源的能力。正如前文所述，新颖的寻找解决方案的惯例和解决问题的行为准则都打破了原来静态的生产流程，从而有助于新系统形成这种灵活性。同样重要的是重新使用（re-use）专用性资源的能力，比如重新对计算机进行编程或者改变某一工具的模块以使之适应另一用途。对于一个工作团队而言，探索新规则、解决问题，以及改装灵活性设备的能力越强，它越能够完成资源的重新配置。结果便是与特定产品相关的专用性资源开始"去专用化"（de-specified），越来越类似于通用性资产，从而不再是"挟持"的工具或目标。

3. 新型合作中的利益协调

接下来我们将更细致地讨论，"从监督中学习"和信息共享的实用主义机制是如何有助于协调合作者的利益冲突的。如果新型合作所需资源是通用的，而且一部分必须通过合作才能获得，企业将不是迟疑地而是非常热切地开始采用新合作机制。此时它们最主要的担心便是遇上一个没有能力或者不可靠的合作伙伴；但"从监督中学习"所内生的信息交流机制会在破坏性后果出现之前警示这种危险的存在。

例如，能够使企业与它们的内部或外部供应商就子系统或零部件的性能指标达成一致意见的过程，同样能够使合作各方对目标价格、各方的目标收益率，甚至是以价格的周期下降为表达方式的提高生产率的目标速度进行联合评估。在此过程中简单的分享规则将产生，例如当由于技术创新促使生产率提高超过目标值时，供应商将获得至少一半增加的收益；随着技术创新日臻成熟，收益分享的比例将以事前约定的速率下降。如果发生持续的绩效不及格问题，例如供应商不能在中期内满足降低价格或者提升产品性能的要求，那它将受到相应惩罚，客户将减少购买其产品的份额。

因而在任何时候，合作者都可以将实际绩效与预期绩效进行比较，并根据在合作初期对目标达成共识时所获得的关于可能性的广泛常识来分析差距出现的原因。在产品周期前几轮表现特别优异的供应商可以在随后的项目中被赋予合作设计的更大责任；而那些表现特别差的供应商最终将被取消合作的资格。

另外一个补充性机制也有利于合作各方的利益协调。考虑一下实用主义解决问题的评议过程使得各方放松坚守自我利益的可能性，对自我利益的掌握在这一过程中断断续续地受到影响，最终超出人们力所能及的范围。当习惯性答案的不足之处被一点点地追溯到它的源头，不熟悉的领域被一点点地标绘清楚，解决问题的办法也就一点点地找到了。正如有限理性依赖于惯例来寻求解决问题的方法，自我利益的计算依靠固定的预期。实用主义寻找解决问题的办法所得到的出人意料的结果使人很难评估预期，就像有限理性不能预测这些结果一样。

关于一项合作式解决方案潜在优势和劣势的不确定性，即使只是暂时性的，也有利于对下一个项目的追求。对于合作各方来说，当前的、局部的创新的价值（以当前问题解决机制对于绩效的提升程度来衡量）很有可能在下一阶段工作中得到大幅提升。另外，合作各方之间持续的信息交换降低了任何一方利用新机制牟取私利的潜在危险。资产的去专用化、持续的可监督性，以及简单收益分享规则都为解决机会主义的"挟持"问题提供了保证。因而，只要暂时性的可行解决方案浮出水面，就有动力继续探索以提高合作各方的共同利益，而不是中止方案的搜索而转向重新商谈利益分配的问题。

对于每一个方案更加细致的研究会产生更多新的意外，并重新开始更进一步改进的探索。一段时间之后，当新出现的方案改变了参与者做什么，以及它们是如何相互依赖的，它们对于什么是可能的认识会反映出这些复杂的相互牵连的关系（entanglements）。自我利益将把合作过程中商议得出的出人意料的结果当作下一阶段计算的起点，而自我利益以前被假定是要损害合作商议的。以上这些机制共同的结果便是"日本式生产系统"（Japanese-type production system）的建立并不预先要求长期合作关系的存在，因为这一系统在运行过程中会产生长期的合作关系。

从对成功的"超级供应商"（上文曾对此做过定义）的观察中，我们可以看到上述这些机制在起作用。这类供应商大约占赫尔普所抽样本中的 10%。很明显的，"超级供应商"平均每天一次以电话形式与其客户进行讨论，这一频率是样本中其他供应商的三倍；其中，超过一半的时间被用于为客户提供技术支持（这一点也是"超级供应商"和其他供应商非常明显的差别）。然而，这类型的信息沟通所带来的益处并不仅仅是有利于客户单方面的；供应商们也认为，在与主要客户的沟通过程中它们也学到了很多，从而有助于它们与其他客户打交道。

这样的行为是不能被产权理论解释的。想要明确谁拥有部分完工的设计的所有权，或者谁拥有驻厂工程师时间的支配权，这通常都是不可能的。当前也没有证据表明，存在一个详尽而完整的合同来管理这些交易，这样的合同往往被视为代替垂直一体化的治理机制，以便在一系列的偶然性事件发生时在交易各方之间分配责任义务，并在产生不同意见时提供仲裁。相反，正如先前所阐述的，对问题的回应是将这些问题一起解决。当前存在于合同各方的正式协议更多的是提供一个宽泛的权利义务框架，而并非一个预见未来所有可能事件的详尽的解决方案。① 接下来我们将看到，这些协议甚至完全不应该被视为合同。

只有当问题解决机制本身崩溃，合作关系才最终结束。仅仅只有不到 9% 的"超级供应商"预计客户会在它们的竞争对手以较低的价格提供与它们相同的产品时抛弃它们；而 62% 的"超级供应商"预计，在这种情况下客户会帮助它们赶上其竞争对手。但这样的帮助并非不附带条件：如果迟迟没有改进和提升，20% 的"超级供应商"预计其客户会逐渐地降低其市场份额。上述调研数据传递的信息是非常明确的：如果短期的失败可以成为一个学习的机会，通过学习最终产品绩效能够得到提升，那么短期的失败将被容忍。

因而，资产专用性程度的降低和信息流通程度的提升并不意味着采用"从监督中学习"机制将以一种更加市场化的方式来代替科层制

---

① 与个体行为的一个类似比喻对此处的理解可能是有帮助的："一些人通过偷盗获取资源，但大部分人通过购买。人们的确会采取措施以防被抢，但在分析资源获取方式的过程中，如果只聚焦于这些预防措施那显然是荒谬的。"（Ronald Coase，个人交流，1998 年 7 月）

（hierarchy）的治理方式。在完全竞争模型中，买方通过在潜在的众多卖方中频繁更换交易对象，来以最低价格获得某种特定属性的产品。相比之下，在"从监督中学习"机制中，客户将选择最擅长学习的合作伙伴并且与其长期合作（即使其产品价格暂时性地更高），从而达到持续改进产品性能和生产流程的目的。

四　动态的考虑

曾一度认为，非标准企业只能在某种特定的制度环境下（例如日本的制造业）存活。前文中我们已经对此观点进行了反驳，因为我们已经看到，非标准企业已经成功扩散到了很多不同的制度环境中。在本部分，我们将就此类动态扩散问题做进一步的讨论。什么因素会导致"从监督中学习"的兴起，以及间或性的衰退？实用主义机制又是如何改变参与各方的特征的？

（一）"从监督中学习"的兴起和衰落

即使在一个短期导向的、追求个人利益最大化的社会，就像在美国，尽管并不存在日本式集体主义的制度环境，"从监督中学习"机制也已经扩散开来。我们认为，有纪律约束（disciplined）的联合研究过程能够产生维持和滋养合作所必需的条件，即使所处的制度环境容易发生机会主义的"挟持"问题。企业可以从具有高回报且低脆弱性的项目开始，逐步发展出企业间具有高信任度的合作平衡状态（Aoki，1984）。如果诸事进展顺利，合作各方可以尝试进行较大的项目。

例如，唐纳利（Donnelly）是美国一家生产镜子的企业，是一个较早为本田公司在美国的工厂提供产品的供货商。起初，该企业仅仅是利用现有工厂的过剩产能为本田供应相对标准的后视镜。实用主义机制为合作双方观察对方的可信任度提供了机会。唐纳利公司发现，本田公司无偿提供的技术帮助有助于它降低成本，而本田公司也注意到唐纳利公司富于革新精神且产品质量在稳步提升。逐渐地，它们开始在较大的项目上展开合作：唐纳利公司先是为供应本田公司产品专门建造了工厂，接下来是为本田生产的一个全新的产品（侧镜），最后是和本田公司在日本的工程师一起，对一个新的复杂的生产流程（自动喷漆线）进行联合设计。本田并没有对唐纳利公司做出任何明确保证，而只是说如果供应商在这些越来越困难的任务中表现优异，本田公司将保证其生意不断增长（MacDuffie & Helper, 1999）。

在这一过程的初始阶段，机会主义问题的严重程度与"标准"（standard）企业中几乎一样，但是通过实用主义机制可以得到较好的控制。最终，管理人员意识到实用主义机制作为监督手段是足够有效的——如果他们欺骗，他们将会被抓住，所以他们打消了试图采取机会主义的念头。由于这些实用主义的机制增进知识，因此提高了合作的收益、降低了机会主义的收益，于是他们开始习惯于合作。这加强了他们的经验法则，即合作是好的。他们也越来越少地被机会主义行为所吸引。最终，"从监督中学习"将创造出视"合作"为目的的参与者。无论是否被抓住，一旦这些参与者采取了欺骗行为，他们将感到背叛了其身份认同。当这种情形发生时，"从监督中学习"将创造出一种信任的文化，而这种信任文化曾经被视为"合作"产生的前提条件。

类似地，资产专用性的程度也将随着时间的推移而演变。最初，一个企业的技能可能专门适用于某个特定的合作伙伴，但随后可能变为通用性的。例如，唐纳利公司在最初的几年里，集中专心学习"本田的方式"，以至于它的其他客户受到了影响。然而最终，唐纳利公司发现其所掌握的技术对其他客户来说也非常有用，而且其成本和产品缺陷率都大幅下降。再者，唐纳利公司目前还拥有很多其他需要喷漆侧镜的客户，这些产品在它们得到本田的订单之前是从未生产过的。

随着唐纳利公司不断将自己的侧镜业务扩展到其他客户，对于本田公司来说，存在着与唐纳利合作所创造技术的价值外溢（spillover）的风险。但即使如此，本田公司热情参与合作项目的人员似乎确信，总的说来，其收益大于损失。在调研过程中我们听到最多的一句评论是，"通过这种方式，我们都更好了"。"整个行业都将受益于这种合作"的信念是推动进一步创新的强大动力。即使面对无处不在的对机会主义或者技术外溢的担忧，"做大蛋糕"（enlarging the pie）的愿景都有助于维持合作的进行。

但尽管如此，美国汽车工业的发展史告诉我们，如果环境条件发生了剧烈变化，企业也有可能从其利益出发而放弃合作。在福特汽车公司和通用汽车公司的成长过程中，它们越来越多地陷入技术外溢给其他企业，却没有得到任何相应的收益的困境。当它们在消费者市场变得更加强大时，使供应商之间相互竞争便成为更具吸引力的选择方案，因为它们凭此能够不与供应商分享先进技术而保护其垄断租金；而即使由此导致产品质量很差，因为消费者当时没有更多的选择，福特公司和通用汽车公司也有恃无恐。所以在20世纪50、60和70年代，汽车生产商放弃了实用主义机制而选择了竞争性市场。直到日本汽车进入美国市场后，环境才又发生了变化。美国汽车企业不再能够不与供应商分享技术以保护自己的租金，它们发现高质量是吸引消费者的重要途径。在这些情况下，它们才又重新（主要是通过仔细研究日本汽车企业的生产模式）发现了实用主义机制（Helper & Levine，1992）。

（二） 实用主义机制的战略性使用

在技术变化与管理战略的文献中，一个关键的研究问题是，"某一方面创新能力特别突出的企业，在其他方面的创新能力是否不足？"特别是，就本文主旨而言，"从监督中学习"机制是一种渐进的变化（incremental change），它可能抑制根本性创新（radical innovation）或者阻碍战略上的重大改变（Abernathy，1978；Porter，1980）。

搜寻解决方案的新惯例虽然打破了依靠习惯性反应来应对设计和生产问题的局限，但这却可能同样不适合更高层面的监督工作。当这些实用主义的机制遇到公司治理领域的决策时将发生什么情况？例如，评估整个营业范围的生存能力，在截然不同但又都貌似合理的长期发展目标中做出选择，在企业整体遇到威胁或机会时做出选择。已有经验和理论证据表明，传统的公司治理机制（例如有控股权的银行，或是分散的股东）可能都不适合于这类综合性任务（encompassing task）的解决。

标准的治理模式不适用于解决此类问题的一个典型例子便是20世纪最后十年，日本大型银行惨淡的表现（Aoki & Patrick，1994；Aoki & Saxonhous，2000）。作为相机行动的公司监管者，当在任的管理人员无力应对意外情况时，他们应该承担起企业运营的主要责任。但事实上，在20世纪90年代的经济衰退时期，这些银行同样被证明无力应对危机局面。被置于其监管之下的企业或者浪费了自由现金流量，或者错误估算了企业能力、产品线的扩张规模以及分销渠道的有效性。

主要问题存在于接下来所要讨论的悖论之中。"从监督中学习"机制所产生的信息不仅是每天和中期工作所必需的，同时也是当严重问题发生时理解如何矫正所必需的。但是对于在紧急情况下"相机"（contingent）介入的监管人员（主办银行和股东）来说，这样的信息却无法获得。只有每天都参与（非标准）企业运营（例如参与项目选择及评估流程）的人员才充分了解如何在高度分散化的运营体系中，以最有效的方式解决问题。但是当问题出现时这样的人员却不被信任，而无论代表何种利益的局外人都不可能在短时间内了解所有信息从而解决问题。因而从这个角度出发，无论是"耐心的资本"（patient capital）银行（视企业为一个共同体，以"声音"表达不满），还是急躁的股东（时刻准备着"退出"），二者的局限性都很强这一共通之处比其差异更为重要。

因此至少在原则上，日常运营和项目选择之间的必要的联系可以通过直接扩展"从监督中学习"的机制建立起来。请回忆上文提到的同步工程、标杆管理和误差检测系统，它们都强调通过让参与者更多接触新鲜项目和观点的方法，使他们跳出熟悉的习惯和惯例。参与者观点的多元化使得他们有能力对新鲜事物进行评估，而这同时也便于重新审核各种观点的差别。这种审议的直接成果便是竞争性解决方案之间的理性选择，以及能够避免类似问题再次发生的组织改革。

为什么我们要假定对于可能性的思考停止于此？随着解决问题的各种竞争性方案的出现，它们可以被制定为内在连贯的可选方案——尽管在以前是难以想象的。选择某一种解决问题的方式或某一具体解决办法而不是另外一种时，该企业同时也是在重新提炼或重新解释其决策标准。这类决策过程，以及选择如何决策的过程，从法律或者其他解释性学科的角度来看都是非常熟悉的。在这些学科领域，决定应用一个先例将改变以后关于先例将如何被应用的理解。与此类似，企业所做出的选择也将决定其战略。

因此我们可以设想，一个企业的战略可能是在长期累积的解决问题过程中的联合产品。企业的身份或本质是最高层面的可选方案决策。从根本上讲，企业本身正如其产品以及生产产品的过程一样，是一个设计问题。

但是对于治理问题的解决方案是不是可行呢？请回忆我们前文所提到的，"从监督中学习"已经从制度层面的机制（标杆管理、误差检测、准时制生产）发展到实用主义信息共享和自我审查的一般原则。这些原则是可靠的，因为它们体现在能够完成被认为是无法完成的任务的具体机制中；例如，探究惯例假设的价值而不摧毁所有的惯例。除非我们知道对某种新产品进行标杆管理是可行的，否则我们可能认为对知之甚少的可选方案的探索不会加快决策进程而是使之瘫痪。在考虑战略层面时，我们提出了可行性的新问题。什么样的机制可以将实用主义逻辑带入战略层面？在战略层面的讨论中，是否存在标杆管理？如果存在，它们如何与较低层级的自我审查机制联系在一起？

我们认为，的确存在这样的机制，虽然它们可能还是实验性的。相较于本文前面的讨论，这些机制的特性可能并不能被清晰地描述出来，且对于它们的最终有效性我们并不确信。考虑下述关于战略层面的标杆管理的三个例子。它们都表明，即使并不知晓该如何进行（甚至不知晓是否该进行），各个企业的确都希望将"从监督中学习"的机制延伸至战略层面。

第一个例子是"顶点计划"（Capstone），它是一个企业孵化器，由福特公司的主席亚历克斯·特罗特曼（Alex Trotman）为培养福特的未来领袖在 1996 年创立，其重点是加强他们对于战略可能性的关注，特别是对汽车行业之外的战略可能性。（通用汽车公司有一个类似项目，而丰田公司刚刚建立类似项目。）在"顶点计划"的项目中，四个小组（每组由六名管理人员组成）花费了大约半年时间学习有关企业战略的关键问题，从一系列可选方案的标杆基准评估开始，到最后为组织革新提供富有针对性的意见。第一个这样的建议（至少公开报道如此）是一个试点项目，仿照大批量零售业的发展模式，将福特品牌汽车与林肯品牌的水星系列汽车（Lincoln Mercury）的代理商合并，形成一个新的实体企业，该新企业由福特公司和当地代理商共同所有。将"顶点计划"的模式推广之后，福特公司及其他企业的执行官为获得晋升，在对类似方案进行广泛深入的标杆基准评估之后，都纷纷提出新的企业战略方案。通过这样的方式，战略层面的设想浮出了水面，而手头的运营没有受到影响，得以继续。

第二个例子是衡量企业内部的业绩指标的兴起。这些指标的主要作用是衡量各个子单位的业绩与整体业绩的关系。虽然如此，单个指标的作用却相当有限。因为如果某个指标能概括所有子单位对于整体业绩的贡献，那么该指标就可以直接作为企业的绩效目标了。在这种情况下，便没有必要进行实质性的分权式管理。但如果分权是有正当理由的（非标准企业的前提假设是，因为子单位的目标往往是不同且多变的），那么想要找到一个综合且通用的绩效衡量指标的可能性非常有限（Meyer & Zucker，1989）。

单个指标不能完成的工作，"一篮子"指标便可以完成（Kaplan & Norton，1992）。对于哪些指标该纳入"篮子"而哪些指标该剔除的讨论，会将分权式非标准企业各运营单位之间在战略定位上的差别显示出来，这一差别随后将被讨论并选择。因而，在推销一套复杂的专用业绩指标，被称为"股东总回报"（total shareholder return，TSR）的手册中，波士顿咨询公司这样强调其重要性：

> 将战略决策和由此产生的价值驱动者定位所带来的益处与对可选方案进行定量分析的益处一样多。这一过程是使各种观点和设想显露的催化剂，并为各运营单位的管理小组提供讨论的平台以形成共识……（事实上）一个恰当设计和执行的价值管理计划……能够在生产线人员和管理人员之间，以及公司高层和业务单位之间，创造共同的语言。它在企业战略和 TSR 绩效指标之间建立了清晰的联系。（Boston Consulting Group Brochure，pp. 22 and 24 – 25）

第三个例子结合了前两个例子的特征，这便是美国的风险投资家。他们不仅活跃在高新技术领域，同时也越来越多地通过"杠杆建立"（leveraged build ups）及其他新奇工具参与成熟行业的重组，这些工具将对"企业 - 客户"关系、信息利用方式以及生产组织方式进行深度重组。在选择投资企业组合时，同时也在不时剔除或加入新的投资组合企业，风险投资家广泛地使用类似于"顶点计划"的战略标杆管理。

在决定放弃投资组合里的哪些公司或是继续支持哪些公司时，风险投资家将战略性使用绩效指标。更一般的情况是，风险投资家将植根于对分权式实用主义公司日常运营知识的管理建议和指导与专业化的财务管理结合在一起。他们更像是管理者（或者是雇员，或者是供应商），而不是相机行动的监管人员（不论是股东监管者还是银行监管者）。

这些例子并不能证明将实用主义原则推广到战略决策或公司治理层面在制度上是可行的。但是它们都清晰地表明在公司治理领域，的确有许多已经认识到问题的行动者的存在，这些问题主要集中于企业运营和战略选择的相互关系上，也就是标准企业理论的局限性，这些行动者被激发起来以发展出更有效的协商性可选方案。就这些行动者的行为而言，他们已经成为推动非标准企业理论进一步扩散的重要力量。

五　结论：对于企业的经济学和组织理论的一些启示

经济学和组织理论都将企业结构视为追求效率的结果。根据这些理论，企业的经济目标与所处环境条件被假定不变，理性的行动者选择企业的组织形式以在实现目标的同时最小化成本。因而科斯认为，对于一项交易如何进行，企业在市场和组织之间进行选择，企业偏好选择市场；直到这项交易通过市场获得的边际成本超过通过组织的边际成本时企业才转而选择组织（Coase, 1988）。而新近的理论（与此紧密相关）强调，追求利润最大化的代理人通过基本的构件，例如合同和所有权，来建构不同架构的企业（Hart, 1995；Baker et al. , 1998）。经典的组织理论，特别是集中关注企业组织形式的相关理论，也假定类似的选择，不过这些理论提出了比较丰富的应对具体的环境挑战的制度解决方案（Selznick, 1949；Gouldner, 1954）。上述理论以不同形式承认存在一个超出组织能力的动荡领域。这便是"非正式"组织的领域［请参见巴纳德（Barnard）的阐述，他认为，管理"非正式"组织以完成正式组织的任务，是管理者杰出能力的象征（Barnard, 1947）；或者无固定结构的组织（Mintzberg, 1993）对于占主导地位的组织形式来说其重要性是处于第二位的］。

而我们的研究消解了"正式"与"非正式"（或者说"组织的"与"不可组织的"）之间的区别。我们已经看到，采纳"从监督中学习"机制的企业能够在对标准企业来说太动荡的环境中建立起精巧的、强健的组织，条件是它们把质疑既有惯例的行为本身也惯例化。相比于非正式组织，这些企业远比其更加结构化、组织化；但相比于传统的正式组织，它们的结构则设计得更加灵活。

（尽管本文的观点可能太过新颖，但）至少，该类企业形式的现实存在及快速扩散，都对当前学术研究中所包含的组织形式和构件的清单的充分性提出了质疑。本文所提出的合作的新形式既不是通过市场，也不是科层式组织（Powell，1990）。相较于科层式组织，此处并不存在一个主要负责人能够在合作者之间决定性地分配任务。而且，新结构中合作者的位置是可竞争、可替换的，这也完全不同于科层式组织中子单位的属性。相较于市场，合作者之间并不仅仅是以价格为信号，即使当他们正在做一项工作时，他们也共同探究他们想做什么。

这种联合探究，以及其对于随后项目的影响，都标志着新的合作关系不同于我们更为熟悉的合同关系和所有制关系。在正规的合同关系中，合同各方被假定将从事特定的任务，且对于实现这一任务具有足够的知识，能够在各方同意的条件下提供产品和服务而不需要与其他人继续商议。但是在前文所述的"共同开发"这一情形下，这些条件都难以满足。恰恰相反，参与合作的每一方做什么部分地取决于其他人做什么。例如一名供应商的驻厂工程师，他建议其客户（即汽车生产商）改装生产线以更好发挥该零部件的性能，反过来他也可建议供应商修改该零部件以最佳使用客户新上马的生产线。我们的合作关系与各方相互独立、没有任何关系的合同关系（arms length contracting）相距甚远，确实是，这些不同于标准理论的任何合同关系。

本文观点同样也不同于我们所熟悉的所有权理论。上文已经提到，所有权是一种剩余控制权：当合同未清晰规定时，处置某种资产的权利。换句话说，剩余控制权是所有者按照他或她的喜好填补现有合同的缺口的权利；或者是当现有合同对资产使用的规定已经完成时，所有者决定如何重新配置资源的权利。现在，如果将上述项目选择和项目治理的例子进一步延伸，假设客户和供应商都听从了该工程师的建议，二者同意在重新改装的生产线和重新设计的零部件的基础上，联合开发下一代产品。新合作机制下对于资产的联合控制，逐渐演变成联合的剩余控制权，因而也是一种新的所有权形式。

本文在部分重构美国汽车工业史的背景下提出了以上观点。这些新颖的组织形式和工具都提示着在更广意义上，对于组织选择的生态学观点的修正。虽然经济领域的参与者注意到各种组织模型（但他们的理解相比于上文所提出的理论而言，略显片面），但是在面对组织选择的时候，他们并不能像上述理论所描述的那样确定。原因就在于其所处的环境比理论假设的更为复杂和模糊，而且还更受制于因经济参与者行为所带来的非边际性变化。由于这种深刻的不确定性，参与者制定战略行动计划的努力必须与追求利润最大化的努力一样多（Sabel，1996；Sabel & Zeitlin，1997；Zeitlin，2000）。在一些广泛的条件下（包括当前的条件下），他们关注塑造他们所处的环境至少要同他们关注在任何环境中追求自身利益一样多。

因此，出于自我利益而对既定条件做出调整的行为，可以与发现或创造一系列更加有利的约束条件的努力一起进行，而无视熊彼特关于适应性反应（接受既定限制条件是有约束力的）和创造性反应（不接受既定条件是有约束力的）的经典区分（请参见熊彼特和 Lazonick 对熊彼特观点的讨论，1961）。如果我们对于通用汽车公司并购费希尔车身公司的重新解读是正确的，那么通用汽车企业购买费希尔车身公司第二拨股票（即剩余的 40% 的股票）的行为便是战略性的，正如汽车工业领域出人意料地频繁变换供应商策略。如同当既有组织形式不再适合当时环境时，行动者会创造出新的组织形式，他们同样也可以通过整合已有形式以形成新的混合模式。

关于美国汽车工业当前客户 - 供应商关系更细致的研究表明，存在很多这样的调整。例如福特公司，虽然不是全部但也采纳了许多前文所述的合作机制。福特建立了长期合同并且也为供应商的研发提供了适度的支持。作为回报，福特获得了许多关于其生产流程的反馈信息，但这些信息并不涉及成本结构。因而标准形式和非标准形式的企业在现实中并不像在理论上那样区别明显，对于其原因非标准理论比标准理论更容易理解。

综上所述，本文中我们提出了不同于标准理论的新的企业理论。不同之处包括关于人类认知过程的假设，关于组织所处环境本质的认识，关于实用主义合作所需要的组织过程的特性，直至关于管理行为、产权重要性和企业边界的结论。

我们从一个假设开始，即认为企业（以及企业中的个人）将合作学习视为克服有限理性约束的重要途径，特别是当它们面临高度不确定性和动荡环境，这甚至超过了它们对于合作过程中的机会主义风险的担忧。由于与解决问题相关的信息往往为企业内部和外部更大范围环境中的各种人所掌握，因而我们强调一系列实用主义的机制，这些机制能够保证有纪律的联合探究，并且在参与合作的企业网络内不间断地寻找洞察力和新的视角。这些机制的核心目标是系统性地对惯例进行质疑，但同时并不损害其作为实际行动的指南；它们被称为"实用主义"的，因为它们系统性地激起质疑。接下来，我们进一步阐述了实用主义机制的特性。它们不仅能够有效地促进知识学习，同时也能够限制机会主义，以有助于合作的继续，这个现象我们称为"从监督中学习"。

我们认为，对于某一具体问题有最接近知识的小组应该积极参与对话讨论，这是实用主义合作机制能够产生收益的关键所在，因而这也要求管理者更多地充当讨论的领导者而非合同的监督者。在这些条件下，资产的共同所有权将带来绩效的提升，这与标准理论的预测正相反。另外我们认为，当企业面对许多正在进行或潜在的实用主义合作机会时，表面上看它是在选择项目和合作者，但本质上是关于企业边界的决策，反映了企业战略（即使经常是一个应急战略）。企业边界经常是如此划分（或重新定位）的，即高强度、高密度的讨论对谁最有成效，谁就参与同一个项目，这意味着其可能是在同一企业，也可能不在同一企业。

本文主要比较了标准企业理论和非标准企业理论的观点，以讨论经济学理论解释企业间合作行为的不足与缺陷。我们预计，未来的研究将从经济社会学和组织理论出发，讨论企业网络问题。今后的工作将表明，网络理论虽然在刻画某一时点上、某一网络的特征方面能力很强，但在解释网络动态方面还不太成功。我们认为，仔细研究通过实用主义合作的"从监督中学习"机制，可以说明一个企业网络是如何发展并应用互惠性知识的，同时这个企业网络也能够解决由互惠知识所带来的收益如何分配的问题。从这个角度出发，每一个合作项目的成果（将网络中的企业结合在一起的联合探究的一次重复）都可以作为网络结构和能力演进的预测。

行政国家中的最小主义与实验主义

〔美〕查尔斯·萨贝尔　〔美〕威廉·H. 西蒙 著

董春晓 译*

　　编者按：本文对命令－控制型公共行政的两种替代方案——最小主义和实验主义进行了界定和评估。最小主义希望将政策设计立基于经济概念和市场实践之上，从而使得一线的行政自由裁量权和大众参与最小化。它核心的规范性准则是效率和一致性。实验主义治理的核心是赋予现场人员自主权来追求通常宣称的目标。中央监督一线的绩效，汇聚信息进行原则性比较，创造压力和机会在各个层面上做出持续性的改进。它在制度设计上面的决定性基准是可靠性——学习和适应的能力。最小主义和实验主义都是针对传统的命令－控制型治理方式应对多样且多变的环境失灵所做的回应。文中认为最小主义的干预往往偏好助推、市场模拟、规则简化一类，适应性和因地制宜能力弱。比较而言，实验主义治理模式特别适合于有效的政策干预对因地制宜的要求与对变化环境的适应性要求。需要指出的是本文的最小主义不是中国流行的"最小政府"，而是孙斯坦在《助推》一书中所传达的治理思路。本文在环境、社会福利和原子能可靠性的案例分析基础上，说明实验主义治理已经在美国有了比最小主义更广泛的应用，尽管奥巴马任命了最小主义理论代表孙斯坦为白宫负责规制的办公室的主任。

---

* 查尔斯·萨贝尔（Charles Sabel），哥伦比亚大学法学院教授；威廉·H. 西蒙（William H. Simon），哥伦比亚大学法学院教授。董春晓，清华大学公共管理学院博士研究生。

关键词：命令－控制　最小主义　实验主义

Abstract： This Article identifies and appraises the two most promising alternatives to the "command-and-control" style of public administration that was dominant from the New Deal to the 1980s but is now in disfavor. The first—minimalism—emphasizes public interventions that incorporate market concepts and practices while also centralizing and minimizing administrative discretion. The second—experimentalism—emphasizes interventions in which the central government affords broad discretion to local administrative units but measures and assesses their performance in ways designed to induce continuous learning and revision of standards. Minimalism has been prominent in legal scholarship and in the policy discourse of recent presidential administrations, but its practical impact has been surprisingly limited. By contrast, experimentalism, which has had a lower profile in academic and public discussion, has visibly influenced a broad range of critical policy initiatives in the United States and abroad. Indeed, key initiatives of the Obama Administration, including the Food Safety Modernization Act and the Race to the Top education program, are virtually unintelligible from any other perspective. We argue that, in practice, minimalism suffers from an excessive preoccupation with static efficiency norms and price signals, and from insufficient attention to learning and "weak signals" of risk and opportunity. Experimentalist intervention is a more promising approach in the growing realm of policy challenges characterized by uncertainty about both the definition of the relevant problems and the solutions.

Keywords： Command-Control　Minimalism　Experimentalism

"命令－控制"型公共行政自新政以来一直盛行至 20 世纪 80 年代，但如今已经式微，本文对它的两种最有前途的替代方案进行了界定和评估。第一种是最小主义，它一方面强调借鉴市场的概念和实践进行公共干预，另一方面也强调行政自由裁量权的集中化和最小化。第二种是实验主义，它强调中央政府把广泛的自由裁量权赋予地方行政单位（local administrative units）来实施干预，同时对其绩效进行度量和评估，从而引导其进行持续性的学习和标准修正。最小主义在法律研究和最近几届政府的政策论述中非常抢眼，但是实践层面上的影响却出人意料地有限。比较而言，实验主义在学术和政策讨论中都表现低调，但实质上在国内外影响了非常广泛的关键政策的创制。事实上，奥巴马政府的关键政策创制，包括"食品安全现代化法案"与"力争上游"教育计划，从其他角度是很难理解的。我们认为，实践中最小主义的困窘是因为过度强调静态的效率准则和价格信号，却对学习以及风险和机会的"弱信号"关注不足。面对在越来越多的领域中相关问题的定义和解决方案的不确定性的政策挑战，实验主义干预是一种更加有前途的政策路径。

引　言

源自新政、一直盛行至 20 世纪 80 年代的美国公共行政风格已经在近几年逐渐失宠。这种被贬称为"命令－控制型"的公共行政以被规则约束的官僚和尊重不可言喻的专业知识为特征。最近逃离命令－控制型行政限制的努力发展出多样的形式，大部分存在争议。在本文中，我们认为这些努力能够被理解为两种广义的公共干预模式，并对于它们相互之间以及相较于命令－控制行政的优势进行评估。

第一种模式可称为最小主义。该术语与卡斯·孙斯坦有关，但它也包含了很多其他法学专家对于行政的理解，特别是布鲁斯·阿克曼和杰里·马修有影响的研究。该模式希望将政策设计立基于经济概念和市场实践之上，从而使得一线的行政自由裁量权和大众参与最小化。它核心的规范性准则是效率和一致性。它偏好让精英官僚进行成本－收益分析而对下层的人施加限制性的规定。取代指令性规制的手段的是可销售的义务，比如排放许可，或者是可销售的权利，如福利券。这样人们也许容易做出坏的选择，它强烈要求"助推"（nudges）——提供信息或者在受益人能够选择退出的情况下做出临时性选择——而不是强制规则。

我们把第二种模式叫作实验主义，尽管它和其他人所谓"新的治理"或"回应性规制"非常相似。实验主义受到管理理论和民主理想，特别是作为两者交汇的杜威的民主实验主义的影响。它在制度设计上面的决定性基准是可靠性——学习和适应的能力。实验主义制度的核心是赋予现场人员（local ones）自主权来追求通常宣称的目标。中央监督一线的绩效，汇聚信息进行原则性比较，创造压力和机会在各个层面上做出持续性的改进。该模式实现学习和协作的突出的机制是重视公务员和利益相关者之间的协商参与。

我们的分析关注和解释一个基础性政策调整，即自 20 世纪 90 年代以来，美国、欧洲和其他国家或地区的基本政策沿着实验主义标准的重新定向。最小主义在法学领域和流行的政策阐述中有影响力，但在实际的政策设计方面的影响却一直令人惊讶地有限。奥巴马总统在他的竞选活动中经常运用最小主义的理念，并且任命卡斯·孙斯坦——最小主义的前沿专家——为白宫信息与监管事务办公室主任。但是政府最重要的举措——如财政政策、银行偿付能力、健康保障、食品安全、教育和海上石油钻井——只是偶尔或不明显地体现出这些理念。比较而言，实验主义在法学领域和流行的政策阐述中比较低调，但是它的前提已经在国内外普遍而显著地（经常不完美）体现在最近的规制与社会福利政策创制当中，包括"食品安全现代化法案"和"力争上游"教育计划，这些只能从实验主义的角度才能理解。

我们认为这些发展反映了这样的事实，即实验主义治理模式特别适合于有效的政策干预对因地制宜的要求与对变化环境的适应性要求。这些环境的核心特征是弗兰克·奈特意义上的"不确定性"——偶然性不能被正式严谨地感知或者精确地计算而只能够被虚幻地预期。在不确定性的环境中，政策目标不能在执行之前被宽泛地界定；它们只能在问题解决过程中被发现。最小主义干预的特征预先假定政策目标的制定、阐释与它们的行政执行具有明显的区别。

另外，实验主义治理模式有赖于争论的前提，即公共行政能够通过一种原则性的和可问责的方式把一线的自由裁量权和利益相关者的参与相互融合。对于分权式的自由裁量和参与的不信任使得一些最小主义者拒绝实验主义的改革，即使在一些实验主义者认为其很有希望的情况下也是如此。尽管这个问题只能在实践中得到解决，我们赞同实验主义回应该问题的一些途径。

第一部分，我们"启发式"地定义"最小主义"的概念，说明它可被用来认定近期公法研究的有影响的前提，我们也详细阐述其作为规制和社会福利的政策执行的指导之局限。第二部分，我们详细阐述实验主义的替代方案，论证其在关键的政策领域的比较优势。我们并不否定在一些情境下最小主义干预的价值。可是，我们认为规制和社会福利政策所针对的系列问题应该在许多方面朝着实验主义干预的方向进行关键性变革。

一 最小主义及其局限

我们首先描述最小主义的核心主题，然后进一步分析其局限。最小主义倾向于关注静态的效率并承诺简单的规则。它偏好的干预并不能很好地应对那种需要持续性和高度情境适应性的问题。这类要求赋予了许多突出的新兴政策领域以特色。在某些规制性领域如工业、产品安全或非单一点源的污染，它们的目标是减缓不能被有效定价的风险；合适的干预依赖于变革中的技术和不能被化约为简单、静态规则的当地偶然因素。类似地，社会福利政策相较于之前更少关注如何确定和补偿那些不能工作的人，而更加关注供给他们所需的应对变动的经济环境的技能和适应力。这些努力的功效经常依赖于复杂的因人定制性服务，而会被市场和规则驱动的管理所导致的均匀化倾向所危害。

（一）一般性主题

最小主义反映的是向专家官僚机构广泛、模糊授权的新政实践的理想破灭。顶层的问题是由于立法规范产生了过度严格的指导规则，会诱使特殊利益集团的寻租倾向，因此法规必须赋予行政人员自由裁量权。底层的问题是很难控制"街头官僚"——社会福利工作者、巡警、任课教师——的不可避免的自由裁量权，由"街头官僚"做出那些经常决定市民生活机会的、一线的、面对面的裁决。

最小主义也反映了 20 世纪 60 年代自由主义者们更具野心的参与式民主的理想破灭。阿克曼强调人们在非危机时期只会投入有限的时间和精力于政治上。孙斯坦补充认为大众协商的困难并不是民主乌托邦崩溃的全部。因为大众协商会产生团体迷思（groupthink）和群体极化

（group polarization）两种倾向。只有放弃追求非个人化的观点，整合的决策过程才能使其得到缓解。最小主义者相信存在和市民进行有意义的代表性协商的可能性，但是他们的民主是间接的。它应该通过选举代表而非大众参与的方式来实现。

最小主义者向经济学寻求规范和惯例来减少官员的自由裁量权。核心的经济学规范是效率，即资源投入的边际回报相等，分配给那些低成本运作的组织。一般经济学理论认为标准化市场会在特定前提下实现上述两个任务。最小主义者主张只要我们考虑到市场效率缺席的先决条件（并且效率不被允许来替代分配和权贵价值），上述思路并不是固有的保守主义。

最小主义者能够通过严格的成本－收益分析来限制顶层的政策制定者。他们支持要求有关部门在发布规定前进行成本－收益分析的总统命令（尽管他们谴责对成本－收益分析有倾向性的滥用来服务于政治目的）。他们已经在成本－收益分析的结构化方面贡献了很多成果，特别是在如何系统化地把更高的健康水平、更长的寿命和更低的死亡率纳入规制收益方面表现突出。

在福利项目方面，他们提出了"社会成本核算"来平衡私人定制的收益与裁决过程的成本。对于审判型听证会的适用应根据讨论中的不当剥夺的成本－收益比例幅度来权衡。通过设置实质性标准，管理者在严格执行规定和情境性标准之间进行选择以便在"透明度""可及性"（便于应用）和（与根本目的的）"一致性"方面最大化社会收益。

在执行层面，最小主义者会在可行的情况下偏好采用补充和诱导市场的监管手段。典型的范例是可交易的排放许可证以及教育券或住房券。这种改革许诺了两大好处：其一，兼顾优化市场的倾向；其二，降低项目规范的数量和复杂性，因此减少自由裁量权。

配额与贸易管理是对"空气清洁法案"偏重命令与控制范式缺陷的回应。根据法案要求，污染者被强制把排污水平降低到使用"可应用的最好的"减污技术所能达到的标准。这样的治污是无效率的，可是因为这项规定无视排放者之间服从成本的差异而强加了统一的义务。此外，在无数高度发展的技术运作中决定可用的最好的治污技术是不适宜官僚来完成的任务，因为做出恰当决策的信息被私人公司掌握，这些公司出于种种原因不给监管者提供这些信息。

最小主义者用可自由交易的排污许可证来替代规定可实行的技术解决路径，他们主张规制者发行授权的排污许可证来规定社会可接受的污染总量，强迫排放者在市场上购买这些可交易的许可证。有能力减污的公司可以轻易地达标，达标成本高昂的公司则可以在市场上购买排污许可证。这样市场就能够把减污的负担精确地分配到那些能够用最低成本达到目标的公司，没有任何官僚组织能够直接做到这一点。

在社会福利方面，最小主义者支持教育和住房券计划，受益者能够在一系列满足基本标准的提供者中选择适合自己的。受益者获得"券证"（voucher）以后，可冲抵教育或住房费用，被选中的服务提供者交出券证便可以从政府得到补偿金。排污许可证是在成本方面通过把减污义务分配给成本最低的减污者来达到最优化，券证则是在收益方面通过提供给受益者他们认为最有价值的住房或学校服务来实现最优化。此外，原则上，券证会给服务提供者施加压力，使他们对受益者更加负责。如果受益者不满意，他们会去其他地方，这样供给者就会失去这部分补偿金。

最小主义者最有野心的计划是取代既有的大部分福利模式，采用阿克曼和安妮·阿尔斯欧特（Anne Alstott）所谓"利益相关者"（stakeholder）机制，每个公民只需满 18 岁就会获得一大笔一次性的资助，完全由自己决定用在什么地方——"做生意、支付学费、买房子、养家或者是存起来以备未来之需。"这种全民"券证"旨在"给所有人提供一个公平的起点"，同时保护个人免受官僚干预，消除资产测查的负面激励的影响。利益相关者是自由的，可以自己做出决定，但是选择的好坏后果都要自负。在市场已经存在的地方，问题是人们做出有效选择的能力有限，孙斯坦促请政府应该经常把干预限制于严格设定的助推上，弥补认知的不足。这些微观干预包括通过提供给消费者信息来改变默认规则或者搭建"选择框架"。举例说，如果人们看起来储蓄过少（预示退休后的贫困或表示遗憾），解决方案不是强制储蓄，而是改变税收补贴的默认规则和雇主经营的储蓄计划。原有的默认规则是，如果员工要求的话，用人单位才会直接补偿一部分储蓄；新的规则要求雇主除非员工另外要求，否则用人单位就需要补偿员工储蓄。通过非实现选择的方式施加影响，助推有助于使认知不足的选择者免于犯错，同时最大化自主性，避免留下过多选择机会而造成犯错的代价。

在行政裁决不可避免的地方，最小主义者倾向于用明晰而简单的监督规则限制自由裁量权。这里典型的例子是社会保障残疾人项目中职业化的决定。以往合格的保障者是需要证明申请者不能从事大多数的工作。几十年中，决定都是基于全面考察做出的。但是"残疾人考察者眼中的'出毛病的劳动者'是变相的'装病者'"。行政法律裁决的上诉系统会在二阶上简单地复制这种错误。最小主义的解决方案是根据一系列直接的发现作为基础得出结论，如年龄、受教育程度、身体素质、工作经验。街头官僚的问题能够通过让官僚决策离开街头而得到避免。①

（二）局限：规制

我们现在谈谈对最小主义的保留意见，从最小主义对待监管的方式开始。

1. 效率的视角

最小主义规制主要关注效率和最优化，尽管效率不是唯一的，往往也不是最重要的规制价值。管理学家往往抱持不同的价值，认为其有时会与效率原则存在张力。可靠性是其中的一个准则。它意味着学习和创新的能力，更具体的是，能够及时识别和适应不断变化的威胁和机会。

无疑，最小主义者承认可靠性的重要意义或者会把可靠性归到广义的效率范畴中去。可是，如果效率观念扩展到可以包含可靠性的话，它将失去部分最小主义者视为核心价值的精确性和严格性。实践中，最小主义者会根据静态的效率观念部署而存在轻视可靠性的风险。

可靠性要求回应不仅仅是像价格那样的强信号，也需要回应类似于细微的、不规则的或有偏差的弱信号。弱信号也许不能被市场价格显示出来。它们与价格和其他的强信号不同，更加庞杂而多样，要求充分的审议和复杂的判断。就拿21世纪初发生在俄亥俄州托莱多的戴维斯－贝斯核电站事故来说，维修人员发现铁锈颗粒"神秘堵塞"了空气调

---

① 官僚理性包括精确地和经济有效地执行中央确定的目标；它避免与要求者直接对抗，代之以关注详细规则与指导方针的应用、内部系统的管理与控制以确保一致性。

节装置和水过滤器，他们不得不每两天换一次过滤器。工厂替换这种过滤器的标准是两个月一次，只是涉及的工人不知道。这样每两天换一次的节奏持续了两年，一些员工发现含有放射性物质的金属衬垫已经由原来的六英寸半的厚度被腐蚀到大约半英寸的厚度，腐蚀产生了铁锈颗粒。卡尔·维克（Karl Weick）和凯瑟琳·萨特克里夫（Kathleen Sutcliffe）指出：

> 铁锈积累是工厂问题的弱信号，本该被更早地探知，工厂内部的经验本该被更彻底地传播，使员工能够在将其与其他器械替换的经验比较中发现过滤器替换的问题，采购部门本该询问过滤器替换的大订单，或者如果有人简单地开始向周围的人问问每 48 小时替换一次是不是看起来超标了。

最广为人知的组织关注监测和评估弱信号的案例是在航空和能源生产领域"高可靠性"组织，操作故障可能带来灾难，"精益生产"的制造企业，短产品周期和消费者对于专业化功能的要求所产生的竞争压力下也会需要这种原则，灾难的威胁会给组织带来高的可靠性。可能最有影响的例子是美国海军的核潜艇计划与丰田相关型号的产品开发生产。

海军的核推进计划发展起了一种风气，即对待哪怕是细微的、意外的发现也将其看作潜在的系统性故障的症状，进而呼吁调查并进行可能的改革。丰田生产系统特别强调其流程（比如，通过"实时"部件交付来消除缓冲库存）以便错误很快浮出水面。它去除了产品下线后返工的部门，发现产品缺陷，及时停工查找问题根源，以便在恢复生产之前加以弥补。

尽管原则上效率和可靠性是不存在张力的，但其实许多人会看到在实践中效率可能会抑制对可靠性的追求。

第一，效率一般偏好简略的规范与粗糙的分类。这类偏好鼓励"意料之外常态化"的倾向，重构离经叛道的意见而不是把它们当作修正常规理解的机会。挑战者号的烧痕与戴维斯－贝斯核电站的铁锈，最初都被认为是异常的，但是由于压力缺位，没人去关注它们，结果就被重构为正常现象了。维克和萨特克里夫强调反对"简单化""当细节被归结为粗糙而一般性分类的时候，弱信号在诊断上的价值会消失""分类会提高协作（静态效率层面上的），但是它们会伤害到对前所未见事件的探测"。

第二，效率视角强调短期成本最小化。对可靠性的追求需要承担直接可见的成本而未来的收益是不确定的。那些被教导聚焦效率的人有时会发现这很难做到。20世纪90年代核电转型的报告中，约瑟夫·里斯（Joseph Rees）写道，在旧模式下，"最大化电量产出意味着在核反应堆报废后进行维修"。传统上职业经理人会抵制"操作经验回顾式"工程师——他们试图阻止所有的故障，因为他们工作的收益是不能被有效度量的。对经理人来说，投入资源去解决没有发生的问题是一件令人不舒服的事情。介绍丰田式组织的书不断强调，尽管最优化和可靠性最终会走向统一，但是经理人需要推迟或升华对最优化的关切而集中关注可靠性问题以获得成功。

当市场失灵的时候，规制努力去促成可靠性有时要比效率的达成更加重要（静态上，成本最小化意味着附带上期限）。规制者需要发展在自己系统内部的学习和适应能力，他们需要鼓励所监督的公司通过给其他相关公共价值以适当的权重来培养这种能力。

当高可靠性组织中防止灾难的目标被制定出来的时候，可靠性的需要是很明显的，但是当可能的危害是相对弥散和频繁的时候，可靠性关切只是潜在相关的。刑事司法是一个重要的临界的案例，最小主义与法律经济学视角产生了共鸣，它们引导关注通过正确地计算惩罚来让价格搞对。这种看法强调运用成本-收益分析来估算对社会价值相关危害的惩罚（经调整以反映逮捕与定罪的可能性）。竞争性的看法认为应该更加关注投入资源于预防方面。后一种观点认为，我们本应该有更少的监狱和更多的警察，应该策略性地分配警力，应该在犯罪多发的地区多布置警力，严格地限制小的侵犯（如"生活质量"侵犯）发展成大的犯罪，或者特别针对危险的个人或团体采取措施。这里的关注点不在于价格或处罚，而在于那些能够反映环境的弱信号，它们也许本身不明显，但却是危险的征兆。该方法要求协调公共部门和私人组织的力量，收集并整合信息迅速对环境做出适应性回应。

成本-收益分析的思路在20世纪八九十年代主导了刑事司法问题的讨论。可是在20世纪90年代的时候由于"社区治安"制度的提议而遭到挑战，后者在许多实施的城市中偶有成功。2001 年"9·11"事件使得这种关注弱信号可靠性的视角凸显了出来。在灾难性的危害方面，它把关注点转向了预防。因为关键绩效欠佳涉及模棱两可信息的共享和处理问题，措施应强调适应性回应能力的重要性而不是有效的惩罚性矫正。

2. 最小主义的干预

最小主义者最喜欢的规制工具——成本－收益分析和可交易的排放许可证——反映了对于静态效率的关注。尽管这些工具是有价值的，但却不像最小主义者建议的那样如此有用，他们的努力可能已经使我们对一些重要问题的注意力变得模糊和分散了。

（1）成本－收益分析

任何明智的规制建议都应该考虑成本。比较某项提议的成本和收益或不同提议的公共支出与相对回报是一种有价值的启发式工作，即使这些实践是存在争议和不确定性估计的。按环保局的规定，三卤甲烷饮用水的标准拯救一条生命的成本是 20 万美元，而 1，2－二氯丙烷标准拯救一条生命的成本是 6.53 亿美元，这种比较，即使只是粗略估算，也没有证明这两种标准是错误的，而是让我们有理由去进一步重新研究这些标准。

虽然如此，成本－收益分析的潜在价值也由于在实践中过分关注静态因素、忽视学习与适应能力而被限制了。第一，倡议者一直忙于一些收益计算的方法问题（比如，一条生命的价值，不同种类生命的价值或是未来生命正确的折现率问题），可是，实践中，结论经常被未来成本的估算所主导，这些估算必然是高度猜测性的。理查德·里瓦斯（Richard Revesz）和迈克尔·利佛摩尔（Michael Livermore）注意到有一种持续性的低估节约成本的创新和高估成本的倾向。他们举出的估算的例子被证明犯了"好几个数量级上"的错误。方法论再严格，在投入误差太大的时候，也只能做出很小贡献。

第二，捍卫成本－收益分析的倡议者倾向于停留在抽象层面上而没有关注如何将其制度化。成本－收益分析的价值作为知识探究并不隐含任何制度结构上的结论。某种程度上，分析涉及不同法规和部门的成本收益的比较，这意味着存在一个部门用标准化的方法收集和发布数据，但是这个核心角色可能由一个相较于其他部门不会显著丧失权威的附属机构担任。或者它能根据不同的严格标准来涵盖实质性监管的职责。后一种途径会出现中央管理者如何能够吸收并连贯地评估大量的相关信息得出下属监管结论的问题。相较于最小主义文献中所暗示的成本－收益的核心地位，前一种途径把其放到了较不起眼的位置上。

实践中，近年来成本－收益分析对联邦政府最主要的影响看起来是为白宫收回机构的权力提供了借口。这一转变至少包括严厉的、临时性的中央干预，有时是被有倾向性的和意识形态性的成本－收益预期所驱动。因为白宫监管办事处不如前述机构透明，所以看起来监管过程的透明度大幅缩水。负责监督成本－收益分析的白宫信息与监管事务办公室不需要按照行政程序法的规定受到司法审查，并"有长期记录在案的保密史"。毫无疑问，最小主义者为这些发展而感到后悔，原则上这种不透明并非成本－收益分析所必需的。但是这种发展也显示了过于关注分析方法而忽视制度所导致的局限性。

第三，实践中成本－收益分析经常发生在政策草拟或规则制定阶段。对于许多问题来说，那个阶段有关信息太过稀缺而模糊以至于不足以支撑正式而有价值的分析。在这些情况下，应该设计一些部分的干预手段来生产更多的信息去引导适应，有时，它们可能最终会生产出能够使得正式的成本－收益分析成为可能的关键信息。如果是这样，成本－收益分析的重要阶段应该被安排在项目进行的过程中。但是目前最小主义者似乎仅把成本－收益分析方法限定在起始阶段。

（2）总量管制与交易

在最小主义文献中发展最充分的规制措施就是总量管制与排放交易许可证制度，它集中体现了最小主义所追求的静态效率准则（把减污的负担给成本最低者）与最小化自由裁量权。排放权交易已经在一些涉及少数大规模工业企业和充分研究的污染物（特别是炼油厂所排放的铅）的项目中得到了成功的证明。这些理念在其他情境下或者说在更大的范围，似乎也可能被证明是有价值的，但是其应用空间要比最小主义者所建议的小得多。特别是，以下四点局限需要被特别予以关注。

第一，总量管制与交易手段只适用于能够被有效测量的损害。即使空气污染的环境损失不能被直接测量，它们也应该与特定污染源的排污量直接相关，对于这些污染源和排污者，我们能够测量出来。可是，对于大多数规制目标，我们不能进行这样的直接替换。规制系统经常是预防性的；它们的设计旨在最小化风险。比如对于食品安全、职业健康与安全、金融系统的稳定性，没有一个单一强大的风险指标。在这些情况下，我们被迫依赖于弱信号。

第二，即使存在充足的可以应用的替代指标，总量管制与交易的信息要求也是很高的，有时会不合格。规制者还是得对每一种污染物设定一个管制的总量（在使用税收手段时，设定一个价格）。因为这种模式的功效依赖于单一的数值，风险非常之高。而且确定这一数值，无论在方法上还是数据上都是不完全和有争议的。规制者不仅需要考虑到目标污染物减少的直接影响，也需要考虑到降低污染动机所导致的行为带来的其他成本和收益——成本方面，比如没有受到规制但是依旧污染很严重的企业可能会补充那部分规制后的污染减少量；收益方面，比如没有被规制的污染者可能也会根据被规制者所要求的减少污染的量来做出同样的努力。此外，尽管市场机制不用确定排放者相对的减排成本，但是仍需要知道总成本的信息。为了确定有效价格，我们需要知道边际总成本等于边际总收益的点在哪里。这种确定性的达成是非常困难的。

因此在有限的总量管制与交易系统实施的范例中存在一些弄错数量而导致价格错误的例子就很正常了。2000 年的时候，加利福尼亚实施总量管制与交易制度过程中被证明总量定得太低了以至于无法满足需要。一氧化二氮的排放价格由 1999 年每吨 2500 美元猛增到 2000 年的 45000 美元。另一个危机在欧盟温室气体排放交易制度建立的时候就出现了。配额价格在 2006 年崩溃了，很明显监管者高估了目前正常的业务排放量，因此设定了一个很高的总目标，导致了太多的配额分配。

的确，"总量管制与交易"这类模拟市场的改革，相较于命令－控制模式，要求的信息量和判断的复杂性都更小。可是，这种优势是有代价的。模拟市场将会带来弹性上的损失，特别是在新的信息出现之后进行修正的能力。部分市场模拟的观念希望通过创造市场化的权益凭证来引导私人投资。投资者将会宣称他们应该享有关于价格或数量关键参数的稳定性。这样的配额方式可能会在几年中运作很好——欧盟经常是 5 年——并且有时候会被存起来以备将来之需。这种方式一般会限制监管者在期末前发行新许可证来稀释许可价值。收紧监管在任何体制下总是容易引起抗议，但是通过鼓励排放者把当前的限制看作一个固定时期内的权利，总量管制与交易反而可能会使问题进一步恶化。

市场模拟方式的第三个限制是，尽管他们对于排污者的减排成本的变化很敏感，但是对于减排的整个地区的收益变化不敏感。至少在范式模型中，整个系统只有一个单一的排放价格。排污导致的损害会根据不同地区人口密度、排污总量和土地使用情况而变化。在重度污染的市区所导致的损害经常比总排放水平很低的人烟稀少地区的边际损害更高。此外，市场范式可能会鼓励"热点地区"的产生。这些地区会因为污染者最小化合规成本而聚集在低成本的地区（土地成本很低并且当地税收和监管受限的地区）。当这种情况发生的时候，污染负担将会集中在特定的地区。这些地区会不成比例地集中着低收入的弱势群体。热点问题不适用于温室气体的排放，因为它们的影响是全球性的，在哪里排放结果都一样，可是，对于大多数污染物质来说，排污地受到的影响最大。

排放许可交易制度会通过细分市场来解决属地问题。这样，在加利福尼亚的南海岸空气质量管理区，在内陆和沿海地区许可证的价格是不同的。可是这样的细分会使得判断所要求的信息数量倍增。

第四，在排放交易制度下厂商会有多大的动机来开发和传播创新性技术并不清楚。创新是以主要生产资料特别是专利的形式出现的时候，一般只会在有利可图的情况下才会被交易与应用。但是许多创新都是以渐进提升的面目出现的或者是涉及特定情境下的技术适应。没有公众的努力，小的改进可能会因为交易成本问题而被埋没。此外，技术在没有特殊定制的情况下可能无法使用，小型和中型的生产者可能会缺乏必要的技术援助途径。行业协会或业务顾问能够弥补这一空缺，但是并非一定如此。比如美国农业推广服务显示，为了引导小型和中型生产者采用对社会有利的实践，需要公共补贴的技术援助，这样能够保护它们免于在监管所要求的复杂的技术回应方面直面大型生产者而产生竞争劣势。

（3）局限：社会福利

最小主义的助推福利计划（默认规则与选择框架的控制），简化规范和券证在一些问题上证明是很有帮助的。但最小主义看起来在许多重要的问题上很难令人信服。对于一些福利政策的明显趋势它并未回应，而近年来最有希望的创新也开始采用别的方法了。

① 变化中的政策背景

新政的福利制度关注分类规则下的现金转移，其核心的范式是按照私人保险的模型搭建的，反映了风险的精算概念。基本的参考点是一个典型的工人：一个男劳力工作 40 年，在开始的探索期之后，一直在同一个行业干同一份工作。他的职业生涯可能会被失业的插曲所打断，但是这些失业是与可计算的商业周期有关的。社会保险法案创设了在他失业期间、退休之后、以防万一丧失工作能力的时候以及死后的遗嘱中，与工人工资挂钩的收益计划。与之平行的是公共援助受益者的准入测试项目，对那些不能工作或缺乏充分就业经历使其符合社会保险要求的人测试其是否符合社保条件，该项目预计会在经济从萧条中恢复过来的时候被取消。

自然，公共援助项目不会随之消失。它们所要解决的问题会持续和发展下去，即便在接近充分就业的时期。充分就业这一基本的发展，要求对公共援助项目与它们同社会保障计划的关系进行扩展性反思。最小主义研究中很重要的部分就是在试图解决这一问题。我们注意到，这些学术研究试图保留新政时期所强调的标准中规则性的现金收益，同时扩展社会保险和公共援助项目的范围。

可是这种努力并没有充分考虑支撑新政时期能够承诺标准所规定收益的基础的变化，很大程度上也忽视了对于这些措施凸显的政策回应。关键的社会变化关注增加了多样性和波动性。劳动力市场的参与者和非参与者的界限正变得模糊。新政模式中一般认为劳动力市场之外的人群——老人、残疾人、家庭主妇、单身母亲——如今都被认为有权利、有义务或者既有权利也有义务去有效地参与到劳动力市场中。长期从事同一份职业或行业并不普遍；工作所需的技能也比之前更多而更快地变化。在新政时期被认为很正常的长期的婚姻难以维系，父母共同抚养孩子的家庭如今正在减少，家庭结构变得日益多样化。社会背景与公民语言能力快速变化。一些社会问题，包括许多涉及精神健康与药物的滥用问题在新政时期并不突出，如今却成为讨论的社会热点。在相关的技术和需求正在快速变化的环境下，福利制度需要逐步承担起这些健康保障的责任。

这些发展中最突出的政策创新是通过对于能力的关注来替代对于维护或补偿的关注。精算的风险池在不确定的世界中分解,福利国家致力于把人们应对所面对的挫折的能力激发出来,无论是在市场上还是在家庭中。这些新项目的服务一般是量身打造的,可能是打破学科与问题的界限来制定综合性措施。比如,与就业相关的服务可能会与家庭支持服务相结合,或者家庭支持服务可能会结合教育、心理健康与医疗服务。

同时,持续的和不稳定的问题需要持久的适应性的干预。对于失业的回应经常不仅需要临时性的收入支持,也需要针对工作机会进行技能的重新配置和学习。考虑到复发的可能性,长期的教育和心理问题——如药物滥用、家庭功能失调、学习障碍——需要周期性的干预措施。

服务设计反映了发生在职业原则方面的变化。一方面需要有更大的能力对特性进行诊断和回应。比如,医学方面,遗传指标将最终容许对于某一病人药物的私人定制。更世俗但此时却更为重要的是,对于许多行为依赖性疾病的治疗如多尿症如今被认为需要进行包括药物治疗、饮食和活动的个人计划的构建与监督。举另外一个例子,教育界最近逐渐弄明白了关于"看字读音教学法"和"全语言教学法"之间的争论是一个误解。老师不应该在两者之间做出非此即彼的选择,而应该根据每个学生的特点来决定对他或她最有效的干预方式的组合。

社会保障领域最重要的改革,包括教育、儿童福利、残疾人权利和心理健康,反映了专业实践领域的趋势。它们一般需要进行个人评估和服务定制,复杂而繁重的诊断判定以及持续性的重新评估与适应。这些东西最小主义者都没有考虑到。

② 最小主义的干预

我们通过最小主义计划的两个最主要的特色工程来评估其在福利领域的局限性:规范简化和券证或利益相关者基金。

第一,规范简化。

基于简单规范从而减少大量复杂的鉴定工作的福利项目,有其合理的作用。在最小主义对实验主义的批判中,大卫·休波(David Super)提到了他所偏爱的福利项目:食物券与SSI(辅助性保障收入)。这些计划给广义上界定的贫困人群提供了很容易定义的福利（食物券或者现金）——"居家人群"（事实上任何在一个机构外居住并且自备食物的个人或群体）适用于食物券，老年人和残疾人适用于 SSI，如果我们抛开 SSI 残疾人鉴定的复杂程序，这些项目都是基于相对简单的规则，实施至今还都很顺利。

问题是这些项目并没有走很远。它们能够用统一的福利方案和简单的规则来实现是因为每个项目都只针对单一而简单的需求——食物或金钱——它们避免在边际上对潜在的需求做出判断。这些项目只是针对最弱势的群体来提供福利，而它们提供的福利是相对不足的。相对于广义上缓解贫困的目标，这些项目关注的范围太过狭窄。如果食物券和 SSI 构成了美国对于贫困保障和社会需求的全部内容的话，它们一定会被唾骂为可憎的事。这些福利方案一般都采用服务的形式，它们的供给者，如我们上面所提到的，正在日益采用复杂的因人定制方式。

在福利领域，学者们投入很大关注度的简化项目是残疾人社会保障计划的职业网管理。这些项目适用于那些永久性完全残疾的人，即要求在申请人现在的健康状况之下没有能力从事大多数工作。数十年来，这种"职业评估"都是通过面面俱到式的鉴定来进行的，首先，需要一名职业专家；其次，如果有上诉，就需要一名行政法官。整个过程成本高昂，最终的鉴定结论可能存在很大的不一致性。回应方式即是用"网格"（grid）取代在许多情况下的专家评定机制——严格设定的一套规则，通过以年龄、身体能力、教育情况和工作经验等少数易于确定的事实为基础来得出结论。

最小主义者会支持这种标准"网格"是为了"可及性"（更便宜的过程与更规范的一致性）而在"合适性"（与实质性目的相适宜）方面所做的高效妥协。对于这一方案主要的反对意见是其简单化的操作和包容性不足。有一些案例出现过在面面俱到式鉴定下符合条件，但是在标准网格鉴定中不达标的情况。最小主义者认为完美的正义是不可能的，对于其追求也要受到资源的限制。此外，他们也暗示无论是包容性不足还是过度的包容性都是相对的少数，所发生的类似的案例也是极端的个案。无论是不当地否定那些好像是正当的案例，还是不当地接受那些看似正当的要求，这些错误的成本都是相对比较低的。这种分析方法有两点局限日益突出。

其一，这种路径在对残疾的社会认知方面是不合时宜的。当残疾人项目在 1956 年被纳入社会保障制度中的时候，一般都认为严重丧失行为能力的人应该而且有必要从劳动力中排除出去。此外，完全和永久性丧失工作能力被认为是一种显而易见、自我定义的范畴。但是这些概念已经在规范和实证层面受到质疑。规范层面，让残疾人最大可能地参与到社会活动中已经成为一项中心目标，这一考量优先于补偿。经验上，我们已经发现通过把康复服务和职场合理的调适相结合能够让他们从事很大一部分曾经被认为其没有能力胜任的工作。这样，提供给残疾人的许多类项目都要求提供因人定制式服务。

正如杰里·马修（Jerry Mashaw）报告的那样，毫不奇怪许多人会敦促社会保障项目由补偿关注与分类规范转向"运用基于社区的多学科方法来部署金融扶持、医疗保障、康复治疗、交通服务和其他项目，推进残疾人受益者的整体幸福和最大可能的功能性发挥"。马修强调，这种修正的方法"需要高度的自由裁量权"。

其二，对于这种职业网最普遍的论断是一种静态的成本－收益观。对比而言，现代管理理论强调检测与个人错误的修正带来系统性提高的机会。错误可能只是局部的，修正某个解决局部缺陷产品的部门即可。不过也可能是系统性问题，错误能够被诊断性地解决：特定缺陷的原因能够被反映出来，随着个体问题的修正，系统性的裂缝能够得到弥补。作为一个单纯的逻辑问题，任何方法都可能是有效的，但是完整的评估必须不仅考虑准确性以及决定的成本，也需要考虑学习和系统性提高的机会成本与收益。那些感受到创新的压力和机会的公司经常决定牺牲掉静态最优来做得更好以便致力于持续性的提高。当它们这么做的时候，它们倾向于采用精确的超越最优化的概念如"总质量"或者"零缺陷"。

残疾人社会保障项目中的职业网管理对于在边缘左右的人群从静态和动态的角度有不同的解读。从静态角度来看，那些支持不一致的社会成本相对低廉的人们是正确的。但是从动态角度看，这些例子中正式规则的机会成本可能会相对更高，因为这些个案中所包含的学习和情境中系统性提高的潜力可能是很高的。甚至最近的制度依旧斤斤计较于残疾人或非残疾人的归类，如果那些被规则忽视或被过度重视的特征能够被多数的申请者所共享的话，通过边际案例的情境性监测可能仍会带来额外的诊断价值。比如，仔细地检查就可能会发现特定医疗环境下治疗失能的效果的强有力指标。而且，如果我们想象项目按照最近的批评意见进行重新设计，把康复的收入支持和情境检测后的学习潜力计划集合起来，就会更加关注边缘案例，因为它们往往会成为应用康复治疗最有希望的个案。

第二，券证和选择结构。

住房券和教育券是最小主义逻辑的自然扩展。大卫·休波对于住房券表现出一种特别的积极性。除了 SSI 和食品券，他把 1937 年 "住房法" 第八节的住房券方案作为典范。在这一方案指导下，符合条件的受助人会得到证书，并凭此让房东租房给他们。房客按其收入支付一定比例的房租，政府补足实际租金与正式确认的房屋 "公平租赁价格" 之间的差额。相较于传统的公租房计划，这样做可以给房客更多的选择空间与调节杠杆，之前的方案房客只有很少的选择，一旦搬进去之后再搬迁就不再有补贴了。

关于住房券和教育券的效果的证据依旧有限，我们对此持开放态度。可是，我们注意到这一模式的一些基本局限。这些局限类似于前述排污许可方面所观察到的局限。信息需求依旧是最大的瓶颈。设计福利券相较于直接运营学校或住房项目可能还是容易些，但是福利券需要管理者设定价格。如果住房券价格定得很低，房东会拒绝参与。如果价格定得很高，他们就发横财了。休波钟情的住房券方案已经受困于这两个问题。在一段时间内，授予申请者的大量证书都没有使用就被退回来了，因为持有者不能在接受证书的房东那里找到合适的住房。同时，在一些地方它又被指责为提供给房东远远超过市场价值的利润。

在福利券方面存在进一步的问题。受益者可能由于缺乏足够的信息或分析能力而无法利用持有的福利券做出好的选择（就像一些最小主义者自己强调的那样）。此外，这会驱使供给者寻求那些所谓最容易伺候的福利券持有者。因此其结果不是促使供给者在努力提供更好的服务方面竞争，而是在更好地确认并吸引低成本客户群方面竞争。在服务导向上，房东将寻找最稳妥的家庭；学校会寻找那些在现有的能力和行为特征上最有前途的学生；医疗机构寻找那些最健康的人群。[①]

此外，学校和住房的有效性被认为受到当地人口的社会结构的很大影响。不同能力的学生混合上课相较于分班上课能够获得更高的平均成绩。弱势群体能够在种群和经济的邻里融合方面做得更好。整合可能需要更复杂的群体平衡，达到少数群体成员能够感到舒适的"临界点"。一方面，避免触发特权的"爆点"；另一方面，如果社会平衡或融合是目标的话，那么看起来独立的个人选择似乎是不可能做到的。除了供给者和当地政府的歧视问题，还有协调的问题。

基于信息与协调问题，我们不难发现，"如果有券证，可怜的人会选择……他们一度离开的类似的隔离区"。让拥有券证的群体进行住房上融合的最令人敬佩的努力是芝加哥的加垂克斯（Gautreaux）项目，它高度依赖于专业服务对申请者的住房进行匹配，劝说他们适应与新邻居在一起的生活。

医疗成本控制是当今主要的社会福利挑战。我们怀疑最小主义的思路能否在有效的改革上起到主要的作用，我们担心它会在那些需要依赖于它们所怀疑的政府能力方面的关键性改革上起到消极的作用。

美国中部公共医疗计划，甚至是私人保险，已经带有券证的特征。医疗保险或医疗补助权利与住房券或教育券的最大不同是健康计划的受益人能够要求的福利金额是没有上限的。因此该系统中供给者有动机去提供过度的或进行相对高昂的治疗，这样做可能并非服务于病人利益，更不用说社会利益了。

经济学家对此问题的方法偏爱于通过紧缩预算来限制消费者的选择性（比如，通过削减税收补贴，鼓励医疗保险账户和用人单位自保）。竞争性的回应方案涉及在不断更新的标准下进行实践决定的行政复议。

最小主义者对于这两个视角可能都不会满意。依赖于个人选择的经

---

① 券证与其他择校项目的参与者中拥有很高的社会经济地位的人占有很大比例，即使这些项目要求学校随机选择申请者。优质的学生更有可能提交申请而且也更有可能留在这些学校。这可能部分是由于父母的积极性与信息的问题，也可能是由于学校宣传和招生问题以及他们提供给争取的学生支持程度上的问题。参见戴安·拉维奇（Diane Ravitch）《大美利坚学校制度的死与生：测试与选择是如何渐渐破坏教育的》，第 129～147 页（2010）。

济学家的观点在最小主义者看来是不可思议的。另外的视角呼吁某种复杂的行政能力，这正是最小主义者与生俱来所感到绝望的因素。

最小主义在此领域发现的困难集中体现在孙斯坦与理查德·泰勒著的《助推》一书中的健康保险一章。它聚焦于 2003 年开始的医疗保险 D 部分的处方药计划。该计划要求大部分受益者在许多种私人计划中进行选择。孙斯坦和理查德通过证据总结发现了两大令其瘫痪的问题。首先，抛开其他，许多人完全不想选，如果默认值是没有保险项目，他们将会失去保险。其次，大多数人看起来没有选择那些最有利于他们的项目。我们知道是因为研究者能够通过他们计划的记录知道人们的药物需求，然后在他们选择的保险项目（免赔额、共付额、最高限额）与本能够选择的另外的保险项目之间进行比较。

孙斯坦与理查德给出了经典的最小主义者的回应：操纵默认规则和选择结构。对于那些没有选择的人应该由政府选择一个计划而不是没有保险项目。政府应该制作出这些默认选择，不是随机的（就像现在一些受益者所做的那样），而是应该通过"智能分配"。政府能够使用可获得的数据计算出哪些项目对于没有做出选择者是最好的，并临时分配给他们。对于选择者来说，最关键的是在选择的时候公布必要的数据，帮助受益者进行最优的选择。比如，选择文件会包含过去受益者药物使用的清单以及在备选计划中使用这些药物的病人的净成本。

需要注意的是，在健康保险的讨论中，作者选取了整幅图景中相对比较小且易于管理的部分。即使我们见到了他们所提议的这种有效的辅助选择模式，我们也很难见到它是如何在比如说涉及医生或医院或综合性的保险方案等诸多方面进行选择的过程。

最引人注目的是，甚至在这种相对简单的情况下，选择也是以非常少量的工作而告终。孙斯坦和理查德令人信服地论证说，通过应用复杂的数据整合与分析手段，政府能够做出大致合理的选择，它们符合大多数不愿选择之人的利益。他们进一步建议政府能够使用同样的工具把数据呈献给选择者，通过这种方式能够使其做出有效的选择。看起来对于许多选择者而言，数据的公布能够或多或少左右选择的判断。在某种程度上，政府能够精确地决定最佳选择，能够清楚地呈现做出判断的数据，选择者只要核准政府的决定即可。对于那些偏离政府指导的选择者，可能是因为他们比政府更了解自己的情况，或者是因为他们感到困惑。对于前一种情况，那些选择将作为对于政府分析进行有价值监测的工具（据推断，政府通过调查差异的原因可以进行持续性改善）。后一种情况，那些选择只是噪音和干扰。但是无论哪种情况，关键的干预都包括远远超出助推的内容；这是一种复杂的管理，最小主义者往往是"事后诸葛亮"。

二　实验主义

实验主义取名于约翰·杜威的政治哲学，旨在适应持续性的变化与变异——我们认为这是当前公共问题中最普遍的挑战。他写道，政策应该是"实验性的，即他们应该对政策结果进行持续而良好的观察，在对其仔细思考后，尽力做出准备良好且灵活性的修正"。同时，他反对标准化的官僚解决方案，并竭力主张结合地方实际情况与集中式架构和规训的回应。除了教育方面，他还是一个积极的改革者，杜威对自己的提议很少提供具体的例证方式，但是战后企业管理与最近公共政策领域的改革都与杜威的理论发生了密切的关系。

在美国，一些实验主义的制度纷纷涌现于核能、食品安全等领域，在这些领域科技和经济的发展已经超越了既有的市场能力和用来保护关键性公共利益的官僚机构的守护能力。其他一些出现在公共教育或儿童保护服务的设置方面，这些领域进行了数十年的徒劳而又无休止的争辩，实验主义制度已经在争斗的各方中创造了策略性的不确定性，并对旨在从有希望的当地经验中学习的干预采取开放的态度。

在欧盟和其他国际制度中，实验主义制度是通过对多样化的国家实践进行多方评估与学习达成的，这些实践有时是在没有传统国家主权权威来实现共同目标的情况下唯一可行的办法。

并非所有这些制度都是完整的或精心设计的。我们所以认为它们是实验主义，是因为它们的设计追求通过把自由裁量权、报告与解释的责任相结合，通过信息汇总来实现因地制宜的适应性和整体性学习。我们不认为其中任何一种制度能够证明自己比解决此问题的备选途径更有效。在大多数情况下，经验都是有限的或者说都没有被充分研究。但是每种制度都有使其能够针对问题不确定性的维度，在功能上和法律上做出鲜明而可行回应的属性。实验主义最优化是根据一般意义上在结构和问题方面的恰当性进行界定的。

（一）基本框架

我们以一个实验主义的概要模型开始，其中基本的要素是一个"中央"与一套"地方单位"。实践中，中央有时候是国家政府，地方单位是其联邦州或自治市。或者，中央可能是一个政府机构，地方单位是其规制的私人行动者或与其签约的公共或私人服务提供者。或者，中央可能是一个单独的公共或私人组织，而地方单位是其（地方的）分支：举例来说，儿童福利服务的国家组织和其地方分支，或学区和个别学校。

这些关系经常是嵌套的，比如学区相较于中央单位的更广泛的（国家）管辖来看是地方单位；但是连续的"上级"和"下级"单位关系是一样的，无论在整个系统中它们的位置是什么。中央和地方单位在四个基本要素的迭代过程中，共同设定和修正目标与实现的手段。

第一，通过中央、地方单位与外部利益相关者的会议，建立框架性目标（比如"恰当教育"或"优良水质"）和衡量它们成绩的临时性措施，无论是立法手段、行政措施还是法庭命令。第二，地方单位被明确授予广泛的自由裁量权来追求它们认为合适的目标。第三，作为这个自治权／自由裁量权（autonomy）的条件，这些单位必须定期汇报它们的绩效，并且参与同行评估，同其他使用不同方法实现相同目标的单位的成果进行比较。在它们没有取得良好进展以符合公认指标体系的领域，地方单位被期望展示它们正在实施合适的修改措施。中央提供促进地方单位框架性绩效比较与相互学习的服务与激励措施。第四，即最后一个要素，框架性目标、绩效标准和决策程序自身，也被不断扩展的行动者根据评估过程反映出的问题和展示的可能性而适时修正；并且，这个过程被反复使用。

这一模型包括以下特征。

1. 分权

和最小主义类似，与命令与控制模式形成了鲜明对比，实验主义把操作性控制的分权与结果评估的中央协作相结合。约翰·布雷斯维特对于最成功的私人煤矿安全工作的观察为实验主义框架的这一特点提供了例证：

> 虽然所有的公司都分散了安全控制，但是对于负责安全生产的经理绩效都要进行统一的评估。所有人都仔细监督自己的煤矿和区域，以便确定自己负责区域的事故率和死亡率相较于过去与其他地区是提高了还是恶化了……（对于区域负责人来说）能够普遍感到中央机构正在监控其安全绩效。

2. 信号与规范

实验主义受到 20 世纪经济组织创新的很大影响。特别是，它体现了以丰田生产系统为代表的"从监督中学习"和"持续性改进"的组织实践。该系统突破了命令－控制管理和最小主义管理所共享的组织前提。丰田式组织拒绝在决策系统和执行系统之间做出明确区分。它设想规则会在应用的过程中被持续性地改进，通过对规则偏差的诊断能够发现系统性的问题并有机会进行系统性改进。有时，为了让系统性的缺陷显现出来，它倾向于诱导和扩大这些偏差（比如，消除"缓冲性存货"，实施"零缺陷"的超优标准）而非将其缩小或隔离。

实验主义的规范性框架与最小主义在规制细节和许多维度上都有差别。实验主义规范对绩效或结果（如二氧化碳排放总量或教育测试的分数）与过程（如熔炉的测定标准或特定数学练习的使用）都进行管理。另外，实验主义范式与命令－控制范式的区别是其大部分规范都是指导性的或假设性的，而不是命令性的。实验主义制度有强制性的规范，需要计划、报告、监管与最低限度的满意绩效。但是许多规范都采用指导的形式，即在指令最小化之下来度量绩效，或者是假定性规则的形式，即当其有违基本目标的时候可以不遵从。在这类案例中，代理人可以偏离规则，但是需要明确表明其背离并向同行和上级陈述原因。欧盟对此的术语是"遵从或解释"的义务。

非强制性规则的功能不是控制自由裁量权而是让其实践透明化，它们有助于诊断和提升。最小主义者强调的狭义的绩效规范是度量出行动者在整体上是如何做好的，但是一般很少提及成功或失败的原因。实验主义者所提倡的广义规范希望提供能够指导组织适应的弱信号矩阵。它们能够帮助进行自我评估和同行比较，并进一步努力改进。此外，因为规则一般都与实践紧密相连，新来者或局外人能够从规则中很好地解读实践。这样不仅便于内部人员学习，也有利于外部人进行有效问责。

3. 激励设计

实验主义制度的核心规范的设计是用来引导地方行动者更好地参与到制度中的。它们既包括胡萝卜也包括大棒。强制性规范有代表性的是"惩罚性默认值"制度，如果政策相关者没能达成可接受的选择方案会面临相当严重的后果。比如，濒危物种法案会阻止开发商在濒危物种栖息地进行地产开发，除非他们与当地利益相关者达成栖息地保护计划方案。诱导性规范可能会以有条件的补助面目出现。比如，奥巴马政府的力争上游计划会对竞争性的教育改革单位进行评估并提供补助，相关单位需要证明自己的计划和自我评估，分享自己与同行的绩效信息等，政府据此做出补助裁定。实验主义有时候与"软法"和对非正式社会压力的依赖而非物质制裁相联系，但是，这种观点是一种误导。一些实验主义的制裁是严厉的，如濒危物种法案中的非开发规则。如果它们故意或持续地不满足强制的绩效规范，学校、核电站、食品加工厂在实验主义制度下都有可能面临关闭的严厉处罚。实验主义激励设计的显著特点是其关注计算导向的行为诱导。在命令－控制制度下，动机被算计以诱导规制者认为最优的特定行为发生。在最小主义制度下，制裁被用来诱导在一个或很少的容易被度量的维度上所期待的绩效发生，比如减少二氧化碳排放量。实验主义激励设计的目标是诱导行动者致力于调查、信息共享和在多个维度上充分审议那些只被模糊理解的问题。这一目标有时会导致监管者慎用制裁，因为那会导致政策参与者隐藏信息或在处理与监管者关系时采取防御对抗的姿态。这样，实验主义制度很少把严厉的货币或刑事处罚加诸那些在模糊定义的标准下无意间做出伤害性行动的行为者，而更可能把这些处罚加诸那些没能做好或执行好计划，抑或是本该很好汇报绩效的行动者。①

4. 利益相关者参与

实验主义相较于最小主义在参与方面抱有更乐观的态度，但是所依靠的参与的类型并非最小主义者所诋毁的普遍主义或者是自愿主义。实验主义强调利益相关者参与以便引出并调和多样化的观点和受到显著影响并熟悉相关事宜的人们的利益。在一般性的过程中限制参与的冷漠与无知的问题在这里并不严重。此外，当人们有很强的动机与反对自己的人达成合作的时候，一些认知偏见会得到缓解。我们希望那些滞留在救生艇上的人能够想出合作的模式，即使他们存在很严重的分歧，实验主义所设定的某些背景下，由于情境的相互依赖可能会产生更加一般意义上的"救生艇效应"。② 此外，我们已经看到实验主义制度的设计者们不需要依赖共同利益或合作倾向；他们能够通过改变默认规则或奖金分配来激励负责任的合作。最后，问题与环境驱动实验主义制度的性质会提高有效参与的预期。这些制度是对不确定性的回应。在政府官员对于问题与解决方案的界定也不明晰的情境下，这些制度更容易产生。此时，利益相关者会发现绘制出基于私利的期望的解决方案很困难。至此，他们可能会以更开放的心态来进行聚焦于公共利益的善意的讨论。

---

① 严厉的制裁会阻止披露，首先，披露增加发现和制裁的可能性的同时也会增加其成本；其次，其诱导行为者对制度采取更加理性计算的态度，这样就会"挤出"自愿合作。参见詹尼佛·阿伦（Jennifer Arlen）、瑞尼厄·克拉克曼（Reinier Kraakman）《控制企业失当行为：企业责任制度分析》，第692~693页；乌里·尼兹（Uri Gneezy）、奥尔多·鲁斯蒂奇尼（Aldo Rustichini）的论文，《法律问题研究》2000年第1期。因为我们试图对比最小主义和实验主义中最有前途的模式，我们的实验主义模型排除了以新公共管理命名的类似的途径。新公共管理强调绩效的度量与地方单元的竞争。可是其绩效度量倾向于为了分配奖励和惩罚的强信号而非为了诊断问题并未改进指出方向的弱信号。其竞争理念趋近残酷的达尔文主义，排除了对协同调查和同行审议的重视，而这在实验主义中占有中心地位。参见卡罗尔·哈罗（Carol Harlow）《问责、新公共管理与儿童支援局的问题》；西蒙·海德（Simon Head）《英国大学面临的严峻威胁》。

② 参见埃莉诺·奥斯特罗姆《公共事务的治理之道：集体行动制度的演进》（结论是，利益相关者所共享的"如果他们不采用其他的规则，所有人都会受到损害"的观念对于达成公共池塘资源问题的解决方案是有帮助的）。

（二）规制

在美国和国外的多种规制结构通过实验主义术语能够得到最好的解读。

范例一，"基于管理的规制"。规制者要求每个规制对象都制定计划来缓解特定的伤害；评估方案的恰当性；监督执行；把有形的惩罚、技术扶持和羞耻心结合起来诱导落后者满足最低限度的要求，促使领先者持续改进提高。最近学界所讨论的范例包括农业部支持的对肉类和家禽的危害分析与关键风险点控制（HACCP）、马萨诸塞州减少有害物质使用法案、核能监管机构的发电站安全程序、澳大利亚的昆士兰州南威尔士的矿业安全法案。

范例二，公私合作。规制机构会与大型的规制对象签订一系列双边合同，合同要求规制对象在一个或多个规制维度上提交可观察的绩效表现，作为回报，规制者免除其他的适用规定或使用较少的或高成本的监控。环境保护局的项目电子表格和 OSHA 的自愿保护和战略合作计划是典型的案例。抑或是另外的变种，即政府对规制对象、非政府组织、当地利益相关者的合作协议进行监管，审批或者监管与审批并存。典型的是濒危物种法案下内政部所执行的栖息地保护计划。

范例三，"多层治理"。规制当局被下放到低层级的政府，以便设计方案更好地适应当地的环境，进行规制竞争，或两者都有。清洁空气法案、清洁水源法案与职业安全与健康法授权给州政府重要的规制职责以满足最低限度的国家标准。一些国际贸易体制促使参与国走向实验主义。在许多贸易协定中所见的相互承认和"对等性"原则要求进口国接受按照出口国规制制度所生产的产品，其前提是这些制度提供的保护实质上是和进口国等同的。这就需要贸易参与国相互间进行某种同行评议。世贸组织范围内外的国家组织推动信息交换以及成员国之间规制标准的讨论。

多层治理在欧盟尤为突出。当欧盟当局由最初关注贸易壁垒扩展到几乎成员国所有的公共政策领域的时候，它已经承担起了一个特殊的政策实验者的角色。早期的政策实验基本都采用统一指令的形式，命令成员国采用大体上统一的规则。最近的干预更多采用框架性指令，比如

2000 年的水质指令，或者是"开放式协作"的变体，比如那些关于宏观经济和就业政策的规定。这些干预阐明了总体目标以及测量进步的指标；强制成员国制定自己的"行动计划"；为了监督成员国的工作情况，欧盟委员会精心策划同行评议，并进行目标和指标的定期评估与调整。

实验主义规制的基础性配置部分视风险是以集中、大规模的灾难形式（如原子反应堆熔毁），还是以相对弥散的形式（如有毒食品的扩散）爆发而定。集中于免于灾难的制度强调事件预警——规制对象有义务和能力来确认并汇报反映系统性问题的弱信号并对这些报告做出及时应对。

比如美国的核电安全，核电站必须首先满足一系列的结构性要求，然后必须向原子能规制委员会报告所有潜在的重大危险性操作事件：从电源中断到意外的设备性能退化。原子能规制委员会评估这些报告并对进行潜在危险操作的工作人员做出告知。这样的话某一处非关键阀门的故障会引起人们注意，并提醒相关人员检查所有类似的阀门，其中的某些（阀门）可能确实起到了非常关键的作用。为了回应这些通知需要经常召开同行评议工作，对设备进行评估。此外，每年核电站在安全生产方面的整体表现会进行排名。这些排名，和其他的安全信息一起被直接提供给最高层管理者和执行者管理委员会以确保这些批评不会因为管理层级渠道而迟滞。

比较而言，在食品加工中，可接受的安全安排比核能生产更宽泛，灾难性风险也更小，识别与减轻风险的危害更多依赖于与运营商的合作。在危害分析与关键风险点控制中，加工者锁定生产过程中需要精确控制的节点以防止病原体污染，每个工厂都需要描述清楚减轻危害的计划应当如何实施并设计一套制度来确认所提出的措施的有效性。规制者审查并批准这些计划，且监督公司遵守计划。最后，计划逐渐囊括对加工品的追踪，以便一旦发现问题能够及时对产品和失败的程序进行确认。

2010 年的食品安全现代化法案把危害分析与关键风险点控制手段推广到几乎所有的食品加工领域，它之前在美国仅被限定在肉类、家禽和其他一些产品的加工领域。该法案的核心是授权的食品药品监督管理局（FDA）要求的加工者制定、验证并不断更新的 HACCP 计划（现在被称为危害分析和预防控制措施)。该法案要求食品药品监督管理局根据对规制设备相对风险的评估结果来分配检查资源。其中特定的风险因素包括计划及其执行的充分性、设施是否在良好的审计制度下被信誉良好的私人稽核员认证。

在实践中，事件报告和风险规划之间的区别日益模糊，因为基于风险缓解计划的系统越来越多地聚焦于有关事件通报，反之亦然。因此，在食品安全领域，疾病控制和预防中心需要进行网络间协调来对医疗服务提供者那里的食源性疾病数据做出不间断性分析，据此确定联邦和州级规制者的努力目标。同时，对类似于核电行业的事件通报系统发布的信息有效回应的能力看起来有赖于某种严谨而持续的与 HACCP 计划执行有关的评审机构操作。实践报告和 HACCP 计划统一起来的方法首次见于 2010 年在深水地平线石油泄漏和近海钻探全国委员会报告之中。该委员会建议部分仿照核安全制度，呼吁在设施水平方面注重和同行的信息交流，并在审查制度方面建立政府精心设计并强制实施的规划。

实验主义规制实践另一个有趣的领域集中于药品规制。药品规制制度建立于新政时期，要求产品需要先经过食品药品监督管理局批准后才能进入市场。批准通常需要经过围绕临床试验，昂贵且严格的测试流程。美国食品药品监督管理局随后在处方药人群的总体成本（无效或副作用）收益评估的基础上做出决定是否允许药物进入市场。该框架在获批之初乏善可陈，并直到 2007 年，相较于批准之前，无论是制造商还是美国食品药品监督管理局都感觉批准后职责有限且模糊得多。

该系统一直以来受到两方面显著的批评。第一，批评家断言审批过程冗长，特别是它没必要地拖延了潜在的有益药物进入市场的时间。第二，他们责难批准后的监管不足，指出了一系列丑闻，如批准后的药物尽管会造成意料之外的伤害，但仍会继续在市场上销售。

这些对于新政框架的压力也推动了更加个性化治疗的医学发展趋势，其中包括"个人化治疗"，即采用遗传学知识按照病人特点定制治疗手段和药物；"行为医学"即聚焦病人的教育、交流和监测。

另一个重要的发展是综合分析患者的治疗数据。当前卫生政策的重要任务之一是发展个人治疗数据信息系统，以便标准化地记录和传播（同时也保护了患者的隐私）。这种系统也有助于治疗的持续性评估，包括药物疗效的评估。药物有效性能够在受控环境下被研究因为这种途径能够获得病人基线水平和干预性质、效果的充分而精确的数据。但在足够精确和标准化的常规治疗的报告中，临床试验和常规治疗之间的界限会变得模糊。

如果目前的趋势持续下去，对药品监管部门的主要判断将不再是允许药物一般销售的二元式通过与否。取而代之的监管将聚焦于确保药品符合患者的需要，并合适地进行药物和行为干预治疗。因为研究和治疗的界限在渐渐消失，一次性的、全球性的、成本 - 收益判断，相较于正在发展的对于问题和机会信号数据监测的能力，变得不那么重要了。

这种趋势反映在了 2007 年的食品药品监督管理修正案之中。除其他事项外，该修正案增加了 FDA 的权威来要求特定的、正在进行的研究作为审批的条件；要求该机构加强不良事件报告系统；并且要求它通过针对性的医疗记录查询建立主动监测药物疗效的系统。

个性化和行为医学的出现暗示着面向为特定的药物配置的规制制度趋势的可能性。2007 年修正案所鼓励的风险评估和减灾战略（REMS）朝着该方向的步伐是很明显的。作为审批的条件，FDA 要求提交制定和实施 REMS 的方案。一个受到高度关注的例子是镇静剂教育和处方安全系统（STEPS）。镇静剂曾经规定广泛适用于各种常见的情况，比如失眠和焦虑，但在发现它大大增加了导致新生儿出生缺陷的概率之后被禁用了。从那时起，研究表明该药物只有在与麻风病有关的特定环境下才有效。它现在能够给这些情况的病人应用，但需要严格按照 STES 的协议，即需要注册、训练有素的处方医师、分配的药剂师和患者；对于育龄妇女的节育和怀孕测试，对所有患者的密切监测；定期报告治疗和病人的情况。该方案是由制造商 Celgene 公司内部和波士顿大学医学院的斯隆流行病学单位内部的两个多学科委员会管理。后者有患者代表，包括来自慈善机构和加拿大的镇静剂受害者协会的代表。该委员会部分通过审计人员来实现承诺，并对 FDA 基于实时数据在程序上所做的修改提出建议。

如果从药物一直把关键性的判断立基于原则性的实证评估的意义上，长期以来它都是基于实验的。但之前的实验仅限于一个专门的领域，且只是一次性的、二元式的判断，所以它缺乏与实验主义有关的特征。当它开始强调把事件通报整合进情境风险规划中时，它变得越来越像如核能和 HACCP 体系那样的实验主义制度了。

用最小主义的术语是不易解释类似制度的。静态最优化概念很难抓住该系统促进学习和不断修正的核心,此外,由于模糊了规则制定和执行的基线,系统排除了把地方行动者限制于中央公布的规则的问责性问题。

相较于最小主义,实验主义在规制方面有以下优势。

第一,这些制度能够制造压力来对自诊断和纠正措施的微弱信号做出反应。此外,它们还可以提供一系列的激励措施,包括奖励和补贴、声誉效应和传统处罚。

第二,实验主义规制降低了规制者在决定可接受的性能初始水平的信息负担。某种程度上性能水平是基于技术或经济的可行性,它们能够基于全部规制对象所观察到的经验来设定。规制者能够要求在某些方面低于行业平均水平表现的工厂承担补救性或惩罚性或两者兼有的后果。在美国肉类、禽类安全的 HACCP 制度下,只有表现最差的两成工厂——其产品经常在病原体检测中呈阳性的工厂——面临关闭的危险。但由于落后者改善或退出行业,平均水平会升高,最低标准能够在不需要特殊调查或某种必要程序(比如,在总量管制与交易制度下调整津贴分配)之后"冲高"。

第三,实验主义制度由于给地方行动者以充分的自由裁量空间并使其活动相互透明而更能适应多样性要求。关键性的机制涉及衡量绩效的指标。实验主义和最小主义都选择了标准化的悖论:通过要求一些维度的一致性,我们允许在其他方面更多的变化空间。对严重毒素和指定的代理有机体的微生物测试使我们有可能对食品加工厂做出比较,进而区分出领先者和落后者,同时在操作上给它们留下了大量的自由裁量权。最小主义者的市场模拟制度渴望实现同样的目标,但是他们的逻辑着重围绕着单一的指标——价格而展开。因为实验主义制度依赖于一系列指标,其系统更不容易失败,其指标比价格更有诊断价值。

第四,实验主义制度更容易传播相关的技术和促使组织进步,这些在科层制或最小主义规制下不容易做到。事件通报和风险规划往往能够使技术知识被规制者和同行获得。有关机构能够为发展风险管理规划或为能快速解决事件通知系统所发现问题的公司提供技术支持。它可以授权使用的风险管理计划,可以鼓励或强制通过同行评议的信息交流。它可以补贴示范项目，其中发展中的公司会得到因地制宜的新技术的定制服务与扶持，以便其潜力能够被同业者所知晓。

（三）社会福利

在福利领域，与关键性实验主义特征相关的有前途的项目至少能在两大领域被发现。

第一是提供个性化服务的领域。包括儿童保护服务、健康护理、"特殊"与普通教育、工作训练、心理健康服务、残疾人获能。为此，一般需要高度的个性化服务规划、普遍性的绩效评估以及收集和传播有效实践信息努力。

第二是在地方公共物品设计方面的公众参与。明显的例子是社区治安和社区经济的发展。在社区治安方面，警察需要向邻里团体咨询，为了设置在当地的执法目标的优先次序，了解当地情况有利于制定策略，并与落实执法计划的私人活动协调。成功的标准是在多个安全指标的监测方面合格。在社区经济发展方面，政府机构和私人慈善组织向基于社区的组织提供可及的金融和技术帮助来实现当地在住房、就业、商业发展方面的生产计划。另外，项目会在一系列指标上被评价，比较成功的组织会在随后的融资中获得优先权。

这些项目重新定义了中央与一线的传统关系。中央的作用不再只是监督一线是否合乎已颁布的标准。它有责任提供一线工作所需的基础设施与服务。因此，在实验主义学校里校长不仅要检测教师是否认真地施教，而且要组织教师团队构思实施个人学习计划必须依赖的特殊服务与框架条件——矫正式阅读、诊断学习困难的测试、团队建设中的培训。在儿童福利领域，社会工作者由中央负责培养，确保收养人合格、协助与外部专家签约、调配资源应对特殊家庭的额外需要或者突发性的全社区范围的问题（如台风侵袭等）。在社区治安领域，选区及其亚单元算作一个单位，能够及时提供有关犯罪和罪犯从一个街区到另一个街区迁移的信息（可能是对当地治安成功的回应），与社区团体合作进行帮助最近获释的年轻人的工作以防其被再次监禁，在种族歧视事件后提供调解和咨询服务。

服务要根据受益人的需求进行调整，这是迈向实验主义的关键所在。调整包括受益人的积极参与，因为有效的干预依赖于他们的合作，或是因为他们有必要的信息进行诊断和规划。正如杜威所说："鞋是否合适只有脚知道。"

调整也要求对现场情境的理解。儿童福利工作者为一个肥胖儿童制定的计划可能会把一辆自行车囊括在内，如果她能够说服该儿童的家人骑车上教堂，自行车将会是一个重要的需求。如果他们从当地居民那里了解到毒品出售地所在的维修不善的房子更容易吸引离经叛道的潜在罪犯的话，处理高犯罪率街区的警察会更有效率。

孤独的"街头官僚"——他在其上司的雷达监控下，在规则执行不力的广阔空间中，所拥有的那种隐含的自由裁量权，自 20 世纪 60 年代以来，一直在组织学文献中游荡，并且限制着决策者的雄心——这在这些方兴未艾的实验主义制度中将不再出现。通过四种重要的方式，实验主义的设计剥离了产生街头官僚的组织特征。

第一，复杂的一线问题更可能被一个团队而非单独的个人决定。社会工作者越来越多地把个体问题看作要求跨学科诊断和干预的多重和多样原因的函数。在最受关注的儿童保护服务方案中，社会工作者主要的责任是组织和召集特别包括重要家人、保健医生、儿童的律师、治疗技师或许还有一位教师在内的团队。

在学校，类似的跨学科团队——班级教师、阅读专家、行为治疗技师——为有学习障碍的学生制定计划。在社区治安领域，分局工作人员定期与社区成员和他们的代表、学校职员、业主及租客协会等见面，以确定哪种犯罪目前最具破坏性和威胁，并探讨如何遏制犯罪的公共服务调整方式——可能是重新设计一条公交路线以降低敌对帮派的接触机会或是拆除一栋已经成为毒品交易窝点的废弃房屋。

团体决策在两个方面提高了问责性：团队成员在同行的监督下工作，这种同行创造了避免错误并取得良好绩效的无形压力；进一步，集体决策要求说理清晰，而团队成员背景的多样性确保了，在更同质的环境里可能会想当然的事情能够得到解释并且接受检测。

不同于街头及其他科层制的实验主义服务供给的第二个特征，是独特的监督方式。如同实验主义风险规制中的事件通报实践，社会服务监督参与深度的个案监测以便揭示系统问题。但是在意外的干扰引发事件通报的地方，实验主义服务供给的核心监督就成为常规组织行为的一部分。一个特别完善的例子是应用于犹他州及其他许多州儿童福利计划中的"质量服务评估"（QSR）。QSR 从样本的分层随机选择开始。一个二人团队，包括一位机构官员和一位外部评估人，两天检查一个案例，从文件审查开始，进而对儿童、家庭成员、非家庭成员护理者、职业团队成员以及掌握相关信息的其他人进行访谈。

第二，评估者根据一套关于儿童及其家庭幸福的指标与另一套关于团队建设、做出测评、制定和更新规划，以及执行这些规划的能力的指标，对案例进行定量评分。最初的评分在评估人会议上进行，然后在评估小组与社会工作者及监管者（已经评估过了后二者的决议）之间的会议上得到提炼。最终报告提出汇总后的得分，并且从特定案例中识别出有启发性的反复出现的问题。

"质量服务评估"既是规范解释又是合规性执行的过程。如儿童安全和家庭稳定（"稳定度"）这样的机构目标在抽象层次上是不确定的，QSR 帮忙建立能说明其意义的范例和实现它们的程序。儿童福利部门的中央行政官员的参与，保证了跨地区的一致性。与此相似，QSR 数据计量了绩效并且帮助诊断系统问题。得分可以进行纵向比较，就哪里需要整改提出粗略但是有用的指示。

第三，在实验主义治理过程中相比于在传统法律思想包括最小主义中，规则与问责之间的关系是不同的。工作人员在他们相信遵守规则可能有负面效果的地方，经常有不执行规则的自由裁量权。然而，这种自由裁量权受到如下制约：其行为必须是透明的，接受评估，并且如果她的判断得到维护，则推动规则的重新制定以体现新的理解。这些实验主义治理的制度挑战街头官僚文献的这种假定：从机械地遵守规则的僵化性逃离，只能是隐蔽的、特别的基层自由裁量。

第四，在许多实验主义制度中另一个重要的问责机制是不同的政府和私人行动者共同投入。犹他州及其他许多州儿童福利计划包括可及的"私人支持"评估。私人支持可能来自亲戚、朋友、教会、和儿童家庭有关联的雇主。他们也可能来自有慈善使命的社区机构。立足社区的住房发展补助金的设计就是因为项目通常都需要多个政府和私人机构的支持。就业培训项目在支持和设计课程的时候渴望招到私人雇主。一方面，共同投资的做法是对团队理念的一种延伸，进一步整合不同的视角和专业知识。同时，它也是对代理人自由裁量权的一种检查手段。独立机构愿意投资这些计划和项目也再次确认了其稳健性。

共同投资也发生在项目和受益人之间，这种潜在的共同投资是对关注受益人责任的回应。假设受益人怀疑正在进行的复杂的行政决定，阿克曼赞成一种方案——利益相关者补助金——前期在标准化方面十分慷慨——但是后期对于单独的个人决策就十分吝啬，个人选择起不了什么作用。但是实验主义能够对贯穿个人一生的需求做出回应。作为父母共同投入的服务计划，犹他儿童福利模式就是一个典范。更大规模的范例是丹麦"灵活保障"模式，它提供的不仅有丰厚的职业收入，还有工人在职业生涯的任何阶段所需要的集中性就业培训和安置服务。该模式是有争议的，但是其中在调和高福利就业的不利因素影响方面却广受赞誉。

结　论

目前大部分公法学研究似乎反映了最小主义聚焦的静态优化和简化管理，而忽略了实验主义所关心的可靠性和学习。最起码这种偏差也算是一种描述现实上的失败。在最近的政策举措之中，相较于采用明显的实验主义修辞和框架的政策的数量，反映最小主义政策的数量非常少。实验主义的举措在大量最紧迫的政策领域（包括污染问题、职业安全问题、食品安全问题、治安问题）和几乎每一个社会服务领域都已经占据了中心地位。

这些问题的一个共同特点是，它们出现的环境多样且多变，它们要求的干预措施必须因地制宜且适应性强。最小主义的干预往往偏好助推、市场模拟、规则简化一类，适应性和因地制宜能力弱。比较而言，实验主义制度已经开发出把问责和地方的积极性相结合，促进学习和个性化的非官僚化的管理形式。他们争取让问责更多通过当地自由裁量的同行评审，而较少通过简单规则判定，希望共同学习能够约束地方自治同时带来治理成功。也许当遇到合适的问题类别的时候，最小主义可以接受这样的制度，但为了做到这一点，就必须先软化其对一线自由裁量权的阻力。

实验主义治理与改变现状权[*]

蒋余浩 编译[**]

编者按：哈佛大学法学院庞德法理学讲座教授罗伯托·昂格尔是"批判法学"的代表人物，他和"实验主义治理"的领军学者哥伦比亚大学查尔斯·萨贝尔教授是多年好友。本文介绍了实验主义治理推进昂格尔的"改变现状权"的五个案例。中共十八届三中全会讨论了治理能力，四中全会讨论了依法治国，相信本文对相关讨论将有所帮助。

关键词：实验主义治理 改变现状权 依法治国

Abstract："Public law litigation" -civil rights advocacy seeking to restructure public agencies-has changed course over the last three decades. It has moved away from remedial intervention modeled on command-and-control bureaucracy toward a kind of intervention that can be called "experimentalist." Instead of top-down, fixed-rule regimes, the experimentalist approach emphasizes ongoing stakeholder negotiation, continuously revised performance measures, and transparency. Experimentalism is evident in all the principal areas of public law intervention-

---

[*] 本文编译自 Sabel, Charles F. and Simon, William H. 2004. "Destabilization Rights: How Public Law Litigation Succeeds," *Harvard Law Review* 117: 1015 – 1101。

同时参考如下文献：Unger, Roberto Mangabeira, 2004a. *Social Theory: Its Situation and Its Task*, London & New York: Verso; Unger, *False Necessity: Anti – necessitarian Social Theory in the Service of Radical Democracy*, London & New York: Verso; 查尔斯·萨贝尔、乔纳森·泽特林：《实验主义治理》, 2014。

[**] 蒋余浩，清华大学公共管理学院博士后。

schools, mental health institutions, prisons, police, and public housing. This development has been substantially unanticipated and unnoticed by both advocates and critics of public law litigation. In this Article, we describe the emergence of the experimentalist model and argue that it moots many common criticisms of public law litigation. We further suggest that it implies answers to some prominent doctrinal issues, including the limits on judicial discretion in enforcing public law rights and the constraints entailed by separation-of-powers norms. Our interpretation understands public law cases as core instances of "destabilization rights" -rights to disentrench an institution that has systematically failed to meet its obligations and remained immune to traditional forces of political correction. It suggests reasons why judicial recognition and enforcement of such rights might be both effective in inducing better compliance with legal obligations and consistent with our structure of government.

Keywords: Experimentalist Governance   Destabilization Rights Rule of Law

众所周知，现代法治主义的核心地带，伫立着一个公私二元分立原则：个人在既定制度框架下追求个人福祉，而制度体系自身的修缮通过议会民主制等途径在公领域内实现。与此相联系的，是国家权力分立制衡、选举、代表等制度设计。不过，正是由于立法过程的诸多刚性约束，制度修改的程序难以启动，因此在现代福利国家兴起之后，国家对私人活动的干预日益增多，现代法治囿于公私两分从而能否适应个人参与制度变革的新需求的质疑声不断涌现。

1976 年，阿普·蔡斯（Abram Chayes）撰写经典长文，指出法治原理与福利国家相结合有望促成一种新型的"公法诉讼"：法院根据个人的诉讼请求，在救济措施中提出针对行政或立法制度的修改要求。然而，蔡斯的意见一经发表，立即引起强烈反对：第一，法院因其有限的信息获取能力和权力配置，能否有效履行这种结构性救济的责任？第二，即使法院能够胜任结构性救济，但是由法院对立法或行政提出修改要求，是否与分权制衡的宪政原则相违背？有趣的是，在法学界围绕蔡

斯的创见激烈争论近 30 年之后，哥伦比亚大学法学院查尔斯·萨贝尔
和威廉·西蒙两位教授发现，基层法院持续实施的努力，其实已经推动
着若干公法领域的变革。法院实施的努力，可以大致称为从"命令－控
制"型的指令式规制向"实验主义"干预的转变。这类新的干预方式，
使法院既获得蔡斯期望的结构性救济的效果，又帮助法院避免了批评者
所担忧的那种在能力和权限上不合法的突破。本文沿着萨贝尔和西蒙的
论述，首先介绍五个公法领域发生的治理方式变革，描述法院实施实验
主义干预的努力；其次，揭示这种实验主义治理模式的价值优势——它
有助于实现一种"改变现状权"（Destabilization Rights）的理念：使个
人或集体有能力打破那些已无法履行其职责，但仍能抵制民主（政治）
力量对其加以修改的制度或机构。同时，梳理实现改变现状效果的若干
核心机制；最后，在当代思想家罗伯托·昂格尔的权利体系中观察改变
现状权的理念及其制度想象。

一

（一）教育

从 1954 年布朗诉教育委员会案开始，与教育领域相关的公法诉讼
经历了三波变革浪潮。在第一波，联邦法院于 1954 年的判例推翻"隔
离但平等"原则，为教育领域公法诉讼的反种族隔离努力奠定了制度基
础，但是其推进在许多地方遭遇阻碍。直到国会通过 1964 年民权法案，
此后数年内，南方农村地区的数以百万计学生通过私人或者联邦政府起
诉进入原本实施隔离措施的学校，法院的努力取得显著成效。然而，在
南方农村地区之外，法院反隔离所遇到的问题，就因直接涉及若干结构
性障碍而难以应对了。例如，为确定责任，原告必须证明隔离措施是源
自官方行为而非居民基于个人选择的"自我隔离"所致，但是，行为
的意图以及各种行为之间的因果关系却是如此复杂而难以清晰界定。其
一，官方的政策表述通常使用的是种族意识上较为中立的字眼，而且政
策实施的结果受到多种其他因素的影响，因此无法简单归责；其二，即
使法院确定了官方的责任，但是司法尊让原则也限制法院实施结构性救

济；其三，更进一步说，即使判决规定了结构性救济，但是社区自发进
行抵制，如白人学生从拆除隔离措施的学校转离，法院的救济也同样无
法生效。正是由于这些结构性障碍难以克服，在 20 世纪 70 年代后期，
大量的反隔离诉讼案件中流露出一种徒劳无益的感觉。

在第二波，教育的平等性关注更集中到了财政支持的平等性问题
上。依照美国宪法，教育属于州的保留权力事项，联邦政府不能对各州
的教育投入直接进行干预，法院也不能基于平等保护条款限制地方政府
在教育投入上的不平等。在这种情况下，法院即便判决针对各地区各类
学校应实施更平等的财政支持（事实上，2003 年一份报告显示，半数
以上州的法院判决不平等的教育财政制度违宪），执行效果也非常令人
失望。更难应对的是，某些州，如加利福尼亚州，虽然服从法院判决采
取了更平等的教育投入，但却是以全州教育整体投入的降低为代价；而
其他一些州，增加的投入也并没有带来贫困地区教育质量的改善。这些
问题显然超出了传统公法诉讼的观照范围。

进入第三波，改革焦点从教育平等性转为"提升教育质量"这样
大致的框架性目的，在这个框架目的下，一些结构性障碍逐渐松动。例
如，在反隔离措施难以推进的地方，直接关注教育质量的提升成为可行
的替代方针；而由于公立学校教育质量的提高，也吸引更多的白人学生
（家长）自愿留下。事实上，对教育平等性的关注原本就蕴含着对教育
质量的关心，如布朗案推翻"隔离但平等"原则，其理由即在于隔离
不仅本身不可取，而且导致教育质量的差异。在 20 世纪 80 年代之前的
法院裁决中，这种实质性关注已经不断涌现：例如，充分考虑社区的种
族结构状况，做出设置新学校的判决；监督少数族裔学生入学后不受过
度的监管或者不因疏于监管而影响学业。一旦提升教育质量成为救济目
的，教育政策的方方面面都具有了接受司法审查的可能性。在被告拒不
服从时，法院经常扩大其指令内容的范围。

在第三波，法院对教育质量的关注更加显著，相当多的审判不再基
于平等性规范，而是直接援用州宪法有关"恰当的公共教育""全面而
有效的自由学校制度"或者"高质量的教育方案"条款。在这些案件
中，地方政府不能满足最基本的教育质量和功效要求，成为原告诉求的
焦点。

法院的努力经常与不同社会力量一道，共同参与到教育改革的事业中。如在肯塔基和得克萨斯，诉讼吸引商业团体、职业教育家、民权领袖等各类合法组织投入具体的学校教育质量的提升工作。而在 1996 年，纽约州学校融资案中，家长、教师、商人、民权团体的广泛参与，形成了一个"对话"式的教育改革模式，以集体协商的方法帮助法院成功制定结构性救济措施，并且有效执行。值得一提的是，这种新型的救济措施往往并不是由法院提出微观管理规定，也不会要求通过行政集权的方式推行变革。1999 年，Helen Hershkoff 分析亚拉巴马州一个案例时指出，法院指令"为制度变革建立了一个框架，然而并不固定变革的内容"。法院通过发布指令，仅仅解释对变革成效实施监督的目标和手段。

公法诉讼的新发展受到教育改革中的"新问责运动"影响。这个运动形成一种"集权与分权互动"的模式：集权强调的是对实现目的的程度的比较测评以及物质激励；分权强调的是把课堂指导的权威从联邦和州行政当局下放至学区、校长、教师，有时还有家长。基于标准的监督与地方自主二者的这种联合，汇集了系统问责与地方性权威的优长。

得克萨斯州教育制度是上述变革最充分的一个体现。1989 年，该州最高法院判决州学校制度违反州宪法多项条款，同时要求州建设"有效的（学校）制度"和"知识的一般性传播"。此后，法院先后两次否决立法部门提出的解决方案。直到 1995 年，法院暂时性地接受一个增加投入和创建"州公立学校系统问责方案"的成文纲要。该纲要确定州教育委员会作为负责人，制定考核学生基本学科知识及技能的"评估指导"，并且负责在其学业的特定时点进行考查。学校有责任为提高最差生成绩专门制订计划并且安排教学资源，无论他们来自什么种族。根据该纲要，学校和学区每年接受一次基于考分和其他指标（如退学率、毕业率、SAT 成绩、高级课程完成情况等）的评议；评议结果与一组具有可比性的同行学校放在一起，根据"既往的学科状况、社会经济地位、种族性、一定的语文能力"等指标进行测评，从中评出优异者并给予奖励，而落后者则必须在其他技术性协助下制订详细的改进计划。至于多次表现不佳的学校，将会被州管理当局接管或重组。

这整个教育制度运作的过程保持高度透明。学校和学区的排名以及相关信息在网上都能查到，家长可通过电邮收到他们孩子的成绩单，州最高法院的相关案件审判推动了商业和民权团体的实质性参与，而在某些地区，相应的改革还促进了家长深度参与学校事务。

得克萨斯州制度取得巨大成功，对 2001 年 NCLBA（*No Child Left Behind Act of 2001*）的通过起到启发作用，该法案以联邦法律的形式（代替司法强制）在全国范围内推广得克萨斯州式的实验主义教育制度改革。总体而言，在新型公法诉讼直接启动下的教育制度改革由于推行时间尚短，具体效果还有待不断评议，然而，司法救济手段从命令–控制型指令向实验主义干预转变，从而使法院在范围更广的结构性改革中居于核心地位，却是清晰可见的。

非常值得一提的还有，上述制度改革在残疾人教育领域同样获得大力推广。在该领域，较早时期的公法诉讼也是以向官员发出命令–控制型指令为主要救济手段，指令经常规定处理学生意见的时限、学校人员的数量和质量、学生就业实践等具体事项。这种只关注"输入"的监督方式引起教育实践家的不满，在新问责运动的启发下，1997 年对联邦特殊教育法律的修改要求，各州设定教育质量目的以及通过标准化考核测评进步程度的方法。2000 年终审的 *Vaughn G. v. Mayor and City Council of Baltimore*，是这种以关注"输出"为主的司法监督方式的典型案例。该案各方当事人在缠诉多年后一致承认，过多纠缠细节导致对期望实现的核心目标的忽视，同意用一种"达成最终的可测评目标的共识性指令"代替此前努力争取的"长效的合规性计划"。法院最终颁布一个六页纸篇幅的指令，规定了 16 项目标以及测评其实现程度的方法。其中一些目标涉及与测评有关的数据收集方法和监督制度，另一些涉及程序规范，还有一些规定了教育本身的目的，如要求被告学校承诺提高残疾学生的学业完成率（三年内从 50% 提升至 57%）、提高残疾学生对职业课程的参与（达到非残疾学生的参与程度）、在学校里为残疾学生提供其所需的服务（至少达到其如果是非残疾人所需服务的 80%）等等。这些目的规范建立在全州范围的残疾人教育成绩数据的基础上，并且经过各方协商调适而成。法院的这种新型救济措施，使被告的绩效具备一种综合性质，同时又有所提升，而原告也发现，他们的监督努力变得更为集中。

（二）心理健康

心理健康领域的公法诉讼为两个日益汇合的运动所塑造。第一个运动，是确认精神病人人权的法律原则的兴起，即若非自愿，不得以精神疾病为由对其隔离治疗和护理。从 20 世纪 60 年代开始，法院将这种权利解释为宪法权利。之后，国会特别授权司法部根据 1980 年的"被收容人权利保护法"利用司法手段监督精神病治疗机构。第二个运动，是"去机构化"运动的发展。医卫专业的改革者认为，大型公立机构中的多数精神病人要是作为门诊病人或者生活在社区的小护理所里可能会更好。大型福利机构的生活沉闷而压抑，阻碍病人们的个人交往和行动，因此对其康复不利。更多地融入正常社会生活具有非常显著的疗效。而小型的、以社区为基础的场所也更便于亲属和志愿者正式或非正式地监督。两个运动汇合在一起，推动自由派律师们关于"最小限制的"有效干预的权利主张。这意味着，只要社区安置点足够多而且条件良好，大型公立机构对精神病人的收容就是不获允许的。虽然最高法院从来没有将这项原则当作宪法的原则，但是各州的支持性成文法和政府规章已经涌现出来。

财政上的举措也支持去机构化。20 世纪 70 年代遭遇财政压力，即使是最破旧的公立心理健康机构也显得过于昂贵。关闭这些机构以节省开支的请求不断涌向州和地方政府。

向社区护理所转移与分权化、间接性的行政结构具有亲和性。公立机构虽然也创建和管理自己的社区护理所，但是它们更指望非政府社会服务机构或者商业团体从事此类工作。1993 年，有人评论道，向社区护理所转移极大地改变了政府的职能：从护理提供者转变为监督者。在这种新角色下，政府首先要做的是为服务提供者合同设立详细的质量控制标准，然后监督目标实现程度以确保这些控制标准得到遵守。

由此，心理健康领域的案件集中于两类改革：其一，只要大型公立机构仍然运作，法院就力图使其符合有关安全、卫生设备、人道行为和有效医疗措施的最低标准；其二，法院力图逐步地推动社区护理所取代这些机构。法院救济方式的转变（从命令－控制型指令向实验主义干预的新型公法诉讼转变）在这两类改革中都清晰可见。

命令－控制型的救济方式充分体现在两个经典案例中。一个是1972 年亚拉巴马州的 *Wyatt v. Stickney*，一个是 1975 年纽约州的 *Ass'n for Retarded Children v. Carey*。两个案例中，司法指令以一般性术语宣示了许多权利和义务，如病人的隐私权、机构提供"恰当"医卫护理的义务等。同时还纳入相关专家组织宣布的各项标准，如 *Wyatt* 案要求一个符合国家科学院制定的营养标准的菜单。此外，指令直接规定了许多事项，如 *Wyatt* 案规定，至少每 8 位病人应有一张梳妆台，每个卧室不得多于 6 位病人居住，每个卧室至少 80 平方英尺的面积，至少每人 10 平方英尺的餐厅面积，保持 83 华氏度和 68 华氏度之间的室内温度，110 度的热水温度，能满足 35 个工作项目的最小工作人员－病人配比。

Wyatt 案司法指令发出五年之后，被告提出申请，认为指令过于僵化，要求变更。被告认为，指令的相当多内容和程序"仪式化而无意义"，许多护理标准也不切实际。如规定每天每位病友 6 小时的训练时间，由于病情较轻的病人多已转移去了社区护理所，剩下的一般是重度弱智患者，该规定完全不能适用，甚至起到相反效果。但是，法院否决了被告请求，维持原判，认为原判规定的各项事项属于每个病友应有效享受的"宪法权利"。

不过在纽约州的案例中，被告成功推翻了原判的许多特别规定，但是法院维持了一些对于原告而言非常重要的限制性要求。其中一个引起争议的限制性要求是，原判要求中度智障患者转移到不得多于 10 张病床的社区护理所。数年后，被告诉请法院变更该指令，允许病人转移到拥有 50 张病床的护理所，因为过小的护理所难以发展，稍大一些的场所医疗效果更好。纽约州的联邦地区法院拒绝了被告的这个请求。但是，第二巡回区法院援引最高法院近期关于护理等"职业判断"符合宪法目的的意见，拒绝病人有关应受最小限制的权利主张，从而支持了被告请求。不过，在行政部门自由裁量的事项范围内，该巡回区法院恪守司法尊让原则。

两个案例传递出许多有趣的信息。*Wyatt* 案法院拒绝变更原指令，是基于对作为被告的相关地方政府部门的强烈的不信任，而第二巡回区法院坚持司法尊让，是基于对法院涉入它们并无专门经验的机构的微观管理和公共政策事务处理中的焦虑。

近年，心理健康领域的公法诉讼展现了一种有助于间接控制模式的变革。法院指令强调大致的目标，并且为被告给予实质性的自由以便其决定如何实现这些目标；明确规定了针对所取得成绩的测评方法；对持续进行的再评议、处罚和参与机制加以制度化。

2001 年的 *Evans v. Williams* 是典型案例。该案针对的是哥伦比亚特区精神疾病机构，诉讼当事人协商形成（并获得法院同意）"合规性计划"，避开详细规定措施、程序和人员培训等内容，采取一种新的方法：当事人和专家在措施及培训方案被采纳之前可提出意见，被告必须认真对待这些意见；合规性计划要求在决策的全过程中，被告必须与原告及司法部紧密协作；如果措施、程序和培训方案的最终决定不能解决原告和专家提出的问题，则判定被告"不合规"；在最终的分析中，所谓"合规"即指合乎特定的结果标准，而被告的任务是确定实现这个目标的方法。具体而言，特区的计划由一系列一般性"目的"构成，如"在最小隔离、最大融入、最少受限制的社区环境里，个人恰当地安置和护理"。每个这样的目的配备了一系列相应"任务"（如至少每年为每位病人制订个人服务计划）和"结果标准"（如病人在其接受的个人服务计划中所确定的服务项目）。是否合乎服务条款的目的，则根据如下资料加以综合评估：有关个人服务计划信息的计算机数据库、投诉记录、对随机抽取的整个计划中的 10% 病人的直接观察、对项目管理者和倡议者的访谈。

需要说明的一点是，与教育领域中评估具体措施是否提高教学质量的做法不同，心理健康领域的评估并不直接考虑服务项目是否提升病人生活水平，而是看合规性计划是否规定了服务项目以及是否提供了有针对性的实施措施。因此，这里所评估的"结果"是程序性的。

通过安排原告团体与作为官方机构的被告在特定主持者或"独立法院监督者"主持下定期会谈，特区的计划使原告的短期性参与活动制度化。同时，它也创建了一个长期存续的机构，加强对于病人及其家庭的责任承担，即"残障人士质量信托"。哥伦比亚特区承诺为该信托提供启动资金 1100 万美元，十年内每年资助 150 万~200 万美元。该信托的董事会成员由市长从当事各方共同提供的名单中选任，而之后的空缺人选则由在职者投票选出。董事会负责监督特区实施的有关残障人士的计划，包括对特区提起诉讼的权利。更重要的是，该信托有权广泛地获取特区有关残障人士计划实施成效的信息。

心理健康领域通过司法干预实现的结构性改革，已取得显著成效。近年的观察显示，许多护理机构的恶劣条件得到改善，而大量病人已转移到能提供较好服务并且较好接受监督的社区护理所。

（三）监狱

1969 年对阿肯色州、1972 年对得克萨斯州监狱制度的挑战，宣告这个领域内大规模司法干预的开始。1998 年发表的一份报告显示，51 个州的监狱和全国数以百计的拘留所的制度条件被判决违宪。其中，有十个州的司法指令规定具体的内容，涉及住宿条件、卫生设备、饮食、着装、医疗条件、起居管理、人员培训、图书馆、工作、教育等，而且在细节上不厌其烦，如规定号房里灯管的瓦数、洗浴次数、食品热量等等。

整体上，这些案例有力提高了监狱管理质量。尤其在制度条件非常粗糙的南方各州，上述司法干预废止了经常实施的酷刑、犯人租赁、"牢头"，以及其他容易被滥用的管理制度，提升了监狱在监督、人员培训等方面职业化管理的水平。但是，在另一些方面，由于大背景的司法政策刺激下的监狱收容数量剧增，上述司法干预措施的效果显得十分有限。首先，犯人数量的剧增，导致即使没有各类人士对此提出司法请求，也对监狱管理本身造成巨大压力；其次，监狱管理要求的大幅提高，同时导致财政上的巨大压力。监狱管理领域的改革者不得不寻求新的资源支持以便全方位提高犯人生活质量。

在 1990 年前后，监狱管理领域的司法干预出现从命令－控制方式向实验主义治理方式转变的迹象。例如，其一，在夏威夷和宾夕法尼亚州，法院指令不再包括事无巨细的规定，而是要求各方当事人及其专家制定一般性的绩效标准，然后设置能够对原告负责的监督机构督促实现这些绩效标准。其二，大致同时期，许多地方兴起私人监狱。私人监狱是一种政府服务外包的模式。与心理健康领域出现的情况一样，大量出现的服务外包，一方面推动政府职能从严格遵从规则的公共服务提供者向服务提供的监督者转化，另一方面，促使政府制定了有利于提升服务质量的外包服务目的、标准以及相应的监督措施。这些新变化和努力对正在兴起的国家认证流程起到支持作用，特别是如美国惩教协会和美国医疗协会的国家惩教卫生保健委员会的认证流转。其三，更进一步的发展，是许多州通过立法或行政计划设立了监督监狱的行政实体。这些实体的运作方式主要有两种：事后处理犯人的不满以及事前进行的审计。

事实上，早在 20 世纪 80 年代末期，司法界对当时盛行的那种规定内容详尽的司法指令已产生反弹。从这时期起，联邦最高法院的判例以及国会通过的法案都规定了对于行政专门性的尊让，坚持司法干预限制在较小领域内。如在 1996 年的一个案子中，联邦最高法院推翻下级法院的裁判，明确否定了后者针对监狱图书馆的开放时间、犯人有权利用该馆的小时数、馆员的专业教育要求、犯人法律教育课程的录像内容等诸如此类事项详细规定的指令。在 1996 年，国会也介入监狱管理领域，颁布"监狱诉讼改革法"，就联邦法院进行的此类诉讼设置了一系列程序限制。总之，与心理健康领域的情形相似，上诉法院对基层法院的命令－控制型司法干预方式越来越不满意。当然，与教育领域和心理健康领域不同，监狱管理领域的实验主义干预受到更多的限制。如公众对于犯人及其律师参与决策和行政过程有更强烈的反对；行政部门对于绩效数据的公开披露也存在着天然的抗拒，而这种抗拒在此领域被认为理所应当。因此，虽然也有一些案例仍清晰揭示了这种趋势，但这里的实验主义发展趋势要微弱得多。

纽约市 *Sheppard v. Phoenix* 表明了实验主义治理的某些特征。1998 年，该案各方当事人达成一项调解协议，要求市惩教局在两位被挑选出的有着监狱改革经验的专家指导下制定和执行新的政策措施，并且必须符合一个有 104 个段落的"约定"规定的大致限制。在通报执行情况时，法院指出，该约定的执行是为了实现既定目标，而不是为了限制在具体条款上。虽然惩教局此后制定了大量的成文政策，法院通报中强调的是持续完善、培训和监督的流程，而不是具体政策本身。监督措施包括一个经改进了的犯人申诉制度、对预计需使用的惩戒行为进行摄像、在可能发生事故的隔离地点安设摄像头、对每个事故进行详细通报和调查的程序、惩教局独立检察官员的监督等等。此外，法院还要求，根据事故显露出的具体问题，随时完善政策措施。例如，事故报告显示，犯人和狱警之间经常由于犯人拒不关食物槽而发生激烈争吵。这类争吵通常会导致狱警进入号房实施惩戒。从中揭示的问题是,犯人经常因为自己的需求无法得到正当解决而向狱警提出抗议。惩教局由此采取有针对性的举措,如对狱警进行培训,提高其对服务要求做出合适反应的能力,而对于那些一再拒绝关其食物槽的犯人,则实施关禁闭减少其与狱警直接冲突的措施。

法院还可以根据一些可量度的目标实现情况,考虑放弃执行该约定。其量度标准包括出现伤害事件的次数、使用武力的事故的次数、对狱警进行调查以及纪律指控的次数、狱警的病假天数和工作人员的赔偿要求数量等。在整个量度过程中,法院只关注各种情况的内部趋势,而不进行比较评议。但是无论如何,有一点非常清楚:法院是根据实现基本目标的情况而不是根据是否合乎既定规定来判断监狱或拘留所的"合规性"。

Sheppard 案的原告律师承认各监所取得的进步,但同时提出其他方面存在的合规性问题。他们的意见揭示出,在某些领域内,既有监督制度不足以指导进一步的改革。例如,原告律师证明新犯人入狱时暴力事故数量有增长趋势,这表明对新犯人的训练和监管状况需要有所改变;他们也把特定的问题归责于某些人员,并且对违规行为的惩戒进行监督。

Plata v. Davis 是另一个展示实验主义司法干预方式的案例(该案挑战监狱医疗制度)。在该案的调解协议中,加利福尼亚州惩教局同意,把结构性救济的重点放在成立一个能够接受局外专家和原告团体问责的质量保证体系。该案约定的救济措施并不包含实质性命令,而是主要由被告承诺颁布成文政策并且通过特定的方法密切监督它们的实施。

首先,该案约定计划组建一个各方当事人同意的专家组,并且由当事人和专家一起制定"审计工具"对政策服从情况进行评分。其次,约定应接受审计的最小样本(项目)数、选样方法、审计员之间出现分歧时的解决办法、达标的最低分数线。原告有权在不合规时寻求规定之外的救济途径。

详细而言,审计工具由大约 125 项合规性要素构成。许多要素是程序性的,采取具有旧式公法典型特征的规则化形式:在规定的时段内,病人有没有得到看护？有没有恰当地记录不满意见和过往病史？有没有有序安排治疗？其他要素则设置了要求恰当医疗的门槛，但是把所谓"恰当"的标准留给专业人士在具体个案中进行判断。例如，血压高于140/90，需要按照正常病人进行处理；高于130/80，则需要按糖尿病人对待。专家希望把审计流程与测度监狱一般发展目标实现情况的"质量提升"体系整合起来。这个质量提升体系将为通过跨监狱比较而判断采用不同诊断条件的病人制定分类指引。

Plata 案约定的计划强调灵活性。例如，只要注意到原告可能有的意见，被告即可主动完善其政策措施；提供给犯人的医疗措施，如果与州惩教局政策一致，或者如果"医生在病历中记录了，他/她不采取规定的措施和程序，并且这种不采取的行为符合业界标准"，则被认为是允许的。

协议给原告律师提供了充足的信息获取途径，包括获得各类文件，与犯人接触、对管理人员口头访谈、随时访问被告机构等等。也为各方当事人之间的争议设置了协调机制。

就目前情况而言，监狱管理领域的司法救济遭遇的结构性障碍比之其他领域要大得多。但是，甚至在该领域出现制度变革的早期阶段，也充溢着实验主义方法的精神。

例如，1996 年的监狱诉讼改革法被认为意在一般性地限制司法干预，然而，其中有一些条款却可被解释为鼓励实验主义治理发展。这里可以讨论已有相当多争议的两个条款：（1）穷尽性条款：犯人在提起诉讼之前必须穷尽行政救济方法；（2）时效条款：命令性指令在两年后失效，除非法院做出该救济措施仍适用于当前违法行为的裁决。

穷尽性条款承认，行政官员有做出相关决定的责任。从实验主义视角看来，这个条款为发展监狱管理领域的持续的自主学习和自我改革能力，设置了目标。对实验主义方法而言，某种此类条款必不可少。但是，有效的实验主义方法必须为防止穷尽条款滥用从而阻碍对行政行为（它们规定犯人遵守时限和技术要求）进行严肃评议提供保障措施。它也必须提供监狱申诉程序之外的审查机制，该机制既能处理个体之间的纠纷，又能解决制度的问题。

在 1980 年的"被收容人权利保护法"中，有此类穷尽性要求的典型模式。该法中有授权司法部为维护犯人和精神病人权利而提起诉讼的条款，但限于"各种显著的、快捷的、有效的行政救济获得之后"以及联邦总检察长认可作为"实质符合最低可接受标准"的程序。事实上，这条法律是使用穷尽性原则去引导监狱服从联邦认证制度。不过，很显然，这样的引导远远不够。在总检察长的认可条件中，有一项是犯人参与程序制定和执行过程的要求。很少有监狱寻求这样的认可，因为实质上他们不接受这种参与性要求。

此外，虽然监狱诉讼改革法的穷尽性条款没有明确要求内部程序应该恰当或者得到认可，但是由法院来说明恰当条件也是合理的。只不过，在多数案件中，法院不愿这么干——在这里，对犯人的敌意可能盖过了对法条进行融通解释的意图。

监狱诉讼改革法的第二个关键条款，时效条款，其立法目的（同时也被医生认为）是对结构性救济设置障碍。这是因为，推动有着严重违法问题的监狱进行改革，通常时间在两年以上；而调查和审判已存在的违法行为本身也是相当需要时间的，如果这样的行动过两年就需要重复一次，其成本就会产生抑制效应。

但是，该条款实际产生的效果却并不如此明确。在救济措施采取了实验主义方法的范围内，并不需要再次确定违法行为，因为实验主义救济措施建立了透明度。一旦责任被确认，证明过程就与执行过程合二为一：对执行的高度关注本身就是对合规情况的持续量度。因此，救济协商过程中的各方当事人应当同意对合规情况进行测量的标准和流程，应当就实现目标的最低门槛达成协议。达不到该门槛要求的工作状况，本身就必须要求进一步的改善，而无须重新确认是否存在违法行为。

（四）警力滥用

警察制度领域的结构性改革诉讼，从一开始就发展较为缓慢。首先，公众对犯罪行为的厌恶，使针对这个制度领域的司法干预显得成本高昂而且风险较大。其次，对警务工作的切近监督较难，而且警察与普通公民的接触也较其他公务人员少，这导致：第一，较难从单个的不当行为造成的事故推导出系统的问题，如蔡斯教授曾经讨论过的，在1976 年的 *Rizzo v. Goode* 案中，下级法院基于 19 个违宪的警察暴行事件做出要求警察局建立回应公民意见程序的指令，但是最高法院推翻了这个判决，认为街道层面的具体暴行并不构成警察局承担责任的理由；第二，更多的判例显示，原告要是希望赢得结构性救济，不仅必须证明他是某个警力滥用行为的受害者，而且还非常可能以后再次因此受害，如1983 年 *City of Los Angeles v. Lyons* 案表明的情况。

不过，近年的两种发展趋势扩大了司法干预的可能性，而且，已有的创举采取了实验主义方式。第一个发展出现在 1994 年，作为对罗德尼·金（Rodney King）案的回应以及随后的防止警察实施暴行的需要，国会通过法律禁止任何侵犯公民联邦权利的"执法人员行为举止"。该法授权总检察长诉求命令型救济，以便"杜绝此类行为"。

此后，司法部已调查了若干使用警力的案件，并且提起过 5 次诉讼，形成推动结构性改革的共识指令。这些改革比 *Rizzo* 案中被推翻的改革措施复杂得多。近期出现的法院指令虽然因作为被告的警察局具体情况而异，但是也共有一些一般性要素。

例如，被告有责任颁布或完善针对具体事项（如使用强制力）的明确措施；有时会规定最低的实质性要求，但是被告仍保有宽泛的自由裁量权；资料收集的工作经常被详细加以规定；司法部必须指导执法人员记录下诸如使用武力的事件、逮捕、堵塞交通或行人、搜查和没收、酌情处罚等事项；执法人员必须汇报采取干预措施的理由、被管理公民的种族和其他特征、事件具体经过；等等。有时候，司法指令还要求现场摄像。司法部有时会同意为执法人员配备手提电脑或便携式摄像机。官方通报的资料必须与其他资料（如公民投诉、纪律处分过程、诉讼、内部审查、审计）一起公布。也可能加上执法人员的工作状况，如病假、错过出庭等事故。还有规定对出警和收集资料的执法人员进行培训。司法部可能参与培训项目的设计，或者享有签字通过培训的权力。

司法指令也规定了一些重叠的合规性程序。（1）执法过程监督员必须监控具体的资料数据变化情况，追踪违反政策的迹象；（2）司法部必须特设专门的内部监察部门，如独立检察官或内部事务局；（3）法院还指派有权充分获取信息的监督人员，作为法院的代理机构监督执法行为的合规情况。

受监控的资料可以作为"预警装置"，反映系统出现问题的征兆。

同时，被管理人的投诉、执法人员同事及时发现的异常，都列入必须受到监控的资料之中。司法部负责对收集到的数据资料进行分析，如对使用武力的事件、投诉、纪律处分的次数变化进行分析，判断制度体系是否需要完善。

执法过程监督员还有责任追查非传统意义的执法人员行为的合规性，如执法人员的案件调查行为、咨询服务行为等。虽然法院指令强调，对这些行为不采取惩罚性措施，但也必须及时接受监控。

指令也规定了执法过程的管理者或者内部监察人员的"审计"程序。审计过程是为了确定执法人员和监督人员行为是否合乎既定政策措施，同时检查各种通报程序的完整性。

一般而言，一部分数据资料必须公开通报。其中，涉及种族和地方性问题的执法行为的合规性审查报告通常要求公示，而其他一些涉及特定事件和执法人员的信息则没有这样的强制公开义务。

第二个有利于警力滥用诉讼的发展，是公众对种族歧视日益增强的反对意识。司法部于 1994 年根据联邦法律对新泽西州提起的诉讼，就关注这个方面的诉求；种族歧视也成为私人诉讼的主题，并没有被早期涉警案件的地区性程序限制所阻碍。长期对大量出现的警务行为相关的种族案件保持沉默，可以推断为一种制度性的默许。此外，守法的少数族裔人士反复遭受侵犯的可能性也较高，足以支持其法律诉求。这些新情况同时还伴随着许多立法上的推进，如 2001 年的报道所示，至少 13 个州和许多地方政府颁布反种族歧视法，并制定专门的合规性程序。

就发展历程来看，从 *Rizzo* 案原告关注一般的警力滥用到近期针对种族这个特定的目标，与教育领域案件从反隔离到"恰当"的教育目标，二者变化过程恰好相反。但是，就救济方式来说，当前种族歧视案件采取的绝不是命令－控制型指令，而是更接近"恰当"教育目标诉讼中的实验主义治理。在一个针对马里兰州蒙哥马利县的私人诉讼中（该案依据司法部对新泽西州的诉讼先例），形成的措施是关注监督而不是事先规管警务工作的具体细节。制度措施督促警察不去使用种族的标准（除非是事先已经明确的嫌疑人）。司法部负责颁布针对示意停车行为和搜查行为的成文标准，并且说明评议该行为是否符合标准的方法；同时制定分析和通报涉及种族问题的事件的规则，至少在内部，司法部应当可以对警员、警队或地区涉及种族的事件做出比较分析。新泽西州案的司法指令要求制定"基准线",即能够被示意停车的与种族相关的标准,例如车辆类型、驾驶行为、着装等。该基准线是按照社会科学家依据交通流的图像记录分析来制定的。当警察示意少数族裔停车或搜查他们的比率高出基准线时,则可以推断出种族歧视的可能性,由此要求干预措施的介入。

在这些制度中,一个引起争议的重要问题涉及公民团体的作用。"片警"(警察与邻里团体协作设置本地犯罪控制措施)目前已得到大范围推广,在很多城市,包括费城、波士顿和芝加哥,进行着多种形式的实验。但是,司法部的共识指令只是用很含糊的术语要求警察同社区团体磋商。更重要的是,这些指令并不规定他们收集的监督数据能否提供给这些团体使用。批评意见指出,这些团体手上掌握着重要的信息,可影响数据解释,但专门的监督人员无法获取这些信息。而各公民团体也争辩道,他们有推动治安活动的积极性。在洛杉矶和新泽西,公民团体已经提起诉讼,要求扩大原有指令的救济措施,拓宽获取信息和参与地方治安活动的途径。

(五) 住房

在住房领域,也出现从大规模的反隔离努力向直接关注住房质量的制度转变的历程。相应地,处理城市中针对中低收入住房的歧视行为的司法努力沿着实验主义方向发展。

在 1969 年 *Gautreaux v. Chicago Housing Authority* 案中,联邦地区法院发现,芝加哥住房局通过选址和住户分配策略,违宪地造成该市数量庞大的公共房屋系统出现种族隔离问题。法院用一个范围非常广的指令来校正这种违法行为,并且此后多次对该指令进行修改。该指令的核心是这样一个命令:住房局在以少数族裔为主的社区每建一个新单位,都必须在非少数族裔社区建三个(后来减至一个)新单位。

之后的 30 余年时间里,原告和清算接管人不断挑战该指令的执行。新建造的单位只有 7% 位于白人社区。非少数族裔社区的政治抗议,以及联邦住房政策不再支持新建公共住房,都阻碍了这个领域的进步。与教育领域的情形一样,由于白人迁出城市,不同种族的融合变得更为困难。此外，公共住房质量这个最大的难题持续显现。

一些市民和住户团体认为，*Gautreaux* 案对种族融合的关注已经阻碍住房规划的落实和少数族裔社区的重建。他们进而指出，促进融合的努力使得住房发展成本高昂。在近期的两个诉讼案中，那些寻求在少数族裔社区落户的 *Gautreaux* 案集体诉讼的成员，已经公开支持该案的清算接管人和原告律师。

在这个领域有某些成就。例如，在公共住房一度被排挤的社区里，建造了一些新单位；一个力图帮助"第 8 条款"住房补贴许可的持有者在郊区找到公寓的服务密集型方案，似乎很有效果。然而，整体而言，住房领域的经验令人失望。

具有里程碑意义的转向关注住房质量的案件，是 1980 年马萨诸塞州的 *Perez v. Boston Housing Authority* 案。在该案中，州最高法院确认了一项清算州住房局的命令。这项命令关键性的实质基础，是要求所有房主（无论公或私）维护住房最低安全和宜居环境的州卫生法规。原告提出大量的证据，显示州住房局的规划远远达不到种族融合的效果，而且还有证据证实管理层的腐败和不称职。

联邦政府已经建立了一个公共住房绩效测评系统，用以支持公共部门实施的结构性救济。根据国会授权，美国住房与城市发展部（HUP）负责运作该系统，依据四个方面的一系列指标给地方机构的绩效打分：（1）物理状态（符合建筑和卫生标准）；（2）融资状况（例如，地方当局无须额外资源即能实现一次性资金平衡的月份数、住户破产清算的平均天数、每个公用事业单位、维护部门和安保部门的花费、非强制资本基金的数量）；（3）管理方运作情况（例如，空置率、未完成工作指令的数量和年限、物业单位的周转时间）；（4）社区服务和满意度（基于关于维护和重修、安保，与管理者沟通、重建以及其他服务的社区调查数据）。每个指标被测算，然后加总得分，每个方面的得分都进行跨地域的比较，最后换算成百分制得分。每个方面的得分在 60 分以上、总分达到 90 分的地方当局被认为是"优秀"的，相应地，可降低通报和监督的要求。每个方面得分达 60 分、总分在 60~90 分的地方当局被认为是"及格"的，相应地被要求制订改进计划，并且证明的确根据该计划取得进步。四个方面的得分有一个低于 60 分的，该地方当局被认为"不合格",须接受严密监督。

在实施跨地域比较打分这项工作时，HUD 制定了详尽的测评程序。不过，测评系统更关注经过与"业主、居民和受影响的社区"协商而进行的定期改善。趋势是朝向一个特定规则系统发展，而且是一个通过参与过程，在既定目的之下不断进行完善的系统。

在 1990 年，国会指示 HUD 诉请法院接管得分"不合格"且无法做出改善的住房局。报告显示，清算人员发现其工作的困难度，但是仍做出实质的改进。原则上，接管人的目的不只是在危机期间管理财产，而且要以无需司法干预仍能有效运作的方式重建工作流程。与教育和心理健康机构改革一样，很多接管清算采取的是分权的方式。在住房领域，分权化包括了住户的参与——20 世纪 80 年代以来，这成为联邦住房政策的主题。HUD 批准成立社区咨询委员会，鼓励住户管理它资助的项目。一些接管人已经在强化这些程序的方面取得了显著成绩。

相同方向的司法努力的最新例子，涉及私人住房的发展，它源自新泽西州最高法院 1975 年 *Mount Laurel* 案的判决。法院坚持，排除了中低收入住房的地方分区条例违反州宪法的多项保障一般性权利的条款，包括"获取、占有和保护财产"的权利。法院把该条款解释为，要求地方政府制定其分区法规的目的是"使住房恰当的多样性选择成为现实可能"，包括本地区对中低收入住房"当前和未来需求的公平分配"。

Mount Laurel 案在程序上不同于这里讨论的其他案例。新泽西州法院并没有在一个案件中用一个单一的结构性指令去解决一项或多项制度问题。它努力做的是针对全州范围内地方政府的实践行为，而且它在一系列案件中都这样做，每个案件涉及地方具体的情况。但是，它的目的所针对的是结构，它的实践行动针对的是管理，这与其他新型公法案件如出一辙。

Mount Laurel 案的第一条司法意见简单地以一般性术语宣布了新的法律原则，否决产生异议的那款条例，把该法律原则的进一步发展留给以后的判例。该案对推动它并且促进发展的民权团体持鼓励态度。许多市政当局对此表示强烈抗议。修改州宪法从而否决该法律原则的活动已经出现，但是却从来没有成功过。

1983 年，法院发布了一条重新肯定该法律原则并且进一步指导其执行的司法意见。*Mount Laurel* 案的第二条司法意见并不为确定具体地方的"公平分配"而规定综合性的或者具体的指令。相反，它吸收了州政府机构颁布"发展指南"的那套方法。法院规定，法官应接受这套方法的指引。它规定了一套说明性的方法，包括密度奖金和包容性分区，市政当局可以通过这些方法履行其义务。它也规定了"建筑商救济措施"，通过这个方法，根据 *Mount Laurel* 案正试图挑战分区条例的建筑商可以被允许建房，除非市政当局能够证明该计划违反了某项生效的管制规则。这避免了这样一种可能性：当某个地方缺少根据 *Mount Laurel* 案进行的挑战时，所有的发展都将止步，直到它形成一个有效的分区法规。这项救济措施也给发展商强烈的激励去挑战不合规的法规。最后，法院建立了任命下级法院法官去聆讯根据 *Mount Laurel* 案进行的分区规划上诉的程序。它也指派三名法官聆讯全州所有的上诉，一个法官负责三个区域之一。

这个安排使得不同市政当局、不同判例之间一系列复杂的协商（从而制定责任分配的重要协议）成为可能。当"城市联盟"起诉 23 个市政当局时，*Mount Laurel* 案的一位法官指示，所有当事人的规划专家召开会议，协商形成新的经济适用房的"公平分配"方案。这个努力产生了共识，成为全州日后分配政策的基础。

1985 年，立法机构通过《新泽西州公平住房法案》回应 *Mount Laurel* 案判决，建立了一个行政机构即"经济适用房委员会"，承担监督遵守 *Mount Laurel* 案所确定的责任的首要任务。这项成文法也要求该委员会提供调查和技术支持，以及协助地方政府之间的协商。虽然这项成文法和委员会的行动在一些方面不如 *Mount Laurel* 案走得那么远，但是该案建立的大部分框架获得了维持。

虽然舆论不统一，但 *Mount Laurel* 案可以合理地被认为是"边际成功"。它推动的努力措施没有促进城市里的种族融合，然而增加了新泽西州中低收入住房的供给。而且，法院推动立法机构创设一个行政过程，通过给地方政府调节低收入住房创造压力，使分区规划过程更透明，更有效地回应了原告表达的利益主张。其他一些州法院已经依循 *Mount Laurel* 案的引导，发现州排他性分区规划的宪法局限，立法机构（有或没有司法的推动）也制定了类似《新泽西州公平住房法案》的成文制度。

（六）小结

上述五个案例，尽管涉及的司法指令各不相同，却共同反映了从命令－控制型救济向实验主义方法转变的趋势。

这种趋势的出现有可能是实质性问题发生变化所致。例如，监狱领域的诉讼，20世纪七八十年代的许多案件关注监狱人满为患问题，今天则更多注意犯人的医疗条件。前者远比后者更容易制定具体的指令。

然而，在某种程度上，出现这种转向运动反映了对命令－控制型方法不恰当性的一般看法。法院发现自己缺乏信息以及有深度和广度的控制力去恰当地制定和执行命令－控制型指令。而且，命令－控制型的干预加剧了部分被告的反对立场——或者，自上而下的方法至少没有能力使这种反对立场保持中立。

一般来说，在糟糕的实践举措能够清楚界定并且数量不大的地方，具体的命令式指令经常可以起作用。因此，法院在南方乡镇的学区里能以多少带有命令－控制色彩的指令反对种族隔离；而早期监狱的案例，用传统自上而下的禁令推动了如犯人租赁、酷刑等措施的实质改善。

不过，也不是说命令－控制型干预无能为力的地方，采用实验主义方法就必定奏效。这里涉及值得进一步讨论的问题：这些实验主义措施透露出怎样的价值理念？新方法能起作用的相应制度条件是什么？又有哪些独特的机制？

二

早在那篇经典论文中，蔡斯已经厘定新型公法诉讼的几大特征：（1）公法责任的确定，仅仅是以明确的术语规定了范围较广泛的结构性干预的目的；（2）对干预应当采用的具体形式仅有模糊的认识；（3）确定结构性救济需要不同于确定权利的决策方式，它不直接涉及规范原则的阐释或法律文本的解释；（4）结构性救济更多地涉及技术的、策略的和语境的思想方式。

但是，蔡斯的构想与传统法理学认识格格不入。在传统法理学中，一种观点把审判看作确定权利的工作，称为"权利本质论"：权利的确定和保护是司法的核心功能，形成救济方案只具有派生的意义。另一种观点认为权利如果没有实现在具体社会环境里，则全无意义，因此只有救济才是重要的，这是一种"粗坯的实证论"。

从前文梳理的实践发展来看，两种观点都有失偏颇：它们忽视了权利与救济之间的联系——救济是对处于危机中的权利的阐释。所以，审判工作既不是对既定规范的机械解释，也不是工具主义式的自由裁量。更进一步讲，蔡斯和传统法理学都没有抓住实验主义司法干预的最大的特点：第一，实验主义案例中的救济经常涉及司法过程、人员角色和方法论的转变。法官的作用从直接决定法律准则，转变为助推利益相关人之间的协商和谈判过程。法官此时有足够的信息来源，去广泛思考其判决的影响。第二，对潜在的未来被告的激励或威慑，并不依赖任何具体案件的特定救济方式。实验主义裁判者并不试图用标准化的救济方式去引导可欲的行为模式，因为他根本不知道可欲的行为模式具体是什么。新型公法诉讼传递给未来被告的信息，不是他在违约或违法时可能遭遇的具体后果，而是将导致独立性的缺失和不确定性的增加。不确定性并不表示无法阐明其权利、义务状态，而是揭示出在这种案例中最需要慎思明辨的要害所在。

新型公法诉讼的关键，为罗伯托·昂格尔在其出版于 1987 年的著作《错误的必然性》提出的"改变现状权"理念所捕获："改变现状权保护公民打破那些对日常冲突的改变现状效果保持封闭，因此仍然维持着隔离状态的权力和优势等级的大型组织或扩展的社会实践领域的利益。"（Unger，2004b，p. 530）在新型公法诉讼中，法官并不实施自由裁量权（针对特定问题选择任何可能的应对之策），而是在发现违反某个规范（如恰当教育的权利、诉诸司法的权利等）之后，设置一个统一的救济方法：制度化地改变现状——引导制度在其必须回应（此前被排挤在外的）利益相关人的过程中改革自身。这个救济方式是各种不同救济措施的共同结构，它在对于实体权利的最初确定与救济方案的最后拟定之间搭起了有效的桥梁。

事实上，蔡斯用"新型公法诉讼"与"传统私人诉讼"的二分法来论述他的构想，本身已遮蔽了普通法所具有的那种针对结构的改变现状效果。

例如，两个普通法规范：对陌生人的合理注意义务规范与竞争性损害豁免规范。前者规定了企业对其生产行为产生的社会后果的责任范围，后者是对成功企业竞争能力的保护。在普通法的合理注意义务之下，企业基于效率和公平的行为，并不能成为其豁免责任的王牌；法院根据当前的社会环境，不断修正和提高"合理性"的解释标准，是不断在企业身上施加压力，促动其不断改进生产标准，而不是自信当前实践即为最充分合理的。同样，在竞争性损害豁免规范下，企业不因自己的竞争受损而得到法律救济，促使企业不断处在检讨缺失、检查弱点，从而不断提升绩效的压力之下。

如果说这两项规范只是普通法法院间接受改变和重建商业规范体系的手段，那么，《反垄断法》和《破产法》就是其直接的、综合性的工具了——前者能打破那种有能力避免竞争压力的企业的工具，后者一方面能保护企业免受"过度"的压力的冲击，另一方面能重构市场生态。

当然，公法上的改变现状权有其独特的制度条件和运行机制，多少与私法有近似之处，但完全不能以后者来简单类比。

其一，公法上改变现状权的适用对象。

昂格尔曾指出，经验上，实现改变现状权，即是把打破构架的集体利益与避免压迫的个人利益联系起来（Unger，2004b，p. 532）。实践中的案例显示，公法上的改变现状权，正是个体通过诉讼引发结构性改革，实现这样的效果：打破或松动那些未能满足最低绩效的标准，但又能避免政治机制对其实施校正的公共机构。

因此，作为改变现状权适用对象的公共机构，必须具备两个因素。

（1）未能满足恰当的绩效标准。这项因素通常较少有争议。一旦有原告就教育、心理健康、监狱、警察局、住房等领域的公共机构提出不满时，行政主管当局，甚至市长，都有一种同情理解的倾向，因为原告的诉求往往表达一种对于该公共机构服务状况的普遍看法。例如，哥伦比亚特区政府承认，该区公立智障治疗机构的情况难以令人接受；得克萨斯州总检察长认为，该州监狱的某些方面，比原告的申诉还要糟糕。

法院一般根据所谓"行业标准"来确定最低或恰当的标准。该标准通过有经验的实际工作者或学者的专家证词，以及获授权制定标准的组织颁布的标准体系，加以确定。如在教育领域，法院根据标准化测试成绩确定教育质量；在监狱案件中，标准由美国矫正协会和联邦监狱局颁布；近期，针对警务行为而出台的国家标准：由执法机构认证委员会颁布。法院需要从事的工作，是判断这些标准是否符合宪法规范或《成文法》规范。对于这些标准的具体内容，不可避免容易引起争议，但是，法院在解释一般性法律规范时，援用这些标准这个原则，却是没有异议的。

（2）该公共机构免受政治干预。私人企业避免市场竞争压力时，《反垄断法》起到打破屏蔽的作用。而行政部门或公共机构的问责机制一般来自选举和政治系统内部。但是，这里存在三个问题，使这些公共部门或机构经常在造成损害的同时，又能免于政治机制的干预。第一，与所谓"多数人暴政"相关。多数人实施的政治控制通常不对利益受损的少数人负责，教育、警务和住房领域的种族歧视问题，即为明证。第二，与所谓"集体行动的逻辑"相关。有着统一利益目标的小集团能够产生的政治影响力，通常要远远优于人数虽庞大，但利益目标分散的团体，例如公房管理人员、狱警、警局巡逻队、心理治疗机构护理等，都可能被少数人"俘获"而滥用其权力，侵犯其他公民或犯人的权利。第三，与所谓"囚徒困境"相关。在传统诉讼中，被告经常在被确定了侵权责任之后，仍能在救济方案中起主导作用，这是因为包括原告在内的其他不同集团处于一种低水平的均衡之中，难以形成可以获得更大利益的协作。

前述案例反映出的实验主义治理，正是在解决这三个难题方面形成了若干有效机制，打破困局，促使改变现状效果的实现。

其二，实验主义的救济方式。

法院在实施结构性救济时，面临的直接阻碍有两个，即法院有限的信息收集能力（无法如具体行政机构一样了解公共事务的具体细节）以及它权力配置上广度和深度的欠缺（既无法使指令扩展到案件当事人之外的主体，又难以对一线工作的具体操作做出规定）。新问责运动的兴起——如在教育领域一样——帮助法院寻找到克服这两大阻碍的方法：以一种**既集权又分权的司法救济形式**，一方面主导监督对于实现目的程度的评议以及执行相应奖惩，另一方面促成不同类别、不同层级的广泛的利益相关人共同协商制定措施、共同监督措施的执行、共同承担提升公共服务质量的责任，推动改变现状效果的实现。

由此，实验主义救济方法形成了三个关键特征。第一，以**利益相关人协商**作为司法救济的核心形式。首先，当事人双方谈判、协商，形成法院认可的救济方案；其次，其他利益相关人参与谈判和协商以及干预措施的执行过程，即使他们不是正式的当事人；最后，法院也可以强制一些重要的团体或个人参与这个协商过程。协商过程是基于理由论证的利益主张过程，目的在于形成共识，整个过程保持一种开放的、吸取新信息、调整自己立场的风格，而有没有主导人或者调解员并不重要，如加利福尼亚州的一个监狱医疗案件，当事各方协商决定无需法院作为主导方介入，因为他们希望彼此直接讨论寻找解决问题的方案。第二，以**滚动式规则运作**作为司法干预的主要形式。协商的任何阶段产生的任何协议或决议，都只是暂时性的（或者说，不确定的），即可以通过对实现目的程度的同行测评、比较分析，不断进行调整、修改和完善。同时，由于协商参与人相关知识的积累（有限知识）、对问题了解程度提升（有限理性）、改变自身立场（应对问题的机会主义立场），司法干预从方案形成到具体执行的整个过程，允许对干预目标、方案内容、评估标准、执行方法、监督措施等不断地进行修改和完善。规则运作的全过程，充分体现了"目的与手段相互调整"这个实验主义哲学的核心理念。第三，以**过程的透明性**作为救济措施的根本保障。这个特征是对"滚动式"规则运作的再次强调，也是评估标准、程序以及对实现目标的程度进行测评得以维持在"基本共识"状态的保障。

从垄断纠纷解决的权力这个角度看来，法院在整个司法干预过程中，不再如同命令－控制型指令阶段那样"集权"，这是不言而喻的。然而，这并不表明法院转而采取一种放任自流的"分权"方法。为推动利益相关人的协作，有两种主要的**改变现状机制**可以适用，同样充分体现了"既集权又分权"的特色：其一，直接规定当事人必须参与协商程序或者必须采取打破僵局的行动。如在教育领域中，法院可直接指派行政主管当局接管、重组评议持续较差的学校。在极端的案件中，法院甚至临时性直接占据主管当局的位置，主导对于公共机构的整改。这些方法可以称为"直接的改变现状机制"。其二，设置"惩罚性默认状态"（the penalty default），间接地推动合作。法院经常会规定一种"警示"或者"威胁"：不选择参与协作，则将导致一种当事人不愿看到的后果。如 1991 年得克萨斯州的一个案例，法院颁布一项禁止州教育投入的命令，除非该州教育当局制订出可供评议的合宪的教育投入规划；在该州一个监狱领域的案例中，法院规定监狱每天支付 8 万美元的藐视金，直到发现监狱制度条件有明显的改进。这是一种"间接的改变现状机制"。

从司法干预的全过程采用"协商方式"来看，法院主导色彩较强的这两项改变现状的机制应该还需要更广泛的民主参与，才能确保改变现状效果的实现，这种广泛的参与可以被称为一种"民主化的改变现状机制"。在利益相关人的参与遭遇阻力较大的领域，法院的直接规定或者惩罚性默认状态的设置，都未必能够推动制度改革的重大进步，这也是前述五个结构性救济案例中，监狱改革明显滞后于其他领域的原因。因此，从某种程度上讲，这五个案例揭示出的实验主义治理转向，依然只具有有限的意义，更广泛的民主实验有待各种制度条件的持续创新。

三

昂格尔的思想实验较之实践发展要走得更远。

昂格尔指出，制度构架与受这种构架制约的常规行动之间，其实是相辅相成的关系——历史和现实中，存有大量破坏构架的实践经验，这些冲突实践经常转化为维护构架的行动，但是也同样经常出现，实践或想象对构架的冲突加剧，使后者的不同组成部分出现被打破的可能性（Unger，2004a，pp. 152ff.）。基于这个认识，昂格尔挑战那些要么认为制度构架的发展变化受某种"深层规律"决定，因此只能通过革命或其他激烈运动才能导致其整体改变，要么认为制度构架是日常冲突及其协调方式日积月累的产物，因此无须考虑所谓构架的制约问题的社会理论。

昂格尔并不认为，只要倡导一种反对政府干预的放任主义政策，就能保证人的充分发展和人类秩序的自由。因为，其一，在现代社会，阻碍自由的构架因素并不仅限于政府权力；其二，阻碍因素也具有被重构和重组从而有利于自由的可能。昂格尔主张，需要一种宪政规划，通过制度创新来增强个体和集体改变制度构架与打破既得利益的能力。他把这个思想实验称为"培力民主纲领"（The Program of Empowered Democracy）："这个纲领提供的图景是这样一种社会景观：在其中，通过发展那种既能缩小维护构架的常规行为与改变构架的冲突之间的差别，又能弱化既定社会分工和等级制的制度安排，更充分地培育人们的力量。"（Unger，2004b，p. 362）

改变现状权正是"培力民主纲领"下权利系统中的一项。昂格尔指出，不同的权利系统的设置和想象，蕴含着不同的人类联合形式的假定，自由主义私权体系是一种把与市场规划相关的权利模式应用于整个生活领域的企图。昂格尔质疑这种制度安排的正当性。以契约和财产权利为例，昂格尔认为，在现行权利模式强调的利己主义和非人情化交易之外，契约中还含有利他主义的信赖利益与共同体生活的想象，现有的契约法制度，遮蔽了更广阔多样的社会生活实践及其想象。而绝对财产权是在认为小商品生产已经为现代化生产模式淘汰的前提假定下推行的，但是这个认识与小商品生产依然大量存在的事实并不相符，以这种虚假的历史描述作为绝对财产权的神圣起源，显然不利于需要更充分展开的民主实验。昂格尔为培力民主设计了四种权利模式，它们的功能是增强人们打破既得利益的能力。

其一，市场权（market rights）。市场权是用以参加经济交往的权利，其功能被界定为：确保工人、技术人员以及企业家团体获得有条件的、临时的社会性资本进行生产和发展，并因此而增强经济分权程度以及经济制度的可塑性的权利。市场权可以分为两类，第一类是投资基金的权利，能够限制贷出资金的具体使用时间和利率，还能干预借方的工作组织模式，第二类是个体或自行或通过组织团体参与交易的权利。市场权必须与否定财产权的绝对性联系在一起，才有存在的意义，因为只有建立在有条件的、临时性的和分散化的财产权利［昂格尔称为"共持财产权"（consolidated property right）］之上，市场权才能够保障所有人获得发展资金的机会，并且不会因经济上的这种发展形成新的特权和等级。

其二，豁免权（immunity rights）。豁免权保护个人抵制公共的或者私人的权力加置的任何制约，其范围从足以影响其生活的集体决定，直到他自己所能感受的任何经济及文化的剥离感。这种权利模式给予个人一种可靠的信任度，相信能够免受授权民主运作中扩大的任何冲突的侵害。正是这种信任度，确保个人在参与做出社会重组的集体决定时，能够做到无所畏惧。依照昂格尔的考虑，豁免权保障个人获得维护正派生活水平（a decent standard of living）的最低限度的物质和文化资源。就权利的内容而言，豁免权包括教育权、健康医疗权、居住权和获取食物权等。除了这些维系生存与发展的权能之外，豁免权还是一种扩展了的政治参与权，确保个人能够直接参与影响日常生活的公共决策。此外，既然传统的刑法也被包括在内，用以保障个人免受外力的伤害。当然，昂格尔指出，豁免权并不帮助个人规避生活中可能遇到的不确定性和风险，例如个人不能根据这项权利去要求某个特定的工作职位，他必须在市场中经历求职的焦虑和挫败，但是豁免权应当给他自愿退出或组织共同体生活的资格，以便通过他自己的方式增强应对风险的能力。

其三，改变现状权。个人无法完全摆脱生发性构架的影响，大量的组织和社会实践对于日常冲突而言依然是封闭的，个人应当拥有一种权利去打破这种禁锢，防止等级和特权得到巩固。昂格尔自己承认，改变现状的权利新颖得令人难以捉摸，但是他认为，在一个"否定结构的结构"（培力民主的宪法）中，个人必须持有这种权利，以便开放出更充分的制度实验机会。昂格尔曾说明，改变现状权在现有的司法条件，即三权分立体制下的司法有限权力配置下，只能部分或不充分地实现（前文案例已证明了这一点）。昂格尔一再强调，改变现状权是授权民主权利体系的中轴，只有通过这个权利，其他权利才可能充分运行。

其四，团结权（solidarity rights）。团结权赋予信赖和信任这些社会关系以法律效力，倡导一种社群或共同体的生活图景。他主张，团结权在保障小团体，如家庭、工场、社区等的和睦之外，应当保护个人参与这种生活的自由意志。也就是说，昂格尔期望通过团结权实现他论述有机群体时构设的"内在秩序与外在超越"的辩证结合。正是对于"自由意愿"的强调，昂格尔主张，团结权不是一种可以强制执行的权利，必须通过清楚的界定之后自愿的履行才能实现。

总之，昂格尔的权利系统旨在通过扩大公民－集体的资源和能力，以彻底的多元化、分散化获取生产机会和结社机会的方式，增强民主实验主义的可能性。如同前文梳理的案例所示，美国若干个领域公法诉讼的案例，已经有限度地展现了这种司法在解决实质问题的压力下实现改变现状效果的可能性，而在金融危机之后，国会、美联储、财政部等共同推行的"暂时国有化"对策，也同样有限度地打破了私有财产权的神圣想象。① 着眼这些实践传递出来的信息，似乎可以说，人们逐步寻找到在常规制度中设计出更有助于"制度化的改变现状"的机制，在剔除革命的暴力危害的同时，又维护革命式的改变自身命运和处境的热情，或许并不是遥不可及的。

---

① 参见崔之元《从欧美金融危机理解社会主义市场经济》，《开放时代》2012 年第 9 期。

实验主义治理：全球公共问题的新药方？

——基于《蒙特利尔议定书》的案例研究

俞晗之 *

编者按：2014 年，习近平主席特使张高丽副总理曾在联合国气候峰会上重申，中国支持"共同但有区别的责任原则"。在《保护臭氧层维也纳公约》下设定的《蒙特利尔议定书》（全称《蒙特利尔破坏臭氧层物质管制议定书》）首次提出这一原则，被公认为世界上迄今为止最成功的全球治理典范。《蒙特利尔议定书》于 1987 年签订，在 1996 年成为第一个世界上所有国家都加入的国际公约。2012 年联合国秘书长潘基文表示，"各国在过去 40 年达成的大量多边协定中，《蒙特利尔议定书》脱颖而出。对这份致力于修复和恢复地球保护盾的文书的供资和实施方式是鼓舞人心的范例，让人们相信一切皆有可能"。本文较详细地介绍了从全球实验主义治理角度对《蒙特利尔议定书》的研究，展现了实验主义在国际合作和国际组织中的巨大潜能。

关键词：实验主义治理　环境治理　国际合作　蒙特利尔议定书

Abstract：As a special envoy of President Xi Jinping, Chinese Deputy Prime Minister, Zhang Gaoli reiterated in the UN Climate Summit 2014 that China supports the "common but differentiated responsibility principle." Under the Vienna Convention for the Protection of Ozone Layer, this principle was firstly initiated in the Montreal protocol, which is considered to be

---

* 俞晗之，清华大学公共管理学院博士后。

the most successful global governance model so far. The Montreal protocol was signed in 1987, and it became the first international convention ratified by all countries in 1996. The UN Secretary-General, Ban Ki-Moon announced that "among the considerable number of multilateral agreements agreed between states over the past 40 years, the Montreal Protocol stands out. The manner in which this instrument for repairing and recovering the Earth's protective shield has been financed and implemented serves as an inspiring example of what is possible." This article analyzes the Montreal Protocol from the perspective of global experimental governance, showing the huge potential value of experimentalism in international cooperation and international organizations.

Keywords: Experimentalist Governance   Environmental Governance   International Cooperation   Montreal Protocol

一 全球实验主义治理的产生背景

当今人类面临的全球性公共问题日趋复杂和严峻，例如全球环境变化、能源危机、传染病扩散、信息安全等问题。这些全球性问题需要人类携手解决，但很多学者指出，目前以国际"硬法"为代表的传统治理机制却往往捉襟见肘。例如牛津大学的托马斯·黑尔和戴维·赫尔德教授指出，20 世纪 90 年代以来学术界的关注焦点一直围绕国际制度如何运行展开，新自由制度主义占据着主流的解释地位。但是，随着冷战结束全球化进程的加速以及制度的变迁，传统的国际制度逻辑与新出现的现实状况出现了脱节。一方面，政治制度已经超越了以国家为中心的正式的国际条约制度，另一方面，政府间国际组织也不再是学界关注的唯一对象。[①] 在此情况下，对于很多新型全球治理机制的探讨就十分必要[②]，一些学

[①] Thomas Hale and David Held, eds, *The Handbook of Transnational Governance: Institutions and Innovations*, Polity, 2011.

[②] 庞中英：《全球治理的"新型"最为重要——新的全球治理如何可能》，《国际安全研究》2013 年第 1 期。

者也开始尝试对诸如跨国网络治理、国际仲裁治理、国际标准治理等多元化的全球治理机制进行归纳和总结。① 笔者认为在对这些新的治理机制的探讨中最具有突破性价值之一的，是一些学者提出的全球实验主义治理。②

全球实验主义治理的最大特点是强调全球目标的开放性和地方因地制宜的治理，这就将全球目标和不同地区的实际情况有机地结合起来。当前人们对于全球治理的印象与理解往往是停留在国际社会和国家层面，全球治理与地方乃至个人的关系似乎遥不可及，这就导致全球治理在实践中往往"不接地气"，近年来全球治理领域的一些重要学者意识到这个问题，疾呼全球治理的国际机制与区域性、国家性、地方性系统需要加强互动③，全球实验主义治理机制恰恰在这方面具有得天独厚的优势。

二 全球实验主义治理的机制特征和运行条件

实验主义治理的基本理念是基于广泛的共识而设置框架性目标，然后基于在不同环境中展开多样化的具体实践与学习，进而不断对最初的治理框架进行修正。在实验主义治理的过程中存在四个基本环节：其一，治理最初是基于框架性规则的制定；其二，强调在不同环境背景下因地制宜的执行过程；其三，对治理结果需要进行循环评估；其四，治理方案不断得到修正。

与传统的基于强制约束和规制的国际硬法相比，全球实验主义治理

---

① Mathias Koenig-Archibugi. "Introduction: Institutional Diversity in Global Governance," in M. Koenig-Archibugi, M. Zürn, *New Modes of Governance in the Global System: Exploring Publicness, Delegation and Inclusiveness*, Palgrave, 2006; Djelic, Marie-Laure, and Kerstin Sahlin-Andersson, eds., *Transnational Governance: Institutional Dynamics of Regulation*, Cambridge University Press, 2006; Thomas Hale and David Held, eds., *The Handbook of Transnational Governance: Institutions and Innovations*, Polity, 2011.

② G. de Búrca, R. O. Keohane, C. Sabel, "Global Experimentalist Governance," *British Journal of Political Science*, vol. 44, no. 3 (2014): 477 – 486.

③ Thomas Weiss and Rorden Wilkinson, "Global Governance to the Rescue: Saving International Relations?" *Global Governance*, vol. 20, no. 1 (2014): 19 – 36.

机制具有更富弹性的机制特征。但是仅仅从机制特征本身来判断其是否能够实现有效的治理，就不免落入功能主义分析的一大困境：一种机制所带来的有益或无益的结果可能只是偶然事件，从机制具有的功能视角出发只能推测而不能真正解释为什么事物会如此发生与发展。① 因此，笔者在本文中想要探讨的问题是，实验主义治理能够实现有效全球治理的前提条件或保障因素是什么。

针对这个问题，已有的研究认为实验主义治理机制并不是全球治理的万灵药，其能否发挥作用可能取决于一些条件。例如，治理问题充满不确定性、不存在实质性的利益分配冲突、核心决策者预见性有限、核心决策者具有强大的参与意愿等。② 但这些设想的条件是否真实存在，是否还有其他因素影响实验主义治理机制的运行，学界仍然缺乏必要的探讨。

因此，本文以全球实验主义治理的一个典型成功案例——《蒙特利尔破坏臭氧层物质管制议定书》（简称《蒙特利尔议定书》）的制定和实施过程为例，深入剖析《蒙特利尔议定书》的治理机制及其得以成功的关键因素，试图对上述问题进行解答。

三　实验主义治理的典型案例
——《蒙特利尔议定书》

1.《蒙特利尔议定书》的重要成就

《保护臭氧层维也纳公约》下设定的《蒙特利尔议定书》被公认为世界上迄今为止最成功的全球治理典范。《蒙特利尔议定书》于 1987 年签订，此后在 1996 年成为第一个世界上所有国家加入的国际公约。③ 2003 年时任联合国秘书长安南指出《蒙特利尔议定书》可能是迄今在

---

① 崔之元：《功能解释与"分析的马克思主义"》，《中国社会科学院研究生院学报》1986 年第 6 期。
② G. de Búrca, R. O. Keohane, C. Sabel, "Global Experimentalist Governance," *British Journal of Political Science*, vol. 44, no. 3 (2014): 477–486.
③ UNEP, *The Handbook of Montreal Protocolon Substances that Deplete the Ozone Layer*, 9th edition, UNEP, 2012.

环境问题上进行全球合作的最佳实例。2012 年联合国秘书长潘基文表示，"各国在过去 40 年达成的大量多边协定中，《蒙特利尔议定书》脱颖而出。对这份致力于修复和恢复地球保护盾的文书的供资和实施方式是鼓舞人心的范例，让人们相信一切皆有可能"。

具体而言，《蒙特利尔议定书》的成功治理效果体现在以下几个方面。其一，根据 2012 年《蒙特利尔议定书》科学评估委员会的观测和分析，目前大气中的臭氧消耗的关键物质正在下降，相信只要持续全面实施议定书，到 21 世纪中期，臭氧层将恢复到 1980 年以前的水平。其二，由于议定书的实施，在全球范围内避免了千万人因癌症而死亡，且避免数亿例癌症和白内障的发生。其三，议定书的实施也有利于减少温室气体的排放，其累积效应相当于避免了 1350 多亿吨二氧化碳的排放量。[1]

同时，《蒙特利尔议定书》也被认为是全球实验主义治理机制的成功典范。[2] 从其最初的规则制定到此后 20 多年来的实施情况，完美地诠释了实验主义治理机制的精髓。因此，以《蒙特利尔议定书》为典型案例进行研究，有助于更深入地理解全球实验主义治理的机制特征，同时能够挖掘促使其成功实施的关键因素。

2. 《蒙特利尔议定书》的实验主义治理机制

（1）基于基本共识的开放性目标

20 世纪 70 年代，对于破坏臭氧层物质的认识一度充满争议，直到 80 年代英国南极勘测处证实了臭氧层空洞的出现，人们才最终确认氯氟烃对臭氧的危害[3]，此后国际社会对保护臭氧层达成了基本共识。联合国环境规划署于 1977 年通过了"世界臭氧层行动计划"，进一步加大

---

① 史云锋：《责任与承诺——从〈蒙特利尔议定书〉谈中国环境国际履约》，《世界环境》2013 年第 2 期。

② G. de Búrca, R. O. Keohane, C. Sabel, "New Modes of Pluralist Global Governance," *New York University Journal of International Law & Politics*, vol. 45, no. 3 (2013)；G. de Búrca, R. O. Keohane, C. Sabel, "Global Experimentalist Governance," *British Journal of Political Science*, vol. 44, no. 3 (2014): 477 – 486.

③ 李弗兰：《蒙特利尔议定书：国际化学品管理的成功经验》，《产业与环境》2005 年第 2 期。

国际社会对臭氧层保护问题的关注。经过十几年的艰苦谈判，联合国环境规划署于1985年通过了《保护臭氧层维也纳公约》，这个框架性的公约没有具体明确国家的责任和义务，其目的是吸引尽可能多的国家加入，获得最广泛的共识。在此基础上，《保护臭氧层维也纳公约》下设定的《蒙特利尔议定书》于1987年签订，并在1989年生效。

《蒙特利尔议定书》设定了很多开放性的目标。虽然与之前的《保护臭氧层维也纳公约》相比，《蒙特利尔议定书》进一步明确了国家对于控制和削减破坏臭氧层物质的责任和义务，但对于臭氧层物质的目录和削减时间保留了非常大的空间，1987年版本的议定书第2条第10款指出，"各缔约方可以决定：（a）是否有任何物质，如果有的话，哪些应增入本议定书任何附件，哪些应予以删去；及（b）应适用于此种物质的控制措施的体制、范围及时间"[1]。这一调整条款使得缔约方能够利用不断发展的科学技术，加速淘汰商定的臭氧消耗物质，同时为增列新化学品及在议定书下设立新机构提供便利。

（2）因地制宜的国家实施方案

《蒙特利尔议定书》通过两种途径保证不同国家能够根据各自的国情，因地制宜地开展削减破坏臭氧层物质的行动。

其一是议定书在国际规则中首次采纳了"共同但有区别责任"的概念，充分考虑到发展中国家的实际情况。议定书第5条是关于发展中国家的特殊情况的，其中第一款指出，"任何发展中国家缔约方，如果在本议定书对它生效之日或其后直至1999年1月1日止其附件A所列受控物质每年的消费的计算量低于人均0.3公斤，为满足其国内基本需要应有权暂缓十年执行第2A至2E条规定的控制措施共同但有区别的责任"[2]。按照这一规定，发展中国家可以在发达国家第一阶段逐步淘汰期限的基础上享受10~15年的宽限期。

其二是议定书没有就如何实现削减目标而设立一致的实施规则，各

---

① UNEP, *The Handbook of Montreal Protocolon Substances that Deplete the Ozone Layer*, 9th edition, UNEP, 2012.

② UNEP, *The Handbook of Montreal Protocolon Substances that Deplete the Ozone Layer*, 9th edition, UNEP, 2012.

缔约国需要按照自己国家的具体情况制定相应的国家方案，只要议定书执行委员会同意即可实施。这一规定使得不同国家能够充分地进行制度创新，针对国家内部的实际生产、消费情况，有针对性地实施控制措施，灵活地使用经济奖励和惩罚措施等，同时不断地制定和调整国家内部的实施计划，以便更高效地实现各项削减目标。

以中国实施议定书的情况为例，政府在制定和实施国家方案过程中具有很大的自主空间，通过符合国情的决策程序以及制度创新保证顺利完成削减目标。1991 年中国加入议定书后，国务院即启动了基于中国国情的政策议程。首先是批准成立了由环保部门牵头、18 个部门组成的国家保护臭氧层领导小组，又于 2000 年成立了消耗臭氧层物质进出口管理办公室，加强履约工作的协调指导。1993 年，国务院按要求颁布了《中国逐步淘汰消耗臭氧层物质国家方案》，1999 年根据新的履约要求及时修订该方案。2010 年 3 月，国务院审议通过《消耗臭氧层物质管理条例》，全面建立履约工作的法规、政策和监督实施体系，加快推进履约进程。① 除了上述国家层面的规则制定，还有一系列基于相关行业实际情况的制度创新，例如成立行业特别工作组，由政府环保部门、行业协会和国内执行机构的人员组成联合工作组，共同开展淘汰项目的准备、报批和执行等工作。相关的行业协会——如中国家电协会、中国聚氨酯泡沫协会、中国制冷空调工业协会等与政府部门共同合作开展调研、宣传、培训等活动。②

（3）对地方治理情况的循环评估

《蒙特利尔议定书》具有一套非常健全的国家实施情况汇报和评估机制。首先，议定书第 6 条规定了控制措施的评估和审查内容，要求"至少每四年一次，各缔约方应根据可以取得的科学、环境、技术和经济资料，对……规定的控制措施进行评估"，并且"通过秘书处向各缔约方报告其结论"。其次，议定书第 7 条详细规定了各缔约国的数据汇报要求，包括每一种受控物质的年产量、销毁数量和进出口

---

① 史云锋：《责任与承诺——从〈蒙特利尔议定书〉谈中国环境国际履约》，《世界环境》2013 年第 2 期。

② 林楠峰：《蒙特利尔议定书多边基金赠款项目管理机制对我国招标采购的启示》，《有机氟工业》2012 年第 1 期。

产量等。

在上述针对国家的实施情况汇报机制基础上，议定书还成立了专门的不遵守情事程序履行委员会，根据对汇报数据的审查结果，评估各缔约方的遵约状况，并就如何处理不遵约情况向缔约方会议提出建议。值得注意的是，根据履行委员会截至 2012 年对 70 个缔约国提出的"关于不遵守情事的决定"进行分析①，可以发现这项不遵守情事程序的核心是通过资金支持和技术协助等方式积极帮助缔约方恢复到遵约状态而不是强调惩罚。

此外，议定书还设立了三个特别评估小组——科学评估小组、环境影响评估小组及技术和经济评估小组，负责为议定书缔约方提供支持。这些评估小组至少每四年编制与政策相关的综合评估报告，帮助各缔约方调整和修正议定书规定的控制措施。

（4）对全球治理方案的不断修正

《蒙特利尔议定书》迄今为止经历了 6 次调整案，分别于第二、四、七、九、十一和十九次缔约方大会通过。在历次调整案的基础上，议定书又通过了 4 次修正案，包括 1990 年伦敦修正案、1992 年哥本哈根修正案、1997 年蒙特利尔修正案和 1999 年北京修正案。历次调整和修正的目的在于根据议定书的实施情况适时调整各项物质的削减时间计划以及增减控制物质目录。

一方面，调整案针对的是议定书已列控制物质的削减时间变动。以氟氯化碳为例，经历了历次缔约方大会关于削减时间计划的调整方案，调整案根据发达国家（议定书非第 5 条缔约方）和发展中国家（议定书第 5 条缔约方）的实际实施情况，数次调整削减的时间期限（见图 1）。

另一方面，历次修正案除了明确对已有控制物质削减时间的调整以外，还不断更新需要控制的物质目录，使得越来越多的破坏臭氧层物质被纳入议定书的控制范围内（见表 1）。

---

① UNEP, *The Handbook of Montreal Protocolon Substances that Deplete the Ozone Layer*, 9th edition, UNEP, 2012.

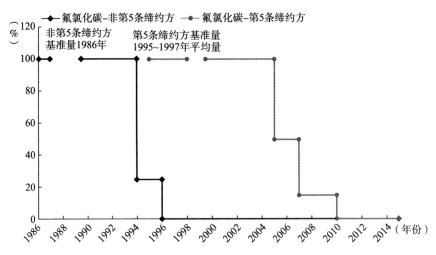

图 1 氟氯化碳生产/消费减少时间表

资料来源：UNEP, *The Handbook of Montreal Protocolon Substances that Deplete the O-zone Layer*, 9th edition, UNEP, 2012。

表 1 历次修正案的新增控制物质

议定书和修正案	增加的控制物质名单
1987 年蒙特利尔议定书	附件 A 第一类：氟氯化碳；第二类：哈龙。
1990 年伦敦修正案	附件 B 第一类：其他全卤化氟氯化碳；第二类：四氯化碳；第三类：1，1，1－三氯乙烷（甲基氯仿） 附件 C（过渡性物质）第一类：氟氯烃
1992 年哥本哈根修正案	附件 C 第一类：氟氯烃；第二类：氯溴烃； 附件 E 第一类：甲基溴
1999 年北京修正案	附件 C 第三类：溴氯甲烷

3. 影响《蒙特利尔议定书》实验主义治理机制有效运行的因素

以上具体分析了《蒙特利尔议定书》如何通过实验主义治理机制进行有效运作，但尚没有进一步解释为什么《蒙特利尔议定书》的实验主义治理机制能够发挥作用。为什么全世界所有国家都愿意加入议定书并承认其开放性目标？为什么各个国家愿意因地制宜地制定和实施国家方案？为什么议定书能够不断地基于地方经验和评估进行修正？基于上述这些问题，本文接下来就对可能影响机制成功运作的相关因素进行挖掘与分析。

（1）一票否决权参与者的强参与意愿

《蒙特利尔议定书》之所以能够顺利地制定开放性目标，和美国的积极参与有密切关系。美国由于其强大的经济和政治势力，在二战以后新的世界秩序中长期占有一票否决权（veto power）的霸主地位，崇尚独自领导全球性公共事务的治理，对基于多边合作的国际规则参与热情不高。但在臭氧层保护问题上美国表现出十分积极和主动的合作意愿，这和美国在该问题上的特殊收益情况有关：其一，虽然臭氧消耗会影响所有国家，但高纬度国家受到臭氧消耗的负面影响更大。其二，相对于其他肤色的人群，白色皮肤群更易受到皮肤癌的侵害。基于这两点原因，美国毫无疑问是保护臭氧层行动的最大受益者。[①] 根据已有研究估计，《蒙特利尔议定书》的成功实施使得美国可以避免 630 万人因患皮肤癌而死亡，并且其 1990 ~ 2065 年期间可以节约近 4.2 万亿美元的医疗费用。

正是基于上述原因，美国在 20 世纪 70 年代破坏臭氧物质尚无科学定论的情况下，就积极呼吁对相关物质的控制，并且在此后的几十年内努力推动全球臭氧层保护的议程设置，使得《蒙特利尔议定书》的制定与发展没有受到具有一票否决权能力的参与者的阻碍。

（2）参与者利益冲突的解决

《蒙特利尔议定书》之所以能够在十年内吸引世界所有国家加入，与其成功解决相关利益冲突有密切关系。《蒙特利尔议定书》的利益冲突主要集中在削减破坏臭氧物质对发展中国家造成的经济损失。在1987 年通过的初版议定书中，除了允许发展中国家延缓削减控制物质的时间以外，并没有额外针对发展中国家国情的措施。这就导致包括中国、印度等在内的很多发展中国家，拒绝签订议定书。例如中国政府指出，当时（1987 年）全球共消费消耗臭氧层物质 113 万吨，发达国家就占 86%，因而不应将保护臭氧层的经济负担过多地分摊到发展中国家头上。发达国家有义务向发展中国家提供技术与资金，补偿其为保护

---

① 〔美〕斯科特·巴雷特：《合作的动力——为何提供全球公共产品》，黄智虎译，上海人民出版社，2012。

臭氧层而带来的额外经济损失。①

上述利益冲突经过几年的谈判在 1990 年的议定书伦敦修正案中得到解决。修正案第 10A 条规定，"每一缔约方应配合资金机制支持的方案，采取一切实际可行步骤，以确保 a）现有最佳的、无害于环境的替代品和有关技术迅速转让给按第 5 条第 1 款行事的缔约国，通过了有关建立基金机制的条款，确保技术转让在最有利的条件下进行；b）以上a）项所指的转让在公平和最优惠的条件下进行"②。伦敦修正案通过的基金机制，保证发达工业国家每三年向基金捐赠一次，用以保证发展中国家履约并补偿其经济损失。

基金补偿机制的建立满足了发展中国家的利益诉求。伦敦修正案以后包括中国在内的很多发展中国家陆续加入了议定书。发达国家也从中获利，以捐赠作为交换条件延缓国内削减控制物质的时限。③

（3）资源充足且运作良好的基金

上述基金补偿机制主要由议定书专门设立的多边基金（multilateral fund）运作实施，由发达国家捐款，由联合国开发计划署（UNDP）、联合国环境规划署（UNEP）、联合国工业发展组织（UNIDO）和世界银行四个国际执行机构负责。多边基金用于支付淘汰活动的增加费用，以支持发展中国家转向对臭氧层无害的替代品和替代技术，具体任务包括："1）通过国别研究及其他技术合作，协助按照第 5 条第 1 款行事的缔约方确定其合作需要；2）有助于技术合作，以满足所确定的需要；3）按第 9 条规定分发资料及其他有关材料，举办讲习班、训练班及其他有关活动，以利于发展中国家缔约方；4）有助于监测发展中国家缔

---

① 张剑智：《浅析履行〈蒙特利尔议定书〉（伦敦修正案）中的技术引进》，《环境保护》2002 年第 1 期。谢石：《携手"补天"呵护家园——〈蒙特利尔议定书〉给我们的启示》，《世界环境》2012 年第 6 期。

② UNEP, *The Handbook of Montreal Protocolon Substances that Deplete the Ozone Layer*, 9th edition, UNEP, 2012.

③ H. de Coninck, C. Fischer, R. G. Newell, et al., "International Technology-Oriented Agreements to Address Climate Change," *Energy Policy*, vol. 36, no. 1 (2008): 335 – 356; K. J. Beron, J. C. Murdoch, W. P. M. Vijverberg, "Why Cooperate? Public Goods, Economic Power, and the Montreal Protocol," *Review of Economics and Statistics*, vol. 85, no. 2 (2003): 286 – 297.

约方可取得的其他多边、区域和双边合作。"①

截至 2013 年多边基金的资金总额已超过 31 亿美元②，稳定充足的资金使得其能够不断帮助和支持各缔约国维持履约状态，弥补削减受控物质所产生的经济损失，推动替代技术的开发和运用。正如很多学者指出的，中国之所以能够顺利完成《蒙特利尔议定书》的各项要求，离不开多边基金的有力保障。③ 多边基金使得各缔约国——尤其是广大发展中国家，具有持续不断的热情开展基于实际国情的治理行动，推动了全球臭氧层保护行动的有效实施。

（4）潜在的惩罚措施

《蒙特利尔议定书》的实验主义治理机制注重国情差异和因地制宜的实施，而较少进行惩罚性的强制措施。但这一机制成功实施的保障之一在于议定书潜在的一项贸易惩罚措施。议定书第 4 条对与非缔约方贸易进行控制，即杜绝缔约方与非缔约方开展受控臭氧消耗物质的贸易。通过限制与非议定书缔约方的国家开展贸易，促使那些仍然需要使用控制物质的国家成为议定书缔约方，并进而同意对其消费量和生产量实行控制。

4. 小结

《蒙特利尔议定书》的制定与实施过程完美地诠释了实验主义治理机制的四个环节，其最大限度地保证了目标的开放性、实施的因地制宜，以及实践经验和目标之间的不断互动与修正。值得强调的是，通过对《蒙特利尔议定书》的深入分析，可以发现实验主义治理机制的有效运作需要一定的前提条件予以保障。在该案例中，保障核心参与者的参与意愿、解决利益分配的冲突、提供充足稳定的基金支持，以及潜在的惩罚性措施等，才使得议定书的实验主义治理机制一直处于较为良性、可持续的发展过程中。

---

① UNEP, *The Handbook of Montreal Protocolon Substances that Deplete the Ozone Layer*, 9th edition, UNEP, 2012.
② 多边基金 2013 年资金报表，http://www.multilateralfund.org/71/English/1/7103.pdf。
③ 林楠峰：《蒙特利尔议定书多边基金赠款项目管理机制对我国招标采购的启示》，《有机氟工业》2012 年第 1 期。史云锋：《责任与承诺——从〈蒙特利尔议定书〉谈中国环境国际履约》，《世界环境》2013 年第 2 期。

四　总结与思考

本文基于《蒙特利尔议定书》的案例分析，对全球实验主义治理的机制特征和运作条件进行了论证与分析。研究发现，相比传统的基于强制约束的国际硬法，实验主义治理机制实现了更广泛的参与和更开放的目标，同时也更加强调地方实际情况和经验的重要性，通过经验和目标的不断互动，推动全球治理目标的不断发展。同时，研究还指出实验主义治理机制的有效实施，需要一定的前提条件作为保障，尤其是需要通过制度安排解决与参与者核心利益相关的问题，以此保障各方参与者都有意愿积极参与实验主义治理机制的互动过程。

对于当今全球面临的各种公共治理问题，本文的研究具有一定的启示意义。当今各类全球公共问题的解决亟须寻求创新性的治理机制，实验主义治理机制即是一种可能的治理方案。例如在环境领域应对温室气体排放的《京都议定书》就同样体现出实验主义治理的一些机制特征，此外在全球卫生治理、科技治理等领域，也出现了实验主义治理的尝试。笔者认为，这些治理探索可以进一步借鉴《蒙特利尔议定书》实验主义治理的成功经验，学习和模仿其机制实施的各个具体环节。同时，又要对治理机制有效运行的前提条件予以充分的关注。只有解决了参与者之间的强大利益冲突、建立完善稳定的资金支持机制等，才能为实验主义治理机制的良好运行提供前提保障。

综而述之，全球实验主义治理的创新型机制安排极大开拓了全球治理的可能路径，虽然其也受到很多前提条件的约束，不可能成为所有问题的万灵药，但的确是全球治理中值得关注的新药方。

资本账户开放的实用主义方法

〔美〕埃斯瓦尔·S. 普拉萨德　〔印〕拉古拉迈·G. 拉詹 著

成福蕊 译[*]

编者按：本辑推出"资本账户开放的实用主义方法"。作者之一普拉萨德（Eswar S. Prasad）是前 IMF（国际货币基金组织）中国部主任，现任康奈尔大学国际经济学教授；另一位作者拉詹（Raghuram G. Rajan）是 IMF 前首席经济学家，现任印度中央银行行长。他们所倡导的"资本账户开放的实用主义方法"是对 IMF 在 20 世纪 90 年代中期"将资本账户开放作为 IMF 的目标之一"的否定。它的"实用主义"包括四个"指导原则"：其一，资本账户开放不是一次性的、非全即无的现象，不是在任何条件下都会改善福利。其二，在宏观经济有利时期深化本国货币债券市场，允许更多的外资进入本币债券市场，为国家在艰难时期带来更多选择权，减少其对风险较高的外币债券的依赖。其三，与其让央行干预和冲销资本流入而积累更多的储备，更实用的方法是让本国投资者更多参与国际资产组合多样化，即鼓励资本流出。其四，受控的"外汇储备证券化"。国家授权若干封闭的共同基金发行本币计价的股票。这些共同基金用其收益从央行购买外汇，再将这些外汇投资于各种海外资产。央行通过规定一定期限内允许共同基金使用的外汇额度，来控制流出资金的时间和数量。这些共同基金的许可证

---

*　埃斯瓦尔·S. 普拉萨德（Eswar S. Prasad），康奈尔大学国际经济学教授；拉古拉迈·G. 拉詹（Raghuram G. Rajan），印度中央银行行长。成福蕊，中国社会科学院美国研究所博士后。

可以由政府拍卖，不仅能促进竞争，而且能获得一笔租金。对共同基金出售的外汇使用市场汇率。这个机制的实质是外汇储备证券化。我们认为，"资本账户开放的实用主义方法"对我国目前关于"资本账户开放是否应有时间表"的学术与政策争论，有较大的启发意义。顺便指出，作者之一普拉萨德的新书《美元陷阱》中译本将于近期出版，其中详细论证了"人民币国际化""资本账户开放"和"人民币成为国际储备货币"是三个不同的概念，相信将引起国内学者的兴趣和关注。这和凯恩斯所推崇的"小资产阶级社会主义"，以及金融改革家西尔沃·格塞尔（Silvio Gsell）一直强调的货币两种职能——流通手段和价值储藏——应该分离，也密切相关。

关键词： 资本账户　开放　实用主义方法

Abstract： In the mid-1990s, mainstream economists of nearly all stripes commonly recommended capital account liberalization—that is, allowing a free flow of funds in and out of a country's economy—as an essential step in the process of economic development. But then came the East Asian financial crisis of 1997－1998, in which even seemingly healthy and well-managed economies like those of South Korea were engulfed by massive capital outflows and tremendous currency volatility, and capital account liberalization became quite controversial in the economics profession. A decade later, now that time has quelled passions and intervening research can shed more light on the debate, it appears that both the costs and benefits of capital account liberalization may have been misunderstood in that earlier debate. Now it appears that the main benefits of capital account liberalization for emerging markets are indirect, more related to their role in building other institutions than to the increased financing provided by capital inflows. And these indirect benefits are important enough that countries should look for creative approaches to capital account liberalization that would help attain these benefits while reducing the risks. Countries don't have much choice but to plan for capital account liberalization because capital accounts are de facto becoming more open over time, whatever governments may do to try to control them.

Keywords：Capital Account　Liberalization　Pragmatic Approach

　　20 世纪 90 年代中期，几乎各派主流经济学家都将开放资本账户——让资本自由进出国界——作为经济发展过程中的关键步骤。事实上，1997 年 9 月，IMF 的治理部门想"将资本流动自由作为 IMF 的目标之一，并根据需要，扩展 IMF 对资本流动相关的控制权"。但是接下来的东亚金融危机，让韩国等看似健康、管理良好的经济体也被巨额的资本流出和剧烈的货币波动吞没，资本账户开放在经济学业界出现很大的争议。例如，Fischer（1998）和 Summers（2000）继续支持资本账户开放，而 Rodrik（1998）和 Stiglitz（2000）则持怀疑态度。

　　十年之后，时间平息了激情，介入式研究为争论提供了更多的证据，早期的争论可能对资本账户开放的成本和收益都存在误解。一般认为，资本账户开放的最大收益是帮助低收入国家扩大投资，进而带来更高的经济增长。但是，跨国回归表明，外资流入与经济高速增长之间没什么关系。这表明，缺乏国内储蓄不是限制这些国家增长的主要约束，而这是新古典框架隐含的假设。

　　开放与资本流动是不相关的吗？很可能不是！争论重新聚焦于不同的收益，尤其是资本流动带来的国家治理和制度层面的间接的或"附带"收益。也关注其他成本，主要是外资进入后导致实际汇率高估，降低竞争力，而不是传统的投资者受到惊吓，争相退出，导致"突然中断"或资本流动逆转风险。

　　但是，如果资本账户开放的收益很大，为什么我们在跨国回归中看不到外国净融资额与经济增长之间的关系？一个解释可能是制度发展存在一个门槛水平，只有超过那个水平，收益才大于成本。这个假设能够解释为什么发达国家的增长与外资使用之间存在强的正相关，而低收入国家则不然。一个相关的解释是对外资开放的附带收益在发展的较高阶段更明显，而在较低阶段则存在较大的成本和风险。另一个假设是单纯在数量上衡量外资的使用，比如通过经常账户赤字或总流入额，可能无法准确地把握外资的影响。这些解释并不是互斥的。

那些接近但仍低于非常难以界定的"制度门槛"的国家,为获取资本账户开放的好处,可能会面临双重困境。一方面,国家的制度很可能随着资本开放而改善;另一方面,金融开放可能给国家带来巨大的短期成本。在这种情况下,一个实用主义的方法是在成本尽可能下降的情况下选择开放,并采取措施进一步降低成本。

所有这些都假定政策制定者有能力决定资本开放的时机。但是,他们的选择越来越少。全球贸易的巨大扩张为伪装的资本账户交易提供了通道——例如,通过低报或高报货价——不可避免地导致资本账户事实上的开放。实际上对每个国家而言,资本账户开放都是迫近的事实,无论是否存在正式资本管制。在此情况下,新兴市场经济决策者的关注点应调整为如何管理资本账户开放的速度和范围,而不是关注是否开放。

一 传统国际金融一体化面临的挑战

传统观点认为,国际金融一体化是让资本从高收入国家或资本 - 劳动比率较高的国家流入资本 - 劳动比率较低的低收入国家（Lucas, 1990）。如果贫困国家的投资受限于国内较低的储蓄,开放外资会促进其增长,同时让富裕国家的居民获得较高的海外投资回报。然而,这个传统观点有很多缺陷。让我们从外资流入的讨论开始。

（一）资本流入与增长关联的缺失

许多经济学家相信,生产率增长,是经济长期增长的主要决定因素,而不仅仅是投入积累（例如,Solow, 1956；Hall and Jones, 1999）。由此推论,外资流入本身只具有短期增长效应。Gourinchas 和 Jeanne（2006）用校准的参数化一般均衡模型证明,开放资本账户对经济增长的影响很小,恰是因为生产率增长才是经济长期增长的决定因素。类似地,Henry（2006）指出,股权市场开放对投资和经济增长的影响都是短期的,除非最终的金融市场发展从根本上改变了生产率的增长。当然,对于那些投资水平非常低的国家,要素投入调整到较高水平可能需要几十年。因此,有理由预期,资本流动与投资和增长的正相关性在较短的时间段内,甚至在长期可能为零。

但是，用宏观经济数据得出的经验研究没有发现外资流入对发展中国家经济增长的促进效应。例如，Aizenman、Pinto 和 Radziwill（2004）发现，自我融资率（国内投资中的国内储蓄份额）较高的发展中国家平均增长绩效更好。Prasad、Rajan 和 Subramanian（2007）发现，在过去的 30 年里较少依赖外资的非工业化国家——贸易赤字较小甚至有贸易盈余的国家——增长并不比那些依赖外资的国家慢（甚至更快）。Kose、Prasad、Rogoff 和 Wei（2006）从更广泛的调查得出结论，没有多少证据表明金融一体化与 GDP 增长存在显著的正相关。

而且，Lucas（1990）注意到，从工业国家到发展中国家的资本流动远远小于传统预测的资本在不同资本－劳动比率的国家间流动的水平。在 21 世纪的第一个十年中，"卢卡斯悖论"进一步强化，新兴经济体净输出资本到富裕的发达国家，大多是通过积累外汇储备的形式，大多投资到发达国家的政府债券中。这些"上坡流"资本并未给发展中国家的经济增长带来负面影响，这表明，对这些经济而言，投资匮乏不是增长的关键约束。

一个可能的解释是，低收入国家不是"储蓄约束型"的，而是因为它们能够提供的投资机会的赢利性非常有限。这个情况可能是因为许多低收入国家缺乏保护产权的制度（私人投资盈利可能面临掠夺）或因为它们的金融体系不健全，投资者权利无法得到保护（Alfaro，Kalemli-Ozcan, and Volosovych, 2007）。在这些国家中，重要的国内制度的缺失约束了投资，Rodrik 和 Subramanian（2008）认为，外资流入可能不成比例地被用于消费融资，导致汇率高估和投资利润的进一步下降。这个观点可以解释外资流入和汇率高估之间的正相关，以及 Prasad、Rajan 和 Subramanian（2007）发现的外资流入与增长之间的负相关。

但这并未涵盖所有的事实。如何解释中国或印度这样的国家所经历的投资繁荣？为什么它们不是外资的主要使用者？一个可能的原因是促进投资机会的国内制度的改善，同时也提高本国居民储蓄的激励（或者使他们将储蓄留在国内）。国内储蓄提高实际上是制度质量的改善，因而是投资机会真正改善的一个较好的替代。所以，那些投资更多，同时能够通过国内储蓄融资更多的国家增长更快，如我们在 Prasad、Rajan 和 Subramanian（2007）中发现的。但是这种模式与外资是否促进增长毫不相关，而与自我融资率更高的国家的投资机会的质量密切相关。

总之，没有证据表明，低收入国家国内投资和储蓄之间的巨大缺口抑制了增长，如传统文献所表明的，这个缺口可以被外资填补。一些国家只是缺失好的投资机会（抑制投资的因素也会进一步抑制国内储蓄，迫使这些国家依赖外资），而拥有好的投资机会的国家则能够产生充足的国内储蓄。但是，金融开放的一般性好处到底是什么？具体到外资流入而言呢？

（二）金融开放的附带收益和制度建设

对资本流动的开放会让一个国家的金融部门暴露于竞争中，外国投资者要求当地实行与他们本国一样的标准，由此刺激国内公司治理改革，对宏观政策和政府施加约束。所以，即使不需要外资本身来融资，金融开放（资本出入境）也创造"附带收益"（Kose, Prasad, Rogoff, and Wei, 2006），如国内金融部门发展（Rajan and Zingales, 2003a），进而提高全要素生产率。

例如，国际金融流动是国内金融市场发展的一个重要催化剂，这可以从明确的测量指标如银行部门和股权市场的规模，以及更广的金融市场发展的概念（包括监管和规制）中反映出来（Mishkin, 2006）。引入外资银行与金融服务质量和金融中介效率密切相关（Claessens, Demirguc-Kunt, and Huizinga, 2001；Levine, 2001；Clarke, Cull, Martinez Peria, and Sanchez, 2003；Claessens and Laeven, 2004；Schmukler, 2004）。股权市场开放后，股票市场往往变得更大，更具流动性（Levineand Zervos, 1998）。

金融开放已经促使很多国家为应对国外竞争和国际投资者的需求而调整其公司治理结构（Gillian and Starks, 2003）。而且，来自规制和监管良好的国家金融部门的外国直接投资往往能支持新兴市场的制度发展和治理，为发展中国家融入世界经济面对的复杂监管和规制挑战提供一种方向。

其他附带收益还包括宏观经济政策纪律。其逻辑在于，金融开放充当一种承诺机制，因为引起过度政府预算赤字或高通胀的政策会导致外国投资者在危机出现时争相退出。但是，此方面的证据有限。Tytell 和

Wei（2004）发现，金融开放与低通胀正相关，但与预算赤字规模不相关。

如果实际的附带收益是重要的，而且双向流动与单向流入带来益处的可能性一样大，那么只关注外资流入可能是不够的。法律上开放的效果——是否存在正式的资本管制——也需要进一步检验（Arteta, Eichengreen, and Wyplosz, 2003；Klein and Olivei, forthcoming）。目前的证据比较模糊，一部分是因为衡量资本管制的信息量有限——有法律上的控制是一回事，有效执行是另一回事。以外国资产和负债存量总额作为金融开放的指标，最多只能为增长性收益提供弱证据。

此外，制度建设、改进市场纪律和深化金融部门都需要时间，这可以解释为什么在相对短的时期内，很难检验金融全球化的收益。即使在长期，如果将结构、制度和宏观政策变量都包含在内，通过经验研究检验金融全球化带来的生产率提高方面的收益也是很难的。毕竟，这些是金融一体化带来增长性收益的真正渠道。

（三）从金融开放获益的门槛

但是，或许在长期跨国回归中，检验附带收益面临的最大问题是，这些收益只有在一国处于一定的制度和经济发展水平之上时才开始发生。例如，当产权未受到保护，或法治非常弱时，外国投资者可能很难改善公司治理（Stulz, 2005）。只有当这些制度的某一最小门槛存在后，独立的外国投资者才会迫切要求更好的公司治理。也有可能，当国家更发达，接近技术前沿时，才有能力充分利用外国金融资本带来的专业管理技能，例如区分不同投资机会的能力。如果国家非常贫困，所需投资显而易见，潜在利润更高，对外国投资者更具吸引力，但是弱的制度可能会阻碍外资所带来的更广泛的间接收益的实现。

实际上，在某一制度门槛上，金融开放可能是有害的（Prasad, Rajan, and Subramanian, 2007）。例如，外国投资者一般被描述为独立的，在危机之初就会果断出逃。如果这个描述不完全是讽刺，那么一国在制度不足以处理公司破产的情况下，当外国投资出逃从而打击本地企业时，它很可能在恐慌中遭受非常严重的损失。

事实上，外国参与的本质可能随着一国制度质量的改善而变化，制度质量包括公司和政府治理、法律框架、政府透明度及腐败程度。Faria

和 Mauro（2004）发现，好的制度质量会将进入发展中国家的外资导向外国直接投资和股权组合投资，相对于债务投资，不仅风险较小，而且外资能够更多地参与公司治理和技术转移。Rajan 和 Tokatlidis（2005）提出，解决内部财政冲突能力有限的国家可能拥有较脆弱的外债结构和更加美元化的倾向。

最后，一些宏观经济结构和政策也与欠发达国家密切相关（尽管不总是如此），导致金融开放的更大风险。僵化的汇率体制让一国开放资本市场时更容易遭受危机（Obstfeld and Rogoff, 1995）。如果贸易额相对于经济总量比例过低，金融开放的危机增加，发生危机后的成本也会上升。因此，近期文献强化了原有文献将贸易自由化置于金融自由化之前的顺序。

有证据显示，开放和增长之间存在门槛效应。即尽管非工业国家对外资的更多依赖与其增长并不相关，但是对工业国家而言，短期的正效应非常明显，对于较发达的转型国家亦是如此（Prasad, Rajan, and Subramanian, 2007; Abiad, Leigh, and Mody, 2007）。很多论文还表明，金融深化或国内制度质量会影响资本流入对增长的贡献（例如，Alfro, Chanda, Kalemli-Ozcan, and Sayek, 2004; Klein, 2005; Chinn and Ito, 2006; Klein and Olivei, forthcoming; Kose, Prasad, and Taylor, 2008）。

（四）政策困境

如果在某一制度门槛之上，净附带收益才会显现，那么政策就很显然——等到国家超过门槛再开放。问题是确定国家何时超越制度门槛。而真正的困境在于开放可能会催生某些制度和金融部门的发展，这对获取开放的附带收益是必要的。如果如此，那么一国在达到足以获取附带收益的制度门槛之前就实行某种程度的开放是合理的，以加速自身的制度建设。

鉴于制度不发达的国家也能体验开放资本账户带来的益处，一国开放的实用主义方法可以遵循如下策略：选择一个时期，让开放带来的风险尽可能小，让相关制度在一个相对良性的阶段发展，当棘手的时期到来时，制度已经比较完善了。那么如何确定这个良性时期呢？我们在下一节探讨这个问题。

二　成本收益权衡的演变

近年来，国际贸易和金融的很多发展转变了外资开放潜在的风险和收益。下面讨论一些关键性的变化。

（一）外汇储备存量

新兴市场和发展中国家近年来一般有大量的经常账户盈余，而不是以前的赤字。这种模式部分缘于危机后的投资减弱，部分因为储蓄增加。例如，在菲律宾，投资从 1996 年占 GDP 的 21% 下降到 2006 年的 17%，而同期储蓄占 GDP 的份额从 17% 增加到 22%。换句话说，菲律宾已经从相当于 GDP 的 4% 的外债转变为输出 GDP 的 5% 的经常账户盈余。

部分由于贸易盈余，部分由于更健康的经济导致的资本流入，让很多新兴国家积累了惊人的外汇储备。这些国家积累外汇储备，是想通过外汇市场进行干预，避免汇率大幅上升。图 1 表明，新兴市场和其他发展中国家的外汇储备总量在 2007 年末飙升到接近 5 万亿美元（1995 年仅为 7000 亿美元，2000 年为 1.2 万亿美元）。

新兴市场国家目前拥有的储备水平远远超过预防突然撤资或资本流动逆转所需要的标准指导线（Jeanne，2007；Durdu，Mendoza，and Terrones，2007；Reddy，2005）。大多数新兴市场目前轻松达到或超过它们应该持有的基本流动性储备额度，即足以偿还未来 12 个月到期的外债或至少达到 6 个月的进口额。另外，外汇储备集中共用安排，如东南亚的清迈协议，允许单个国家将其本国货币互换为其他成员国持有的美元，增加了单个国家所持储备的保险价值。当然，这种集中共用不会为区域性的冲击提供很多保险，因为区域内的所有成员国都会受到冲击。然而，储备的绝对数量可以对单个货币的投机性攻击造成威慑，从源头上减小了金融危机的发生的可能性及随后的传染效应（在金融恐慌时，其他宏观经济条件合理的国家也被连带影响）。

虽然外汇储备为金融和国际收支危机提供了缓冲，从而让资本账户开放的风险减小，但是储备也引起了自身的问题。许多经济体发现越来越难吸收或冲销（用政府债券）外资流入所创造的流动性，国内货币升值压力不断增加。而且，政府越来越怀疑，用支付高收益的本国债务融资购买低收益的外国政府债券的政策是否有利。

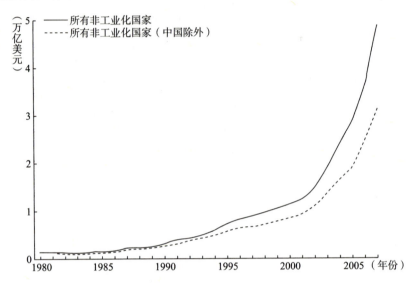

图 1 非工业化国家持有的外汇储备（万亿美元）
资料来源：国际货币基金组织国际金融统计数据及作者的计算。
说明：图中数据来自 147 个国家。

外汇储备激增导致三种政策应对方法。第一种方法是创造性地使用外汇储备，例如，使用外汇储备注入资本国银行，为基础设施支出融资等等。中国和印度，已经采取了部分使用外汇储备的措施。

第二种方法是建立政府投资公司，这有时被称为"主权财富基金"，将储备回流到高收益的资产中。包括挪威等工业国家在内，主权财富基金持有的资产达到了 2.5 万亿美元，不包括中东石油出口国未报告的财富基金规模（这个总额与主权政府持有的外汇储备是独立的）。

很难预测这些基金中有多少会流入国际资本市场。例如，基金的一部分资金注定会成为国内战略部门或基础设施的投资。但是即便如此，这些基金也引发了很多问题：这些国家的政府有能力选择营利性投资项目吗？主权基金规避风险的特性（因为发生损失的国内政治结果将是巨大的）是不是很容易加入机构投资者队伍？政府会对其持有的海外公司施加商业动机之外的影响吗？政府会允许所投资的外国公司对本国政策施加不正当的影响吗？

有些国家考虑的第三种方法是扩大私人资本流出机会，以此抵消部分资本流入带来的汇率升值压力。包括中国和印度在内许多国家，已经放宽了个人和企业汇出资本的限额。我们后面还会回到这个问题。

一个基本的担心是，潜在的扭曲导致了储备的迅速积累，比如过分僵化的汇率和被压抑的金融部门，可能对经济具有长期不利影响。虽然新兴市场的决策者都意识到这一点，但是在政治约束下，他们一般会限制货币过快升值，减少对出口竞争力的损害。结果，决策者会允许适度的货币升值，这在短期会产生进一步升值的预期。这种模式反过来往往吸引更多的投机性资本流入，让国内宏观经济管理变得更加复杂。

（二）外债构成的变化

历史上国际收支危机的一个主要触发机制是一国有很大份额的短期外币计价的债务（Rodrik and Velasco, 1999）。在 20 世纪八九十年代，许多新兴市场不能产生其他形式更安全的外资流入，外国投资者可能担心这些国家脆弱的制度、不完善的政策，甚至担心这些国家可能遭受掠夺（Diamond and Rajan, 2001；Jeanne, 2000；Rajan and Tokatlidis, 2005）。无论原因是什么，在这种情况下，资本流入的突然终止意味着国家不能为其债务融资，进而导致更多的资本外流，汇率直线下跌。当本币贬值时，国家就越来越难偿还外币计价的借款，最终导致金融部门崩溃。

然而，在非工业国家私人资本流入总额中，外国直接投资的当前份额比债务重要得多。表 1 上半部分展示了在新兴市场国家和其他发展中国家中，这些份额是如何衍化的。流入新兴国家和其他发展中国家的资金总额中，外国直接投资份额从 1990～1994 年的 25% 上升到 2000～2004 年的 50%。同期，债务份额（包括债券组合和银行贷款）从 64% 下降到 39%。表 1 的下半部分展示了外债存量构成类似但较为缓慢的衍化过程。

而且，新兴市场国家借债时，它们没必要以外币借债。现在外国投资者热情购买许多本币计价的债券——尽管有些国家几年前才发生过金融危机。例如，在 2004～2005 年，巴西、哥伦比亚、乌拉圭都对外国投资者发行了本币计价的债券。这些债券不与通胀挂钩，期限相当长，相对于工业国家的债券具有较低的价差。

经历了外国直接投资份额上升和外币计价债务下降的国家面临较低的资本账户开放风险。国内货币计价的债务当然对发行国来说更安全，不会因为货币贬值风险而让还债变得非常困难或根本不可能。当然，只有时间会证明，这些发展多少属于临时有利的世界融资环境，多少是永久性的变化。

表 1 总资本流入和外债构成的变化

	1980 – 1984	1985 – 1989	1990 – 1994	1995 – 1999	2000 – 2004
总资本流入 （10 亿美元）					
新兴市场	66	60	194	328	288
债务比例	83.0	69.3	63.9	48.2	39.3
FDI 比例	15.5	27.3	24.4	40.7	48.6
权益比例	1.5	3.4	11.7	11.0	12.1
其他发展中国家	6	4	7	13	16
债务比例	83.8	82.2	71.8	58.6	55.4
FDI 比例	15.1	17.2	27.7	40.9	44.2
权益比例	1.1	0.6	0.5	0.5	0.4
总外债（10 亿美元）					
新兴市场	611	865	1,356	2,585	3,469
债务比例	84.6	83.7	70.9	61.1	51.7
FDI 比例	14.2	14.6	21.5	29.0	36.7
权益比例	1.2	1.8	7.6	10.0	11.5

	1980-1984	1985-1989	1990-1994	1995-1999	2000-2004
其他发展中国家	71	101	129	170	222
债务比例	79.9	84.1	81.2	73.7	64.9
FDI 比例	19.8	15.4	18.3	25.5	23.6
权益比例	0.3	0.5	0.5	0.8	1.5

资料来源：总资本流入数据取自 Kose，Prasad，Rogoff 和 Wei（2006）文的表 2，他们取自 IMF 国际金融统计数据及 Lane 和 Milesi-Ferretti（2006）文。外债数据来自 Lane 和 Milesi-Ferretti（2006）文及作者的计算。

说明：“债务”包含债务资产组合、银行贷款、储蓄及其他债务工具；“FDI”是外国直接投资；“权益”指权益资产组合。表中体现的是每组国家在对应 5 年期内的年均值。样本覆盖 20 个新兴市场国家和 30 个其他发展中国家。

（三）从固定汇率到通胀目标

以前，许多新兴市场经济体采用固定汇率作为主要货币政策目标。固定汇率对金融发展处于早期阶段的国家是有益的，可以作为有用的名义锚，尤其在其央行尚未建立信用的情况下（Husain，Mody，and Rogoff，2005）。这个政策背后是希望固定汇率可以让国家更容易进行对外贸易和投资，因为外汇波动的风险减小了。然而，当这些经济体开放资本市场时，遇到了严重的风险。

很多论文指出，开放资本账户和事实上的固定汇率结合在过去 20 年中促发了许多金融和国际收支危机。Edwards（2007）总结了这些论点，并提供了新的经验证据。对资本账户相对开放的国家而言，固定汇率极大地增加了资本流动紧缩的可能性。

越来越多的新兴市场经济体开始转向更灵活的汇率体制，许多采用通胀目标，而不是固定汇率，作为其货币政策的锚。学术文献表明，在货币政策操作具有独立性的情况下，关注低通胀是货币政策服务总体宏观经济和金融稳定的最佳方法（相关讨论和一些批评观点，见 Bernanke and Woodford，2004）。Rose（2006）提供的经验证据表明，相对于其他类似国家，实施通胀目标的国家具有较低的汇率波动和较少的突然停滞现象。他还指出，这种货币体制似乎比较持久——还没有国家被迫放弃通胀目标制。当然，新兴市场才刚刚开始大量采用这个机制，国际资本市场在 2000 年初还相对平静，因此这个制度还没有真正被检验。但是，灵活汇率确实为日益融入国际贸易和金融市场的经济体提供了重要的冲击吸收机制。

如果外资蜂拥而入，在通胀目标和灵活汇率制下执行货币政策，仍然让决策者在短期面临艰难的选择。流入导致国内流动性增加和通胀压力，需要用高利率来收紧货币政策。这种应对办法反过来会吸引更多资本流入。灵活汇率的升值当然能够吸收冲击，减少国内通胀，抑制资本流入。但是，快速升值会损害外部竞争力，因为出口企业没有时间在短期充分提高其生产率，于是不可避免地失去竞争力。

泰国是亚洲经济中允许汇率极大升值以维持通胀目标的例子。印度的经验也类似，卢比 2007 年的实际有效汇率升值约为 12%，尽管经常账户是赤字。经历如此快速的货币升值的国内出口商怨声载道，竞争力下降，就业减少。这些压力导致印度政府用财政转移直接补偿出口商。但是，开放资本市场的国家很可能在应对货币波动问题上情况要好得多，不用冒固定汇率（或严格管理的汇率）和开放资本市场二者组合的风险。

（四）贸易开放

许多新兴市场经济体和发展中国家通过降低关税和非关税壁垒开放了贸易。图 2 表明，20 世纪 80 年代中期以来，无论是新兴市场还是其他发展中国家，以 GDP 比率衡量的贸易总额都极大增加。实际上，每个新兴市场经济体的贸易开放度都稳步增长。部分经济体在过去 20 年中增长非常迅速。

贸易更开放的经济体更有利于资本账户开放，原因有二。第一，这样的经济体面临突然停滞或资本流逆转的风险较小，因为它们处于良好的贸易状况，可以通过出口收益履行对外支付，违约的可能性较小（Calvo, Izquierdo, and Mejia, 2004；Frankel and Cavallo, 2004）。而且，更开放的经济体在同样的经常账户调整中，必须经历的实际汇率贬值的风险也较小。因此，在经历突然停滞或经常账户逆转的国家中，更开放的经济体面临较小的逆向增长影响，能够更快恢复（Edwards, 2004, 2005）。

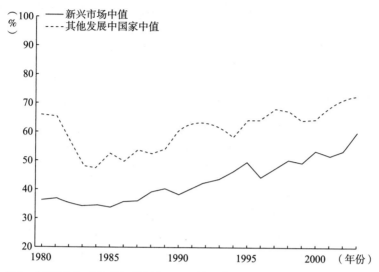

图 2 贸易开放（进出口总额占 GDP 的比率，以 2000 年不变价格计算）

资料来源：佩恩表 6.2 及作者的计算。

说明：样本包含 20 个新兴国家和 30 个其他发展中国家。图示基于年度开放数据的截面分布。

第二，贸易扩张实际上是资本账户开放的一种形式，因为这为逃避资本管制提供了简单的通道。例如，通过高报出口，出口商可以将钱注入母国——也就是说，把与出口有关的资本流入报得高于出口的实际市场价值。当然，这个程序需要对方配合，促成交易。跨国公司和外国控制的分支机构让事情容易许多。类似地，高报进口为资金流出提供了通道。

例如，中国 20 世纪 90 年代末的国际收支表中，"错误与遗漏"项是很大的负值，一般认为资本是通过非官方渠道流出的（Prasad and Wei，2007）。随着人民币在最近十年的升值压力上升，错误与遗漏项由负变正，且持续巨额增长到 2005 年，表明即使存在广泛的资本流入控制，资本仍然通过非官方渠道流入中国。随着中国政府收紧资本管制，努力制止投机性资本流入，错误与遗漏项在 2006 年降到接近零的水平。但是贸易盈余额急剧上升，表现为出口额强劲增长。这个出口额和贸易盈余额的上升，专家认为有一部分原因是投机性资本通过贸易渠道流入中国。

（五）小结

近来的经济发展创造了一个相对平和的环境，这利于国家开放经济，但是风险也并非不严重。许多新兴市场国家仍然处于制度和金融发展的必要门槛之下。这些国家承受外资流动带来的波动性的能力有限，尤其难以承受外资在蜂拥而入之后的迅速撤离。许多发展中国家的金融体系不完善，更容易将外资引入容易抵押且不可贸易的投资，如房地产，从而形成资产泡沫（及破裂后的崩溃风险）。类似地，国外股权投资组合流入尚浅的证券市场，可能导致破坏性的剧烈波动。新兴市场没有其他金融资产，外国投资者也可能利用这些国家的股权市场为货币升值下赌注，引发资产价格扭曲，增加投机性泡沫风险。

大量资本流入也可能导致迅速的实际汇率升值，损害制造业出口（Rajan and Subramanian, 2005；Bhalla, 2007；Johnson, Ostry, and Subramanian, 2007；Prasad, Rajan, and Subramanian, 2007；Rodrik, 2007）。即使相对短期的升值有时也能导致长期后果，如失去出口市场份额，造成产能减少等。

总之，虽然环境是有利的，但想进一步开放的国家为了获取某些收益，如金融市场发展，必须首先限制一些成本，如潜在的汇率高估。考虑一种实用主义方法变得越来越重要，因为随着贸易扩展到全球，资本管制的有效性迅速减弱，哪怕是中国这样经济控制很严格的国家。资本找到漏洞和渠道规避这些控制变得越来越容易。有没有一种建设性的方法避免资本账户贸然开放带来的风险？下一节，我们讨论国家应该做些什么。接着，给出我们的一些建议。

三 限制和开放资本流动的方法

在讨论开放之前，先思考一个问题：国家是否能够成功关闭跨境资本流动？资本管制有效吗？

（一）资本管制

国家采取控制资本流动的措施有各种形式。例如，可以直接控制流入或流出；可以控制不同类型的流动（如外国直接投资、股权组合投资或债务组合投资）；限制不同期限的资本流动；或者特定部门的资本流动。Kose、Prasad、Rogoff 和 Wei（2006）提供了详细的资本管制分类。

资本管制是以预期的方式影响资本流动吗？资本管制会导致更好的宏观经济结果吗？第二个问题的答案难以确定，因为反事实并不清晰，因此我们的讨论只能是建议性的。

近几十年，很多国家都采取了资本管制，一般用来应对国际资本流动引发的短期问题。一些拉美经济体在20世纪八九十年代实施了资本流出管制，但是并不能阻挡国内代理机构的资本外流。

1997～1998年的亚洲危机中，随着外汇储备迅速下降和外资蜂拥流出，马来西亚林吉特遭遇了严重的贬值压力。然而，马来西亚拒绝IMF的金融援助，1998年9月，马来西亚政府将林吉特盯住美元，控制投资流出。马来西亚的经验有时被吹捧为资本管制的成功案例，尽管对这些措施在实际中是否有效及多大程度上帮助马来西亚从亚洲危机中恢复，存在不同解释。Kaplan和Rodrik（2001）认为，施加控制具有有益的宏观经济效果，尤其与危机期间接受IMF援助的韩国、泰国等相比较。Dornbusch（2001）反对这个观点，他认为资本管制来得太晚，发生在区域开始稳定之后。在资本管制有效性上，马来西亚与拉美国家的一个关键不同在于，马来西亚对银行系统有严格的控制，这意味着可以较容易地关闭资本外逃渠道。

有些国家也尝试控制资本流入。智利就是一个标准的例子，该国曾在20世纪90年代早期面临巨额资本流入，官方在1991年对短期债务资本流入施加了20%的无息强制准备金。在接下来的几年中，随着投资者开始利用各种漏洞，官方先发制人，增加了强制准备金，将其扩展到各种形式的入境资本，对外国直接投资及权益投资实行最低停留期要求。Gregorio、Edwards和Valdes（2000）认为，控制没有影响资本流入规模，但是在调整债务流入的期限结构上是成功的——从短期转向了长期。这些作者认为，智利控制资本流入的相对有效性归于低腐败的有效政府及官方在打击违规方面的敏捷。然而，智利的经验也表明，资本管制只能实现有限的目标，随着私人部门找到方法规避，哪怕是最先进的监管，控制最终会失效。

更近的例子包括泰国和印度在内，它们试图处理外资流入导致的股票市场泡沫。2006年12月，泰国央行对短期权益投资流入征税。这个措施的宣布导致主板股票指数当天下跌15%，政府不得不收回措施。

印度政府担心外资流入会引发房地产价格上涨，并担心会推高卢比的币值，在 2007 年 5 月和 8 月试图限制某些公司实体的对外商业借款。然而，公司通过其他渠道隐瞒借款（例如，通过延期偿还贸易融资，从而有效获得临时贷款），避开了这个限制。从中得出的一个教训是，当资本管制已经被取消，重新引入会引起资产价格的巨大波动，因此在政治上是非常难以实施的。这种不可逆性意味着资本账户的开放应该基于长期考虑。

这些事件还暗示了资本管制的其他几个一般性教训。第一，流入比流出更容易控制；一旦流出渠道打开，在资本逃逸的巨大压力下，就很难关闭（Reinhart and Smith, 2002；Magud, Reinhart, and Rogoff, 2007）。第二，当金融体系规制和监管都表现良好且国内制度健康时，资本管制的效果更好。这一点有点儿讽刺意味，因为这些条件已经让资本管制变得不那么必要了。第三，新的资本管制具有极大的管理负担——需要持续更新，关闭漏洞，无论如何超出短期都不会非常有效。

即使当资本管制在狭义上有效时，我们也需要承担巨大的成本。在智利，资本管制惩罚了短期信贷。结果，中小型企业（包括新企业）由于难以发行长期债券，面临更高的资本成本（Forbes, 2007）。资本管制也会影响整个经济效率，将不正当利益给予政治上联系密切的公司（资本流入配额总是由政府决定如何分配），保护既得利益者免于竞争。Johnson、Kochhar、Mitton 和 Tamirisa（2006）提供了出现在马来西亚的这种现象的证据。另外，有越来越多的资本管制扭曲成本的微观经济证据（Forbes, 2007）。Desai、Foley 和 Hines（2006）表明，资本管制扭曲了跨国公司的投资决策。最后，不断增加的证据表明，资本管制本身不会实现其所描述的目标——降低金融危机发生的概率，尤其是银行业危机。Edwards（2005）与 Glick、Guo 和 Hutchison（2006）发现，法律上的资本账户开放与危机之间没有关系。

（二）资本账户开放

资本账户开放意味着取消资本流入的障碍，或允许国内投资者自由投资海外资产。下面将各国采用的各种放开资本流动的方法分类，讨论这些方法的优缺点。

外国直接投资流入对新兴市场经济体颇具吸引力。它们比其他类型的资本更稳定（与股票投资和银行贷款不同，后者可以迅速逆转），且带来更多的技术和管理经验。中国通过鼓励，已经成功地将外资流入转向直接投资，甚至牺牲了国内产业（Prasad，and Wei，2007）。例如，过去很多年，中国对通过外国直接投资的合资企业征收的所得税率为15%，而国内企业为33%。中国也设定了经济特区来吸引外商直接投资，提供额外的激励，比如良好的基础设施，较少的审批程序，不受当地劳动法限制等。中国经验的一个教训是，贸易自由化对吸引外国直接投资非常重要——利用中国这个出口加工平台的能力，吸引了来自东亚其他国家巨大的直接投资。但是，关注外国直接投资让中国失去了金融一体化的一个关键间接收益——促进本国金融市场发展的催化作用。

很多新兴市场经济体采取股票市场开放，让外国投资者自由买卖本地公司的普通股。股票市场开放似乎促进了经济增长（Henry，2000；Bekaert，Harvey，and Lundblad，2005）。公司层面的证据显示，对赢利水平、效率及其他运营指标都有积极影响（Chariand Henry，2006；Mitton，2006）。

一些国家允许外资银行入境，通常发现这可以促进整个银行体系改善效率，因为国内银行必须改进服务和风险评估标准以参与竞争。例如，从2007年年初开始，中国原则上允许外资银行自由进入，即使在此之前，中国也允许少量外国银行在几个大的国有银行中持有少数股份。中国政策背后的想法是利用这些"外国战略投资者"为本地银行引入更好的公司治理实践和其他改革，而不用让本地银行暴露于与外国银行完全竞争的风险中。外国银行引入了新的存贷工具，扩大存款人和贷款人的可选择范围。但是，外国银行的出现对规制和监管提出了挑战，因为当地银行监管者对复杂金融工具并不熟悉。外国银行还引入资本出入境的渠道，让资本管制的效果减弱。

中国和中国台湾，及其他一些国家或地区，将证券投资（与外国直接投资不同）交易限定在特定仔细筛选后的境内外合格机构投资者范围内，让资本谨慎出入境。这个方法背后的逻辑是，通过限定参与者的数量，保持对资本进出的管制。印度储备银行采用的一个相关方法是，让一批特殊的机构层级从资本流出中受益，目的是先公司，后个人。Reddy（2007）描述了这个方法的原理。尤其是隐性鼓励公司进行海外收购，理由是国内为这些收购融资导致储备净流出。但是实际上，印度国内的银行通常太小，力量太单薄，在收购融资中与外国贷款人直接竞争，面临的资金成本太高。

资本账户开放的各种方法的不变主题是，政府希望保持对资本进出的构成和数量实施某种控制。但是，整个国际资本流动的潮流，以及国际投资者技术的不断改进，使金融资本出入境管制变得越来越难。而且，资本管制本身总是会减少金融全球化的间接收益。

四　资本账户开放的实用主义方法

（一）四个指导原则

资本账户开放不是一次性的、非全即无的现象，不是在任何条件下都会改善福利。一种实用主义的政策以渐进的、把握机会的方式设计资本账户开放，考虑每个国家的具体情况。这种实用主义方法主要包含四点。

第一，不是所有国家都适合开放资本账户——一般越发达的国家，准备得越充分。然而，即使净收益不是很大，有些国家仍然想以开放来改善国内制度。还有些国家想开放，因为贸易渗漏已经构成了事实上的资本流动渠道。第二，在国家经济环境良好、外部环境有利的情况下放开资本流动、增强制度，会刺激国内制度建设，即便在环境逆转时，也能维持国家经济。例如，在有利时期深化本国货币债券市场，允许更多的外国参与者进入，为国家在艰难时期带来更多选择权，减少其对风险较高的外币债券的依赖。类似地，允许国内居民更多持有全球多样化资产组合，会减少其受国内冲击的风险。

但是，开放也有成本。巨大的资本流入导致汇率高估，如我们前面讨论的，冲销有局限性。这引出第三点，与其让央行干预和冲销资本流入而积累更多的储备，更实用的方法是让本国投资者更多参与国际资产组合多样化，即鼓励资本流出。最简单的办法是推动政府控制的养老金和保险公司更多地投资于国际市场。次简单的方法是在外国资金看好本国经济而涌入时，鼓励居民进行海外投资。这个步骤可能需要积极的教育，明确国际资产组合多样化的好处，减少现有家庭在选择投资方面的偏见。此外，居民在其他国家进行货币投资的渠道必须简单便利。

但是这些政策面临一个困难——如何防止情况逆转时发生的资本外逃？逆转情况下关闭个人的国际账户比较困难，甚至会对必须提供额外资本才能维持其投资（比如，增收保证金）的投资者施加额外的成本。因此，第四点指导是，在开放早期，私人部门资本流出最好是容易控制的。我们下面提出一个方案。

（二）控制资本流出的温和建议

我们列出的风险暗示着资本账户开放需要一个更具控制性的方法，通过机构将居民资金导入国外。在这个方法中，国家授权很多封闭的共同基金发行本币计价的股票。这些共同基金用其收益从央行购买外汇，再将这些外汇投资于各种海外资产。央行通过规定一定期限内允许共同基金使用的外汇额度，来控制流出资金的时间和数量。这些共同基金的许可证可以由政府拍卖，不仅能促进竞争，而且能获得一笔租金。对共同基金出售的外汇使用市场汇率。这个机制的核心是将储备证券化，如图3所示，图中的本币是中国货币——人民币（Prasad and Rajan, 2005）。

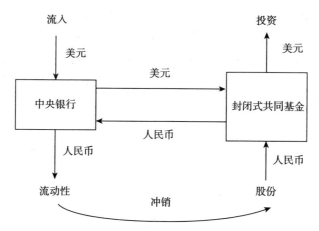

图3　外汇储备证券化（以美元和人民币为例）

除了传统的对金融部门规制和监管作用外，政府要和共同基金保持严格的独立，避免资产价格下跌情况下的任何救助预设。鉴于很多国内居民会投资这些基金，政府如果没收资产会触怒很多人，因此这个建议模式的结构包含了对防止没收的一些自然保护。

为了理解这个计划的优点，有必要说明为何其他类似的方案不如这个方案好。例如，央行自己可以创建一个投资工具以购买海外资产。但是这个方法会要求央行具备投资技巧，尚不清晰央行是否有能力比私人部门做得更好，尤其考虑到公共部门薪酬的约束（另，前面讨论的主权财富基金相关的问题也适用于此）。中央银行可以向国内的投资者出售投资工具的股票。但是，这个方法让政府和投资者之间产生直接联系，这可能是有害的，因为如果投资工具回报差或亏损，政府会有救助的压力。

我们的建议将让国内的个人投资者学习国际投资经验，让他们在投资中逐渐学习，同时给予他们更多的选择，让他们的金融资产组合更多样化。在金融体系较弱的国家，这个方法给国内银行一些喘息的空间，调整以适应储户有了其他投资机会的新现实，让外资流入私人部门，而不是都握在政府手里。私人部门机构投资者也会获得投资海外资产的专业技能。这些发展会改善国内金融部门的深度和效率，更好地为最终的完全资本账户开放做准备。

另外，与开放的共同基金有权每年确定投资海外的资金规模上限不同，我们的建议消除了基金海外投资数额的不确定性，从一开始就确定规模。类似地，封闭基金不能成为外国人返还资金的渠道，因此无法引发巨额的外资流入（其他的开放资本流出渠道可能引起巨大的资本流入）。

如果架构合理，我们的建议的下行风险是有限的。最坏情况下，如果国内投资者感觉国内投资收益超过海外资产组合，新的共同基金就没必要再发行证券。共同基金的债务是本币计价的，消除了投机性货币挤兑引起债务危机的风险。因此，这个建议使国家以不断调整的方式朝着资本账户可自由兑换前进，不会让本国金融体系暴露于不可控制的资本流出风险中。

五 结论

新兴市场资本账户开放的主要收益是间接的，相对于资本流入提供的融资而言，制度建设等相关作用更重要。这些间接收益如此重要，使得国家必须仔细寻找创新方法开放资本账户，在获取收益的同时，减少风险。事实上，国家在规划资本账户开放方面没有太多选择，因为实际中的资本账户已经变得越来越开放，无论政府是否有资本管制。

然而，针对不同国家的不同情况，资本账户开放并非都是合理的政策目标。对于政策和制度较弱的贫困国家，资本账户开放不应该成为优先考虑对象。但是，即使是这样的国家，包括那些贫困但资源丰富的国家，也不得不应对资本流入及其复合的收益。这些国家需要一种战略，不能对国际投资者的变化仅做出临时性的处理。事实上，国家经验带来的重要教益是，在其他政策很完善的情况下，资本账户开放运转得最好，而不是相反（Arteta，Eichengreen，and Wyplosz，2003）。

最后，实现资本账户开放的框架能帮助启动广泛的改革，打破阻碍改革的利益集团的势力（Rajan and Zingales，2003b）。例如，中国承诺从 2007 年开始开放银行业，引入外国竞争。中国政府希望通过引入国际竞争激励国有银行部门改革，通过外国战略投资者带来资本的同时，将风险管理和公司治理相关的知识引入国内银行。类似地，在印度和许多其他新兴经济体中，外国银行的进入已经帮助国内银行改进了效率，为银行改革提供了刺激。这样，资本账户开放不是被看作一个独立的目标，而是作为多维度的政策变革的组织框架的一部分而存在（Kose，Prasad，Rogoff，and Wei，forthcoming）。

从实验主义的视角看国际银行监管体系的发展[*]

苟海莹[**]

编者按：2007 年 2 月中国银监会发布《中国银行业实施新资本协议指导意见》，规定首批"新资本协议银行"（工、农、中、建和招商、交通等银行）从 2010 年底开始实施"巴塞尔协议 II"，其他商业银行可以在 2011 年后开始申请。但由于 2007 年开始的美国次贷危机席卷全球，暴露了"巴塞尔协议 II"的严重不足，故在 2010 年 11 月召开的 G20 首尔峰会上，各国首脑一致同意了巴塞尔委员会提出的"巴塞尔协议 III"。因此中国银行业处于尚未实施"巴塞尔协议 II"，又要开始实施"巴塞尔协议 III"的状态。本文是在参考美联储前副主席丹尼尔·K. 塔鲁洛（Daniel K. Tarullo）的书 *Banking on Basel-The Future of International Financial Regulation* 的基础上写成，相信将有助于突破流行的"与国际惯例接轨"的简单思路，从实验主义的视角来理解国际制度和规则的来龙去脉。

关键词：实验主义治理　巴塞尔协议　国际银行监管

Abstract：In Feb. 2007, China Banking Regulatory Commission (CBRC) has announced "The Guiding Opinion on Implementing the New Capital Agreement of China's Banking Sector", regulating that the leading "Banks under New Capital Agreement" (i. e. ICBC, ABC,

---

* 本文部分资料整理自 Daniel K. Tarullo, *Banking on Basel-The Future of International Financial Regulation*, Peterson Institute, 2008。

** 苟海莹，毕业于清华大学公共管理学院，现在瑞士某银行工作。

BOC, CCB, China Merchants Bank, Bank of Communication, etc) must implement Basel Ⅱ Agreement by the end of 2010, while other commercial banks may kick in after 2011. However, the 2007 global financial crisis triggered by the U. S. subprime crisis exposed the fatal faultiness of Basel Ⅱ, which led to the consensus of Basel Ⅲ proposed by the Basel Committee on G20 summit, taking place in Seoul, Nov, 2011. As such, China's banking sector is in state to implement Basel Ⅲ without yet implementing Basel Ⅱ.

This article is written on basis of the book *Banking on Basel* by Daniel K. Tarullo, former Vice Chairman of the US Federal Reserve. It intends to understand the development of the global banking regulation regime from an experimentalist perspective, in contrary to the popular understanding of simply "compatible with international practice".

Keywords: Experimentalist Governance Basel Agreement Global Ban-king Regulation

国际银行监管体系在过去的 100 年间经历了一轮轮巨大的修正与变迁。从最初一些国家独立对银行资本的限制，到今天国际协议巴塞尔协议Ⅲ的形成和不断完善，这一进行过程中所体现的开放性、反馈性和协作性，启发了我们从实验主义的视角对其进行审视。本文试图对巴塞尔协议的发展历程进行回顾及补充讨论。

一 银行监管主体

银行起源于私人领域，就其主要功能来说，市场化调节具有天然合理性。然而人们很早就意识到政府在银行监管中所扮演的重要角色，这至少基于两个原因：其一，政府参与担保着商业银行的信用风险；其二，政府监管会减少由于银行倒闭而产生的外部性风险。这种外部性主要体现在：（1）系统性风险，即一家银行的倒闭会连带其他与该银行有信用链接的银行；（2）一家银行的倒闭会导致其积累的借款者信用信息的流失——而积累这些在社会信贷体系中极有价值的信息成本极高。

人们在长期实践中认识到，在所有的监管方式中，对银行资本的限制是最强大的手段。银行的风险在于借贷双方：贷方有动因最大程度地进行杠杆化，而借方希望对方本息清偿的可能性最大化。贷方的投机行为会导致更高的风险溢价，除非这些风险可以通过协议、优先权、贷款限制等方式加以约束。缓冲资本（capital cushion）即是这样一种设计，目前，它有效地限制了各种类型的投机行为，因此也是银行监管的主要手段。

然而，资本限制的程度应如何确定？有理论认为，对监管者来说，银行需要储备的资本额度应该被设定在这样一个水平，即多借出一美元所得期望收益的现值应恰好超过将这一美元加入银行资本所减少的期望损失风险（折算为现值）。但在实际操作中，掌握这个度并非易事，尤其是合理的资本额度本身与其所处时代密不可分。这就对银行监管的开放性和实践性提出了天然的要求，也与实验主义治理的精髓不谋而合。

二 巴塞尔协议前身

在实践中，早在"巴塞尔协议Ⅰ"诞生前，各国就已经开始计算银行应持有的资本比例（资本/资产），有些监管者认为这个比例应当为10%。使用这个概念有两个根本问题：一是它不能覆盖资产负债表外的项目，二是它没有考虑不同类型的资本所带来的不同风险程度（银行将资金借给刚起步的公司比借给政府风险更大）。实际上，一些银行为达成监管指标而进行政策套利，有意地提高高风险资产比例，反而导致了更高的实际风险等级。二战期间，美国银行监管者放松了对这个比例的监管，原因是当时美国各大银行在大量买入美国政府债券后，为战争消耗提供资金——设定资本/资产比例自然会限制这些购买。二战之后很长一段时期，不同监管者对资本比例的限制经历了差异很大的实践过程。在反复的实践总结中，美国货币监理署（The Office of the Comptroller of the Currency）和美联储最终将监管重心调整为资本/风险资产比例，风险资产即总资产减去现金再减去政府债券。20世纪50年代，美联储进一步细化了这一监管思路，将资产进行了主要级别的风险划分，这也是"巴塞尔协议Ⅰ"的风险加权资产比例的前身。

促成国际监管体系最终形成巴塞尔共识的历史背景也扮演重要角色。自现代银行诞生起,资本比例就在时间轴上显现整体下降趋势。整个19世纪,该比例下降的原因主要是银行体系的现代化发展及效率和透明性的提高。20世纪70年代以来,布雷顿森林体系的瓦解导致外汇市场遭遇前所未有的大幅波动,而石油禁运和全世界的大萧条则致使大量贷款违约,跨国信贷质量严重下降。与此同时,20世纪70年代末的滞胀及两位数的通胀率吞噬了贷款利润,银行面对的外部环境遭遇前所未有的变化。在银行业内部,卖方市场竞争达到白热化,商业票据的成熟使得银行贷款变得不再无可替代,而对买方市场来说,以往保守的存款者意识到通胀率完全抵销了他们所获得的存款利率,因此大量的资金从存款账户向投资公司的货币市场基金转移。为应对这一切,银行开始更大幅度地向外贷款并向资本比率施加下调压力,同时,银行家们积极寻找新的商机和新的借贷者,尤其是那些无法通过公共资本市场进行募资的公司,这也意味着更大的借贷风险。银行资本率的大幅下降使得监管机构加强控制力度。在美国,货币监理署和美联储联合发布了量化的资本比例要求(资本与资产的比率须达到5%,小银行则须达到6%),然而17家资产超过150亿美元的银行则得以豁免,只受到"纲领性指导",但并未受到这些具体数字的限制。很快,拉美债务危机的出现改变了这一局面,尤其在1984年,当时美国第七大商业银行大陆伊利诺伊国民银行(Continental Illinois National Bank)由于受到墨西哥主权债务的影响面临倒闭危机,美国联邦存款保险公司(Federal Deposit Insurance Corporation,简称FDIC)出于"too big to fail"(大到不能倒)的考虑,以及无法找到一个合适的并购银行,决定对其采取国有化。与此同时,17家最大的银行也终于正式受到了资本比率的限制。而在国际体系中,1974年联邦德国赫斯塔特银行(Herstatt Bank)及之后美国富兰克林国民银行(Franklin National Bank)的倒闭直接加速了巴塞尔委员会的成立。

从历史上看,其他巴塞尔委员会成员国在资本率监管上的力度小于美国,然而由于国际社会的同行经验及平级压力,这些国家积极地做出反应,制定出各自的监管框架。实际上,后起的欧洲国家甚至比美国、加拿大和日本在风险加权标准上更进一步。如1979年,法国开始采取风险相关的资本标准；1980 年，瑞士和英国开始采取基于 15 类风险划分的风险加权资产比率；1985 年，德国对部分风险加权比率做出调整。到了 1986 年，日本发布银行监管方案，至此，除了意大利，所有巴塞尔委员会成员国都有了具体的监管政策，尽管各个国家的政策框架和具体操作存在着显著的区别。

回顾这一过程，我们不难看到这一全球合作框架中实验主义的元素。在探索合理的资本比率限制过程中，全球金融体系的合作是建立在框架性目标的前提下，由各国央行依据本国的具体情况进行实践并制定各自的监管细节。各国央行在开放式合作下逐渐成型的全球监管平台上平行施压，相互借鉴，而巴塞尔委员会以协调者的身份进行动态反馈，最终形成了"巴塞尔协议"的具体框架。

三 巴塞尔协议 I、II、III

1988 年，巴塞尔委员会公布了最低银行资本标准，并于 1992 年正式在 G10 中实施，这就是最早的"巴塞尔协议 I"。然而，成员国很清楚该协议存在的缺陷，其中包括为保证国际合作的推行而做出的妥协，人工划分和权重的风险级别天然存在的套利本质等。2004 年，"巴塞尔协议 II"出台，进一步细化了监管框架，其中最明显的变化包括增加了房贷和其他贷款的安全性，巩固了银行内部风险管理体系框架（如引入信用风险模型，细化操作风险控制等）等。"巴塞尔协议 II"提出了三根支柱的概念，即（1）最低资本限制；（2）对资本合理性进行监管评审；（3）市场准则的建立。其中的第二根支柱最有意思，即监管者期望银行在最低资本限制之上自行运行（监管者有权力追加最低资本要求），而监管者会对银行的运行进行评审，发现资本水平偏低时给予反馈。这一点与实验主义思路吻合。

从"巴塞尔协议 I"到"巴塞尔协议 II"的发展，实验主义的平行治理元素也越发凸显。"巴塞尔协议 I"的形成其实是由英、美两国发起的，巴塞尔委员会最终裁定的最低资本标准，也是英、美两国早年就达成共识的。然而，"巴塞尔协议 II"并未有个别国家单独引导的迹象，而是巴塞尔委员会采取了集体合作的视角，结合了各国银行的反馈而做出新一轮的修正。某种意义上，实验主义思路在全球金融治理的发展中的优势在逐步显现。

2008 年美国次贷危机引起的全球金融危机的爆发对全球监管模式注入了激进的反馈因素，最终促成巴塞尔委员会对监管框架进行修正，产生了后危机时代的"巴塞尔协议Ⅲ"，于 2014 年取代"巴塞尔协议Ⅱ"。区别于"巴塞尔协议Ⅰ"产生时国家间的平行比较施压，这一调整尤其显现了实验主义"跨时比较"的意义。基于金融危机的教训，"巴塞尔协议Ⅲ"对核心指标进行了修改（如图1）。这些修改的实行有几年的过渡期（至2019年），使得银行的自我调整有自主空间。

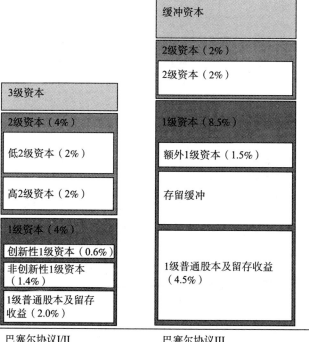

图1 巴塞尔协议Ⅰ、Ⅱ与Ⅲ的资本率变化
资料来源：UBS, BIS, UCG, RBS data。

不仅在全球框架下，而且在各国的实践中，同级比较反馈等实验主义精神也被广泛采用。如，表1为全球银行间资本率比较，表2为美国各大银行"巴塞尔协议Ⅲ"资本要求的平行比较。这些反馈性信息构成有机的系统，动态地影响着银行间的实践。

加拿大皇家银行	富国银行	高盛银行	摩根大通	摩根士丹利	花旗银行	美国银行	瑞士联合银行	汇丰银行	瑞信银行	巴黎银行	巴克莱银行	德意志银行	苏格兰皇家银行
9.1	8.5	9.3	9.3	9.9	10.0	9.6	11.2	10.1	9.3	10.4	9.3	10.0	8.7

表 1　全球银行资本率比较

资料来源：Tom Braithwaite and Patrick Jenkins, "Finance：Balance Sheet Battle," *Financial Times*, August 2014。

表 2　美国各大银行资本率比较

巴塞尔协议Ⅲ记分卡：资本率（2010 年第 2 季度数据）			
机构	普通 1 级风险比率（%）	1 级资本率（%）	总资本率（%）	1 级杠杆比率
美国银行	8.0	10.7	14.8	6.7
花旗银行	9.7	12.0	15.6	6.3
摩根大通	9.6	12.1	14.5	6.9
富国银行	7.6	11.3	15.6	8.7
大型银行中位数	9.6	11.3	15.6	8.7
美国运通	10.7	10.7	12.9	8.2
BB&T	8.9	11.7	15.8	8.9
美国第一资本	7.0	9.9	17.0	6.7
五三银行	7.2	13.7	18.0	12.2
美国区域性银行（KeyCorp）	8.1	13.6	17.8	12.1
匹兹堡金融服务集团（PNC）	8.3	10.7	14.3	9.1
美国区域银行（Regions）	7.7	12.0	15.9	9.1
美国太阳信托银行	7.9	13.5	17.0	10.9
美国合众银行	7.4	10.1	13.5	8.9
区域性（及其他）银行中位数	7.9	11.7	15.9	9.1
高盛银行	12.5	15.2	18.2	8.0
摩根士丹利	9.2	16.5	17.0	6.6
投行中位数	10.9	15.9	17.6	7.3
纽约梅隆银行	11.9	13.5	17.2	6.6.
美国道富银行	13.1	15.1	16.4	7.8
托管银行中位数	12.5	14.3	16.8	7.2
总中位数	8.9	12.0	15.8	8.8

资料来源：PwC, "The New Basel Ⅲ Framework：Navigating Changes in Bank Capital Management," October 2010。

总之，回顾全球金融监管的发展，我们可以清晰地看到实验主义的核心思想，即"一种临时性目标设置与修正的递归过程"。它在不断的发展中提出指导目标，同时在时与区两个维度上吸纳各个国家自主实践操作的经验和反馈，接受各方批判，以开放性的态度不断进行动态调整。"巴塞尔协议Ⅲ"今天仍处在不断的反思发展中，也依然面对着各种批评和挑战。其中很重要的一个意见是，协议的发展过程是对市场被动式的反应，而鲜有主动引导性。比如，1997年亚洲金融危机之前，泰国和韩国得到的评级过高，而金融危机后，这些国家才被迅速降级。2008年的次贷危机亦是如此。然而，这些反应显得被动和缓慢，对于预防危机并无太大益处。这些问题都是"巴塞尔协议"在未来发展中需要着重反思的。2008年金融危机后，一种新的风控手段"压力测试"（stress testing）在各大银行兴起，通过前瞻性的情景模拟判断银行资本的稳健程度，这反映了风控实践在有意识地向预警性防控转变。然而，这种实践目前还尚未在国际监管平台上形成系统性的循环，全球资本监管框架主体上仍然是一种被动的、后知后觉式的结构。本文认为，实验主义视角就是解决该问题的重要思路，它鼓励全球金融监管框架建立更灵敏的递归设置，灵活、开放和迅速地学习各国实践中凸显的问题和经验，对监管目标的修正更加主动敏锐和与时俱进，而非锯齿状的断裂式反馈。实际上，这种修正衍化本身，恰好也体现了实验主义的精髓。

土地流转金融创新的组合拳
与风险管理

王东宾[*]

编者按：2015 年中央一号文件提出"做好承包土地的经营权和农民住房财产权抵押担保贷款试点工作"，农地金融创新依然是农村金融改革创新的重要突破口。但实践难题有两点：一是额度与规模不适应农村经济社会实际需要；二是风险问题。本文认为问题不在于资金问题，而在于农村金融体系性的风险管理能力不足，并提出与组合模式对应的风险管理原则。总体看来，本文是沿着"财产权利束的分解与重组"理论继续推进的初步探索，"承包权"与"经营权"分离后，金融权能进入"经营权"，而有效的风险管理，既要保护农户（包括知情权），才能实现"稳定承包权"，又要有利于经营主体和金融机构，才能"放活经营权"并真正激活金融权能。沿着这一思路，农地金融将从概念阶段逐步深化到更复杂精妙但灵活实用的组合式创新阶段。值得一提的是，从实验主义治理的角度来看，在土地权利束的每一次分解与重组过程中，HACCP均要发挥重要作用，这是需要在理论与实践中进一步探索的重要问题。

关键词：实验主义治理　土地流转　金融创新　风险管理

Abstract：The "No. 1 Document" jointly issued by the CPC Central Committee and the State Council highlighted the request to "pilot

---

* 王东宾，北京大学经济学院博士后。

projects of mortgages backed by the operating rights of the contracted land and the farmers' residential properties", demonstrating that financial innovations around rural land are still the gateway of the entire rural financial reform and innovation scheme. Nevertheless, two challenges stand out when it comes to implementation. First, the quantities and scales of rural land financial innovations have so far failed to meet with the needs of socio-economic development in the rural area; second, risks are piling up along with such innovations. This article argues that the key problem is not about the availability of funding, but rather the insufficiency of systematic risk control within the rural financial system; therefore, one solution shall be a set of risk control principles which correspond with the pattern of grouping. This argument is a preliminary exploration of the theory of "the breakdown and regroup of property rights". The separation of "leasing rights" and "operating rights" allows financial rights to be incorporated into the latter; effective risk management should be able to protect the farmers (including the rights to know) in order to "secure the leasing rights", and at the same time facilitate operating and financial activities, in order to "provide greater flexibility to the operations" and fully utilize the power of finance. This approach will lead the evolvement of rural land finance from mere concepts to the more delicate, flexible, and pragmatic "combined innovations". It should be noted that from the perspective of experimentalism governance, HACCP (Hazard Analysis Critical Control Point) plays an essential role in every breakdown and regrouping of the land rights bundle. This topic bears great importance, and merits further theoretical discussions and practical exploration.

Keywords: Experimentalist Governance   Land Transfer   Financial Innovation   Risk Management

十八届三中全会肯定了土地承包经营权抵押担保权能，为破解农村有效抵押品不足难题提供了新的政策指引，各地创新不断。2014 年 11

月，中共中央办公厅、国务院办公厅印发的《关于引导农村土地经营权有序流转发展农业适度规模经营的意见》，体现了我国农村土地制度改革的重大理论创新，确立了"三权分置"的基本原则，为农地金融创新进一步明确了政策框架和政策空间。然而在实践中普遍反映的问题是土地流转融资额度还不能有效满足实际需要，融资余额在总量中所占比例很小，这说明在当前农村经济社会的客观条件下，该类型金融创新刚刚起步，抵押担保品的"有效性"破题，而"不足"问题仍尚待解决，即单一土地经营权还不足以支撑实际融资需求，客观地要求结合其他增信方式，打好"组合拳"，进行综合性土地金融创新。

一 组合的诸领域

第一，农业发达地区可探索产业化链上下游间的纵向组合模式，如"土地流转 + 供应链"模式。人民银行发布的《关于做好家庭农场等新型农业经营主体金融服务的指导意见》（银发〔2014〕42 号）中提出，"对产业化程度高的新型农业经营主体，要开展'新型农业经营主体 + 农户'供应链金融服务"。"新型农业经营主体 + 农户"就是纵向组合的重要形式之一。以河北省张北县为例，当地奶牛业较为发达，养牛场（俗称"奶牛小区"）为养殖户提供牛舍、饲料、挤奶等基本服务，统一向奶业龙头企业送奶（承担奶站功能）。而大多养殖户不但养牛，还种植十来亩青饲玉米，按市场价格折算，每亩收益 1000 元左右，而养牛场自身也有数百亩甚至上千亩青饲种植基地。因此，"新型农业经营主体 + 农户"可延伸为"土地流转 + 供应链"模式，基本模式如图 1 所示，新型经营主体为农户在金融机构的融资提供担保，农户以土地流转收益权为新型经营主体提供反担保。

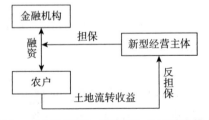

图 1　"土地流转 + 供应链"金融基本模式

该模式有以下几个方面的优势。一是节省金融机构的贷前调查成本，提高放款效率。新型经营主体与农户之间的信息不对称程度要远低于金融机构，提供的农户信息更真实、充分，这样金融机构的贷前调查压力降低，可缩短审贷周期，更能实现"简单、快捷"优势。二是农户的农产品往往通过新型经营主体销售，结算款可按约定优先还贷，资金监测与管理有效得多，免除金融机构的后顾之忧。三是农户的土地种植结构直接对应产业需求，以土地作为新型经营主体的反担保物，具有更强的约束力，弥补了土地流转缺乏公开市场的缺陷，可更好地防范贷款人的信用风险。

当前，农业产业链上下游关系具体表现为"公司＋农户""合作社＋农户""公司＋合作社＋农户"等多种形式，即俗称的"龙头"与"龙尾"关系，形成"新型经营主体＋农户"的联动机制。土地流转金融创新的"组合拳"则是通过金融创新，以土地为纽带把相互的产业与经济联系转化提升为金融联系，进一步提高了农业产业化纵向合作的深度与广度。

第二，土地流转金融创新应促进经营主体的横向组合，做活"联保"的实现形式，进一步激活担保权能。联保大多是以三户或五户为单位，采用信用联保方式，约束力不强，实际效果并不理想。可探索使用土地流转收益权组成联保标的资产池，农户之间"联保""互保"，与已有的信用联保方式结合，实现额度增信。特别是在集中连片种植区，相邻地块的农户生产联系密切，彼此之间熟悉，信息较为对称，以土地为纽带的联保增信切实可行。联保融资最重要的是防止信用风险"传染"，形成集体连片违约，因此土地流转融资的联保组合，应与"三信"（信用户、信用村、信用镇）建设相结合，放在农村信用体系建设的政策框架内通盘考虑。此外，还须重视新型经营主体间的联保组合。

简单地说，纵横组合的金融创新依托于农业产业化，以土地为纽带，一方面将各主体间的生产、经济、组织、社会等联系有机组合起来，提升农业产业化水平；另一方面通过组合带动中小型农户参与进来，使之享受到农业产业化发展成果，充实土地金融创新的普惠内涵，更好地实现产业政策和金融政策目标。

第三，土地流转金融创新要推动各类农村物权之间的组合。各地的金融创新已经从土地经营权延伸到"三权抵押"（经营权、宅基地使用权、林权）"五权抵押"等"多权"抵押方式，林权、草场权、水权、滩涂养殖、水面权等各类农村物权不断进入担保抵押品范畴，重庆等地采用二权合一或三权合一的抵押方式实现额度增信。就土地经营权而论，最主要的是土地物权、经营性物权、地上附着物及农业设施机具设备的组合。

以设施农业蔬菜大棚为例，如果土地与地上设施"合而为一"，基本流转收益将从几百元提高至几千元，提高近十倍。据此开展的"土地流转+大棚"抵押贷款，核定的融资额度自然提高数倍，可更充分地满足农户的实际生产需要。而且，假若产生风险，可避免潜在的纠纷（物权处置导致土地与大棚分属不同的主体）。此外，水井、膜下滴灌等水利设施也应组合进入土地流转融资的范畴。当前，囿于农业设施等物权（确权）登记工作的滞后，许多地方的创新试点单以土地论土地，"忽略"实际的田间设施投入，以"裸地"核定额度，自然脱离了产业与生产实际。这样的土地流转金融创新，对贷款主体特别是中小型农户而言，无异于"画饼充饥"。

第四，土地流转金融创新要探索与涉农补贴、农业综合开发、扶贫开发等涉农政策的组合模式。以扶贫开发为例，近年来产业扶贫成为重要推手。以河北省张北县为例，设施大棚每亩建设成本12000元左右，政策补贴5000元，有的乡镇还额外匹配2000元补贴，马铃薯贮藏窖的单窖建设成本40000元左右，扶贫政策补贴21000元，基本上各类补贴额度占建设成本的50%以上，蔬菜大棚流转收益可到2000元以上，贮藏窖（120吨）流转收益可达6000元/年，涉农补贴和扶贫开发成为当地设施农业发展和促农增收脱贫的重要推动力。即使有这样的补贴力度，中低收入者特别是贫困农户仍然难以承担个人自筹部分，需要金融机构的融资支持。因此，可探索"土地流转+涉农（扶贫）补贴"抵押融资创新，解决低收入农户的缺额资金需求，从而让更多农民享受到扶贫开发政策的好处。

在这种模式下，金融扶贫与产业扶贫相结合，以土地为媒介提高扶贫开发的精准性（targeting the poor），同时又客观地导向有利于中低收入农户的普惠金融建设。同理，借助这类组合模式，土地流转金融创新可逐步发展成为涉农政策的金融支持机制，更好地推动"金融＋财政"协同作用在微观层面的具体实现。

第五，土地流转金融创新还要特别重视农业保险的作用。农业是弱势产业，抗风险能力很差，特别是自然风险影响尤其严重，是阻碍农村金融创新的主要因素之一。政策性保险的普及推广是对"三农"金融创新的有力支撑，如奶牛保险年保费 380 元/头，农户缴纳 80 元左右，政策补贴 300 元左右，冬季、夏季保额分别为 4600 元、5600 元，是应对自然风险的重要保障。保险不但可以防范自然风险，同时也是构筑农村社会安全网的重要机制，防范社会风险和人身风险。浙江、河北等地的"助农宝"试点，已经针对 1 万 ~ 15 万元的小额贷款进行信用风险保险。因此，可将土地流转与保单质押组合，发挥"金融＋保险"的协同作用。

当然，上述组合的诸领域并非完全割裂、彼此隔离，而应根据本地实际把各种模式和模块灵活地重组与创新。简而言之，打好土地流转金融创新的"组合拳"，重点在于发挥好组合方式的协同优势，在土地流转公开市场没有建立、价值不能充分发现的条件下，充分尊重土地是农业基本生产资料这一基本前提，在土地权利与其他生产要素、政策及金融工具的关联与组合中，充分实现经营权的融资权能。

"组合拳"可产生协同效应，实现额度倍增，解决抵押担保品"不足"的问题，但不同的业务模块各有特点，应对不同风险时，各有自己的优势与长处，因而组合模式客观地要求风险甄别、风险管理与防范措施跟得上。否则，很容易出现随组合的复杂性提高，风险随之提高的问题，实践推动的瓶颈恰恰是农村金融体系性的风险管理能力不足。因此，打好"组合拳"，还要探索与组合方式相适应的风险处置原则，提高风险管理能力。

二　组合模式与风险管理

当前，农村金融领域出现的一个悖论是勤劳踏实的农民信用风险反而高。农业是弱势产业，农户经营要面对自然风险、市场风险、经营风险等多种风险，农民又是弱势群体，本身抗风险能力不足。但以金融机构利益为核心的制度设计，所有风险最终加总表现为农户的信用风险，即不论实际上发生何种风险，只要第一还款来源产生问题，即归入农民的信用风险问题。这是一种市场原则，对金融而言，它是有效率的，可以形成有效的内部治理机制，但对整个农村金融体系而言，它是无效率的，因为它并不能有效甄别发现农户的信用。

最终导致的结果是，经营能力强但抗风险能力弱的农户依然被排除在金融服务之外，金融机构的"嫌贫爱富"只是表象，根源还在于对农村金融体系性的风险管理能力不足，难以适应普惠金融的客观要求。显然，这样的风险管理体系很难适应土地流转金融创新的组合模式。为避免组合风险，金融机构往往把金融产品锁定于单一的土地流转类型，与现有的"三农"增信方式和产品隔离开来，成为金融产品创新的"孤岛"。

根据当前"三农"实际，可探索依"风险类别与责任主体相匹配"原则的风险管理体系。"风险类别与责任主体相匹配"原则，是指根据风险分类设计相应的担保条款与应对措施，一旦发生风险，依风险类别对应不同的主体责任次序，该原则可以导向解决上述悖论问题的制度设计。以"土地流转＋供应链＋保单"模式为例（如表 1 所示），若发生自然风险，则保险公司的保单赔付为第一责任；对于经营风险，农户为第一责任人；而如果对农户的信用考核失败，因农户信息不准确导致信用风险时，承担担保责任的新型经营主体承担第一责任。

表 1　风险类别与责任次序

风险类别	自然风险	经营风险	信用风险
责任次序	保单赔付 土地流转收益 新型经营主体	土地流转收益 新型经营主体	新型经营主体 土地流转收益

在这样的原则下，风险不是被简单地归并到农民身上，而是分解厘清风险来源与特点，并与不同的主体责任相对应。具体而言，自然风险与保险机构（保单）对应，补贴到位（风险）与政府机构对应，信用风险与新型经营主体对应，经营风险与农户对应，市场风险与订单对应等，组合模式涉及的各主体依市场角色各自对应不同的风险处置责任。发生自然灾害时，保险机构的赔付诚信将独立出来，农户不会因赔付延

期而损害其信用。依此类推，保单是否及时赔付，补贴是否及时到位，订单是否按合约执行，与贷款相关的种种风险均与农户风险分开。这样一来，农户的信用风险才真正被分解出来，才能真正有效地甄别农户的信用信息，并且可利用产业联系、经济联系、组织联系等方式，建立防范信用风险的激励约束机制，形成正反馈机制。

这里涉及的一个重要问题是风险托底主体。从表 1 可以看出，新型经营主体因承担担保责任，贷款出现问题时，会在第一时间承担赔付责任，因此在各类风险的应对中起托底作用，成为农户与各类风险之间的缓冲器。从融资的角度看，这是一种增信机制，提高了农户的贷款可及性；而从风险处置的角度看，这给农户提供了一种缓冲机制，防止农户因自然风险、市场风险等其他风险而中断资本积累，甚至因此致贫。这是处于农业产业链上游的新型经营主体承担社会责任的一种体现。另外，风险托底主体也是风险集成管理主体，利用与其他主体相对平等的市场地位和合作关系，厘清并"管理"其他主体的信用风险，一定程度上成为农户的代言人。

当然风险托底主体并不天然地限于新型经营主体，还可以是金融机构、担保机构和财政注资的风险基金等其他主体。尽管这种风险托底具有很强的社会责任，但其运行原则却是市场化的，可以说未来参与农村金融的核心竞争力不在于资金实力，而在于风险管理能力。

值得一提的是吉林、河北等地创新试点中的物权融资服务平台，是在金融机构与农户之间搭建担保平台。目前，物权平台采用财政补贴经费并注入风险补偿基金、金融机构按贷款额 1% 让利返还的方式运行，承担着政策性担保职能。随着试点推进，其风险承受和风险管理能力不足的问题越来越凸显。从"风险类别与责任主体相匹配"的原则来看，物权担保平台的重要作用是作为风险应对的集成缓冲器，起到总托底的作用，是各类风险的第一重防火墙，并与政府涉农部门、保险机构、新型农业经营主体、农户等各相关主体合作组成风险共同体，起到各类风险的集成管理平台作用。因此，物权平台不应限于政策性担保功能，而是通过做实、做强、做大，提高风险承受和风险管理能力，成为符合市场竞争要求的主体，这与十八届三中全会"使市场在资源配置中起决定性作用"和"更好发挥政府作用"的要求相一致。进一步而言，物权平台作为风险管理平台，应发挥好政策性担保、商业性担保和风险补偿基金多重职能和作用，商业性担保功能侧重具有较强经济实力的新型农业经营主体，按市场标准执行，政策性担保功能侧重一定规模以下的新型经营主体和普通农户，代管的政府风险补偿基金侧重中低收入农户特别是困难农户，后两者重在打通农村普惠金融的"最后一公里"。

三　小结

从土地经营权到"三权"，到"五权"，再到各类农村物权，各地试点的不断推进，表明土地流转金融创新从相对僵化的概念阶段逐步深化到灵活实用的组合式创新的时机已经成熟。换言之，土地流转金融创新不应作为一种隔离的创新"孤岛"，而应依托农业产业化纵横组合，并探索与农村物权、涉农政策、保险及其他金融工具的组合模式，打好"组合拳"，才能更好地服务于"三农"。

打好"组合拳"，难点不在于资金问题，而在于农村金融体系性的风险管理能力不足。基于"风险类别与责任主体相匹配"原则的风险管理体系，有利于形成产业链上的"风险－利益"共同体，并且可以真正更有效地分解出农户的信用风险，从而更有利于保护位于产业链末端的中小农户，因而这种创新机制将导向更加公平合理的农村金融体系。随着"三农"金融竞争加剧，由"蓝海"变"红海"，未来谁具有更强的风险集成管理能力，谁就更可能占据农村金融市场的主导权。该风险原则背后的政策启示是，农村信用体系建设并不简单考核与要求农户信用，更内在地要求"诚信政府""诚信保险""诚信农业企业"等各主体的诚信。

更重要的是，打好土地流转金融创新的"组合拳"，更充分地实现土地经营权的抵押担保权能，充分地体现其价值内涵，本质上还在于以土地经营权为支点，撬动农民各类资产和农村物权的金融权能，促进资产变资本，使之可以更顺畅地参与到资本相对密集的现代农业经营活动中，让金融创新惠及更多农户，尤其是中低收入群体和贫困人口。从这个角度来看，土地流转金融创新最终导向的是农村普惠金融体系建设。

社会思想多元化与不争论原则的变化

张　翔

　　编者按：在《言论限制法或议程排除策略》（载埃尔斯特等主编《宪政与民主：理性与社会变迁研究》，三联书店，1997）中，美国纽约大学法学教授斯蒂芬·霍尔姆斯曾总结美国宪政实践中的"闭嘴原则"（gag rule）。2013年他在重庆大学人文社会科学高等研究院的"宪政与民主"讲习班中指出，邓小平的"不争论"比他所说的"闭嘴原则"更为形象，是更好的表达方式。霍尔姆斯论证了"闭嘴原则"（"不争论"）的必要性，其中最主要的一点是，有些争议很大的问题总是被不断提出，会使国家发展"负担过重"，因而需要搁置这些争议很大、容易导致社会分裂的议题。美国建国以来最典型的两个例子，一是在国家议政中长期搁置有关奴隶制的争议，直至南北战争爆发；二是将宗教信仰问题划为个人领域，避免让宗教争执进入公共政治领域，这一策略一直沿用至今。但"不争论"的原则也有其限度，其一，"闭嘴原则"强调的是在议会等政治场域"闭嘴"，而不是在所有场合"闭嘴"。例如，在一般的社会辩论中，奴隶制等议题的讨论并没有被严格禁止。其二，当"闭嘴原则"所要规避的问题总是不断在新的社会政治实践中被提出，这些问题在一段时期内被规避之后，会不得不呈现出来。比如，美国黑人奴隶制的问题，虽然立法要求不争论，但当美国向西部扩张，在那些新的州，人们不得不面对这个问题——究竟搞不搞奴隶制。

---

*　张翔，首都师范大学文化研究院副教授。

这种情况一多，关于奴隶制的争论就不得不来一次总的爆发——美国内战。那么，究竟何处是"不争论"的限度？斯蒂芬·霍尔姆斯的看法是，这个完全是经验性的，没有一定之规。

关键词：实验主义治理　闭嘴原则　不争论原则

Abstract： Professor Stephen Holmes delineates the concept of gag rule in US constitutional practice in the article "Gag Rules, or the Politics of Omission". He pointed out in the seminar on Constitutionalism and Democracy held by the Institute for Advanced Studies in Humanities and Social Sciences at Chongqing University in 2013 that Deng Xiaoping's expression of "no arguing" is more vivid than his notion of gag rule. As Holmes argues, gag rules are required mainly because some intensely controversial issues, if not laid aside, would overburden the nation. There are two classic examples of such omissions in the United States: the political suppression of anti-slavery petitions and of public discussions of religion. Gag rules, however, have their limits. In Holmes' opinion, such limits are uncertain and can be ascertained only empirically. This article analyses the transformation of the politics of no arguing in the increasingly stratified society of contemporary China.

Keywords： Experimentalist Governance　Gag Rule　Politics of No Arguing

长期以来，"不争论"是执政党在意识形态工作方面的一种主导思路。但今天情况已经发生了巨大的变化，社会辩论在各种领域、各个阶层、各种场合持续不断地出现，人们日益意识到社会思想意识的多元多样。这使得"不争论"的政策思路必然面临深刻的调整。"亮剑"和"商量"等核心概念在执政党意识形态领域的登场，标示着对"不争论"原则的理解已经有所变化。

在执政党意识形态领域，2013 年全国宣传思想工作会议意味着一个新阶段的开始。从新华社、《人民日报》和《求是》等就习近平总书记在此次会议上的讲话所做的评论来看，此次会议试图回应社会分歧日益明显、社会辩论层出不穷的现实状况，提出"意识形态领域斗争"

的问题，要求领导干部面对社会分歧和争论"敢抓敢管、敢于亮剑"。这一态势包括两个值得注意的复杂层面。

其一，承认社会意见分歧、社会辩论多见的现实状况。在此之前，我国主管意识形态领域工作的领导人，曾指出"社会思想意识多元多样、媒体格局深刻变化"的特点。① 这种面对社会意见多元状况的开放态度，也体现在国际关系领域。例如，习近平于 2014 年 11 月 17 日在澳大利亚联邦议会发表演讲时便坦率地指出："国际社会众说纷纭，有的对中国充分肯定，有的对中国充满信心，有的对中国忧心忡忡，有的则总是看不惯中国。我想，这也正常，中国是一个拥有 13 亿多人口的大国，是人群中的大块头，其他人肯定要看看大块头要怎么走、怎么动，会不会撞到自己，会不会堵了自己的路，会不会占了自己的地盘。"②

其二，执政党要求领导干部敢于介入社会辩论，其中包括"敢于亮剑"。所谓"亮剑"，首先是承认当下社会分歧和社会辩论多见的事实，然后是要求党员干部敢于介入这些争论。介入的方式有很多种，"亮剑"的方式也有多种，"亮剑"不是唯一的介入方式，但比较被强调。例如，《人民日报》所刊的《关键时刻敢于"亮剑"》一文批评："还有些人出于'爱惜羽毛'的考虑，当起了'开明绅士'：对大是大非问题绕着走，态度暧昧，独善其身，担心被人说'不开明'。"③ "商量"也是一种介入方式。习近平 2014 年 9 月 21 日在庆祝中国人民政治协商会议成立 65 周年大会上的讲话中指出："在中国社会主义制度下，有事好商量，众人的事情由众人商量，找到全社会意愿和要求的最大公约数，是人民民主的真谛。……我们要坚持有事多商量，遇事多商量，做事多商量，商量得越多越深入越好。"④

这些变化提示，今天需要重新理解"不争论"原则。

---

① 《人民日报》2013 年 1 月 5 日。
② 习近平：《携手追寻中澳发展梦想　并肩实现地区繁荣稳定——在澳大利亚联邦议会的演讲》，《人民日报》2014 年 11 月 18 日。
③ 《人民日报》2013 年 9 月 2 日。
④ 习近平：《在庆祝中国人民政治协商会议成立 65 周年大会上的讲话》，《人民日报》2014 年 9 月 22 日。

一 争论的重要性与"不争论"原则：
邓小平及其阐释

在改革开放之前，思想辩论、路线斗争、批评与自我批评是党内政治生活的核心机制。"不争论"原则的提出和确立，意味着党内政治生活机制的重要转型。

邓小平曾经明确指出："不搞争论，是我的一个发明。不争论，是为了争取时间。一争论就复杂了，把时间都争掉了，什么也干不成。不争论，大胆地试，大胆地闯，农村改革是如此，城市改革也应如此。"① 他认为，"如果在这个时候开展一个什么理论问题的讨论，比如对市场、计划等问题的讨论，提出这类问题，不但不利于稳定，还会误事"。②

同时，邓小平也指出，有些政策、有些事情必须争论，而且必须争论清楚。例如邓小平倡导并支持关于实践是检验真理的唯一标准和"两个凡是"问题的争论。如，1979 年 7 月 29 日在接见中共海军委员会常委扩大会议全体同志时，邓小平指出，这场争论很重要，"通过实践是检验真理唯一标准和'两个凡是'的争论，已经比较明确地解决了我们的思想路线问题……这是很重要的"。"这个争论还没有完，海军现在考虑补课，这很重要。""不要小看实践是检验真理的唯一标准的争论。这场争论的意义太大了。"③ 1989 年邓小平在退休前夕的重要讲话中指出："某些人所谓的改革，应该换个名字，叫作自由化，即资本主义化。他们'改革'的中心是资本主义化。我们讲的改革与他们不同，这个问题还要继续争论的。"④

在 1979 年一次研究经济工作的会议上，邓小平指出，自由、公开的"辩论"是一种工作方法。"大家对经济问题的看法不一致，这是很自然的。……这次会议大家要充分地把矛盾摆出来。我主张采取辩论的

---

① 《邓小平文选》第 3 卷，人民出版社，1993，第 274 页。

② 《邓小平文选》第 3 卷，第 312 页。

③ 《邓小平文选》第 2 卷，人民出版社，1994，第 190~191 页。

④ 《邓小平文选》第 3 卷，第 297 页。

方法，面对面，不要背靠背，好好辩论辩论。真理就是辩出来的。"①
"我们现在不同意见的争论、讨论不是太多了，而是太少了。讨论当中
可能会出来一些错误的意见，也不可怕。我们要坚持百家争鸣的方针，
允许争论。"② "一个革命政党，就怕听不到人民的声音，最可怕的是鸦
雀无声……一听到群众有一点议论，尤其是尖锐一点的议论，就要追查
所谓'政治背景'、所谓'政治谣言'，就要立案，进行打击压制，这
种恶劣作风必须坚决制止。"③ 在明确提出"不争论"原则的时期，邓
小平说："对改革开放，一开始就有不同意见，这是正常的。"④

邓小平在辩论问题上的态度因此是复杂的，他既提出了"不争论"
原则，也强调争论的重要性。由于他在这一问题上的复杂态度，一直以
来，围绕"不争论"原则存在不同理解和阐释。强调和突出"不争论"
原则的人士，多希望和支持通过这一原则减少改革推进的阻力；而反对
用"不争论"原则阻止社会争论，认为只强调"不争论"是歪曲邓小
平原意的人士，则多希望开放对一些改革议题进行辩论的空间。

霍尔姆斯（Stephen Holmes）曾在《言论限制法或议程排除策略》
中总结美国宪政实践中的"闭嘴原则"（gag rule）。他认为，"不争论"
比他所说的"闭嘴原则"更为形象，是更好的表达方式。⑤

他在此文中论证了"闭嘴原则"（"不争论"）的必要性，其中最主
要的一点是，有些争议很大的问题总是被不断提出，会使国家发展"负
担过重"，因而需要搁置这些争议很大、容易导致社会分裂的议题。美
国建国以来最典型的两个例子，一是在国家议政中长期搁置有关奴隶制
的争议，直至南北战争爆发；二是将宗教信仰问题划为个人领域，避免
让宗教争执进入公共政治领域，这一策略一直沿用至今。⑥

这一分析对于我们理解"不争论"原则的意义，颇有参考价值。

---

① 《邓小平文选》第 2 卷，第 201 页。
② 《邓小平文选》第 2 卷，第 57 页。
③ 《邓小平文选》第 2 卷，第 144~145 页。
④ 《邓小平文选》第 3 卷，第 374 页。
⑤ 2013 年 4 月，他在重庆大学人文社会科学高等研究院的"宪政与民主"讲习班上对
　笔者提问的回答。
⑥ 参见〔美〕埃尔斯特、〔挪〕斯莱格斯塔德编《宪政与民主：理性与社会变迁研究》，
　潘勤、谢鹏程译，朱苏力校，三联书店，1997，第 21~68 页。

从意图上说，邓小平在 20 世纪 80 年代提出"不争论"，搁置分歧很大的"姓资姓社"等问题，有利于改革开放的推进。从历史上看，在强调思想辩论和路线斗争的革命时期，"不争论"原则也有一定的运用。比如，抗日战争国共合作的前期，基于民族战争与建立统一战线的需要，要求克制在国内革命战争时期形成的与国民党的敌对情绪。

但从美国实践来看，"闭嘴原则"有其限度，其一，"闭嘴原则"强调的是在议会等政治场域"闭嘴"，但无法限制公众和新闻界的言论。其二，当"闭嘴原则"所要规避的问题总是不断在新的社会政治实践中被提出，这些问题在一段时期内被规避之后，会不得不呈现出来。比如，美国黑人奴隶制的问题，虽然立法要求不争论，但当美国向西部扩张，在那些新的州，人们不得不面对这个问题——究竟搞不搞奴隶制。这种情况一多，关于奴隶制的争论就不得不来一次总的爆发——美国内战。① 那么，究竟何处是"不争论"的限度？霍尔姆斯的看法是，这个完全是经验性的，没有一定之规。②

就中国的情况来看，随着时代的变迁，"不争论"原则的具体运作已经不能一概而论，而有着相当大的弹性。今天更需要问的问题是，应该如何看待社会分歧与争论。

二 新世纪的社会辩论与社会政策调整

进入 21 世纪以来，由于社会分化和社会诉求的多元化，在一些重大问题上出现了持续的社会辩论，这些辩论也逐渐为政策调整所吸纳。这一政治进程的形成，事实上形成了社会辩论与政策调整的互动，这也是民主决策机制的一种运作形式。主要有两类案例。

一是，21 世纪以来社会舆论围绕看病难、上学难、买房难以及环保、三农等民生问题的辩论，显示了改善民生的强烈社会诉求。尤其是21 世纪初，借助新兴的网络社区平台，社会公众对于改革进程中各种

---

① 〔美〕埃尔斯特、〔挪〕斯莱格斯塔德编《宪政与民主：理性与社会变迁研究》，第 43~44 页。
② 2013 年 4 月霍尔姆斯对笔者提问的回答。

弊病的批评，形成了一波反思改革的舆论浪潮。① 在 21 世纪以来的十余年间，医疗改革、医疗保险、社会保险、义务教育、职业教育、环保、农业税等领域的政策调整举措持续推出，这些社会政策有利于改善民生和促进社会公正、缩小社会差距。而且社会公正在 21 世纪开始成为执政党的核心概念，取代了 20 世纪 90 年代"效率优先，兼顾公平"的方针。如果没有这些反思的舆论浪潮的推动，没有这些社会压力的表达，这种大政方针和具体政策的系列调整，其实是难以想象的。

二是，21 世纪以来围绕中国道路、北京共识、中国模式等的理论辩论，以及 2008 年在奥运火炬全球传递过程中海内外青年学生为中国的多层次辩护等，提出了是否需要理性自信的问题。执政党十八大报告提出所谓"三大自信"，是对此一社会辩论的回应。

这两类案例说明，基层社会的意见和诉求，逐渐通过各种社会辩论得到表达，并有效地反馈到决策机制中。在一定条件下，理论辩论和社会辩论有其建构性的作用，可以让基层那些长期被忽视、相对微弱然而重要的声音得以呈现，推动政策路线的自我调校。理论辩论和社会争论的正面意义，在新的历史条件下开始显现。

在社会争论已经如此频繁的条件下，"不争论"原则的具体运作不再仅仅是决策者的事情，不同社会群体的博弈也开始与之互动。一方面，在民生等领域，社会辩论与政策调整形成积极互动的现象日益多见，基层群众的声音比以往有所增强。另一方面，一些对改善民生的改革调整、正面肯定中国道路抱有不满的社会群体，对来自社会基层的声音非常忌惮，试图通过将这些讨论界定为"不争论"原则的对立面的方式，来否定这些围绕改革等问题展开的社会辩论和理论探索。晚近十年来，无论在反思改革的议题上，还是在中国道路的议题上，都不断有社会力量或媒体试图通过强调"不争论"原则，来压制理论争论及社会基层诉求的表达。例如，2003～2006 年，在反思改革的社会浪潮逐渐升高（有"郎顾之争"等事件的推动）之时，即有学者呼吁中央表态，以停止在改革问题上的争论，从争论到"不争论"。又如，党的十

---

① 参见张翔《社会民主化潜流中的改革论争》，载《二十一世纪》（香港）2006 年 2 月号。

八大之前，亦有学者和媒体人士呼吁停止肯定中国模式、中国道路或北京共识，认为应该对中国的发展模式持批评态度。

在"社会思想多元多样"、社会辩论不断涌现的情况下，认为"不争论"仍然很有必要的人士的主要理由仍然是，"不争论"作为一种传统的政治智慧与策略，可以有效通过中央决断的权威来让争议消失，让他们所希望的改革更容易推进。不过，这种"不争论"的呼吁毕竟与他们所抽象支持的言论自由原则之间，存在明显的矛盾和紧张，这就需要提供实行"不争论"原则的理由。一种很常见的做法是，将上述社会辩论的出现与"文革"或"大民主"等同起来，认为这将使改革倒退，危及社会稳定和发展。这一努力希望舆论管理部门启用的，是涉及"文革"的"不争论"原则：把所有这些东西都归纳到"大民主""文革"的范畴中去，同时将这一历史当作"彻底否定"（从而也是不能触及的）的禁区。

同时，整体来看，这些人士往往在"不争论"原则方面又常常表现出双重标准的显著特点，即在他们希望突破的领域（比如一些基本制度，如土地制度、私有产权、政治制度等等），其实非常强烈地主张开放言论空间，反对在这些问题领域设限。

不过，从 21 世纪以来的情况来看，这种试图以双重标准的"不争论"呼吁推动执政党干预反思改革的社会潮流的努力，总的来说并不成功。由于社会基层对改革的反思包含了社会多数的意见，为中国而辩护以及对中国道路的探索性思考（包括有较强批判性的思考），也关乎基本制度和道路的坚持，执政党在一般情况下不仅没有阻止这些辩论的进行，而且逐渐在决策过程中考虑和回应这些辩论中呈现的诉求。

2008 年北京奥运会开幕之前，连续发生火炬传递在西方受阻、汶川大地震等事件，年轻一代的意见在这些事件出现之后有大规模的呈现。在西方的众多中国留学生自发站出来为中国辩护、回击西方媒体的攻击，国内众多大学生对此也有强烈呼应，在 21 世纪第一次清晰呈现一代年轻学生的基本政治立场；在汶川大地震发生之后，年轻一代纷纷以各种形式参与抗震救灾，显示出对于国家命运共同承担的呼吁与意识。这一民意格局的形成与呈现，进一步强烈地冲击了相当部分反感民生议题的人士，他们意识到基层多数的强有力诉求与中央政策调整之间的呼应,逐渐开始明确调整自身的论述:即使他们的愿望是追求更不平等、差距更大的社会结构,其表述也纷纷用上"公正""平等"等语言,越来越多地征用包括儒学、左翼等话语,来曲折表达自身既有的诉求。

三 网络辩论空间的形成与新舆论权力的崛起

21 世纪以来中国社会辩论展开的主要空间,是不断代际更替的各种网络社区。反过来,社会辩论的白热化也为中国网络的快速发展提供了强劲的动力,网络媒体在这一过程中迅速全方位取代原有传统媒体的舆论主导地位。

21 世纪以来中国舆论场最为关键的变化是,网络媒体逐渐成为主导性的媒体力量。媒体舆论在与改革进程的长期互动过程中,逐渐形成了自身的一套意识形态。从在微博等网络空间活跃的诸多媒体人的表述来看,人们对自身意识形态的构成也有着自觉性。那些有着相对明晰立场的新兴媒体舆论既是日趋活跃的社会舆论场中非常重要的声音,也因为具有塑造和引导舆论的能力,成为一种新兴的舆论权力。这一新舆论权力的崛起,是中国社会变迁进程中的一个重要现象。

新兴舆论权力无论与大众用户,还是与舆论监管机构之间,都有着复杂的关联。

简而言之,就新兴舆论权力与大众用户的关系而言,一方面,网络媒体的兴起为大众用户的意见表达和社会辩论的兴起提供了关键的技术基础,大众用户的表达和辩论,也为网络企业的发展提供了极为重要的动力(中国的庞大网民是中国多家互联网企业在全球占据前列的基础)。另一方面,网络媒体操控舆论的能力越来越强,网络媒体自身亦是言论汰选和审查的机构,无论在互动型网络平台,还是在其他类型网络平台,网络媒体都非常容易压制自己不喜欢的言论,凸显自己的立场和倾向。通过网络平台操控舆论的社会力量也越来越复杂,手段越来越丰富。在网络空间,大众用户的声音越来越沉没于各种被制造出来的"民意"之中。现在,从各种网络平台上感知到的"民意",很多时候也许是失真的。

就新兴舆论权力与舆论监管机构的关系而言，一方面，网络媒体是改革进程的重要产物，是民营经济飞速发展的一个重要表现和成就，在很多方面，媒体（包括网络媒体）是主流意识形态建构的重要参与者，与主流意识形态有着共生的关系。经过十余年的探索，新媒体采编领域事实上形成了舆论监管机构与网络企业"共治"的局面。另一方面，网络媒体的确又面临着监管机构的约束，围绕舆论监管有着长期的合作与博弈。舆论监管机构与传统媒体之间的这种博弈，实际上是权力系统内部的一种博弈；虽然网络媒体大多是在传统媒体系统之外成长起来的，但网络企业在与监管机构长期"共治"过程中形成了密切的合作关系，舆论监管机构与新兴网络媒体之间的博弈也多少带有一些内部博弈色彩。

社会分歧和辩论在 21 世纪的持续进展，以及新舆论权力的崛起，为意识形态议题在十八大之后迅速成为中心议题之一，提供了基本的背景。社会辩论与政策调整在上一个十年间的互动，此一期间对社会辩论的默认和吸纳，也颇具实验性，为此后的进一步实验提供了基础。

四　面对社会分化辩论现状的政策走向

2013 年全国宣传思想工作会议以及此后一系列与"亮剑"或"商量"有关的事件，显示决策层对社会分歧、辩论乃至对立状况的态度发生了重要的调整。调整的要害在于，将社会意见的分化、辩论和对立作为不得不面对和试图主动面对的现实状况。

直面社会意见分化、辩论和对立的现状，人们不难认识到，不论是"要争论"还是"不争论"，争论都已经在那里了。这些争论的根源在于社会阶层的深刻分化和矛盾，只要社会分化继续发展，这些争论便会以各种形式存在。不再可能把"不争论"原则和相关举措拿出来，就能够简单地把基础非常深的社会意见分化和矛盾给抹平。

直面社会分化辩论的状况，有不同的政策选择。以"亮剑"为例，以往并不是不"亮剑"，舆论监管部门一直有各种舆论监管。但当前的"亮剑"与以前相比有一个明显不同，这就是公开要求领导干部敢于针对社会思想现状做出回应，既包括"不争论"的政策选择，也包括以参与争论的方式"亮剑"的政策选择。后一种方式的"亮剑",重心不在于"禁止",而在于"回应"。如果只是"禁止"型的"亮剑",未必需要领导干部敢于表达意见和回应;以表达意见的方式"亮剑",意味着存在不仅不禁止,而且敢于表达清晰意见的选择。

2013 年 5 月 23 日,在全国宣传思想工作会议之前,《人民日报》曾发表题为《没有争鸣,哪来共鸣》的评论,肯定社会争论的积极意义。会议之后,《人民日报》曾发表"八论"学习贯彻"8·19"重要讲话精神,其中"之四"是《关键时刻敢于"亮剑"》,这篇文章比较清晰地表达了"亮剑"的政策思路。一方面,文章承认,在人人都有麦克风的信息时代,个性表达和思想解放是大势所趋,兼容不同观念、包容异质思维,体现着社会的文明程度。另一方面,文章认为,"个性解放"并不意味着可以无所顾忌地打压理性,"包容多样"也不意味着可以肆无忌惮地模糊是非。①

此文承认,一些领导干部存在"哪怕有理也不敢发声,生怕因言获咎"的顾虑,提示了可能存在有理发声也因言获咎的情况。这种情况有多种可能性。其一,在那些社会意见分化比较严重的议题上,官员介入发声,无论接近哪一方面的态度,都可能遭遇大量的反对,乃至引发不小的舆论风波。这种情况下,官员是否愿意发声,很大程度上要看是否存在允许争论、容忍说话有偏差、对社会批评有承受力的制度环境。其二,相当多的争论其实很多时候也会在决策过程中呈现出来。如果并不鼓励争论,尤其是对争论议题表态可能会影响自己的升迁或工作,那么,在那些模糊或者有分歧的领域,官员们很可能会倾向多一事不如少一事。在制定政策或者确定方针的时候,人们都清楚这些不同意见的存在,但未必愿意将这些已有的辩论公开呈现出来。

由于这些顾虑和行为逻辑的存在,一种情况是,如果在鼓励介入争论方面尚无明确的制度性保护,或者具体方向尚不清晰明确,官员不太会选择对那些存在明显分歧和辩论的社会议题公开表明自己的看法。这种情况下,官员"亮剑"的选择往往是,接到上级明确指令之后,再表明自己的态度(跟着指令下禁令,是最容易操作、风险最低的事

---

① 参见《人民日报》2013 年 9 月 2 日。

情）；在方向并不明确的议题和领域，则保持沉默。而那些社会分歧和辩论，在这一过程中很可能仍然一如其旧，处于分歧中的人们未必"服气"，人们也许只是变得更为沉默了。

另一种情况是，更明确地意识到，相当多的争论其实内在于决策过程，各种不同意见都有其基础和脉络，可能都需要认真对待，这些不同意见也都需要通过充分表达来让自身获得理解以及理解他人。直面社会分歧和辩论，最为重要的是直面决策过程中通过各种方式呈现的分歧和辩论。也就是说，辩论并不只是存在于决策过程之外，并不能把监管者想象为天然地超出于社会争论之外的角色。因此，首先有必要在决策过程中确立和完善包容内部分歧和辩论的机制（所谓"批评和自我批评"），通过这种机制实实在在地直面、回应和处理事实存在的各种分歧和争论，通过充分的内部沟通和相互批评确立集体认同的具体方向。以此为基础，才能由内及外，对各种社会分歧、辩论乃至对立做出适当的回应，通过理直气壮的"说理"，让社会各方面"服气"，在这一过程中建立社会共识和认同。

从近期的社会动态来看，社会公开辩论日趋增加。例如，2014 年 11 月 13 日，《辽宁日报》刊发了一封公开信《老师，请不要这样讲中国》，公开信指出，"呲必中国"的现象也一定程度存在，有的还很过分，必须引起教育界的警觉和重视。"编者"认为，消极悲观永远不应该是一个成熟社会的主旋律，更应该以一种积极阳光和建设性的姿态面对今天的社会、建设这个国家。① 这封信发表之后，在平面媒体与网络空间中都引起了激烈辩论。2015 年 1 月 24 日，求是网刊发宁波市委宣传部徐岚的评论《高校宣传思想工作难在哪里？》，认为抹黑中国正成为当下某些人的时尚追寻，一些教师运用他们手中的知识权力影响青年人，不断地抹黑中国。这篇评论发表之后，进一步激发广泛讨论。上述引起争论的文章无疑都带有"亮剑"的意味，但这些文章都是公开发表的个人意见（或通过编者按形式表达的媒体意见），这种形式首先召唤的是公开的社会辩论，也显示了当前舆论"亮剑"的一个基本特点。《光明日报》题为《"自干五"是社会主义核心价值观的坚定践行者》

---

① 参见《辽宁日报》2014 年 11 月 13 日。

的评论也体现了这一特点，该文一方面承认"近段时间以来，来自网上两个群体的论战很是热闹"，一方面鼓励更多的"自干五"（全称为"自带干粮的五毛"，指那些自觉自愿为社会正能量点赞、为中国发展鼓劲的网民）站出来，引导人们自觉做良好道德风尚的建设者，做社会文明进步的推动者。①

同时，有政府部门参与的社会辩论也日益常见。例如，2015 年 1 月，淘宝网与国家工商总局网络监管司就淘宝网商品样本正品率等问题展开公开辩论，引起海内外媒体的广泛关注和讨论。又如，2015 年 1 月 21 日《南方都市报》记者接到爆料暗访深圳公安部门官员在酒楼吃娃娃鱼，与当事官员发生冲突，并被殴打。事件曝光后，《南方都市报》官方微博在对深圳警方的调查及处理通报的公开回应中表达了质疑，引起进一步讨论。深圳警方随后做出的不允许公安人员聚餐的规定也引起热议。1 月 29 日下午，武汉市公安局一大队官微@警犬旺财发布多张民警围坐吃地瓜、盒饭的照片，并配文称"南都，快来！我们要聚餐啦！""绝对公款，保证野生，欢迎暗访！"，认为："抵制公款吃喝，但要公私分明，民警也是人，有基本权利，不容任何人剥夺！"这一表达更进一步引起激烈争论。

这些现象，一方面显示了社会意见分化与辩论日趋频密的趋势，另一方面，也显示提倡公开"亮剑"与"商量"的政策，推动了社会辩论的展开，对于正面意见的形成及凸显、社会不同群体的交流沟通、社会共识的形成，都有着积极的意义。

五 重新认识社会理论辩论的建构性作用

总的看来，现在情况已经发生重大变化，社会多元分化的结构已经形成，社会意见也呈现多元分化与冲突的局面，与此相应，不加区分地要求对一切重大问题"不争论"，不仅事实上无法做到，而且不利于对改革过程中的各种试验进行检讨与纠错，不利于改革事业的长期可持续发展。

---

① 参见《光明日报》2014 年 15 日。

但这也不意味着要完全否定"不争论"原则。为了避免在一些根本的分歧方面不必要地耗费精力，集中精力搞建设，仍然需要"不争论"原则。不过，这一原则的运用需要更为精细，其运作方式也需要根据新的形势有所调整。

其一，"不争论"原则有其适用范围，需要对不同类型的问题进行比较精细的分类。那些很容易挑起社会分裂、适宜搁置的问题，如涉及国家根本政治体制方面的问题，可以在公共场合采用"不争论"原则；对那些社会争论有利于政策调整和不断改进的问题，如具体的政策措施利弊如何、可做何种改进，则可以容许和鼓励在公共舆论空间争论。目前的媒体治理事实上已经在向这个方向调整。

其二，哪些问题被确定为"不争论"的问题，可以向社会明示。由于"不争论"事实上不再是对所有重大问题而只是对部分问题适用，这样就需要通过公开宣示来获取社会的广泛认同。这一方式的优点在于，支持这一决定的多数意见将有效地制约少数的不同意见。另一优点是，保护社会公众在其他问题上发表看法的积极性，让社会辩论和理论探索成为政策调整和自我纠错的重要基础。

其三，重新认识理论辩论与社会争论的建构性作用。从中国共产党的历史来看，思想辩论和路线斗争并非坏事，而是一种自我纠错的基本机制。在当前思想多元分化的时期，重新认识这一基本机制，已是党的组织建设和思想建设的急迫任务。如汪晖所指出的，在中国革命及其后的社会主义时期，党内的理论辩论之所以是积聚政治能量和调整前进方向的方式之一，乃是因为，来自实践的辩论和相应的制度性实践是纠正错误的最好方法，只有从具体问题上升到理论问题、路线问题，才能产生新的政治动能。但即便在那个时期，这一辩论也是与群众路线和理论－实践的往复关系联系在一起的，并不只是局限于党内辩论。20 世纪理论辩论和路线斗争比较活跃的时期，也是政治领域最为活跃、制度创新最为积极的时期。毛泽东在《实践论》中说，中国革命没有现成模式，都是在不断学习和摸索。革命如此，改革同样如此。

而强调理论斗争和政治斗争在革命政治中的纠错作用，与批评这一过程中的暴力和专断并不矛盾。政治迫害是理论斗争的终结，是路线辩论的终结，也是党内竞争性实践的终结。真正需要研究的是：为什么理论辩论，尤其是上升到政治路线辩论的理论辩论，更易于转化为暴力性的压制？其中有两个经验教训值得吸取：其一，政党与国家之间缺乏必要的分界，从而导致政党不再拥有相对自主的理论空间；其二，媒体势力试图扮演国家或资本的某种政治代理人，从而对公共空间进行殖民。在今天的思想多元时代，压制思想辩论，意味着政治的终结，意味着不再"讲政治"。①

在思想多元、社会分化的时代，思想辩论已经无可回避；但它们不是坏事，反而对于保持党的长期健康发展，有着极为重要的作用。此所谓"团结紧张，严肃活泼"的辩证法。

其四，在重视思想辩论的建设性作用的同时，以干部能上能下的组织路线，鼓励干部敢于在思想多元的情况下表明立场，担负政治责任。要增强党员和党组织在思想及社会多元分化时代的应对力，亟须重新认识理解思想辩论在党的建设中的积极作用，并根据时势变化创新组织制度，增强（因为思想观点问题）能上能下的弹性。只有这样，党的干部在面对思想辩论的时候，才敢于面对思想分歧形成自己的看法，才能对于个人职位的起落有正确的认识，才敢于担负岗位的政治责任，也才敢于为下属的决策担负相应的政治责任。如果缺乏这种组织基础，舆论治理和引导就很可能左支右绌。

其五，国家干预公共舆论，不仅表现在运用"不争论"原则，而且表现在积极支持部分相对弱势，但在政治上非常重要的声音。其中包括占社会多数但在网络时代比较分散、往往被遮蔽的基层群众的声音。党需要在网络空间发动群众，建立和夯实自己的群众基础，找到新形势下走群众路线的新方法，这是党在思想格局和媒体格局发生剧变的时期获取文化领导权的关键所在。

如果说，在经济和社会建设中，当前需要重视民生，那么，在思想文化和舆论领域，同样需要重视民生，需要通过国家扶持，让基层群众的声音得到充分表达。在今天，遏制公民言论自由的力量，往往来自媒体权力。这个时候则需要国家干预。这一状况并非中国特有，而是全球各国普遍存在的问题。如欧文·M. 费斯在《言论自由的反讽》中指

---

① 参见汪晖《"后政党政治"与未来中国的选择》，《文化纵横》2013 年第 1 期。

出，舆论中存在"沉寂化"穷人等居于弱势地位的社会群体的机制，富人在传媒领域具有支配性，公众实际上只能听到他们的声音。他进而指出，虽然在某些情形中，国家机器会试图压制自由和公开的辩论，但在另一些情形中，如果"国家之外的权力"如资本力量正压制着言论，那么国家可能必须采取行动，来增强公共辩论的活力。国家"必须给那些公共广场中声音弱小的人配置公共资源——分发扩音器——使他们的声音能被听到"。费斯认为，这种国家干预是一种民主机制，它要求强势者的言论不会湮没或损害弱势者的言论。①

中国共产党有着远为丰富的增强基层群众表达诉求能力的经验，即群众路线。群众路线的要害是放手发动群众参与当地发展，尤其是所在社区的建设，深入联系各种群众组织，以各级党组织为核心将群众组织起来。在这一政治过程中，基层群众的声音将获得此前所缺乏的能量，党组织的战斗力也会得到锤炼。

---

① 参见〔美〕欧文·M. 费斯：《言论自由的反讽》，刘擎、殷莹译，新星出版社，2005，第一章"言论的'沉寂化'效应"。

实验主义治理与信访困境

——基于华北某县实证调研

董春晓*

编者按："实验主义治理"可以被理解为对"新公共管理"的挑战与替代。两者都是对传统的官僚行政体系的失灵的回应。后者的回应要么是私有化，要么是上下级间签订任务目标责任书以作为奖惩基础。但"实验主义治理"认为，私有化（在此指政府服务外包给私人企业做）只能在很有限的范围内成功（如有些垃圾的处理），目标责任书也往往不适应政府工作的多重目标。在实践中，目标往往被逐步增加，下级则声称多个目标必须相机抉择优先顺序，从而要求更多基层自主权。1982 年，麻省理工学院的利普斯基教授所著《街头官僚》一书，系统描述了"一线公务员"（如警察、社会福利工作者等）不可能完全执行上级制定的规则的普遍情况。"实验主义治理"则进一步发展和深化了"街头官僚"的观点，指出上下级间不是委托代理关系，而是实验中的共同学习关系。因为信访中涉及双重不确定性，即法规本身的不确定性和一线接访人员的自由裁量权的不确定性，"实验主义治理"的视角特别具有启发意义，它将有助于发挥一线信访工作发现既有法规漏洞的功能，同时又防止"街头官僚"滥用自由裁量权。本文是从实验主义治理视角研究信访的初步工作。

关键词： 实验主义治理 街头官僚 自由裁量 信访

---

* 董春晓，清华大学公共管理学院博士研究生。

Abstract: This article explores the paradox that although formal laws and statues dealing with complaint letters and visits increase in number, informal means in the operation gain more importance. I believe that the core of the problem is the imbalance of powers and responsibilities in rank relationship. In practice, the subordinate authorities are not granted enough institutional power to accomplish necessary organizational change, so they instead respond in favor of expedient ways by target decomposition through the bureaucratic system. Thus, while more and more laws and rules are formulated, the interaction between government and people is not institutionalized. The use of informal power becomes the major form of social control. The readjusted relations between central and local units in experimentalism may provide new ideas for us to break through the predicament of complaint letters and visits.

Keywords: Experimentalist Governance　Street-level Bureaucrat　Discretionary Power　Complaint Letters and Visits

为了唤起地方各级政府对农民上访问题的重视、减轻中央政府的压力,自 2005 年以来,中央政府下达了一系列有关信访的规章条例,信访工作的规范化、制度化不断加强。① 不过吊诡的是,虽然近年来政府信访机构运作的制度化有了很大进展,法令法规的制定实施、政策落实的步骤细则、政府官员的素质等都有了很大进步,但基层政府的信

---

① 2005 年,国务院在时隔 10 年之后颁布了新修订的《信访条例》。2007 年,中共中央、国务院发布《关于进一步加强新时期信访工作的意见》,将信访工作提升到"构建社会主义和谐社会的基础性工作"的高度,强化新时期信访工作的治理责任,并提出要加强县级信访工作,强调县级领导干部特别是主要负责人要包案解决信访问题。该文件还明确提出各地区各部门的主要领导是信访工作的第一责任人,要求进一步探索建立后备干部和新提拔干部到信访部门锻炼的制度,把信访部门作为培养锻炼干部的重要基地,并将信访工作办公经费和处理信访事项的业务经费列入财政预算。2009 年,中共中央办公厅、国务院办公厅转发了《关于领导干部定期接待群众来访的意见》《关于中央和国家机关定期组织干部下访的意见》《关于把矛盾纠纷排查化解工作制度化的意见》等三个文件,对各级领导干部定期接访、下访和基层矛盾纠纷排查工作做出了详细具体的规定,将信访工作进一步细化。可见,信访工作的规范化、制度化不断加强。

访规范化程度却未因此明显改观。反而出现了大量花钱买稳定、盯访截访等偏离法律的不规范行为。为什么会出现这一看似矛盾的局面？经过调研，笔者发现信访困境很大程度上根源于信访工作的上下级关系。

一　信访困境探源

压力型体制①，是中国行政体制的一个鲜明特征。在这种体制下，上级政府将各种行政指标、任务进行层层分解，将其分派给下级政府。当上访农民将各种问题和信息传入科层体制内部、要求上层政治精英给乡村基层代理人施加压力时，信访问题便成为科层体制运作的一部分。作为对上层政治精英的回应，乡村基层代理人不仅要帮助上访农民解决问题，而且要将上访农民本身纳入治理的领域。根据《信访条例》规定，处理信访问题时，"坚持属地管理，分级负责，谁主管，谁负责，要求把问题解决在基层，消灭在萌芽状态"，绝大部分的信访问题最后都要层层下移到基层政府来解决。

然而，税费改革后，国家与农民的关系变得更为松散，乡村基层政权变得越来越消极无为，农村公共产品供给缺失严重。② 税费改革及配套的综合治理措施带来的财权和执法权的上收，使得乡镇政府处于"半瘫痪"状态，政府不是能够更加完善、周密地提供公共服务、维持一方平安，而是在国家和农民中间造成一种"真空状态"，成了"悬浮型政权"。③ 乡村治权的丧失成为近年来信访高涨的结构性原因。④

另外，许多信访问题基层是无法解决的，比如民办教师问题、老兵社会保障问题等，一般全国性的大范围集体上访在没有国家统一的政策

① 参见荣敬本、崔之元等《从压力型体制向民主合作体制的转变：县乡两级政治体制改革》，中央编译出版社，1998。
② 贺雪峰：《乡村的前途：新农村建设与中国道路》，山东人民出版社，2007；田先红、杨华：《税改后农村治理危机酝酿深层次的社会不稳定因素》，《当代社科视野》2009年第4期。
③ 周飞舟：《从汲取型政权到"悬浮型"政权：税费改革对国家和农民关系之影响》，《社会学研究》2006年第3期。
④ 申端锋：《乡村治权与分类治理：农民上访研究的范式转换》，《开放时代》2010年第6期；李昌平：《大气候——李昌平直言"三农"》，陕西人民出版社，2009。

供给的情况下基层政府没法解决，但稳控责任却在基层。有的时候，上级没法解决的问题会通过权力运作转嫁到基层来稳控。比如，2014 年春节期间，华北某县 20 余名村民由于购买自某集团的挖掘机在内蒙古作业时出现事故，经调查是挖掘机质量问题，集体去北京质量监督局和某集团总部上访，经转办，责令户口属地县乡政府稳控，并追究春节期间其稳控责任。①

如下图所示，信访压力都集中在了基层政权，经过行政压力传导机制卸责的上级政府的压力在渐次减小。低层政府通过非制度化方式的适应减缓了上层的压力，从而掩盖了高层政府所面临的问题。但是基层政府由于缺乏足够的权力资源支持，根本没有办法落实法制化的操作而实现组织变革。

表 1　2013 年信访总量、集体访数量、单访数量及增长率②

行政级别	总量	同比增长（%）	集体访	同比增长（%）	单访	同比增长（%）
县级	398	20	36	30	362	7
市级	98	5	21	− 2	77	8
省级	52	− 25	2	− 30	50	8

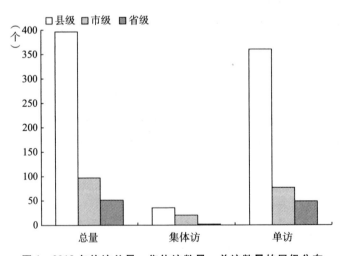

图 1　2013 年信访总量、集体访数量、单访数量的层级分布

① 华北某县访谈资料整理，2014 年 1 月 29 日。

② 华北某县信访资料。

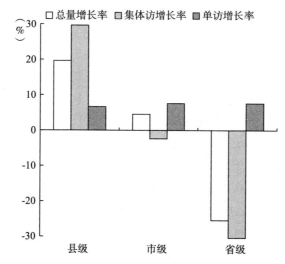

图 2　2013 年信访总量、集体访、单访增长率的层级分布

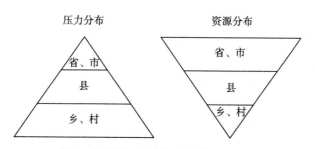

图 3　组织学习压力与资源的层级分布

难道基层政府就没有正规途径将压力传导到上级政府吗？其实不然，上级政府不仅有转办、交办、督办、催办下级政府完成维稳工作的责任，同样也有复审、复核的责任。根据信访条例规定，"信访人对行政机关作出的信访事项处理意见不服的，可以自收到书面答复之日起30日内请求原办理行政机关的上一级行政机关复查。收到复查请求的行政机关应当自收到复查请求之日起30日内提出复查意见，并予以书面答复"（第三十四条）。"信访人对复查意见不服的，可以自收到书面答复之日起30日内向复查机关的上一级行政机关请求复核。收到复核请求的行政机关应当自收到复核请求之日起30日内提出复核意见。复核机关可以按照本条例第三十一条第二款的规定举行听证，经过听证的复核意见可以依法向社会公示。听证所需时间不计算在前款规定的期限

内。"（第三十五条）但是该规定在实际执行过程中很少应用，笔者查阅某县政府档案，发现大多数信访案件只有转办函，少有复查、复核，听证会更少甚至闻所未闻。以所调研的华北某县为例，日常上访总量每年在几百件上下，但是近五年来每年上级复查复核的案件仅在 5 ~ 10 件范围内波动。"即使是那些提交上去复核的案子，上级信访机关一般也大多根据下级提交的文件材料来进行判定，很少亲自调查听证。"① 这并非特殊情况，可以说，信访条例中规定的三级终结制度在实际的政府运作中并未被所谓"上级"政府严格执行。

出于规避风险和职业晋升的考虑，上级政府更加偏好转办而非复查、复核。出于同样的考虑，在一票否决的压力之下，下级政府日益依赖上级政府的庇护和资源，不仅无力进行法理反制，还形成了潜规则。依此类推，在不同层级上下级的角色转换之间，产生了"组织目标替代"的共谋行为。② 这种共谋行为消解了上级部门学习与变革的压力。

在信访治理的压力下，下级部门不能拒绝自上而下的指令部署，无法自行选择退出互动，也无法通过正式或非正式的谈判来讨价还价达成新的协议，如此一来，就会在随后的执行过程中私自调整。③ 基层政权通过在执行过程中开发另外的治理技术来维护社会稳定，完成对环境的权宜性适应，比如包保责任制等。基层权宜性维稳技术本质上是一种非正式权力的正式运用，即将基于私人化的权力关系作为常态化的稳控治理手段。正式权力相较于非正式权力的优势在于非个人支持的引入，个人化的简单控制体系转变为非个人化的结构控制，权力差异被纳入技术设计或职位关系的规定，使之成为准则被接受。拥有结构化权力的人无需其他动员手段就能推行其利益。④ 从这个意义上说，无论是传统的双轨政治中的士绅治理结构，还是现代的法律治理结构都是一种结构化权力控制方式，人们出于对规则的服从而将其视为一种习惯。而当前的治理结构恰恰处于现代的法律结构控制尚未建立，传统的士绅治理模式又

---

① 华北某县信访工作访谈整理，2014 年 2 月 7 日。
② 周雪光：《基层政府间的"共谋现象"——一个政府行为的制度逻辑》，《社会学研究》2008 年第 6 期。
③ 周雪光、练宏：《政府内部上下级部门间谈判的一个分析模型——以环境政策实施为例》，《中国社会科学》2011 年第 5 期。
④ 〔德〕马克斯·韦伯：《经济与社会》上卷，林荣远译，商务印书馆，1997。

缺乏足够的环境支持，二者都沦为一种权力资源而非权威结构，稳控工作成为建立在个人化简单控制基础上的不稳定结构。于是，这导致了信访工作法律法规的正式制度供给增加，但是实际运作中各种非正式手段却愈演愈烈的悖论。这一悖论不只是信访的困境，背后所反映的其实是现代国家转型的问题。

二　路径依赖与转型危机

现代国家转型可以理解为一种组织变革的过程，而后发国家的转型变革很大程度上是基于"竞择压力"① 下的组织学习而产生的结构同形。② 以加强国家基础权力为核心的制度建设是国家转型的核心命题，它不仅包括国家权力向社会的单向度渗透和人员、机构设置的下沉，而且包括国家规则取代地方性社会规范、形塑人们行为取向的过程。③ 作为一种对环境的适应过程，明智适应的一个根本要求就是在利用已知的东西和探索未知的东西之间保持平衡④，即运用旧胜任力与发展新胜任力的平衡问题。不过学习动力学往往会摧毁这个平衡，由于利用的回报一般比探索的回报更确定、更快、更近，所以在学习过程中，利用比探索更占优势。⑤ 这将导致组织强调专门化的胜任力、改进既有流程，适应系统容易使组织陷入利用过度和尝试不足的陷阱，形成技术锁定和路径依赖。⑥

---

① R. R. Nelson, S. G. Winter, "Neoclassical vs. Evolutionary Theories of Economic Growth: Critique and Prospectus," *The Economic Journal*, 1974: 886 ~ 905.

② 〔美〕华尔兹：《国际政治理论》，信强译，上海人民出版社，2008。

③ 〔美〕查尔斯·蒂利：《强制、资本和欧洲国家》，魏洪钟译，上海人民出版社，2007；〔美〕乔尔·S. 米格代尔：《强社会与弱国家：第三世界的国家社会关系及国家能力》，张长东等译，江苏人民出版社，2009；〔英〕迈克尔·曼：《社会权力的来源》第二卷（上），陈海宏等译，上海人民出版社，2007；〔美〕塞缪尔·P. 亨廷顿：《变化社会中的政治秩序》，王冠华等译，上海人民出版社，2008。

④ J. G. March, "Exploration and Exploitation in Organizational Learning," *Organization Science* 2 (1)(1991): 71 – 87.

⑤ D. A. Levinthal, J. G. March, "The Myopia of Learning," *Strategic Management Journal* (S2) (1993): 95 – 112.

⑥ W. B. Arthur, "Competing Technologies, Increasing Returns, and Lock-in by Historical Events," *The Economic Journal* (1989): 116 – 131.

当前中国的国家转型进程可以理解为通过系统的组织学习建立新的组织结构和认知的过程。信访机制作为民众表达意愿、监督政府的重要渠道，成为表征国家与社会关系，映射官僚结构转型的窗口，能够很好地反映中国现代国家转型过程中的特点。信访工作法律法规的正式制度供给增加，但是实际运作中各种非正式手段却愈演愈烈的悖论，所反映的核心问题在于在组织的嵌套学习（学习同时发生在数个不同但相关的层级之间）中，组织中某个层级的快速适应可以导致其他层级的缓慢适应。只要运营层在实施政策时能够根据条件变化做出调整，那么战略层的政策修订压力就会得到缓解。较低层级的适应容易掩盖较高层级所面临的问题。但是，虽然较低层级做出了适应，减小了较高层级的适应压力，然而，长期来看，这样的低阶学习不能替代高阶学习。比如运营层学习不能替代战略层学习。[①]

组织的学习变革需要上下联动。缺乏上级的制度支持，下级虽然能够利用传统的核心胜任进行权宜性适应，减缓上级的学习与变革的压力，但是没有能力探索新的核心胜任，完成组织转型。信访困境就是这一问题的反映，实际操作中，并未赋予相关层级组织变革社会规则的制度化权力，转而通过官僚体系内部权力下压和目标分解的方式权宜应对。因此，虽然制度和法规增加了，但却并没有力量将政府与民众的互动正规化、制度化起来，结果社会控制方式沦为非正式权力的正式运用。在科层制下，上述行为正是有限理性下"得过且过"的行政运作逻辑。[②] 孔飞力认为，这种行政惯性将长期存在，除非非常规或者危机使得变革压力由运作层有效传导至战略层，导致上层组织的学习变革。[③] 但是，危机是此类转型困局的唯一解吗？是否有其他的解决办法呢？笔者认为，实验主义对于中央与一线关系的重新界定为我们突破现有的转型困境提供了新的借鉴思路。

① D. A. Levinthal, J. G. March, "The Myopia of Learning," *Strategic Management Journal* 14 (S2) (1993): 95 – 112.

② C. E. Lindblom, "The Science of 'Muddling Through'," *Public Administration Review* (1959): 79 – 88.

③ 〔美〕孔飞力:《叫魂: 1768 年中国妖术大恐慌》，刘昶译，上海三联书店，1999。

三　实验主义治理的启发

实验主义治理的设计追求通过把自由裁量权、报告与解释的责任相结合，通过信息汇总来实现因地制宜的适应性和整体性学习。[①] 在这种思路下，信访将不仅是一种司法救助或者是维稳的途径，也是一种组织学习与制度变革的渠道。实验主义重新定义了中央与一线（不同层次的中央与一线相互转化）之间的关系。中央的作用不再只是监督一线是否合乎已颁布的标准。它有责任支持一线工作的基础设施与服务。根据这一思路进行制度调整，信访工作的上下级关系应该跳出原来的科层窠臼，上级的工作方式将发生根本性的变化，应该由之前的以转办为主，变为以听证和政策评估为主，以此有效地监督地方工作，收集、反馈信息，并对政策问题进行诊断和调整。

一线的自由裁量权也将大大增加，但是，并非要简单地增加街头官僚的权力，而是改变并规范其权力运作方式。何谓街头官僚？利普斯基在《街头官僚》一书中将其定义为"工作过程与公民直接相连，执行中有大量自由裁量权的公共服务工作者"。街头官僚所拥有的自由裁量权有的是源于法律和政策的明文规定，但是更大程度上是由于行政自由裁量在官僚与公民的频繁互动之间是不可避免的，政策无法也不必规定到每个细节。因此，街头官僚在扮演政策执行者的同时，也一定程度上扮演了政策决策者的角色，他拥有一定的自主性空间来重构所执行的政策，对公民生活产生重大影响，进而影响政府和政策的合法性地位。[②] 不过传统的街头官僚有很多弊端，比如街头官僚可能出于自身便利等原因采取某种自主化行为，加之受制于信息不对称，上级和公民也无法察觉，难以监督问责。因此，街头官僚的组织运作方式需要进行改革。

实验主义的设计剥离了街头官僚的组织特征。第一，一线问题的模糊性与复杂性，以及由此而来的对灵活应对之策的需求，是被公开承认

[①]　F. S. Charles, H. S. William, "Minimalism and Experimentalism in the Administrative State," *The Georgetown Law Journal* (2011): 53 – 93.

[②]　M. Lipsky, *Street-Level Bureaucracy: Dilemmas of the Individual in Public Service*, Russell Sage Foundation, 2010.

的。社会工作者越来越多地把个体问题看作要求跨学科诊断和干预的多重和多样原因的函数。因此，一线的信访工作人员将能获得更多的制度化权力和专家力量的支持。第二，实验主义独特的监督方式带有对系统性问题诊断的特征。如同实验主义风险规制中的事件通报实践，信访工作是社会问题集中反映的窗口，一线工作者在解决问题的同时，未来应当注意信息的采集工作，对社会风险性问题进行及时诊断，协同上级做好风险防范和及时的政策反馈工作。第三，实验主义治理过程相比于传统治理过程，规则与问责之间的关系是不同的。工作人员在他们相信遵守规则可能有负面效果的地方，经常有不执行规则的自由裁量权。然而，这种自由裁量权受到如下制约：其行为必须是透明的，接受评估，并且如果他的判断得到维护，则推动规则的重新制定以体现新的理解。这些实验主义治理的制度挑战街头官僚文献的这种假定：从机械地遵守规则的僵化性逃离，只能是隐蔽的、特别的基层自由裁量。不同于人们熟悉的规则与鬼鬼祟祟的自由裁量的联合，这些制度依靠可称为"动态"问责的东西，在其中，如果能够合理地说明行为是为了促进组织目标的实现，并且及时了解目前应对相似状况的最佳努力，那么这种行为就是正当的，或者符合规则的。① 这一点对于信访工作尤为重要，这种问责的制度设计打开了街头官僚自由裁量权的黑箱，透明化其运作，也消除了一线员工进行制度探索的压力。一票否决等惩罚措施设置的目的，一方面是监督激励，另一方面是诊断学习，但是如果监督激励不能促进诊断和学习，只是导致一线工作者遮掩问题，就必须进行调整。只有这样，才能释放街头官僚的治理空间。

十八届三中全会提出"全面深化改革的总目标"是"完善和发展中国特色社会主义制度，推进国家治理体系和治理能力的现代化"。当前中国正处在搭建现代治理体系、提升治理能力的关键时期，将实验主义治理的方式应用于信访领域对于克服传统的政府组织刚性、构建新的

---

① Charles F. Sabel and Jonathan Zeitlin, eds., *Experimentalist Governance in the European Union: Towards a New Architecture*, Oxford University Press, 2010.

核心胜任具有重要的意义。它将超越传统的维稳和行政救济的目的，成为形成新的正式权力运行与官民互动方式的路径。在实践中提高治理能力而改革、发展和完善治理体系。在实践中探索"结构性框架"修正的路径，缩短对我们的制度安排再生产和修正之间的距离。

实验主义视角下的互联网产业
反垄断破局

贾　开*

编者按：美国最高法院大法官马歇尔在"联邦政府诉 Topco 案"的多数意见中说，"反垄断法是自由企业的大宪章"。但就是这样的大宪章，在互联网时代却面临着失效的尴尬局面。作为典型的双边市场，边际成本为零以及间接网络效应都使得脱胎于工业时代的反垄断法律体系难以对以谷歌为代表的互联网平台公司做出有效规制。更为严重的是，快速变化的技术创新和日益复杂的商业模式使得互联网市场的不确定性空前膨胀，传统的基于"委托－代理"的反垄断治理模式已经面临崩溃。本文以对谷歌（欧洲）反垄断调查案为例，试图说明在这样的背景下，一种以实验主义思想为核心的治理模式，是如何对此做出应对并探索可能的"破局"之道。这样的治理模式包括惩罚性威胁下的多方合作、共识基础上的同行评议，以及改变现状权下的规则重构。

关键词：实验主义治理　互联网　反垄断　规则重构

Abstract：Both zero marginal cost and the indirect network effect negatively affect the effectiveness of traditional legal system concerning the anti-trust regulation of internet platform giants, typical two-sided markets such as Google. The growing uncertainty nurtured by rapid technical innovation and complex business model worsens the situation. To

---

* 贾开，清华大学公共管理学院博士研究生。

deal with the changes of governance environment, scholars proposed the new theory of experimentalist governance to substitute the traditional way focusing on the structure of principal agent. Experimentalist governance mainly emphasizes mechanism design to solve practical problems, two basic modes of which include destabilization regimes and co-learning. This article analyses the anti-trust investigation case against Google by the European Commission to demonstrate how the experimentalist governance theory can be applied in this field and how these two mechanisms are practiced in this case.

Keywords: Experimentalist Governance　Internet　Anti-trust　Rule Reconstruction

2014 年 12 月，刚刚履职的欧盟竞争委员会主席玛格丽特宣布推迟对谷歌反垄断调查做出最终裁决。她在声明中说，谷歌反垄断案是 "一个牵涉多方面的复杂问题，尽管迅速发展的市场需要我们尽快做出决策，但我不得不需要更多的时间和证据来考虑下一步的行动"①。至此，这场已经持续四年之久的反垄断调查仍然只能继续等待下去。但事实上，如果不对当前的反垄断法律体系做出与时俱进的适当调整，就算再给四年时间，针对互联网巨头的反垄断调查可能依然得不出任何结论。脱胎于工业时代的反垄断理论，以及建基于其上的法律体系，已经不能适应迅速发展的互联网产业，而这便构成了当前互联网领域的治理困局。

反垄断法律体系包括竞争政策和规制政策两个方面，前者旨在对影响竞争的市场行为进行限制，后者则主要针对自然垄断部门实施规制以避免消费者效用的损失。但就互联网产业而言，这两项传统的反垄断政策都面临失效的尴尬局面。一方面，竞争政策的首要任务是判断企业是否滥用其市场垄断地位，而其中的关键是相关市场的界定。但就互联网产业而言，包括 SSNIP（假定垄断者测试法）在内的传统方法难以对互联网企业做出有效分析，原因在于包括搜索引擎在内的互联网服务基本

---

① http://europa. eu/rapid/press-release_ STATEMENT - 14 - 1646_ en. htm.

上是免费为消费者提供——换句话说，互联网服务的边际成本为零。另一方面，规制政策旨在通过价格管制避免垄断企业为维持垄断利润而控制生产，从而导致供给不足、价格过高并造成消费者效用的损失。但当前的不适用性则主要体现在，互联网产业的间接网络效应使得确定合理的价格空间变得不可能。包括谷歌在内的互联网企业是典型的双边市场，消费者效用在很大程度上取决于市场另外一方（如商家）的繁荣程度——换句话说，合理的价格空间不仅取决于单边市场下的供需弹性，还取决于双边市场间的交叉弹性，但当前还没有合适的手段来测量后者。

如果说反垄断法律体系在当前的不适应性仅限于上述技术层面，那问题还不至于太严重，通过研究方法的改进或者数据的完善，我们也许可以很好地解决相关市场界定和双边市场交叉弹性的计算问题。但事实上，互联网产业所带来的冲击远不止于此，快速变化的技术创新和日益复杂的商业模式才是问题的关键。

传统反垄断法本质上是建立在"委托－代理"关系基础上的治理体系。委托者（立法者相对于规制机构、上级规制机构相对于其下级）具有明确的规制目标，并充分理解实现该规制目标的途径与方法。在配以适当资源并根据既定规则进行问责的条件下，委托者可以激励其他参与者——代理人去实现目标。但现在的问题是，面对快速变化的技术创新和日益复杂的商业模式，委托者给不出明确的目标和规则，而代理人也难以实现在既定框架下执行工作。

改变层级式的治理结构，将拥有相关知识的多个主体纳入其中的多元治理可能是解决"委托－代理"困境的途径之一，但就互联网产业的现实情况而言，这仍然没有改变问题的本质。因为即使是最了解其技术属性和商业模式的谷歌公司本身，它对互联网市场未来发展的可能性也一无所知——否则它就不需要因错误判断 Java 的应用前景而只能眼睁睁看着甲骨文公司在安卓市场的庞大利润中分一杯羹，否则它也就不需要因忽视社交媒体市场而只能对脸书、推特的出现束手无策。互联网产业的零门槛，使得未来的一切都被赋予了不确定性。在这种情况下，解决的办法便不是将具备相关知识的局内人会集在一起，而是建设一个能够持续学习的反馈系统，以最终实现应对不确定性的动态机制，这便是实验主义治理所蕴藏的含义。

实验主义治理源于哥伦比亚大学法学院教授萨贝尔（Charles F. Sabel）和阿姆斯特丹大学公共政策教授泽特林（Jonathan Zeitlin）对欧盟治理政策的总结性思考和提炼。[①] 欧盟治理面对的基本困境是不存在支配一切的、能够设置共同目标的政府权威，而各国的条件和实践的多样性使得采用和执行统一规则相当困难。在这样的背景下，传统的治理方式根本无法应对多头政治和政策多样性带来的挑战，实验主义治理便应运而生。欧盟此次针对谷歌的反垄断调查机制也充分体现了实验主义治理的内涵与精神，本文即试图通过对此的阐述，说明实验主义治理机制在互联网规制领域的应用。

欧盟竞争委员会针对谷歌公司的反垄断调查案，体现了由实验主义所启迪的政策工具在具体领域的应用实例。就反垄断而言，欧盟竞争委员会的规制目标是维护市场竞争、促进创新和效率的提升。这一目标又被分为两个方面，即反对滥用垄断权力和反对限制竞争的市场行为，前者主要针对处于垄断地位的企业，而后者主要针对公司间限制竞争的协议行为。[②]

但正如前文所说，日益增加的不确定性使得欧盟竞争委员会在实现这一宽泛性目标过程中面临巨大挑战。这主要体现在以下两个方面。第一，欧盟竞争委员会需要翔实的市场数据以证明谷歌是否滥用其垄断市场地位；而一旦证明谷歌的确滥用其垄断权力，欧盟竞争委员会需要足够的工具或手段来对其进行规制。但事实上，规制机构根本无法单独完成这两个工作，信息的不对称以及经验的缺乏都使得它们只能依靠一线的市场主体。因而，如何发动包括谷歌自身在内的各个市场主体参与调查工作，就成了欧盟竞争委员会需要解决的首要问题。第二，市场主体本身也存在局限性，不确定的市场环境和技术创新都使得它们在面对未来时充满疑虑。在此情况下，即使谷歌本身愿意完全诚实地共享信息，规制行为仍然面临系统性失灵。而正是在这一点上，实验主义治理所倡导的"共同而持续的学习"才体现了其价值所在。

---

① C. F. Sabel, J. Zeitlin, "Experimentalist Governance," 2012. 参见本书中《实验主义治理》一文。

② http://ec. europa. eu/competition/antitrust/overview_ en. html.

本部分内容便将以谷歌反垄断调查案为例，集中解释欧盟竞争委员会的三项实验主义治理机制，即惩罚性默认状态下的多方合作、共识基础上的同行评议，以及改变现状权下的规则重构。各方主体间互动的系统框架见图 1。

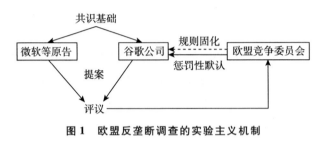

图 1 欧盟反垄断调查的实验主义机制

一 惩罚性默认状态下的多方合作

多元治理强调治理过程中的多方参与，但它没有回答，或者说没有清楚解释的，是多方主体为什么愿意做出可信承诺并参与到治理当中。既得利益的冲突、共识信念的瓦解、权力分布的不平衡都可能导致合作行为的破产。但面对复杂多变且信息高度不对称的治理环境，多方参与已经成为难以避免的必然选择。实验主义指导下"惩罚性默认"的机制设计，成为平衡这两方面矛盾的有效途径。

"惩罚性默认"的基本意思是指，通过威胁参与者如果不合作，他们将得到显而易见的更坏结果，从而促成各方主体间的合作行为。这种威胁的效力的来源可能有两个方面，国家权威的强制力和规制机构的独立惩罚权。前者的威胁实际上已经被赋予独立事务权的个体，国家将重新涉入其相关事务并成为主导者；后者通过独立的惩罚权力来惩罚不愿意进行促进互惠和公共利益探索而只顾自己利益的短视行为。但不管是哪种情况，在面对潜在威胁的情况下，即使参与者之间的合作与共识非常困难，参与者也愿意做出妥协以防止更坏结果的发生。[1]

此处需要额外说明的是，"惩罚性默认"作为一种否定性机制，其

---

[1] C. F. Sabel, J. Zeitlin, "Experimentalism in the EU: Common Ground and Persistent Differences," *Regulation & Governance* 6 (3) (2012): 410–426.

更多地起到"底线"作用。事实上，不同参与者之间是分享共同价值与文化共识的，它们本身即具备合作的基础；而如果通过制度化的信息交流使学习变得可能，从而有助于了解其他参与者的意图和能力之后，这种合作的可能性将变得更加牢固。① 从这一点讲，"惩罚性默认"更像是对投机者的限制，而不是激励扭曲的强制性措施。也正因为如此，"惩罚性默认"机制才能够长久而稳定地持续下去。

就本案例而言，"惩罚性默认"机制主要体现在欧盟反垄断调查处理结果的选择上。欧盟的反垄断调查包含两种处理结果：禁止性决定（prohibition decision）和承诺性决定（commitment decision）。前者是指欧盟竞争委员做出的禁止涉事公司开展违法行为的决定，并同时伴随巨额罚款；而后者则指规制机构接受涉事公司主动提出的妥协法案并中止当前的反垄断调查。

二者的区别主要体现在两个方面。首先，罚款数额方面。② 禁止性决定中的巨额罚款最高能达到涉事公司当年营收的30%，且还须乘以规制机构认定的该项违法行为所持续的年限。就谷歌反垄断调查案而言，一旦欧盟竞争委员会对其做出禁止性决定，谷歌面临的罚款将可能高达60亿美元。③ 但反过来，承诺性决定却不包含任何罚款。罚款数额方面的强烈反差将是涉事公司是否愿意参与合作的巨大动力。第二，调查程序和成本方面。欧盟的反垄断调查程序规定，如果规制机构接受涉事公司所提出的妥协方案，反垄断调查将中止；否则规制机构将持续开展全面、深入的调查工作，以最终确认涉事公司滥用垄断权或限制市场竞争的行为。而这样的持续调查不管是对于规制机构，还是涉事公司来说，都将是巨大的成本负担。在此处，禁止性决定便是"惩罚性默认"机制的存在。如果谷歌不主动配合规制机构的反垄断调查，并提出适当的、能够为多方所接受的妥协方案，那么谷歌面临的将是其难以承受的巨额惩罚和冗长的调查过程。

欧盟反垄断调查对于"惩罚性默认"机制的纳入是从2003年改革

---

① C. F. Sabel, J. Zeitlin, "Experimentalism in the EU: Common Ground and Persistent Differences," *Regulation & Governance* 6（3）（2012）：410 - 426.

② Fines for breaking EU Competition Law.

③ http://tech. 163. com/14/0924/08/A6T5O4HK000915BD. html.

开始的。截至 2013 年底的一项调查显示，承诺性决定一度占到规制机
构所有处理决定的 1/3；在诸如互联网产业这类市场变化和技术创新都
非常迅速的领域，这一比例甚至高达 50%。① 作为不同于传统治理方式
的新型机制，能在牵涉金额巨大且影响范围极为广泛的反垄断政策领域
起到如此重要的作用，充分体现了实验主义机制在当前复杂而多变的市
场环境下的适应性。

二 共识基础上的同行评议

"同行评议"是指"处于类似环境，但使用不同方法以实现相同目
标的参与者之间所进行的比较"②。但如果因此便简单地将"同行评议"
视为一种绩效评估方法，那么就低估了其在实验主义治理体系中的地
位——它事实上代表着问责制度的改变与革新。

任何一个治理体系从本质上讲，都包括决策与执行两个方面，而使
执行符合决策要求的基本保障便是问责制度。不同治理体系的问责制度
不同，从而也体现了不同的治理思想。传统的基于"委托－代理"关
系的治理体系，实行的是为人所熟知的以规则遵守为形式的问责机制。
此时，代理人严格遵守委托人提出的既定规则，而委托人也通过明确规
则来考核代理人是否实现了既定目标。但正如前文所说，持续不确定的
环境使得任何既定规则都失去了实际意义。在执行过程中，委托人的
"目标"事实上是被代理人的执行行为所重新塑造的；而此时代理人应
服从的规则与其说是既定的，不如说是"向前看的，或者动态的"③。
只有在不间断的探索过程中，基于绩效做出比较与反馈，从而保证学习
与问责的同步制度化，才有可能解决不确定性环境下的困境。"同行评
议"便是实验主义治理所强调的这种动态问责制度的前提。

"同行评议"将参与者平等地纳入治理体系中，并真正赋予其治理

---

① Ten Years of Antitrust Enforcement under Regulation 1/2003: Achievements and Future Per-
spectives

② C. F. Sabel, J. Zeitlin, "Experimentalist Governance," 2012.

③ C. F. Sabel, J. Zeitlin, "Experimentalism in the EU: Common Ground and Persistent Differ-
ences," *Regulation & Governance* 6 (3) (2012): 410 – 426.

主体的地位。问责的依据不再来自由上至下的科层式评估，或者是依据规则打分的外部第三方，而是处于相同环境下的不同参与者。"同行评议"至少带来了两方面的益处。首先，不同参与者因为经验、能力和所掌握信息的不同，它们会采取不同的方式来实现相同目标。评议的过程事实上也是相互学习的过程，从而有助于共同进步。其次，规制者与被规制者之间存在巨大的信息不对称，但同为规制者的市场主体之间却相互熟悉。因而"同行评议"事实上也减轻了规制者的信息负担。

此处同样需要额外说明的是，"同行评议"并不意味着无政府状态的发生，或者说"同行评议"并不一定会导致心怀恶意而相互否定的情况的发生，原因就在于参与主体之间所具有的共识基础。这样的共识基础或者是共享的价值观念，或者是共同的利益前提。例如库姆（Kumm）在研究欧盟历史的过程中就指出，不同参与者之间事实上分享着共同的价值。[①] 共识基础会至少保证评议的"同行"之间不会进行"投机"式攻击，否则各方都难以从相互学习中有所收获。同时，萨贝尔（1994）还进一步指出，"共同的文化基础更像是合作的产出，而非其不可缺少的输入"。这事实上解释了共识基础与合作学习之间相互促进、循环上升的动态过程。但无论如何，共识基础一定是存在于"同行评议"之中，并保证了其朝着正常有序的方向进行。

就本案例而言，"同行评议"机制主要体现在微软等原告方对于谷歌公司提出的妥协方案所进行的评议上。前一部分已说明，谷歌为避免禁止性决定可能带来的巨额惩罚，先后两次提出了妥协方案，表示愿意针对原告方及规制机构所提出的四方面"关切"进行改进。[②] 但事实上，欧盟竞争委员会作为独立规制机构，并不具备足够的信息和充分的能力来检验谷歌的妥协方案是否能够解决问题。因而在收到谷歌的妥协方案后，欧盟竞争委员会将其返还给原告方，并给予其一个月的时间以做出评议性回应，这便是欧盟反垄断机制中的"市场测试"环节。该环节结束后，欧盟竞争委员会将基于评议结果做出是否接受谷歌妥协方

① C. F. Sabel, J. Zeitlin, "Experimentalism in the EU: Common Ground and Persistent Differences," *Regulation & Governance* 6 (3) (2012): 410 - 426.

② http://www.computerworlduk.com/news/it-business/3444154/eu-publishes-google-antitrust-remedy-proposals/.

案的决定。

但作为互联网领域牵涉金额最大的案例，谷歌反垄断案远不止这般简单。事实上，欧盟竞争委员会曾一度表示愿意接受谷歌的妥协方案以结束冗长的调查过程，但随后遭到了原告方的强烈反对。① 以英国比价网站 Foundem 公司为代表的原告方，认为谷歌的妥协方案将会使"情况变得更糟"，而欧盟竞争委员会愿意接受谷歌方案的决定也充满了"明显的错误、疏忽和不一致"。② 在此背景下，欧盟竞争委员会的态度发生了转变，重新督促谷歌公司修改其方案并做出更多让步，同时也延迟了最终裁决的时间。③

由此也可以看出，欧盟竞争委员会的反垄断制度还远未定型，还存在着变化和协商的巨大空间；而"同行评议"也正是能够在这个空间中发挥作用，为制度变化注入活力并推动其往前发展的重要机制。

三 改变现状权下的规则重构

正如前文所说，不同于传统的"委托－代理"式治理，实验主义治理是一种"临时性目标设置与修正的递归过程"④。由于环境的复杂性和不确定性，治理的目标、标准甚至决策程序本身，都被参与者根据同行评议所反映的结果，或者根据相互学习所展现出的未来可能性而进行适时修正。换句话说，在实验主义治理之下，目标是可变的，既定的规则是不存在的；它们都会基于评议的结果进行修正，并在临时性目标的设置与修正之间反馈迭代、循环往复，而这就构成了实验主义治理下共同而持续的学习过程。

此处需要说明的是，尽管实验主义强调治理规则在变动环境中的适应性和灵活性，但这丝毫不减弱规则本身的强制力和约束力。不同于软

---

① http://www.computerworlduk.com/news/public-sector/3532279/google-rival-slams-eu-commission-over-antitrust-settlement-proposals/.

② http://www.computerworlduk.com/news/it-business/3447082/google-rival-foundem-urges-eu-to-reject-remedies/.

③ http://www.computerworlduk.com/news/it-business/3571388/decision-in-eu-google-antitrust-case-postponed-to-next-commissions-term/.

④ C. F. Sabel, J. Zeitlin, "Experimentalist Governance," 2012.

法所强调的不依靠国家强制力保证实施的规范，实验主义治理下的动态规则在其效力范围内仍然是强制性的。事实上，实验主义突破了"公 - 私"二元划分的治理思想，它既不同于"命令 - 控制"式的集权化，也不同于放任自流的自由化；它反对的只是对规则机械性的遵守，而非否定规则本身的强制力和约束力。

但这里的问题是，如何开启动态规则的重构过程？受限于既存的结构性阻碍，重构规则往往不得不面对能力约束和权力配置方面的挑战。要打破并最终实现规则的动态重构，便牵涉到实验主义下的又一概念——"改变现状权"。昂格尔提出，"改变现状权保护公民打破那些对日常冲突的改变现状效果保持封闭，因此仍然维持着隔离状态的权力和优势等级的大型组织或扩展的社会实践领域的利益"，而在经验上"实现改变现状权，也就是把打破构架的集体利益与避免压迫的个人利益联系起来"。[①] 换句话说，改变现状权赋予了个体打破禁锢的权利，以防止在既存规则下形成固化等级和特权。

需要注意的是，"改变现状权"并非只是"破而不立"，它不仅仅是说明个人或集体应该且有能力松动既有不合理的规则，它同时还蕴含着规则重构的可能性。就改变现状权的实现机制而言，以上提到的"惩罚性默认"便是非常重要的机制之一。通过这样的"威胁"，规制机构不仅打破了各方对于当前规则的墨守，同时也推动了多方协商与合作的形成，而这种协商与合作即是新规则形成的过程。

事实上，反垄断法就是"改变现状权"的很好体现，它赋予了个体打破市场垄断力量的能力，从而为市场结构的重塑提供了空间。就欧盟竞争委员会针对谷歌的反垄断调查案而言，"改变现状权下的规则重构"也正是规制机构试图通过冗长的调查过程而最终实现的目的。

正如前文所说，Foundem、微软等原告对于谷歌的起诉可以视为"改变现状权"的开始；但同时，在欧盟竞争委员会试图接受谷歌妥协方案时，Foundem 公司通过评议报告、公开信等方式表达了强烈反对，并最终促使欧盟竞争委员会重新审查妥协方案的充分性，这也可被视为

---

① Charles F. Sabel, and William H. Simon, "Destabilization Rights: How Public Law Litigation Succeeds," *Harvard Law Review* 117 (2004): 1015 – 1101.

调查过程中的"改变现状权"。

就此案而言,"改变现状权下的规则重构"主要体现在妥协方案的"法定化"过程中。根据欧盟反垄断法规定,一旦各方在妥协方案上达成了共识,规制机构将使之法律化,并具有强制性的法律约束力。谷歌针对规制机构以及原告方所关注的四个问题而提出的改进方案,如果得到了各方的接受,欧盟竞争委员会将使之对于谷歌来说具有法律约束力,并会指派一个独立机构监督该方案是否被严格实施。如果谷歌随后违背了其所做出的改进承诺,它将被处以巨额罚款,而针对它的反垄断调查将会重新开启。换句话说,参与者本人所提出的方案成了新规则的来源,而这样的方案在经过多方协商之后进一步固化为新规则本身。在未来的实施过程中,如果再次出现其他问题,在"改变现状"的呼声中反垄断调查将重新开启,新一轮的方案和规则将再次被提上日程。

四　结语

1972年,美国最高法院大法官马歇尔在"联邦政府诉 Topco 案"的多数意见中说,"反垄断法是自由企业的大宪章,其对维护经济自由和自由企业体系的作用,正如权利法案对于我们基本权利的保护作用一样"[①]。但正如杰弗逊所宣称的,"宪法每隔十九年就应重新制定一次",反垄断法作为市场的"大宪章",其本身也存在不断修正和进步的必要。这种必要性不仅来源于解决当前治理困境的时代需求,同时也来源于新的市场观念的重塑需求。前者根植于传统治理模式在应对日益复杂且不确定性不断增加的市场环境时的无能,而后者则根植于在持续而共同的学习过程中,探索新的市场观念的可能性。

尽管欧盟针对谷歌的反垄断调查还未结束,但其展现的制度设计,以及各方主体间的互动过程,已经能够让人体会到实验主义的味道,看到其在应对复杂性和不确定性过程中所起到的作用,而这也就是我们在面对当前治理困境中所做探索的意义所在——找到可能的路径。

---

① United States v. Topco Association, Inc. 405 U. S. 596, 610 (1972).

实验主义治理与食品安全

高　臻[*]

编者按：正在修订中的食品安全监管条例修正稿中明确写入了 HACCP 机制。依传统的市场/政府二分法，HACCP 机制中的政府作用"既过多，又过少"，但这恰恰表明 HACCP 的创新性。而且，HACCP 所体现的实验主义治理的哲学精神，对于食品安全之外的政策，也有广泛的启发意义。例如，最近国土资源部公布了我国土壤污染状况，这是无单一污染源的（non-point source pollution）污染，治理中非常需要类似 HACCP 的机制。

关键词：实验主义治理　食品安全　治理创新

Abstract：The HACCP (Hazards Analysis and Critical Control Points) mechanism is strongly advised in the new Food Safety Law of China. According to the traditional "market-government" dichotomy, government intervention in HACCP can be viewed as both "too much" or "too little". This is the innovative governance of food safety. The philosophy of experimentalist governance reflected in the HACCP mechanism can also be developed in other policy fields besides food safety. For example, the recent report of land pollution in China published by Ministry of Land and Resources shows that the governance of non-point source pollution may need the HACCP or other similar mechanism as well.

Keywords：Experimentalist Governance　Food Safety　Innovative Gov-

---

* 高臻，清华大学公共管理学院博士研究生。

ernance

党的十八届三中全会提出的国家治理体系建设与治理体系现代化的新概念，为全面深化改革勾画了宏伟蓝图。目前，学界已经开始对治理体系内涵进行讨论。本文认为，现代治理体系应该是一个开放的系统，其开放性可以体现为政策制定主体的多元化，政策制定者和执行者之间的良性循环修正以及更为民主的监督。

食品药品安全治理无疑是国家治理体系中极为重要的组成部分，而当下的中国对食品药品安全治理现代化的要求尤为紧迫。近年来频发的食品药品安全事故，快速消耗着民众对政府监管能力的信心。即使经过多次改革，传统以命令－控制为核心的监管模式依然难以应对繁杂且具有高度不确定性的食品药品安全问题。

实际上，近年来中央政府对于提高食品药品安全水平的决心和努力有目共睹：2003 年以来每五年一轮的机构改革都涉及食品药品监管机构。2013 年机构改革更是将以往由质检、工商等部门负责的生产、流通等领域的食品安全监管职能统一到国家食品药品监督管理总局，从而为克服由部门分立与封闭所造成的监管障碍提供了制度可能性。与此同时，仍然保留分工的农业部、国家卫生和计划生育委员会与国家食品药品监督管理总局等部门在食药安全监管领域的协作程度与水平也正在不断提升。以最近的康泰乙肝疫苗事件为例：事件发生后，国家卫生和计划生育委员会与国家食品药品监督管理总局快速、高频地以联合通知、通报和新闻发布会等方式开展协作应对，这在过去并不多见。然而，这种主要在监管主体内部进行的改革似乎并没有从根本上改变传统的以命令－控制为主的监管逻辑。有限的行政资源与数量庞大的监管对象之间的矛盾没有得到实质性的缓解，以最终产品抽检为核心的监管方式使得政府和企业犹如猫捉老鼠，这种僵化的关系自然也难以促进两者之间的协作，以共同致力于食品药品安全。

因此，改革食品药品传统监管模式和实现食品药品安全治理的现代化应该将开放性从监管机构内部扩展到整个体系，尤其是应反映在监管主体和监管对象，即政府与企业的关系重塑上：企业本身也应被视为多元治理主体之一，积极参与到食品药品安全治理的过程中来。企业作为治理主体的内涵不等同于目前监管体系对企业的"安全第一责任人"的定位。前者相较于后者更强调治理主体之间的同步协作，而非安全保障流程上的各自分工。一些学者①提出监管的现代化应以"基于管理的监管"（management-based regulation）来补充或替代传统"基于绩效的监管"（performance-based regulation）和"基于技术的监管"（technology-based regulation）。后两者是监管机构通过传统命令的方式对企业的产品和生产技术做出硬性规定，这可能带来检查片面低效、企业技术改进成本过大、企业自主性与创造性降低以及统一标准阻碍小企业成长等一系列问题。而"基于管理的监管"则将政府的监管提前至生产计划环节，其允许企业在促进社会目标的前提下自行对生产技术与结果进行设计，而政府则通过参与企业计划的协商修改、备案与监督执行等方式实行监管。这一做法将传统针对最终产品的抽检式监管发展为影响范围更广的针对生产计划的预防性监管，其给予企业的自主性和社会责任同时增长，政府和企业的协作可在这一体系中得到实现，使政府和企业在达成共识的基础上共同致力于产品安全成为可能。另一些学者②对命令－服从型监管等一系列基于传统委托－代理机制的制度在现代社会高度不确定性下的失灵情况进行系统的理论分析，提出实验主义治理的解决方案（上述的"基于管理的监管"可视为实验主义治理的一种）。实验主义治理的特征可以被归纳为以下四点：（1）仅设立框架性的目标和标准；（2）低层级单位在符合框架性目标和标准的情况下可根据各自情况进行实践；（3）这些实践者对各自实践结果进行汇报，而上级对其进行动态监督并实施同行评估；（4）根据实践结果和监督、评估等对初定的目标及标准进行调试，并不断循环此过程。实验主义治理理论下的监管突破了传统对市场和政府关系的理解。按传统的监管逻辑，实验主义治理理论下的监管既可说是政府干预过多（要求企业对生产计划和执行的报告，政府实行动态监督和同行评审等机制），又可说是政府干预过少（仅提出框架性的大致目标）。

---

① Cary Coglianese & David Lazer, "Management-based Regulation: Prescribing Private Management to Achieve Public Goals," *Law & Society Review*, Vol. 37, 2003（4）: 691 – 730.

② Charles F. Sabel and Jonathan Zeitlin, *Experimentalist Governance in the European Union: Towards a New Architecture*, Oxford University Press, 2010.

实验主义治理目前已经被越来越多地运用于欧盟和美国等地的实践，在众多领域发挥作用。食品药品安全监管是实验主义治理开展较早且取得明显效果的一个领域。

我国食品药品安全监管体系建立虽然较晚，但却在不断借鉴吸纳国外的一些先进方法和有效制度。比如最新送审版的《食品安全法》修订草案中第三十六条规定，"国家鼓励食品生产经营企业实施危害分析与关键控制点体系等先进的食品安全管理体系，提高食品安全管理水平"。HACCP 的核心就是要求企业通过对自身生产程序中关键控制点的确定、关键界限的建立、监控、纠正、记录和验证提出一整套的安全预防方案，而监管部门也通过对企业 HACCP 执行的监督等方式将监管前移到生产设计和预防环节。又如 2010 年修订的《药品生产质量管理规范》（新版 GMP）对药品生产企业的自查、操作记录的保存和提供等都有明确的规定，以便监管机构对药品生产过程进行监督，而非仅针对最终产品。诸如 HACCP 和 GMP 这样源自国外的管理方法，其设计背后都体现着"实验主义治理"理论对监管主体与监管对象之间的关系的重新思考。然而我国政府和企业在引进这些做法时，似乎还没有深刻理解其背后的理念变革并形成共识。反映在实践中，就是企业对这些管理方法所要求的操作记录、信息提供等采取一种消极应付或完成任务的心态，未将其视为和政府开展协作治理的良好契机；而政府监管模式和思路在整体上也未能给这种"实验主义"协作治理提供足够的施展空间，从而致使这些方法有沦为形式的危险。

总而言之，民众对食品药品安全不断增长的需求和传统监管方式在现代社会的日益失灵急需政府监管模式和思路的转变。构建一个具有更高开放性的食品药品安全监管治理体系，应促进治理主体的多元化，提高企业的自主性和社会责任感，从而实现政府和生产企业之间的良性互动。而从食品药品监管体系的改革开始，也可能成为实验主义治理在其他政策领域推广的契机。

实验主义治理视角下的上海共有产权保障房

严 荣[*]

编者按：本文认为，上海对共有产权保障房的探索与实验主义治理原则不谋而合。第一，住房保障实施路径的不确定性与地方政府的创新空间；第二，大致的框架目标与具体政策的动态调整；第三，跨区域比较与政策改进。从全国的保障房政策来看，我们同样也可以看到实验主义治理的要素。例如，重庆从2010年开始"公租房"建设，其有四个特色：其一，重庆的公租房目标是要使30%的居民住在其中，形成"住房双轨制"，它不只为少数特困民众，而是针对广大的"夹心层"；其二，以公租房建设实现对廉租房、经济适用房的整合，不再单独新建廉租房；其三，重庆公租房楼盘容积率约3.8，与周围商品房楼盘相当；其四，依托市级土地储备机构先期储备土地的优势，公租房用地全部采用划拨方式供应，土地成本不计价，作为政府注入公租房系统的国有资产。其中主城的储备地拿出3万亩作为划拨地投入，至少相当于投入150亿元。同时每年商品房土地出让收益的5%用于支持公共租赁住房建设，3年共计30亿~40亿元。重庆公租房建设保证了200亿元的先期投入。无论重庆的"公租房"，上海的"共有产权保障房"，还是近来一些城市的棚户区改造，都是在中央大的保障房建设的"框架目标"下的地方自主实验，如果及时进行"同行评议"，将

---

* 严荣，上海房地产科学研究院副院长。

有助于中国的实验主义治理实践者形成明确的"自我意识"。

关键词：实验主义治理 共有产权保障房 地方实验

Abstract：The experiments of Shanghai's shared-ownership afford-able housing shares some common pursuits with the principles of experi-mentalist governance，e. g.，the uncertainty of implementing affordable housing policy with the innovation space for local governments，the gen-eral framework target with the dynamic adjustment for specific policy，cross-regional comparison with policy improvement. There are also many elements of experimentalist governance in the affordable housing policy of other areas. For instance，four characteristics are reflected in Chongqing's public rent housing policy formulated in 2010：it covers 30% of the population，integrates low-cost housing and other affordable housings，the similar volume rate with non-affordable housing，and in-jects the land cost to construct public rent housing. Shanghai's shared-ownership housing，Chongqing's public rent housing，and some other cities' shanty town reform，are local experiments in the framework of cen-tral government's affordable housing construction project. If peer review can be started timely，it will help develop self-consciousness for experi-mentalist governance practitioners in China.

Keywords：Experimentalist Governance Shared-ownership Afford-able Housing Local Experiment

上海的共有产权保障房，既是对传统意义上的经济适用住房（"经适房"）政策的改进，也是根据特大型城市经济社会发展实际情况开展的创新探索。对于这种探索，可以从不同视角进行解读。在此，结合国际学术界有关实验主义治理的理论框架做一些阐释，以期更加全面地看待上海共有产权保障房政策的缘起背景与机制设计原理。

一 为什么要探索共有产权保障房

上海为什么不完全按照 2007 年 24 号文的要求去推行经适房政策，

而要探索共有产权保障房？在中国现行的管理体制中，如果不是中央政府明确运行试点，地方政府自行决定变通政策落实是要冒较大风险的。考虑到在 2007 年前后，随着城市房价不断攀升，住房问题日益成为社会关注的焦点问题之一，大规模的住房保障建设任务也已提上议事日程。在这种背景下，地方政府探索新的住房保障品种就更具挑战性了。尽管如此，经过近两年的酝酿，上海决定推出具有共有产权性质的保障性住房。当时的考虑，主要有以下三方面值得关注。

第一，上海的房价较高，居民的支付能力明显不足。经过几年的持续上涨，至 2009 年前后，上海的房价相比居民的支付能力已明显偏高。如果完全采用传统的经适房政策，要么单价仍然超出大多数保障对象的承受能力范围，要么政府提供巨额的财政投入和补贴，否则难以在上海建造一定规模的经适房。显然，对于地方政府而言，较优选择是既能不断扩大住房保障覆盖面，又能尽可能地减少财政投入。

第二，经适房的政策设计存在一定缺陷。在传统的经适房政策设计中，政府的投入和补贴都没有显性化，在 5 年后上市交易时难以明确界定各方的权益。由于政策设计的缺陷，经适房一直被认为有寻租的空间，有悖于住房保障所依赖的公平正义原则。再加上一些城市以经适房名义变相搞"福利房"，以及个别城市在经适房分配时出现的不正常现象，都使经适房政策设计中的缺陷被放大，以至于成为舆论焦点。

第三，上海的城市发展需要对特定群体予以帮扶。作为一个特大型城市，上海的发展面临日益严重的老龄化所带来的挑战。就住房保障而言，一方面，部分中老年群体虽然已有住房，但住房条件较差，而且该群体往往是改革进程中的弱势群体。这部分群体的住房保障需求不在于租，而在于改善。另一方面，城市持续发展需要不断地吸引优秀青年，但上海兼具房价高和发展机会较充分的特点，因而需要政府有所帮扶，否则青年人难以在上海立足，城市活力会受到影响。

二　如何探索共有产权保障房

上海对共有产权保障房的探索，并不是一蹴而就的，而是在实践中不断调整和改进的。这一方面是对共有产权模式本身的认识要不断深化，另一方面也是现有政策框架所致。这个探索过程，既体现了实事求是、大胆创新的精神，又展示了缜密部署、稳步推进的做法。

第一，2007～2010 年，是酝酿和试点阶段。上海正式推出具有共有产权性质的经适房，是在 2009 年下半年选择徐汇、闵行两区作为试点。但在这之前，上海通过广泛讨论、充分酝酿，利用近两年时间对经适房管理办法进行了细致而全面的论证，逐步形成了推出共有产权式经适房的政策思路。但由于国家相关政策中缺乏对共有产权的规定和表述，为了避免引起误解，也为了继续争取国家各种优惠政策的支持，上海在启动相关政策之初，依然采用"经适房"的名称，没有过多地突出共有产权的特性。而在实际操作中，从试点供应开始，就在与保障对象所签订的购房合同中明确共有产权的关系。

第二，2011～2012 年，是初步调整完善阶段。到 2011 年初，为了减少社会舆论对上海经适房政策的误解，经过一定范围征求意见，将上海的经适房确定为"经济适用房（共有产权房）"。当时的政府文件和正式的新闻报道中，都使用这长达 10 个字的名称。不仅名称上有所调整，在具体操作上也有了不少改进，比如价格形成机制、对政府所持份额的界定、分配供应方式等。以政府所持份额为例，一般意义上的共有产权住房是将政府的全部投入折算成所持份额，但这样很容易高估政府的份额比例，尤其在上海这种土地资源非常稀缺的城市。如果高估政府的份额比例，不仅不利于实现住房保障的效果，而且不利于后续管理。上海的做法是按照市场价进行折扣，折扣比重就是政府所持份额。比如，周边市场化商品住房的均价是 10000 元/平方米，而共有产权保障房的销售均价是 7000 元/平方米，那么政府所持份额就是 30%。这样既与市场价始终保持一定的关联，又能体现政府让利于民的原则。

第三，从 2012 年至今，是进一步完善的阶段。到 2012 年初，政府文件和正式的新闻报道中再一次调整了名称，确定为"共有产权保障住房（经济适用房）"。这种调整，一是为了更加突出共有产权的特性，二是更加明确其保障属性。同时，对于共有产权保障房的配套、日常管理等方面也做了较多改进。

三 实验主义治理有何启示

尽管没有迹象表明上海共有产权保障房政策的设计者们借鉴了实验主义治理的框框，但从整个发展过程和相关要素看，上海对共有产权保障房的探索与实验主义治理原则有些不谋而合。

第一，住房保障实施路径的不确定性与地方政府的创新空间。实验主义治理的一个重要前提是"策略不确定性"，而这在住房保障领域表现得较为充分，这在很大程度上给地方政府留下了足够的创新空间。从2007年24号文开始，中央政府高度重视住房保障工作，并且推出了一个3600万套的工程目标。但是，对于如何有效地落实住房保障，真正实现有效保障，社会各方没有形成共识。有些部门和城市认为应力推租赁型保障房，只要让保障对象有地方住即可；有些部门和城市认为应主推货币补贴，至于是租是购，那是保障对象的私人选择；还有些人主张应侧重棚户区改造；等等。总之，各种实施路径既有赞成者，也有反对者。在这种策略不确定的背景下，中央政府给出了落实目标和相对模糊的规定，具体实施策略由各地根据实际情况去选择。因而，自2007年以来，有城市搞货币补贴试点，有城市全面推行公共租赁房，有城市继续推行经适房，也有城市在公租房和经适房之间来回摇摆过。上海则构建了一个"四位一体、租售并举"的住房保障体系，其中共有产权保障房较具典型性。

第二，大致的框架目标与具体政策的动态调整。在探索共有产权保障房之初，上海面临的约束条件是：在财力范围内完成国家下达的住房保障任务目标，为居民提供有效保障，促进城市可持续发展。在这个框架目标下，最初设想在传统经适房政策体系中引入共有产权的方式，也就是"穿着经适房的衣服搞住房保障"，后来在推行过程中发现经适房"这件衣服不够合身"，有捉襟见肘之感。随后，将其调整为"戴着经适房的帽子搞住房保障"，也就是只以经适房的名义与中央相关政策相对接，但核心运行机制是共有产权住房。但随着一些城市的经适房被报道出各种负面新闻后，经适房这顶"破帽子"也有些碍眼了。正巧，此时中央有关部门开始发现共有产权住房是一种较为有效的方式，因而不仅在政府工作报告中提出增加共有产权住房的供应，而且明确了 6 个试点城市。在这些调整过程中，上海的共有产权保障房一直没有背离最初的框架目标。

第三，跨区域比较与政策改进。实验主义治理的精髓在于目标与手段之间持续、反复的相互调适，这在住房保障工作中也有较明显的体现。通过对不同城市住房保障运行情况的比较，中央有关部门一方面会通过评估和总结形成更加完善的政策体系，另一方面也会对原有目标进行评估和调整。比如，对于住房保障的任务目标，应逐步从保障性安居工程的任务量指标转变为住房保障的覆盖面和有效保障率等指标；对于具体手段，应警惕不再像 2012 年前后那样试图以公共租赁房为主去构建全国的住房保障体系，也不宜延续因地方保障房名称与中央政策不一致而拒绝给予相应优惠支持的做法，应更加注重其实际的保障效果和运行机制。更为重要的是，应鼓励各地继续探索各种有效的住房保障方式。毕竟，包括共有产权住房在内的各种保障方式都有其适用范围。

中国的新秩序与过去的无序[*]

——从汪晖的分析开始的对话

〔意〕鲍夏兰　〔意〕鲁　索著　张　勇译[**]

鲍夏兰：汪晖在他的著作中表达了两个基本的理论关切，也是我所关心的问题：一是要开放一个关于政治和国家的独立思想空间；二是涉及平等问题。在中国和在其他国家一样，要讨论当今国家形式的危机，有必要保持思想的独立性，与国家保持距离。当下反思国家问题所需要的思想距离，首先涉及对平等问题的基本的再思考。不反思平等问题，不可能有独立的政治思考，也不可能有实验政治。

鲁索：当下被一种极端的反平等主义统治着。因为它是"仁慈的"（charitable），所以更令人气愤。但是它仍然占统治地位，因为先前关于平等的政治想象已经被消耗殆尽。

鲍夏兰：问题不是让每个人都等同——和谁等同呢？而是成为另一个。正如巴迪乌（Badiou）带有哲学精确性的说法：等同于自己的无限和无意识，成为另一个——形成一种主体性。

鲁索：就政治而言，这是最大的挑战：迫使国家去鼓励任何人成为另一个，这可能吗？

鲍夏兰：对国家而言，更准确的说法是谈谈缩小不平等的措施。

鲁索：汪晖对于中国目前国家形势的分析——"新秩序"，是建立

---

[*]　本文有较多删节。

[**]　鲍夏兰（Claudia Pozzana），意大利博洛尼亚大学东方语言系教授；鲁索（Alessandro Russo），意大利博洛尼亚大学教育科学系副教授。张勇，西安交通大学人文学院副教授。

在一些论点之上的，它们的解释力度，以及简而言之的理论价值都是应该考虑的。其中的主要论点是，20 世纪 90 年代"中国新自由主义"的成功是以对 80 年代末社会运动的处置作为前提的。正如他的第二个论点所尖锐指出的，也就是说，中国经济在过去十年的发展并不是由于国家退出经济领域而形成的单纯经济进程的自发结果。相反，这些发展只有在国家的一系列系统干预下才是可能的。这两个论点探讨了政治与国家、国家与经济的关系。20 世纪 80 年代末社会运动的核心是一种强大的要求平等的张力，只有当这种张力被消除之后，90 年代的经济政策才成为可能，这是一个独创性的观点，对于未来的 80 年代末社会运动研究有很好的指引作用。

一　对公社制度的压制

鲁索：汪晖正确地表明了 20 世纪 80 年代末运动的中心问题是平等。平等是一个真正的政治问题，不仅仅是一个经济问题。是的，虽然对于反平等主义的政策及由此滋生的腐败问题的存在令人愤慨，但仅仅回归到官僚主义的平等概念是行不通的。"文化大革命"已经质疑了这种想法，揭示了官僚主义所构想和实践的"平等"只不过是一种社会规训的形式。20 世纪 80 年代末，人民强烈地渴望以平等的方式积极参与政治，介入他们认为不公平的，也把他们排除在外的国家决策之中。

汪晖清楚地表明了，整个反平等主义的经济政策体系，如物价改革，直到 1989 年初政府也没有落实，但在随后的几个月中都轻而易举地被采纳了。他的论点是 20 世纪 80 年代末运动的结束，是加速新自由主义进程的条件。

鲍夏兰：汪晖表明，经济权力中极端"新自由主义"的阵营和政党－国家里面最顽固的派系之间没有分歧。

鲁索：这里确实有一个坚实的结盟。经济领域中的权力精英从来就没有独立于政党－国家之外；它既是在适当的经济层面上，也是在社会层面上被特意创造出来的。关键在于：共产党保障了秩序，它保障了人们不会从外部干涉国家事务。

鲍夏兰：汪晖令人信服地表明了中国经济的资本是如何直接依赖国

家的一系列系统干预的。显然，所有这些在 80 年代末之前就开始了。汪晖的分析实际上是从 1978 年开始的。不过，我认为有必要至少回溯到 1975 年的斗争。

鲁索：中国政府 20 世纪 90 年代的政策建立在 80 年代末运动结束的基础上，汪晖的这一论点对分析中国当下形势是一个主要贡献。不过，这些政策的源头、前提是彻底否定"文化大革命"。自 1978 年开始，经历了华国锋短暂的插曲之后，20 年前即已草拟的计划形成了：首要的是解散人民公社和消除农业合作社。

鲍夏兰：问题是为什么只有在"文革"之后而非之前，才具备清算人民公社的条件。"文革"代表了"革命"政治文化的终结，因为它显示了政党－国家是多么难以进行平等主义的政治实验。

鲁索：人民公社作为实验政治的形式带有很深的彻底否定的色彩。当下的观点认为，它们只不过是国家在农村的生产组织，是强制的甚至是军国主义的。实际上，人民公社最初是在中国最贫穷的地区，以一些农业合作社的形式由农民创造出来的。这些农民试图把自己组织起来，不仅在生产活动中，而且在社会生活的其他方面：学校、卫生、食堂等等。众所周知，毛泽东热情地支持这一创造，并且促使全党推进、普及这项试验。

鲍夏兰：1975 年，我参观过一个人民公社，那里正是毛泽东 1958 年宣称"人民公社就是好"的地方。人民公社试验所面临的地理条件恶劣，耕作的泥土是从大片的岩石中提取的。为此，人们需要强大的意志力，需要非同寻常的主观决心。支撑毛泽东对人民公社的热情的是他的一个确信，即农民的确认为他们能够成为政治主体，甚至能够创造新的社会关系。自 20 世纪 20 年代以来，毛泽东主义所有的政治策略都建立在这一确信的基础上。"大跃进"试图创造一条不同于苏联共产党对待农民——官僚主义的、轻视农民的路线。诚然，有些人民公社比别的人民公社要好，但是它们在 80 年代都被压制了。

鲁索：问题在于，把中国农村当作一个可能的政治创造的场所对待，中国的政党－国家不得不承担一个艰难的任务。当下的看法是，清算人民公社把中国农民从农业合作的残酷的负担中解放了出来。事实上，它使政党－国家摆脱了农民的负担，更准确地说，是摆脱了把农民当作可能的政治主体对待的职责。这个职责曾使得政党－国家处于一种无法容忍的紧张之中。这个问题应该深入地重新思考。

鲍夏兰：后来遵循的道路是把农民当作最廉价的劳动力。思考农民所具有的可能性不是其问题。

鲁索：政党－国家今天在农村的活动仅限于维护治安和税收，所谓农民现在是他们自己土地的拥有者是一个假象。

鲍夏兰：除了所有制的问题之外，另一个担心是建立在家庭层面上的、没有机械化的农业生产导致了贫穷。在意大利，一个最小生产规模的农场至少得有七公顷，此外还应是机械化的。

鲁索：人民公社解体后对土地的分割产生了"面条地"的现象，当你坐飞机飞过中国上空时可以很好地看到这一点，那些长条状的土地都是由单个家庭耕种的。当韩丁（William Hinton）看到这种景象时，据说他哭了。韩丁自 20 世纪 40 年代起就参与了中国的农业合作化，当他从空中俯瞰时，他看到农村几十年间的政治工作全部化为了乌有。中国农业的全面机械化仍然是完全不可能的，也很难看到如何才能够阻止大地主时代的复归。大批农民从农村地区外流是一个显著现象。

鲍夏兰：1992 年，我们在浙江的一个村庄做过一个非正式的调查。每个人都告诉我们，每人一亩土地，即分配到每个家庭成员头上的土地数量，只能使人们达到生存的水平，而且需要付出很多努力才能达到这一点，因为几乎所有的工作都是手工完成的。我不相信经过十年这种情况能有多大改观。而且这是一个富裕地区，是距宁波市不远的一个沿海地区。实际上，不能依靠农业劳动生存的农民在中国四处寻找工作，成为所谓"流动人口"。据估计，流动人口的数量今天已达到 1.5 亿，同样的现象毛泽东于 1925 年在他的《中国社会各阶级的分析》中曾描述过。他把这些人称为"游民无产者"。这一现象在 80 年代末期再次变得突出。

鲁索：流动人口 1.5 亿这一数字显然是个估计，但是我感觉它是可观的，大致相当于整个国家工业部门中工人的数量。这一数字在中国的公共舆论中传播，向国家工厂中的工人们传达了一个不祥的信号：有人正准备取代你们中的每一个人。实际上，游民无产者是最廉价的、短期的、没有任何保障的手工劳动者。这就是马克思所说的"产业后备军"

（industrial reserve army）。

鲍夏兰：所有这些不仅是可以预言的，也是有意造成的。这种选择加重了城乡间的不平等，构成了城市地区经济发展的因素。上海和北京的豪华摩天大楼正是以这种方式建造出来的。

鲁索："七个城门的底比斯（Thebes）何人造？"在布莱希特的诗歌中，那个"读史的工人"这样问道。

鲍夏兰：他还问道："万里长城完工的那个傍晚，石匠们去哪儿了？"

鲁索：他们到沿海城市找工作去了。

鲍夏兰：不过，人们不应当把他们描绘为绝望的牺牲者。在宁瀛的纪录片《希望之路》中，那些乘坐火车从四川到新疆摘棉花的人——带着小孩子的年轻母亲、久经风霜的老农，都是生机勃勃的，表现出积极的主体性。他们开始了一次冒险，渴望了解这个世界。他们固然也是去攒钱谋生的，他们为了真实的需要而流动。

鲁索：把这些主观能量当成"生机勃勃的工具"（animated tools）是一种巨大的浪费。目前中国农村的情形仅仅是服务于提供一个无穷无尽的、高度"灵活的"劳动力储备，"灵活"是现在流行的说法，它的意思是易驾驭的、可替换的。消除农村公社是控制工厂和工人的先决条件。

鲍夏兰：不管怎么说，肢解工业上的"单位"是一个长期的、困难的过程，它尚未完成。

二　工人和单位

鲁索：消除农村公社要容易得多，因为从某种意义上说，农村公社是处于国家机器边缘的实体。工业上的"单位"是另外一个问题。自20世纪50年代起，工业上的"单位"就在中国社会主义国家中扮演着机构范式的角色，从意识形态和组织机构上来说都是如此。就意识形态而言，在工业的"单位"中，工人－工厂的关系是工人－工厂－阶级－政党－国家这一概念纽带中必不可少的一环，而这一概念纽带正是构成社会主义国家政治、文化的地平线。因此，工业"单位"就组织机构而言也具有范式价值，因为中国所有的国家机构都有一个"单位"

结构，根本上都是以工业"单位"为模型的。

鲍夏兰："单位"按照字面的意思是一个度量的标准。它实际上是由国家实施的、一致的机构形式。最早注意到单位这种机构形式的美国研究者在 20 世纪 80 年代对一家中国医院进行了研究。从行政的意义上讲，那家医院当时是作为单位运行的，今天也仍然部分作为单位运行。对一所大学来说同样是如此：模型都是工业的"单位"，这个词很大程度上是苏联的"kombinat"的中文翻译。

鲁索：重要的一点是工业"单位"中"工资"的性质。隶属单位的工人不是领到真实工资，也就是说，他们领到的货币形式的报酬是大幅缩减的。然而，他们得到了一系列的"福利"：只收象征性租金的房子、子女的入学、卫生保健，甚至购买自行车的优惠券，自然还有养老金。

鲍夏兰：西尔维·拉扎鲁（Sylvain Lazarus）和皮埃尔·久若（Pierre Giraud）认为，社会主义没有真正的"经济"（economy），而只有国家范围内的生产。他们的论点是，只有当生产、分配和消费主要在国家之外发生时，才有恰当意义上的经济活动。工业"单位"的情形不是如此。

鲁索：我认为，实际上工业的"单位"这种形式在很大程度上依赖社会主义国家这一特殊性。拉扎鲁和久若的论点——社会主义没有真正的"经济"，只有国家之内的生产，是一个有趣的理论观点，旨在重新思考国家与经济之间的距离。可是，社会主义这种"经济的缺席"不能被视作对事物的自然进程的背离、一种精神的错误。问题的症结牵涉到工人－工厂的关系。经济并不存在、工业的"单位"是一个重要的国家机构，这一事实可追溯到必需品的问题上，必需品是社会主义国家计划的组成部分，把政治认同即黑格尔意义上的"承认"（Anerkennen）指定到工人－工厂关系中。社会主义的国家承诺是什么？包括以一种平等主义的预期在政治上认同工人和工厂的关系：人们能够想象到的最小的平等关系。但是这毕竟也是事实存在的最小的社会关系。资本主义经济中的工人－工厂关系在结构上外在于一般的社会关系，它是一种非常特殊的关系。只要想想工厂专制主义（factory despotism）就行了。显然，这种专制主义不是正常的社会纽带。

鲍夏兰：拉扎鲁说资本主义工厂是与社会异质的地方——社会止步于工厂的大门。马克思把工厂比作由军事化的、专横的关系所操纵的兵营。

鲁索：按照马克思的说法，资本主义的工厂是一种三面体，这互相联系的三个面分别是作为商品的劳动力、对产品中精神财富的征用和工厂专制主义。工厂专制主义所"捆绑"的是劳动力的卖方、可替换的元素、终身被强占的个人和机器系统。

鲍夏兰：今天，占支配地位的舆论（doxa）把所有这些都颂扬为"灵活性"，工人们必须服从这一点。

鲁索：工人－工厂关系并不创建"团体"（community），因为资本主义的大工业消除了任何先前存在的团体。因此，工人们不是一个团体的成员。他们也不是"个人"（individuals）。他们仅仅是可替换的人、劳动力和纯粹的商品，可以在任何时候根据资本主义经济完全无序的需要被替换掉。

鲍夏兰：社会主义的主要的异质性应该就在这里。

鲁索：社会主义国家的形成，本身是为了解决大工业时代工人－工厂关系的社会性困境的。它恰恰以工人为核心。在社会主义之中，工厂成为国家的一个基本机构：工人－工厂关系被包括在国家之中，因此在一定的意义上，整个社会主义国家的形成是为了正视这一关系中的矛盾，是人为地提供一种实体的存在。本质上，工业的"单位"是国家建立起来的一个小的人造社会。

鲍夏兰：1989年我们在广州做过一次调查，调查对象是一家已经对外公开处于危机之中的大型国有工厂，少数管理者仍然拥护单位的价值，坚持使用确实缺乏说服力的标语——"工厂办社会"。对他们来说，工厂是社会管理的一个模型：在单位中有医院、学校、工人住房、商店，他们自豪地说，单位里甚至有宾馆。

鲁索：他们的立场的贫弱在于，这一模型已经处于政治混乱之中有20多年了，自打"文革"开始。

鲍夏兰：单位模型的危机也与工人阶级这一分类的危机，以及社会主义国家的危机缠绕在一起。

鲁索：工业的单位在形式上浓缩了社会主义国家的一个突出特征。

工人和工厂的关系在一定程度上由"工人阶级"这一概念、通过工人－工厂－阶级－政党－国家的联结，人为地创造出来了，而在现代大工业之中，它实际上是一种非关系（non-relationship）。准确地说，这些概念的联结已经被"文革"，特别是 1967 年上海的"一月风暴"拆开了。1966 年快结束的时候，一些上海工人成立了独立的组织，他们授予自身与这个概念装置保持一定距离进行政治思考的权利，换言之，与政党－国家保持一定距离，但是他们这样做威胁到了社会主义组织结构的基本支柱。因此，他们不久就遭遇了上海市委势不可当的反对，上海市委不承认工人组织在政党－国家之外存在。

鲍夏兰：对上海市委来说，所有那些工人组织实在是荒谬的。工人或者"工人阶级"已经自然地（naturaliter）由社会主义国家代表了，就如同对古代神学家来说，人的灵魂自然是基督教的（christiana）一样；而且他们甚至被指定为国家的"领导阶级"。独立的工人组织还有什么必要呢？它们只能是反革命的。

鲁索：不过，上海的"造反工人"宣称脱离政党－国家自治，他们为不被当作反革命而战。上海市委绝对反对自治性的工人群体的存在，正如同"中央文革小组"最初对这一问题也颇为困惑一样。转折点发生在造反工人坐火车去北京抗议、声称他们要成立独立组织的决定之时。当局把火车堵在了上海的门口，这就是有名的"安亭事件"，实际上结果变成了有利于抗议者的一个相当和平的插曲。张春桥个人主动支持他们的请求，首要的即是准许他们在政治上组织起来而不被贴上反革命的标签。

鲍夏兰：这是事件中最高潮的时刻之一。

鲁索：这一时刻也开启了无可挽回的危机。即使在工厂之中工人也创建独立的政治组织，这一事实侵蚀了社会主义国家的基石。上海市委开始了一系列不明确的行动，去阻挡造反的工人。上海"革命造反工人"和"红卫兵"之间的分裂不是社会层面的两类工人之间的分裂，而是在"工人阶级"这一分类之内的政治分裂，是完全主观的。危险的是，工人可以独立于阶级－政党－国家这一概念装置之外具有政治主体性。这是一个划时代的断裂。

鲍夏兰：特别是上海，这个断裂开启了工人－工厂关系的一个最初的实验空间。革命者进行了一系列实验，使得工厂成为一个政治场所而不仅仅是一个国家场所。上海工具机械厂的工人大学是一个重要发明，后来在"文革"的"彻底否定"之下被压制和埋葬了。与此同时，"工人理论小组"也被压制了，从 1968 年到 1976 年所有那些被设计用来调动工人－工厂关系中的真正形式的政治主体性、超越单纯国家功能的实验都被压制了。

鲁索：社会主义工厂的政治价值是要由革命创造出来的。否则，社会主义工厂中的政治只能是工业工作的另一种纪律形式。问题是如何为工人发现一种政治主体价值。没有这个实验，除了苍白地欢呼"工人阶级"之外还是什么也没有。

鲍夏兰：工人大学不是技术学校夸大化的名目，而是根据真实的政治问题如限制体力劳动和脑力劳动之间差异的问题，重新思考工人－工厂关系的一个尝试。目标是培养工人工程师，希望实现工作的计划方向和履行方向的整体转换：作为工程师的工人和作为工人的工程师。

鲁索：确实是一个宏伟的方案。这个方案考虑到"劳动力的技术分工"（technical division of labor）问题，同时也考虑到工厂的整个指挥系统。这是马克思天才地预见到的远景：在工人－工厂关系中创造新形式的个人与智力自由的可能性。

鲍夏兰：1976 年初，我们和上海工具机械厂工人大学的领导层进行过一次难忘的谈话。负责管理这所大学的是位非凡的女性，一个大约 40 岁的工人，安详而又面带微笑，但是意志非常坚定。她告诉我们，对他们来说，社会主义工厂的首要目标不是产量的提高，而是要削弱体力劳动和脑力劳动之间的分歧，直到消除为止。这是一个大胆的宣言，对资本主义管理者或是对社会主义工厂的主管来说都是如此。她甚至说，"我们想把工厂变成一所共产主义的学校"。

鲁索：工厂的命运和大学的命运交织在一起，这种想法多么富有远见！就如同如下的事实一样令人难以忘怀：工人大学的领导层曾经饱受折磨，因为他们自己在 1972 年左右重新采用考试，相比于限制劳动分工这一伟大的方案而言，这些考试对他们来说就像死罪一样。这些考试再生了传统的大学，但是他们想要创造一所共产主义的学校。以今天占主导地位的观点看来，所有这些都可能被评判为完全荒谬的。

鲍夏兰：同样地，太平天国被镇压之后，帝国的考试应该向女人开放可能也会被认为是野蛮的想法。在那样的考试中，写作的题目要求评论孔子的陈述"唯女子与小人为难养也"。考试中的夺魁者傅善祥彻底地批评孔子的断语。这在那些想要恢复清朝统治、提拔了打败太平天国叛军官吏的帝国将军曾国藩看来，只能是冒犯的。

鲁索：考试能否成为重新改造大学甚至工厂的方案的一部分这一问题，深深地折磨着 20 世纪 70 年代初期上海工具机械厂的那些人，这在今天看来似乎是荒谬的。在世界每个地方的大学正在成为考试的一个残酷的装配线的今天，这听起来多么奇怪啊。

鲍夏兰：在 1966 年至 1976 年，中国工厂中的政治紧张围绕着工人与工厂关系的问题。"文革"揭示了在社会主义国家和工业的单位中，这一关系中的主体性质是模糊的、被规训的和绝对反政治的。

鲁索：这种关系需要从政治上重新改造，否则它就会消亡。

鲍夏兰：在那个时候，这一点看上去似乎带有好辩的夸大意味，但是结果证明是一个准确的预言。

鲁索：毛泽东主义者说，如果工人－工厂关系不能从政治上重新加以改造，如果工厂里的形势不能由"社会主义新事物"（如工人大学或工人理论小组）恢复生气，那么资本主义就可能会回归。这表明了一种极大的可能性，正如后来的事实所证明的那样。这个问题涉及的正是社会主义工厂和国家制度的连贯性。

鲍夏兰：工人大学的悖论在于，尽管它们是在一个国家的空间如工业的单位中建立的，但是它们成了在工人－工厂－阶级－政党－国家的概念框架之外进行政治实验的场所，并且是向未知的方向敞开的。毛泽东主义者提议在工厂中进行一系列的政治实验，作为敞开社会主义革新的可能性领域的前提。当时有人公开地反对工厂中的这些政治实验，将其贴上浪费时间和生产力的标签。在 20 世纪 70 年代前期的中国工厂里没有强迫劳动的节奏，这是真实的，但是首要的是工人们被允许把一部分在工厂里的工作时间投入政治实验中。

鲁索：问题不在于生产力低，因为那些年里中国工厂的生产力并不是很低。按照今天中国政府官方公布的统计数字，1975 年的国民生产总值比 1974 年增长了 8.7%，具体地说，是工业增长了 15.5%、农业增长了 3.1%。

鲍夏兰：这和当今"中国奇迹"令人印象深刻的增长并没有太大不同。如果增长的节奏根本上是一样的——20世纪五六十年代的增长幅度毕竟也是显著的，难道我们不应该想想所改变的首先是分配的标准吗？即沿海和内地、城市与乡村、工人和农民以及其他不同社会群体之间的资源、投资、税收的重新分配。

鲁索：20世纪70年代前期中国工厂的生产力不仅根本不低，而且在许多情形中都开展了重要的政治实验。宣称工人大学是生产力的浪费，其主要目标是使得工厂去政治化。

鲍夏兰：这些实验寻求怎样去创造新的政治形式，以限制不平等，"缩小三大差别"，即城乡、工农以及脑体的差别。政治斗争正是与此有关——应当减少还是增加不平等。毛泽东主义者拥护实验以减少不平等。归根结底，大的政治分歧常常围绕着清晰可辨的关键点展开。

鲁索：这些实验被反对，因为它们被认为会阻碍反对者的方案——首要的就是整体性的去政治化。相对于整体性的去政治化，那种认为工厂里可以有新政治实验的想法，准确地说，是限制劳动分工，对反对者来说只是闲聊。实际上，工人被怒喝："少说空话，多干实事"，那些被允诺过将会受益于这一形势的人，则被告知："致富光荣。"

鲍夏兰：问题是，正当关于减少不平等问题在思想上和政治上最为紧张的时候，如此公开反对平等的方案，是怎样在中国盛行的。语境是一种政治冲突，其讨论的内容正是平等以及追求平等所需要的组织形式。

三 后"文革"时代计划的兴起

鲁索：从1975年至1976年中国的政治斗争是以深刻的理论论争为特征的，争论社会主义条件下平等应该是什么样的，以及政党－国家的平等主义的政治特性。我们应该回想起，毛泽东于1974年左右提出了一系列问题，这些问题的主旨是平等，当时对这些问题的明确回应恰恰是一种掩盖并同时加重了真正不平等的正式的合法平等："给不平等的人的平等权利。"毛泽东认为，社会主义和资本主义没有多少差别，除了所有制形式以外。后者当然并非小的差别。然而它从本质上讲是不稳定的，直接依赖社会主义国家的独立地位，正如它事实上所表现出的那样，毛泽东认为这是非常不稳固的。同时，不平等的结构因素依然全部存在，导致进一步的不平等的力量也是如此。"中国很容易搞资本主义，"毛泽东说。

鲍夏兰：但是，后毛泽东时代路线的成功需要说明一下。邓小平也有战略眼光。首先，邓小平的计划对政党－国家机器有影响力。而且，他的论述是受非常正统的马克思－列宁主义学说启发的，至少起初是这样。最后，他的计划出现时，像是以一种否定的方式关联着对于社会主义的命运、共产党、平等、法律、国家等问题的深刻的理论和政治的反思——这恰恰是 1975 年正在发生的事。

鲁索：想想 1975 年邓小平用极其正统的论述来回应毛泽东主义者，指责他们阉割了马克思主义学说。他说他们所谓"资产阶级法权"，即社会不平等体制和国家形式之间的关系，是一个伪问题，只是为了追求派系的目标才提出来的。邓小平用正规的马克思主义术语坚称，问题不是要讨论资产阶级法权，而是要在生产关系远远超前的情况下发展仍然滞后的生产力。就像常说的，邓小平是个"实用主义者"。不说别的，他得回应他的对手的理论观点，这样他至少应该在形式上保持某种一致性。无论如何，人们毕竟不是从理论层面上评价他的政治计划及其效果。

鲍夏兰：那你如何描述他的计划的效果呢？

鲁索：事实上，后"文革"时代计划的效果完全依赖"文化大革命"，尽管正好是反面的依赖。其政治主体性恰恰是以对"文革"的一种回应作为模型的，但并不仅仅是试图回归过去。其回应之所以是有效的，是因为它包含了一个新颖的元素，这个元素本身并不新颖，而是"彻底地"依赖对"文革"新颖性的"否定"。从字面的意义上看，"彻底否定"就是弗洛伊德所谓"否认"（Verneinung）。

鲍夏兰：你是说后"文革"时代的主体性的效果是它所否定的另一种主体性的一个副产品？我同意它首要的是依赖在行动上否定一种政治主体性的新颖性。最初，这种去政治化包括两个基本方面：一方面，取消为缩小不平等而进行的实验性的计划；另一方面，取消从 1975 年至 1976 年的理论论争。

　　鲁索：理论论争是当时政治的本质。既然后"文革"时代的主体性是在那种形势下形成的，可以说去政治化的首要条件就是去理论化。

　　鲍夏兰：有必要反思一下后"文革"时代的去政治化对中国国家局面的影响，也就是说，对过去 30 多年国家所呈现的形式的影响。

　　鲁索：中国国家制度的一致性从本质上来讲是十分脆弱的，因为它是以一种主观的去政治化为模型的；它建立在一种"否定"的基础上，这种"否定"的作用是对政治的真正"压制"，从弗洛伊德的意义上来说即是"压抑"（Verdrängung）。可以说今天中国国家的形式是之前重大政治事件所留下的一个空洞印记，并且也是中国现代历史上所有重大政治形势所留下的一个空洞印记。

　　目前去政治化的主体性没有任何内在的根基，它仅仅是对先前政治主体性的一种榨取，它的力量与后者成反比。它不是自主的，它依赖它所否定的东西。这是今天的一个严重的弱点。这种形势还能持续多久？它越是去政治化，它就越削弱自身。

　　鲍夏兰：它可以求助的另一个资源就是"国粹"（national quintessence），或中国性（Chineseness），一种基于"八千年"文化的认同的自满。事实上，对国粹的召唤已经成为去政治化的必要补充。

　　鲁索：但它本质上是虚构的，像任何认同一样，是一个碎片化形体的虚构的统一。这值得我们警惕，晚清的官吏强烈地呼唤中国的"国粹"，但他们在面对殖民侵略时也擅长投降和叛国。

　　鲍夏兰：中国现代知识分子在政治和文学领域里的重要人物——鲁迅和李大钊，不仅深刻地批判"国粹"，而且能够把中国的文化传统看作一个可能的主观创造的领域，而不是看作一种认同的实质。

　　鲁索：只有当有东西兴起并让否定和去政治化的进程停止时，中国才有希望。这需要新的政治创造，在当今的条件下能够将缩小不平等的问题置于政治的中心，同时重新思考和复兴中国过去一直擅长的极其丰富的政治创造。

从起点开始[*]

〔英〕亚历克斯·蒙洛 著　袁先欣 译[**]

　　1708～1718 年，康熙皇帝下令制作了一系列中国地图。借助中国宫廷中博学的耶稣会教士的帮助，先是北京，接着到长城，最后，整个王国都被绘入了地图。尽管在最终完成的一套地图中仍留有大片空白区域，但康熙还是非常满意的。这是欧洲人运用自己的先进技术来定义和分解中国的一个良性的早期交换，此后，这一历史变得复杂交错起来。

　　三个世纪之后，此种探寻还在继续，但地理学不再是重心。在不同的情况下，中国被视作一个帝国，一个民族国家，一个混合物，或仅仅是一个历史的异常现象。这已经超出了学术争论的范畴；相较绝大多数国家，中国对历史例外论有着更大的诉求。特别引人注目的是这样两个特点：中国使用的本土文字（虽然经过了简化）已有超过 3000 年的历史，同时，在其他社会发生分裂或屈服于更大的政治体的情况下，自 19 世纪以来，相同的族群结构和领土疆界——有些人愿意称之为政治文化——在中国基本得到了保持。

　　在《中国从帝国到民族国家》一书中，清华大学中文系教授汪晖列举了这些特征以支撑他的如下观点：作为民族国家的中国远非现代欧洲政治形式的遥远后裔。相反，他将中国从帝国走向民族国家的转向追溯到宋代。他因而论述，中国构成了对现代民族国家如何形成的正统理论的反抗。

---

　　[*]　本文原载《泰晤士报文学增刊》。

　　[**]　亚历克斯·蒙洛（Alex Monro），英国历史学者。袁先欣，清华大学人文与社会科学高等研究所博士后。

　　数年前，汪晖被称为中国的"新左派"代表人物之一，这一头衔在中文中（同时取决于你本人的政治立场）既可能意味着反动，也可能意味着进步。但他本人的经历和轨迹则更有趣。汪晖曾在陕西农村接受"再教育"。其结果则可能是始料未及的，汪晖的关注点转到了现代化过程中最大的"弱势群体"，从农民到下岗工人。汪晖本人并不喜欢"新左派"这一提法，因为这个词深深负载着欧洲历史。的确，《中国从帝国到民族国家》中布满了种种对用于描述中国经验的欧洲范畴的质疑。中国在鸦片战争中的被羞辱，揭示了中国的相对落后，自此之后的150年间，现代性成为中国的一大执着。从那时起，迎头赶上的想法主宰了中国的思想和政治，寄望从亚洲帝国朝向欧洲式民族的转变能给中国提供某种政治救赎。

　　汪晖发现这种历史解释存在问题。现代欧洲历史学中盛行的帝国/民族国家二元论惯于贬低帝国，但汪晖认为，这并不适用于古代中国。有关少数民族文化的研究显示，中华帝国在权力中心的问题上是高度多极的，中央集权帝制并非准则。此外，中国还经常处在非汉民族统治之下。事实上，民族国家（如在威尔逊或列宁的定义下）往往强调种族、宗教、领土和语言，中华帝国则允许各种地方形式的大杂烩繁荣发展。在族群、地理或宗教之外，表现"中国"的最佳方式应是一种正统儒学理论，在这种理论下，甚至外来王朝也可能获取合法性。

　　无论如何，一旦拾起了目的论，就再难放下。汪晖引用了黑格尔的论断："世界历史从'东方'到'西方'，因为欧洲绝对的是历史的终点，亚洲是起点。"此外，进步叙事对中国开始现代性的过程毫无疑问也是关键的。儒学反顾黄金时代，强调延续性，现代性（无论资本主义的还是共产主义的）则把重点放在断裂上，放在通过离开过去来建立一个新的、更好的未来之上。这里的诱惑因而是将中国视作深陷在静止的历史之中，一直到西方的到来。一个更为人熟知的譬喻则是西方的能动性遭遇了亚洲的被动性。

　　相反，汪晖则指出，中国现代性具有与外来影响同样强大的本土根基。他认为早期儒学的"天"对秦汉时期的道德和政治是关键性的，但"天"被认为是内在的，无法得到分析。汪晖反对这一看法，他提出了对时间进行纵向观察的视角，以此观察形成于宋代的理学中的

"道"。理学同样是通过注释重新阐释和定义了经典，并颠倒了通俗的历史偏见——汪晖认为，在理学中，"不是父亲制造了儿子，而是儿子制造出了父亲"。简言之，中国的"现代性"还有年长的同盟。

实际上，汪晖发现，中国的革命时代同时受惠于古老本土资源和现代理念的观点也可找到欧洲的支撑。托克维尔就惊讶地发现，法国大革命时许多标志性的理念、习俗和态度，在旧制度社会中已经存在，这使得现代性是由断裂而非延续性主导的叙事被动摇了。

不过，整体来看，汪晖描述的现代中国更为突出的是其例外性，而非（与欧洲的）相似性。在他所描述的例外中，最有趣的大概是他对瓦尔特·本雅明以及更近的本尼迪克特·安德森的驳论，本雅明和安德森将印刷文化视作民族国家出现的必要条件。汪晖认为，中国最大的一场白话文运动的性质是口语的而非书写的，这场运动发生在抗日战争期间，采取的形式包括歌谣、说书、韵文、街头剧和地方戏。汪晖在此表示，印刷文化不是最主要的。但仍有可能存在这么一种情况：中国高度受国家管控的印刷图像文化已经生产出了一个被抑制的民族国家，而当贯穿国内的自由政治对话成为可能时，民族国家才最终成熟了。

《中国从帝国到民族国家》（Michael Gibbs Hill 译，哈佛大学出版社）仅仅是汪晖四卷本著作《现代中国思想的兴起》（三联书店，2004年初版）的导论。尽管该书已很简洁，读起来却并不轻松。但这是值得的，对于中国的现代性及其与中国帝制历史之间的关联，该书提出了新的追寻和回顾方式。从康熙皇帝的时代到今天已有三个世纪，而现代中国的地图上仍留有大量空白。对英语读者而言，这本迟来的译作有助于我们看清这片土地的位置。

文化的巨变

——汪晖《中国从帝国到民族国家》的历史社会学解读

徐晓宏*

汪晖的四卷本著作《现代中国思想的兴起》（以下简称《兴起》），自 2004 年面世以来，在海内外人文学界激起诸多评论。但在社会科学里，该著作所提出的理论与方法论思考，尚未引发它应当引起的足够回应。2014 年底，《兴起》的导论，以"中国从帝国到民族国家"（China from Empire to Nation-State）为题，由南卡罗来纳大学的韩嵩文教授（Michael Gibbs Hill）翻译并在哈佛大学出版社以单行本出版。本文由此契机，从历史社会学的理论视角和方法论对该著作的内在理路做出简略的拆解和分析，并由此进行一些类比和延伸，以便利于社会科学的读者与其展开更加丰富的对话。

该导论浓缩了作者对于"中国现代性"这一命题十多年的思考，与 20 世纪八九十年代以来中国思想学术界对此问题拷问的大背景分不开。这也因此与社会科学特别是历史社会学构成了内在的许多关联。众所周知，现代性作为一个内在批判的问题，与社会学的诞生本身息息相关。从启蒙思想家对于"社会"的"发现"，到孔德、托克维尔、马克思、韦伯、涂尔干、齐美尔对于现代工业秩序、资本主义、新的政治文化和生存状态的诊断，都旨在提炼现代性巨变的脉络，并由此衍生出政治和伦理实践上的回应。同样地，群学/社会学在中国的介绍和发扬，既是传统经史之辨发生危机的端倪，也是其延伸和转化。早期社会学/

---

* 徐晓宏，任教于新加坡国立大学社会学系。

群学对于现代性问题的追问，在后来的社会学或者被结构功能论和现代化理论所教条化，或者被实证主义非历史化的主流所隐匿。20 世纪 60 年代兴起以历史社会学为名的知识运动，在对现代化理论的批判中，再次将现代性转型带入社会学的视域之中，并将其转化为历史社会学的主轴问题。也因此，汪晖该著作所提出的思路，非常值得社会科学家特别是历史社会学者考量。

在这一导论中，汪晖旨在清理两个具有普遍意义的理论和方法论问题，以便为其对整个中国现代思想转型脉络的梳理清理出道路。第一，他旨在阐明，思想史研究的主题——"思想、观念和问题"，并不仅仅是对它们所处的社会历史语境的反映和产物，它们本身更是构成这些语境的内在部分。因而思想、观念和问题的变化也必然是社会变迁的构成性力量。由此，汪晖意图表明，《兴起》绝不仅仅是一部思想史，而且应当是一部历史社会学的著作。第二，为了阐明现代中国思想的兴起是怎样构成现代中国的内在力量，他发现有必要质问帝国与民族国家这一对概念的对立，因为这一概念对立往往剥夺了"传统"帝国的历史主体性，而只将之赋予现代的民族国家。这样的历史主体性一旦被从帝国那里剥夺，我们就无法去探寻和追踪现代中国思想是如何在新的历史条件下从之前的帝国思想谱系和语汇中生发出来，并参与现代中国的构成之中。

汪晖先从第二个问题入手，并用了两节（第一节和第二节）的篇幅加以阐述；之后，他才用余下的两节（第三节和第四节）来处理第一个问题。第一节首先对中国历史研究中的三大典范——马克思主义、现代化理论和京都学派——逐一提出了认识论的批判。汪晖认为，马克思主义和现代化理论尽管立论的基础不同，但都把鸦片战争这个清帝国与欧洲国家的碰撞点作为中国历史的转折点，因此现代性是外生的，是从民族国家植入的。而京都学派虽然在 10 世纪左右的唐宋转型中溯源出中国内生的"东亚近世"，但它用以刻画这一"东亚近世"的特征如世俗儒教、科层制理性、"民族"认同和庶民文化等，却是以欧洲民族国家为蓝本的。因此，汪晖强调，这三种范式都把中国的现代性视为从帝国的出走和剥离，从而步入民族国家的世界的过程，这不仅忽视了中国帝制传统内在的政治认知格式塔（如封建与郡县制的策论），更无法理解它们是如何驱动和影响中国士人与知识分子对于中国现代性的形塑过程。现代中国与它的前身——多族群的清帝国——之间在人口构成、地理格局、政治结构和文化认同上有着诸多的延续性，任何忽视从帝国到民族国家内在转化机制的研究范式，都难以捕捉历史延续性和断裂性的双重面向。在这一点上，尽管最近十年来的"新清史"运动克服了这三种范式从民族国家倒推的线性史观，而试图去重现清帝国内部的多样性和活力，但汪晖认为这一史学思潮却往往将"帝国主义"和"殖民主义"等概念不合时宜地应用到清帝国这样的大陆型帝国，而罔顾这些概念在资本主义世界体系和民族国家体系中的具体组织性功能和其与这些体系中的新型帝国的关联。

基于这样的判断，汪晖认为有必要清理欧洲思想史上"帝国"与"民族国家"这一概念对立形成的知识谱系。因此在第二节中，他回溯资本主义与民族国家政经构架在欧洲的兴起与巩固阶段，孟德斯鸠、亚当·斯密、黑格尔和马克思等欧洲思想家如何构建了这个二元对立，并将奥斯曼、莫卧儿和清王朝等亚洲大陆帝国刻画为专制、农耕和停滞的帝国，也因此剥夺了它们的历史主体性。这个二元对立给后人留下了深刻的影响，即便是列宁这样的批判思想家，也认为俄罗斯和中国只有摆脱亚细亚帝国的历史烙印，与资本主义和民族国家体系相融合，才能步入现代性的门槛，奠定革命的政经基础。汪晖认为，这样二元对立的框架，不足以把握这些亚洲语境中生生不息的思想与历史脉动，更无法捕捉它们是如何参与构建亚洲的现代性的，并在这一过程中推陈出新。

经由这两节，汪晖方法论上论证了现有框架的阙如和探索从帝国到民族国家的内在转化的必要性。因此，在第三节中，汪晖提出了《兴起》的核心论点：中国的现代性是从 12 世纪所确立的理学的"天理世界观"转化而来的；而这一转化的产物，则是 20 世纪以社会达尔文主义和革命目的论为表征的"公理世界观"。这一内在的转化的动力，来自天理世界观虽然有其整体性，却内含着各种不同思想流脉之间的张力。而这些张力，则体现在它们对于"理""物""势"这几个主题之间关系的不同诊断。这些主题既指涉本体论的存在，又有认识论的辩证，更具有伦理和政治上的延伸。"物"既可指实物，又可指典章制度；"势"则是天理世界观中以三代圣王政治怀念为旨归的历史维度，可比于奥古斯丁神学中的 saeculum（今世），但更强调时间的动态性和延续性，它既外在于"理"，又受"理"的观照；而"理"，既是超验的自然和伦理法则，又是格物致知的目标指向。换句话说，对汪晖而言，这些主题绝非抽象悬空的概念，而是一套行动和实践的语汇，有着切实的社会学矢量。也因此，由它们所生发出的各种流脉之间的文化张力，深刻地影响了近代巨变中中国思想家们如何调动他们既有的观念资源来认知和框定来自西方和外部的挑战，并形塑他们新的"公理世界观"的制度论（革物、导势、致理）和历史科学主义，甚至是他们对这一世界观的内在批判。

由这一认知格式塔内在转化的探究，汪晖在题为"中国的现代认同与帝国的转化"的第四节回到政治层面。在这里，他进一步展开对于各种主流民族主义理论的批判，而强调帝国自身的儒学普遍主义是如何协调帝国内部语言和族群的多元性，以及在资本主义世界体系和民族国家体系的冲击下，现代中国思想家们如何将儒学普遍主义转化为新的多元性的革命与现代认同。

以上对《中国从帝国到民族国家》的解析，目的在于把握其中的社会学要义，当然难免割舍该著作中诸多的阐幽发微之处，也不尽能呈现其对历史的敏锐笔触。但这一解析，有助于我们做一些理论的勾连。汪晖关于现代性来自既有文化秩序内在转化的思路，与汉斯·布鲁门伯格（Hans Blumenberg）的《现代的合法性》（*The Legitimacy of the Modern Age*）和查尔斯·泰勒（Charles Taylor）的《世俗的时代》（*A Secular Age*）有许多呼应。和这两部著作一样，汪晖强调，现代性并非一个减法的故事：它的形成不是去除前现代的文化属性，进入一个世俗自明的世界，而是一个由内在矛盾和张力驱动的更新过程。由这一思路出发，汪晖得以切入亚洲历史、文化研究和历史社会学中的一系列学术争论。

社会变迁的动力来自哪里？这既是古典社会学家如马克思、托克维尔、韦伯等不可或缺的议题，也是 20 世纪 60 年代再兴之后历史社会学一直讨论的核心焦点。从早期巴灵顿·摩尔、斯考克波和（部分来说的）悌利以结构变量为主轴的路径开始，历史社会学家们开始转向拷问变迁与社会结构的辩证，以及由此而生发的变迁过程。1980 年初，结构主义、后结构主义和实践理论为此问题开辟了新的路径。这里尤其值得一提的是，威廉·休厄尔自 1980 年来的一系列著作，呈现出与汪晖《兴起》里的理论和方法论路径相当深刻的呼应。他在 1992 年题为"关于结构的一个理论"（A Theory of Structure）的论文中，强调要从结构来思考社会变迁，亦即变迁来自结构内部，而非其外部。另外，他在 1985 年批评斯考克波《国家与社会革命》的论文《意识形态与社会革命》（Ideologies and Social Revolutions）中，提出意识形态（包括思想）是社会结构的构成要素，因此，意识形态的变迁，也是构成社会变迁的内在力量。那么文化或意识形态内部是如何产生自我转化的动力的呢？休厄尔的回答与汪晖非常相似：他把法国大革命的动力溯源到旧制度下的意识形态矛盾和张力，特别是以绝对主义国家合法性为基础的多样性特权意识和与绝对主义国家治理技术相合的自然与平等意识之间的冲突。

这种对于内在文化转化的历史批判，可以有助于我们明晰历史的延续性与断裂性，由此也可以使我们注意到中国现代史上的一些盲点。比如，汪晖将中国现代性描述为从"天理世界观"到"公理世界观"，可以引导我们去质问在天理世界观中"理""物""势"这几个主题之间在现代中国的革命政治里面如何重新协调主义、组织与制度，以及历史与时间的关系。这一点上，在见证"文革"的同时，史华慈（Benjamin Schwartz）、魏斐德（Frederick Wakeman）和罗德明（Lowell Dittmer）等人将革命史与思想史结合的作品，已经做了很好的铺垫。我们可以进一步去追问，由此在革命的"公理"世界观中产生的意识形态的内在矛盾与张力，是否也埋下了这个革命天理观的崩解，并生发出革命潮落或常规化之后新的意识形态结构，以及在这一结构下的各种意识形态支流如何勾连新的"理""物""势"。敏锐的读者不难发现，这正是汪晖对于当代思想讨论的基本切入点。

汪晖和休厄尔这一从内在结构矛盾中寻找社会变迁的动力的视角和方法，有其深刻的合理性。然而，它实际上又隐藏了一个相当棘手的问题，那就是，我们怎样界定结构的边界？哪里是内？哪里是外？这个问题之所以值得提出，是因为这一解释路径，往往会外部化一些因素，将它们作为刺激或启动内在转化过程但本身并不交织于这一过程的因素。

这一点，无论从汪晖还是休厄尔的著作中，我们都可以看出。譬如，在《兴起》中，汪晖将"中国"——无论其作为帝国、民族国家还是文化——作为他的分析单位，同时也是他所锁定的内在转化的边界，而资本主义世界体系和民族国家体系，则是激发这一转化过程的外部诱因和客观条件。这一分析现代性的方式，如果放在别的比较语境，也将是寻找那里的内在文化转化的在地"腔调"（accents）。这一路径的逻辑后果，便是现代性——包括资本主义和民族国家的形式——作为一个全球性（亦有区域性）并且相互勾连的行动空间和构型，本身被外部化而无法得到有效的分析和解释。这一问题的提出，还有另一层意义：清末的中国士人与知识分子，不仅仅身处中国的文化结构之中，也具有其自身的全球视野与关怀。

如何书写一个全球的现代性历史，是一个巨大的挑战。世界体系理论固然在政治经济学上做了铺垫。而就在汪晖此书出版的同一年，任职于芝加哥大学的英国历史学家贝里（C. A. Bayly，现已故）出版了《现代世界的诞生，1780–1914 年：全球的关联与比较》（*The Birth of the Modern World*, *1780 – 1914*：*Global Connections and Comparisons*）一书，旨在跳出国别或区域史，分析现代性的形成。近来，也有国际关系学者 Barry Buzan 和 George Lawson 合著的《全球的转变》（*The Global Transformation*：*History*, *Modernity and the Making of International Relations*），试图书写民族国家体系的全球形成史。这样的尝试，又往往缺失了汪晖那里呈现的从国别内在转化入手所具有的文化敏锐感，而未能将结构内在转化与全球互动的视角综合所长。也许我们首先还没有发展出一套成熟的理论语言，足以描述以这个超越国家为单位的内在文化转化。这或许是我们将来研究现代性形成所需要努力的方向。

孔子遇见了亚当·斯密[*]

〔意〕 塞巴斯蒂阿洛·马菲同 著　　〔意〕戈　雅 译^{**}

清华大学著名历史学和文学史教授汪晖是一位很有才智的学者，在国内也是一位非常有名的公共知识分子（public intellectual）。目前很多人认为，想了解中国思想史就不得不阅读汪晖的著作《现代中国思想的兴起》（全四卷）。据我所知，该著作还没被全部翻译成西方语言，因此现在出版的 *China from Empire to Nation-State* 英文版本就能被视为很有用的出发点和概述。本书的题目就是全文的主题和主要线索，亦即在中国历史上以帝国为中心的叙述和以民族国家为中心的叙述一直并存。帝国的中心地位常常被视为中国未现代化状态的原因，因此像欧洲国家一样，中国必须成为一个民族国家才能走上现代性的道路。

这些问题都涉及一个更广泛的问题，即现代性问题以及"现代"与"中国"的关系。为了探索这个宏大主题，汪晖的思考立足丰富多样的思想资源，除了中文材料以外，他还引用日本学术著作以及最有权威的西方思想家的文本，如亚当·斯密、黑格尔、韦伯和马克思等人的著作。汪晖的研究从一个很独特的角度去论述资本主义和帝国主义的关系；另外，当他探索中国历史（尤其是清史）的时候，其分析揭示中国向现代性的转变的复杂性，这种复杂历史脉络很难被归纳为欧洲或西方的历史经验。根据这种视角，西方史学家对中国历史的典型叙述显然只能忽略一些关键的方面，例如，如果我们要认真地学习这一段历史，

---

　　*　本文原载意大利《24 小时太阳报》。

　**　塞巴斯蒂阿洛·马菲同（Sebastiano Maffettone），国际社会科学自由大学校聘政治学教授。戈雅，清华大学中文系博士研究生。

就不得不重视儒学传统，其文化含义及其历史演变。进而，对于儒学"天理"概念的阐释与全书的主题是不可分离的："天理"概念与过去的历史建立一种宗教性的联系，同时可以被解释为一种世俗的、民族主义的概念（京都学派也做过这样的分析）。我们从这里能看出中国思想的早期阶段从未被抑制或被忘却，反而还潜伏在当代思想里面。

该文本虽然有时过于复杂，但是也有很大的启发性：作者主要描述中国如何变成了一个民族国家，并且他的出发点是对本尼迪克特·安德森的解读和批评，即从帝国向现代国家的历史转变基本上依赖口语与书面语的统一过程。总之，汪晖给非专业的读者提供了很新颖的"世界历史"（world history）的视角：在今天的世界已完全进入了全球化时代的情况下，基于中国越发重要的地位，这样的视角的确很有价值。

编后记

面对近年来全球和中国的新变迁，需要新视野和新思考。新思考需要在反复辩难中推进。

本辑刊发了围绕法国经济学家托马斯·皮凯蒂的著作《21世纪资本论》的一组讨论。此书的英译本2014年出版之后，在全球引起了巨大反响。皮凯蒂在研究收入和财富分配的不平等问题上有重大的方法论创新。以往的研究大都采用家计抽样调查数据，但这种随机样本很少能反映最富有10%或1%人群的情况。皮凯蒂及其合作者另辟蹊径，将法国、英国、德国、美国等国家自引入所得税和遗产税以来的全部数据系统梳理，展现了收入和财富不平等在几个世纪以来的衍化轨迹和趋势。

达隆·阿西莫格鲁和詹姆斯·罗宾逊的论文《资本主义普遍规律的兴衰》，将批判矛头直指皮凯蒂论点的中心：r（资本回报率）大于g（GDP增长率）作为普遍规律存在着，并成为不平等扩大的关键因素。他们认为两者都是有问题的：既不存在这样一个所谓"普遍规律"，同时r＞g也不应是分析不平等的核心要素。皮凯蒂在回应的论文《将分配放回经济学的中心：反思"21世纪资本论"》中指出，他的观点被严重误解了：他既没有打算挖掘出一个新的"资本主义普遍规律"，也没有忽视制度在不平等的形成和发展中的作用。他认为，r＞g确实是会影响不平等状况的。r－g与制度和公共政策之间的互动决定着财富不平等的量级与变化。

为更深入地思考这一争论，本辑翻译了诺贝尔经济学奖得主斯蒂格利茨在麻省理工学院跟萨缪尔森和索罗读博士期间发表的《一个两部门－两阶级的经济增长模型》一文。这样的视角在对当前中国经济的争论中还不存在，却是迫切需要的。我们还翻译了皮凯蒂有关中国与印度经济比较的一篇论文，以更为直观地呈现这些争论与中国之间的关联。

诺贝尔经济学奖得主克鲁格曼曾在一个月内发表四篇书评，盛赞皮凯蒂建立了经济学的"统一场论"，即把经济增长理论与收入分配理论统一起来，而这正是亚当·斯密、李嘉图、马克思等古典经济学家的理想。崔之元在《21 世纪资本论：经济学的统一场论？》中指出，皮凯蒂结合"经济增长理论"和"收入分配理论"的"统一场论"还不能算成功，但《21 世纪资本论》必将促进经济学，特别是"政治经济学"的大发展。

"实验主义治理"是本辑的重点论题，试图呈现"实验主义治理"在国内外的最新发展。实验主义治理是实用主义政治哲学在治理领域的推进。实用主义是由美国著名哲学家杜威等在 20 世纪初提出的。近年来，西方分析哲学在数理逻辑似乎走到尽头时又重新回到实用主义，杜威被重新发现，实用主义也成为西方最前沿的哲学研究。实用主义哲学与现代中国渊源也很深。瞿秋白在《实验主义与革命哲学》中说："中国五四前后，有实验主义出现，实在不是偶然的。"重新全面认识杜威，尤其是既要认识他关于公众的形成、民主理想的塑造等思想对于中国社会的重要性，又要注意他在来华访问仅仅 5 天之后就遇到的五四运动对于他本人思想的冲击（五四运动强烈吸引杜威，致使他一再延长访华时间直至 1921 年 7 月），以及更重要的是关注在这种相互影响之中，充分展现了的杜威哲学最深刻的层面，即"手段与目的相互转化、相互界定"，这将是"杜威归来"中无法绕开的重大研究课题。值得指出的是，瞿秋白的"实验主义"可能是比"实用主义"更好的译法，避免了"实用主义"给人的庸俗和缺乏理想与价值观的误解。不过，按约定俗成，在哲学层面依然使用"实用主义"的译名，在治理层面，则使用"实验主义"概念。

中共中央十八届三中全会提出"全面深化改革的总目标"是"完善和发展中国特色社会主义制度，推进国家治理体系和治理能力的现代化"，提示了研究治理体系与治理能力关系的重要性。如果"治理"仅仅是指"法治"，或再加上"德治"，那么似乎没有必要区分"治理体系"和"治理能力"两个概念。同一个国家在同一种治理体系下不同历史时期的治理能力也有很大差距。治理国家，制度是起根本性、长远性作用的。然而，没有有效的治理能力，再好的制度也难以发挥作用。"实验主义治理"可以理解为，通过在实践中提高治理能力而改革，发展和完善治理体系。

这里集中翻译了"实验主义治理"的代表学者查尔斯·萨贝尔及其合作者们的四篇代表论文，包括《杜威、民主与民主实验主义》，以及他与乔纳森·泽特林合作的《实验主义治理》，与苏珊·赫尔普、约翰·P. 麦克杜菲合作的《实用主义合作：控制机会主义的同时增进知识》，与威廉·H. 西蒙合作的《行政国家中的最小主义与实验主义》。萨贝尔指出，杜威的民主思考中存在"自然主义"的局限，并强调，当治理难题从"无知"转变为不确定性时，强化不同利害相关者相互沟通学习的机制建设，会对民主理想及其制度设计产生深刻的影响，可能形成与传统代议制民主（向后问责）不同的"实验主义民主"（向前问责）。《实用主义合作：控制机会主义的同时增进知识》挑战了以科斯为代表的交易成本经济学的企业边界理论。科斯认为，为避免由不可完全契约化投资（即专用性投资）而引起的"挟持"问题的潜在威胁，垂直整合是必需的。但事实上，在逐步降低与其供应商垂直整合程度的同时，企业正在不断加强其与供应商的合作关系。《行政国家中的最小主义与实验主义》指出，最小主义和实验主义都是针对传统的命令-控制型治理方式应对多样且多变的环境失灵所做的回应。最小主义的干预往往偏好助推、市场模拟、规则简化一类，适应性和因地制宜能力弱（这里的最小主义不是中国流行的"最小政府"，而是孙斯坦在《助推》一书中所传达的治理思路）。比较而言，实验主义治理模式特别适合于有效的政策干预对因地制宜的要求与对变化环境的适应性要求。

"实验主义治理"专题还包括一组从中国治理实践的不同领域讨论这一问题的论文，如法治发展、环境治理、银行监管、土地流转、舆论治理、互联网治理、信访问题、食品安全、保障房管理等方面。这些论文都是崔之元教授主持的"实验主义治理"研究团队的初期成果。

需要特别说明的是，上述两个专题的文章都加了"编者按"，其中有所引申或点评，未采用一般的"摘要"形式。

从本辑开始，开辟"'人文与社会'讲座"栏目，刊登清华大学人文与社会科学高等研究所"人文与社会"系列讲座的部分内容。本辑刊发的是本尼迪克特·安德森与安东尼奥·奈格里的系列演讲。

2015 年 12 月 13 日，著名的民族主义理论家、《想象的共同体》一书作者、东南亚研究学者本尼迪克特·安德森（Benedict Anderson）教授在印度尼西亚东部城市玛琅病逝，享年 79 岁。2014 年 3 月，本尼迪克特·安德森教授受邀来访清华大学人文与社会科学高等研究所，于 3 月 19 日和 26 日在清华大学进行了两场演讲，主题分别为"民族主义研究中的新困惑"和"东南亚华人认同的悖论"。这两场中国演讲遂成绝响。这两次演讲的视频，可在清华大学人文与社会科学高等研究所的网站观看。

安东尼奥·奈格里教授的第一场演讲从"大都市"的定义入手，第二场演讲的内容与此相关联：从大都市的课题出发对"共同性"概念下定义，第三场演讲涉及方法论问题，即如何论述大都市、共同性等问题。奈格里教授的演讲引发了热烈的讨论，他在后来增写的系列演讲"前言"中，对这些讨论做了进一步的回应。

本辑的"书评"栏目，刊发了一组有关汪晖教授在哈佛大学出版社出版的 *China from Empire to Nation-State*（系其著作《现代中国思想的兴起》导论部分的英译）及其他著作的评论。

张翔、董春晓、丁孟宇协助编辑了本辑内容，高瑾校订了标题和摘要的英译，特此致谢。

图书在版编目（CIP）数据

区域. 2015 年：总第 4 辑 / 汪晖，王中忱，崔之元
主编. -- 北京：社会科学文献出版社，2015.12
ISBN 978 - 7 - 5097 - 7688 - 9

Ⅰ.①区… Ⅱ.①汪… ②王… ③崔… Ⅲ.①社会科
学 - 文集 Ⅳ.①C53

中国版本图书馆 CIP 数据核字（2015）第 147306 号

区域（2015 年 总第 4 辑）

主　　编 / 汪　晖　王中忱　崔之元

出 版 人 / 谢寿光
项目统筹 / 宋月华　袁卫华
责任编辑 / 袁卫华

出　　版 / 社会科学文献出版社·人文分社（010）59367215
　　　　　　地址：北京市北三环中路甲 29 号院华龙大厦　邮编：100029
　　　　　　网址：www. ssap. com. cn
发　　行 / 市场营销中心（010）59367081　　59367018
印　　装 / 北京季蜂印刷有限公司

规　　格 / 开 本：787mm × 1092mm　1/16
　　　　　　印 张：27　字 数：421 千字
版　　次 / 2015 年 12 月第 1 版　2015 年 12 月第 1 次印刷
书　　号 / ISBN 978 - 7 - 5097 - 7688 - 9
定　　价 / 69.00 元